HISTOIRE PASSIONNÉE
DE LA FRANCE

DU MÊME AUTEUR

Le Chouan du Tyrol. Andreas Hofer contre Napoléon, Perrin, 1991 et 2001 ; Tempus, 2010.

Zita, impératrice courage, Perrin, 1997 ; Tempus, 2003 (prix Maurice-Baumont ; prix Hugues-Capet).

Le Terrorisme intellectuel, Perrin, 2000 et 2004 ; Tempus, 2004 (prix Louis-Marin de l'Académie des Sciences morales et politiques ; prix Saint-Louis).

Historiquement correct, Perrin, 2003 ; Tempus, 2006 (prix Marcel-Thiébaut ; Grand Prix catholique de littérature).

Quand les catholiques étaient hors la loi, Perrin, 2005 ; Tempus, 2006.

Moralement correct, Perrin, 2007 ; Tempus, 2008.

Le Dernier Empereur. Charles d'Autriche, 1887-1922, Perrin, 2009 ; Tempus, 2012 (Grand Prix de la biographie de la ville d'Hossegor).

Historiquement incorrect, Fayard, 2011 ; Le Livre de Poche, 2013.

La France catholique, Michel Lafon, 2015 ; Tempus, 2017.

Écrits historiques de combat, Perrin, 2016.

Les Vérités cachées de la guerre d'Algérie, Fayard, 2018 (prix du Guesclin).

EN COLLABORATION

Le Livre noir de la Révolution française, Cerf, 2008.

Les Grands Duels qui ont fait la France, Perrin/Le Figaro Magazine, 2014 ; Pocket, 2016.

Les Derniers Jours des reines (codirection de l'ouvrage avec Jean-Christophe Buisson), Perrin/Le Figaro-Histoire, 2015 ; Pocket, 2017.

L'Église en procès : la réponse des historiens (direction de l'ouvrage), Tallandier, 2019.

Les articles de Jean Sévillia peuvent être consultés sur son site :
www.jeansevillia.com

Jean Sévillia

HISTOIRE PASSIONNÉE
DE LA FRANCE

PERRIN

Direction éditoriale: Christophe Parry
Direction artistique: Marie de Lattre
**Coordination éditoriale et mise
  en pages**: Marguerite de Marcillac
Fabrication: Sylvie Montgermont
Photogravure: ILC Point11

© Perrin, un département d'Édi8, 2013
et Perrin, un département de Place des Éditeurs, 2019
pour la présente édition revue et augmentée

Perrin, un département de Place des Éditeurs
12, avenue d'Italie
75013 Paris
Tél.: 01 44 16 09 00
Fax: 01 44 16 09 01

ISBN: 978-2-262-08325-0
Dépôt légal: novembre 2019

Le Code de la propriété intellectuelle interdit les copies ou reproductions destinées à une utilisation collective. Toute représentation ou reproduction intégrale ou partielle faite par quelque procédé que ce soit, sans le consentement de l'Auteur ou de ses ayants cause, est illicite et constitue une contrefaçon sanctionnée par les articles L 335-2 et suivants du Code de la propriété intellectuelle.

Pour Aliette, Faustine, Louis, Maël et Olivia.

« C'est embêtant, dit Dieu. Quand il n'y aura plus ces Français, il y a des choses que je fais, il n'y aura plus personne pour les comprendre. »
Charles Péguy,
Le Mystère des saints Innocents.

I. La France avant la France

La France avant la France

L'homme de Cro-Magnon, identifié en 1868 près des Eyzies, en Dordogne, a longtemps passé pour le plus ancien des hommes préhistoriques découverts en France : il a vécu autour de 30 000 ans av. J.-C. L'homme de Tautavel (Pyrénées-Orientales), dont le crâne a été mis au jour en 1971, a fait reculer cette limite : cet *Homo erectus*, vieux d'environ 450 000 ans, est à ce jour le plus ancien habitant de la France. Mais des outils en pierre, récemment découverts dans le département de l'Hérault, ont été datés d'environ 1,5 million d'années, avant que des galets de quartz taillés, trouvés dans le Massif central, soient évalués à 2 millions d'années, attestant déjà d'une présence humaine.

Pourquoi commencer le récit de notre histoire en évoquant ces très lointaines époques qui n'ont rien à voir avec la France ? Parce que l'histoire repose sur des continuités au moins autant que sur des ruptures et des progrès : ni l'homme, ni les civilisations, ni les nations ne naissent un jour du néant.

Quand l'homme est-il apparu sur le sol de ce qui deviendra la France ? Les progrès de l'archéologie et des techniques d'analyse n'ont cessé de bousculer les hypothèses. On pensait encore, il y a peu, que l'Afrique avait fourni la souche de tout le peuplement humain. Cette idée est remise en question de nos jours, certains scientifiques avançant que chacun des rameaux successifs de l'humanité est né d'une souche unique résultant d'une mutation isolée. Les phénomènes de peuplement, par ailleurs, se seraient déroulés non par injection massive d'une population nouvelle, mais par le développement lent et naturel de petites unités humaines sur des territoires favorables.

Une chose est certaine : la France possède un patrimoine préhistorique considérable. Le plus vieil habitat paléolithique connu en Europe est la grotte du Vallonnet, à Roquebrune, dans les Alpes-Maritimes : des galets taillés et des ossements de mammifères datant d'il y a 1 million d'années y ont été découverts en 1958. Les préhistoriens s'accordent sur la chronologie suivante. La conquête du feu intervient vers 500 000 av. J.-C., comme en témoignent plus de 300 sites préhistoriques en France. Vers 300 000 av. J.-C., la conscience de la mort apparaît chez

l'homme. Vers 100 000 av. J.-C., les défunts sont enterrés dans des fosses, à côté d'offrandes déposées dans le but de les accompagner dans l'au-delà : l'angoisse métaphysique est née. Vers 30 000 av. J.-C., l'art pariétal (la peinture dans les grottes) fait son apparition, tandis que l'homme fabrique des parures : l'esthétique rejoint la métaphysique.

L'homme de Neandertal est le premier à ensevelir ses morts avec solennité. La preuve en a été apportée par la sépulture qui, datée de 60 000 ans av. J.-C., a été mise au jour, en 1908, à La Chapelle-aux-Saints, en Corrèze. Le XIXe siècle avait imaginé le Néandertalien comme une créature brutale et fruste. Ce cliché a été invalidé par la science. Récemment, de nouvelles techniques basées sur l'uranium ont fait reculer de plusieurs milliers d'années la datation de l'art pariétal, si bien que certains spécialistes estiment que c'est l'homme de Neandertal qui aurait peint les premières grottes ornées. Les Néandertaliens ont disparu, mystérieusement, il y a environ 30 000 ans. Pendant quelques milliers d'années, ils ont cohabité avec leurs successeurs, les hommes modernes, dont le prototype est l'homme de Cro-Magnon.

L'homme de Cro-Magnon est un nomade

Physiquement, l'homme de Cro-Magnon est proche de nous. Mais le milieu dans lequel il évolue ne ressemble pas au nôtre. De 40 000 à 10 000 av. J.-C., l'Europe et l'Asie connaissent une nouvelle ère glaciaire. Quand apparaît l'homme de Cro-Magnon, aujourd'hui appelé l'*Homo sapiens sapiens*, une calotte de glace couvre la terre ferme depuis le nord de l'Allemagne jusqu'au sud de l'Angleterre[1]. Le nord de la France est donc bordé par un mur blanc qui correspond, la Manche n'existant pas, aux côtes anglaises. Les glaciers des Alpes descendent jusqu'à Lyon. Le nord et le centre de la France sont un désert où vivent de rares animaux et où l'homme ne s'aventure que l'été. C'est dans le sud, où la température estivale peut atteindre 15°, que se répartissent les 10 000 individus qui composent la population, dans des campements situés en Gironde, dans les Charentes, la Vienne, la Creuse et la vallée du Rhône.

L'homme, alors, est un nomade. Il chasse le mammouth, le rhinocéros laineux, l'ours des cavernes. Et le renne, précieux animal qui fournit la viande pour se nourrir, le

---

1. Pays, régions et villes, dans les premiers chapitres de ce livre, sont désignés par leur nom moderne. Cet anachronisme vise à faciliter la lecture.

Reproduction d'une des plus anciennes peintures rupestres de la grotte Chauvet en Ardèche.

cuir pour se vêtir et les os pour fabriquer des outils. Avec l'ivoire, l'homme sculpte des figurines, des bijoux. Dans les grottes, qui sont des sanctuaires, il peint. L'art pariétal n'existe ni en Amérique, ni en Afrique, ni en Asie. En Europe, sur les 180 grottes abritant des figures rupestres qui ont été retrouvées, une dizaine se trouvent en Italie, une dans l'Oural, et tout le reste dans le sud-ouest de la France et le nord-est de l'Espagne. Pourquoi ? Nul ne le sait. Mais le sous-sol français, c'est un fait, recèle la plus grande part des manifestations inaugurales du sens artistique de l'être humain. Les récentes découvertes de la grotte Cosquer, près de Marseille, en 1991, ou de la grotte Chauvet, en Ardèche, en 1994, laissent supposer que d'autres surprises attendent les chercheurs.

Au mésolithique (de 10 000 à 5 000 av. J.-C.), les grandes glaciations sont terminées, le climat est tempéré. C'est dans la forêt ou sur les côtes que les hommes subsistent de la chasse ou de la pêche. Environ 5 000 à 6 000 ans av. J.-C., de petits groupes d'hommes arrivent par le Danube et la Méditerranée, apportant l'agriculture et l'élevage. À Cuiry-lès-Chaudardes, dans l'Aisne, ont été exhumés les vestiges de maisons de cette époque, bâties par des colons d'Europe centrale. Au néolithique (de 5 000 à 2 500 av. J.-C.), les pratiques anciennes de la chasse et de la cueillette se maintiennent, mais le travail aux champs et le soin des troupeaux deviennent l'activité principale. Les hommes se sédentarisent, les villages se créent. Ce qui se met en place, c'est la civilisation rurale qui ne s'effacera que dans la seconde moitié du XXe siècle.
4 000 ans av. J.-C. apparaissent les mégalithes. Pourquoi (et comment) les indigènes ont-ils édifié dolmens et menhirs ? Quel sens religieux ou cosmogonique revêtaient ces constructions ? Pourquoi leur forte concentration en Bretagne ? Pourquoi cet art cesse-t-il vers 2 800 av. J.-C. ? Autant d'énigmes qui alimentent inlassablement l'édition à sensation.
À partir de 3 700 av. J.-C., les Chasséens, population du sud de la France dont le nom vient d'un campement mis au jour à Chassey, en Saône-et-Loire, se répandent graduellement sur le territoire du pays. Occupant le Bassin parisien, où ils défrichent les terres cultivables, ils refoulent plus au nord et à l'est les gens autrefois venus du Danube. La culture et l'élevage marginalisent la chasse. Les échanges commerciaux commencent en direction de l'Angleterre, du Rhin ou des Pyrénées.
Vers 2 700 av. J.-C., le territoire de la France abrite un million d'hommes. De 2 500 à 1 800 av. J.-C., c'est l'âge du cuivre : l'homme façonne l'or, l'argent et le cuivre. C'est à cette époque qu'il domestique le cheval. Vers 2 000 av. J.-C. débute l'âge du bronze. Cet alliage du cuivre et de l'étain permet de fabriquer

des armes et des outils de qualité. Au premier millénaire av. J.-C., le territoire est peuplé par 5 millions d'habitants. Éleveurs et agriculteurs, ils défrichent les forêts, construisent des villages. Cependant, arrivant de l'Est vers l'an 1000, des peuples migrateurs ont commencé d'apparaître : les Celtes.

Les Celtes, en France, s'appellent les Gaulois

Pendant des millénaires, ils ont campé dans les steppes d'Asie centrale. Peu à peu, ils se sont dirigés vers l'Ouest, sans doute poussés par d'autres peuples. Ils ont longtemps stationné en Autriche, où l'on a retrouvé des vestiges de leur civilisation autour de Hallstatt. Dans cette région, ils exploitaient le sel gemme et, connaissant le travail du feu, forgeaient des objets en fer.

Sculpture celte du IIe siècle av. J.-C. représentant des têtes d'ennemis coupées et provenant de l'oppidum d'Entremont (Bouches-du-Rhône).

Les Celtes poursuivront leur migration jusque dans la péninsule Ibérique. On les retrouvera en Italie du Nord comme sur le territoire de la France. Mais, ici, ils portent un autre nom : les Gaulois. Ce sont les historiens grecs qui ont appelé ces peuples les Celtes, tandis que les historiens romains ont utilisé à leur sujet le terme de Gaulois (*Galli*). Il ne faut pas s'imaginer leur arrivée, de même pour les migrations précédentes, comme l'exode d'immenses masses humaines. Ce sont des groupes qui font souche dans des zones peu peuplées. Des combats peuvent les opposer à la population antérieure, mais ils ne cherchent pas à l'éliminer, n'en ayant pas les moyens. Les Celtes pénètrent d'ailleurs par vagues successives, mais celles-ci sont séparées par des espaces de temps qui se comptent en centaines d'années.

Dans l'imaginaire national, les Gaulois occupent une place à part en raison du rôle d'ancêtres communs à tous les Français que le XIXe siècle leur a fait jouer et de la figure de Vercingétorix. Ces stéréotypes se sont maintenus jusqu'à nos jours, réveillés par les personnages populaires des aventures d'Astérix.
Les sources écrites, concernant les Gaulois, sont rares. Une bonne part de leur histoire a été écrite par Jules César, leur adversaire. Seul le long travail des archéologues a permis d'en savoir plus. Mais les dernières décennies ont été décisives, à cet égard, car les découvertes effectuées, et les avancées de l'archéologie aérienne, ont totalement transformé notre regard sur ces peuples à la fois divers – les Gaulois n'ont jamais formé une unité – et dotés de caractéristiques partagées.

Ce n'est pas un mythe : les Gaulois sont des guerriers, et même des guerriers redoutés. Ils combattent torse nu ou parfois nus, en poussant des cris destinés à intimider leur adversaire. Ils utilisent des chars d'osier tressé, tirés par un ou deux chevaux, chars auxquels ils accrochent les têtes coupées de leurs ennemis. Pour autant, ils ne procèdent pas, habituellement, à des sacrifices humains – légende dont les spécialistes ont fait justice.
Les Gaulois ne passent toutefois pas leur temps à faire la guerre. Ils sont d'abord des paysans qui, poursuivant l'effort accompli par les populations qui les ont précédés, défrichent et cultivent. Pratiquant l'assolement, ils ont inventé des techniques de fertilisation des terres. Ce sont eux, parce qu'ils ont occupé toute la France, qui ont systématiquement façonné le paysage rural qui perdurera jusqu'à nos jours. Non seulement les Gaulois ne vivent pas au fond des forêts, mais ces dernières peinent à se renouveler, car ils surexploitent le bois. Les campagnes gauloises sont donc quadrillées de champs – les fermes, dans certaines régions, étant distantes de 1 km au plus.

Les Gaulois sont aussi des artisans. Ils confectionnent des vêtements dans des étoffes de couleur, des bijoux d'or et d'argent, des émaux, des armes, des coupes, des gobelets et des bouteilles. Ils ont inventé le tonneau, qui remplace l'amphore, et conçu le pas de vis. Aux fenêtres de leurs maisons, ils mettent parfois des vitres. Ils se lavent avec du savon, un mélange de graisse et de soude.

Les Gaulois ont bâti des villes

Sur les hauteurs, non loin des principaux axes de communication, les Gaulois ont construit des sites fortifiés (*oppidum*, *oppida*). Le plus connu est la butte du mont Lassois, en Bourgogne. Mais, dans les territoires conquis sur la forêt, ils édifient de véritables villes. Bourges, Lutèce (Paris), Chalon-sur-Saône, Orléans, Rouen sont des cités d'origine gauloise. Les fouilles archéologiques menées sur le site de Corent, dans le Puy-de-Dôme, ont dévoilé un véritable centre urbain, organisé autour d'un oppidum.

Sur le plan économique, ce monde n'est pas clos. Les Gaulois vendent aux Romains de l'étain, des lainages, du blé, des salaisons, du bétail et des chariots, et leur achètent de l'huile et du vin : de 500 000 à 1 million d'amphores, importées d'Italie, arrivent chaque année en Gaule. Les échanges commerciaux des Gaulois s'effectuent jusqu'en Grèce ou en Crimée. En 1953, un vase de bronze de 1,64 m de haut, pesant 208 kg, a été découvert à Vix, en Bourgogne ; il avait été acheté dans le sud de l'Italie, qu'on appelait alors la Grande Grèce, vers 500 av. J.-C., afin d'enrichir le trésor funéraire d'une princesse gauloise.

Les Gaulois, contrairement à l'image d'Épinal, ne sont donc pas des êtres frustes qui vivent dans des huttes au fond des bois. Si leur culture est principalement orale, nous possédons un assez grand nombre d'inscriptions en langue gauloise, le plus souvent transcrites au moyen de l'alphabet grec. Les prêtres du culte gaulois, les druides, sont aussi juges, savants, médecins, chirurgiens et guérisseurs. Une fois par an, venus de toute la Gaule, ils se réunissent dans la forêt des Carnutes, près de Chartres.

Il existe une aristocratie gauloise, à la fois terrienne et militaire. Entretenant des hommes d'armes et possédant des serviteurs et des esclaves, les nobles sont aussi propriétaires agricoles. Chez certains peuples, par exemple les Éduens[2], druides et nobles, chaque année, élisent le vergobret, un magistrat suprême qui exerce le

---

2. Les Éduens sont établis entre la Loire et la Saône, en Bourgogne et dans le Nivernais.

Le cratère en bronze de Vix, décoré de guerriers et de chars, découvert dans la tombe d'une princesse celte à Vix (Bourgogne).

droit de déclarer la guerre ou de conclure la paix. Guerre ou paix avec les tribus voisines, car les soixante peuples gaulois se combattent souvent.

Tous les Celtes de Gaule ne sont pas sédentaires. En 390 av. J.-C., quelques dizaines de milliers d'hommes de la tribu des Sénons[3], emmenés par Brennus, franchissent les Alpes, prennent d'assaut les cités d'Italie du Nord, puis ravagent Rome. En échange du versement d'un tribut, les Sénons acceptent de quitter la ville. C'est ici que survient le célèbre épisode où Brennus, afin d'obtenir une quantité d'or supplémentaire, jette son épée dans la balance en poussant le cri du vainqueur : *Vae victis* (« Malheur aux vaincus »). Ayant abandonné Rome, les Gaulois conservent le contrôle du nord de l'Italie, que les Romains appellent désormais la Gaule cisalpine. Les Sénons ne seront soumis qu'en 283 av. J.-C. : un siècle aura été nécessaire pour que Rome se libère de la menace celte dans le nord de la péninsule.

---

3. La capitale des Sénons se trouvait à l'emplacement de la ville de Sens.

D'autres Gaulois, à la même époque, lancent une expédition qui atteint la Grèce. En 279 av. J.-C., ils pillent le sanctuaire de Delphes, et poursuivent leur route jusqu'en Asie Mineure (l'actuelle Turquie), où ils fondent le royaume des Galates : c'est à ces Gaulois qu'écrira saint Paul.
Après leur arrivée sur le sol de ce qui deviendra la Gaule, les Celtes représentent moins de 10 % de la population, l'élément issu du néolithique restant prédominant. Mais peu à peu, tout en croissant numériquement, les Gaulois imposent leur langue, leurs mœurs, leurs traditions politiques et sociales. Au milieu du IIIe siècle av. J.-C., puis au IIe siècle, deux nouvelles vagues d'envahisseurs surgissent au nord. Ce sont les Belges, peuple indo-européen apparenté aux Celtes. S'installant au nord de la Seine et de la Somme, ils repoussent les Gaulois vers le sud, jusqu'aux Pyrénées.

Jules César à la conquête des Gaules

À la veille de la conquête romaine, 8 millions d'habitants peuplent déjà la Gaule, ce qui est beaucoup pour l'époque. C'est par étapes que les Romains pénètrent dans le pays. Tout commence par l'appel que leur lancent, en 125 av. J.-C., les habitants de Marseille (Massalia), ville grecque fondée, au VIe siècle av. J.-C., par des colons originaires de Phocée, en Asie Mineure. Les Marseillais, menacés par les Salyens, tribu celte dont la capitale est l'oppidum d'Entremont, à côté de l'actuelle Aix-en-Provence, sollicitent l'aide des Romains. Ces derniers détruisent Entremont et installent un poste fortifié à Aix, point de contrôle de la région. Marseille, à ce stade, reste indépendante. La première colonie romaine en Gaule est fondée à Narbonne en 118 av. J.-C. Les Romains entreprennent alors la construction de la Voie domitienne, qui relie l'Espagne, annexée quinze ans plus tôt, à l'Italie. Quelques années plus tard, le Midi méditerranéen et la vallée du Rhône jusqu'à Genève forment une province romaine, la *Provincia* (d'où viendra le mot Provence) ou Gaule transalpine. Toulouse, Narbonne, Nîmes, Arles, Orange et Vienne sont des cités romaines.
En 120 av. J.-C., Cimbres et Teutons, deux peuples indo-européens qui appartiennent à l'ethnie des Germains, se mettent en branle, à partir des rives de la mer du Nord, en direction de l'Europe centrale. Poursuivant leur chemin, ils entrent en Gaule, ravageant tout sur leur passage, avant d'être arrêtés par le consul Marius qui vainc les Teutons à Aix-en-Provence et les Cimbres à Verceil, en Italie. Cette incursion prouve aux Romains que la Gaule forme un point faible à leurs

frontières. Ils en feront donc un glacis protecteur contre les Barbares, nouant à cette fin des alliances avec certaines tribus gauloises.

Dans ses *Commentaires*, Jules César, décrivant la Gaule transalpine avant la conquête romaine, distingue la Province, ou Gaule romaine, et la Gaule libre, qui se divise en trois parties : au nord-est, la Gaule Belgique ; dans le sud-ouest, l'Aquitaine ; au centre, la Gaule celtique. En 58 av. J.-C., César, déjà gouverneur de la Gaule cisalpine (située en Italie), se voit ajouter la charge de la Gaule transalpine. Or, cette année-là, on apprend que les Helvètes, un peuple gaulois qui occupe le territoire actuel de la Suisse, se préparent à une migration pacifique, envisagée depuis deux ans. Ils ont prévu de s'installer, avec leur accord, dans la contrée habitée par les Santons, autour de Saintes. L'itinéraire tracé, à partir du lac Léman, traverse des territoires placés sous l'autorité des Romains. Afin d'obtenir la permission de passer, les Helvètes s'adressent à Jules César. Dans ses rapports au Sénat, ce dernier majore volontairement les risques représentés par cette migration. Avec plusieurs milliers de cavaliers gaulois – notamment des Éduens, ses alliés, et d'autres de la Province –, le gouverneur se porte à la rencontre des Helvètes et engage le combat dans la région d'Autun, près du mont Beuvray (Bibracte, la capitale des Éduens).

Vaincus, les Helvètes rebroussent chemin. Dans l'oppidum de Bibracte, Jules César reçoit les délégués de plusieurs peuples gaulois qui, lui témoignant leur gratitude pour les avoir débarrassés de l'envahisseur, sollicitent sa protection contre d'autres périls, notamment les Germains. Ainsi commence la guerre des Gaules. Elle durera sept ans, de 58 à 51 av. J.-C., nécessitera huit campagnes, dont une campagne navale contre les Vénètes[4], dans le golfe du Morbihan, deux traversées de la Manche et deux franchissements du Rhin. C'est Jules César qui érige ce fleuve en frontière entre Gaulois et Germains, limite territoriale qui s'inscrira dans l'Histoire.

L'aventure de Vercingétorix s'achève à Alésia

Alors que les Gaulois forment une mosaïque de peuples rivaux, Jules César coalisera contre lui un grand nombre de ces peuples, au cours d'une guerre qui s'avérera paradoxalement fondatrice pour la Gaule vaincue. En 52 av. J.-C., un chef gaulois est exécuté. En représailles, des citoyens romains sont massacrés à

---

4. Les Vénètes d'Armorique, peuple maritime, étaient installés autour de Vannes.

Calendrier celte gravé sur une plaque de bronze datant du Ier siècle av. J.-C.

	D AMB IVOS			D IVERTOMV		
EQVOS	**ANM** M S		**M SAMON** M AT			
	D IVOS	I	D	D VMANIVOS		
	PRINI LOVDIN	II	HIM D		IVOS	
A	D SIMIVISONNA	III	III N	D	D VM IV	
	D IVOS	IIII	M	D		
VI	D	V	D		AMB	
	D AMB	VI	M·	D		
	D SIMIVISO	VII		PRIN	IOVDIN	
	D ELEMBI	VIII	D		D VM	
	D ELEMBI	VIIII	N IM D			
	D ELEMBI	X	M	D		
	D	XI	D		AMB	
	D AMB	XII	M	D		
	D	XIII	HIM D			
	D	XIIII	HIM D			
	D SEMIVIS	XV	HIM D			
IN	D SEMIVI					
M	D SEMICANON					
ENOVX			**ATENOVX**			
M	D SEMIVIS	I	D		D VMAN	
M	D SIMIVIS	II	III	D	TRINVXSAMO	
	D NM ESIMIVIS	III		D	AMB	
		IIII	M	D		
	D AMB	V	III	D	AMB	
III	D SIMISO	VI	HIM P			
III	D ELEM AMB	VII	HIM P		AMB	
III	D ELEM B	VIII	D	N	INIS R	
	D AMB ELEM	VIIII	N		INIS R	
	D AMB	X	HIM D		AMB IVOS	
II	D	XI	HI	D		IVOS
	D	XII	HIM D			IVOS
III	D AMB	XIII		D	AMB	IVOS
	D	XIIII	M	D		IVOS
	D AMB	XV		D	AMB IVOS	
ELEMB AN			**M D VMAN**		**ANM**	

Orléans. La nouvelle est aussitôt transmise à toutes les tribus, qui reçoivent un appel à l'insurrection lancé par Vercingétorix.

Né à Gergovie (aux alentours actuels de Clermont-Ferrand), issu d'une famille noble, élevé par les druides, instruit, cet homme, qui n'a pas 30 ans, a servi parmi les soldats de Rome. Il a l'intuition que la Gaule peut être victorieuse si elle se fédère. Ayant naguère cherché et échoué à devenir roi des Arvernes, il a été chassé de sa ville natale. Au vu de la révolte dont il prend la tête, Gergovie se place pourtant sous son commandement.

César, qui était en Italie, rejoint de son côté son armée. Un à un, la plupart des peuples gaulois envoient des renforts à Vercingétorix. Plutôt que d'affronter directement les légions romaines, le chef gaulois pratique la tactique de la terre brûlée. Les habitants d'Avaricum (Bourges), la capitale des Bituriges[5], le supplient cependant d'épargner leur cité. Par scrupule, Vercingétorix cède à leurs instances, en échange de la promesse qu'ils résisteront aux envahisseurs. Mais, après un siège de vingt-cinq jours, les Romains s'emparent de la ville et y commettent un carnage.

Afin de parer à l'offensive de César, qui bénéficie du soutien des Éduens, Vercingétorix se retranche dans Gergovie. Mais les Romains sont repoussés et les Éduens, changeant de camp, rallient la rébellion. Pour les Gaulois, c'est une double victoire. César entame alors une retraite en direction du Rhône et de la province romaine de Transalpine. Afin de protéger le repli de ses troupes, il recrute des cavaliers germains. Vercingétorix, sans doute abusé par son succès à Gergovie, rompt à ce moment-là avec sa tactique attentiste et attaque l'adversaire. Mauvais calcul : ses cavaliers sont massacrés par les Germains.

Avec 80 000 hommes et trente jours de vivres, le chef gaulois s'enferme dans l'oppidum d'Alésia[6]. Ses émissaires, pendant ce temps, sont chargés de lever des hommes dans toute la Gaule. En face, les légions romaines, en cinq semaines, se livrent à un travail de titan : autour d'Alésia, elles construisent une triple ligne de fortifications.

---

5. Les Bituriges sont partagés en deux familles ; les uns ont Bordeaux pour capitale, les autres Bourges.
6. La polémique sur la localisation d'Alésia, apparue au XIXe siècle, n'a plus de fondement scientifique : dans les années 1990, le site gaulois a été identifié de manière certaine à Alise-Sainte-Reine, en Côte-d'Or, invalidant les hypothèses d'Alaise, dans le Doubs, ou de Chaux-des-Crotenay, dans le Jura.

La France avant la France

Vue de la Voie domitienne dans l'Hérault.

La première vise à empêcher les assiégés de sortir, la dernière à barrer la route à d'éventuels secours. César leur refusant le passage, femmes, enfants et vieillards, chassés par Vercingétorix, sont condamnés à agoniser entre les lignes. Quand les renforts gaulois arrivent enfin – 250 000 fantassins et 8 000 cavaliers –, ils se brisent sur le dispositif romain. Après une journée de combats, cette armée, mise en déroute, se disperse. Les assiégés, affamés, n'ont plus d'espoir. À la fin de l'été de l'an 52 av. J.-C., Vercingétorix, comprenant que tout est perdu, effectue sa reddition. Ses soldats sont réduits en esclavage et lui, prisonnier, est emmené à Rome. Il y attendra la mort six années durant. En 46 av. J.-C., après avoir été traîné dans les rues de la ville lors du triomphe de Jules César, le chef gaulois est étranglé dans sa cellule.
Arvernes et Éduens sont dorénavant soumis aux Romains : la guerre des Gaules est terminée. Ce conflit a été effroyable. Environ 600 000 Gaulois ont été tués – soit le dixième de la population de la Gaule indépendante –, et 500 000 prisonniers vendus comme esclaves par les Romains. Villes et campagnes sont dévastées. Vercingétorix, avec sa tentative d'unifier les Gaulois, a été prophète, même s'il ne faut pas lui attribuer une vision politique qu'il n'avait pas. Car l'unité de la Gaule va s'opérer mais, pour son plus grand bien, sous l'égide de Rome.

La Gaule forme trois provinces romaines

La guerre de conquête a été dure. La politique d'assimilation qui suit, en revanche, est libérale, illustrant la fameuse clémence romaine qui préfère séduire plutôt qu'asservir. Un faible tribut est imposé aux vaincus. Leur valeur militaire est reconnue par le recrutement dans leurs rangs de soldats qui sont engagés par César dans la guerre civile contre Pompée. Les principaux peuples gaulois – Éduens, Arvernes[7], Rèmes[8], Séquanes[9] – sont déclarés alliés de Rome. Certains, comme les Bituriges, sont même considérés comme des peuples libres.
En 27 av. J.-C., Auguste, héritier de César, fixe la division du pays en quatre parties. Au sud, l'ancienne province devient la Narbonnaise, qui a le statut de province du peuple romain ou province sénatoriale, ce qui signifie que sa gestion dépend directement du Sénat. Le reste de la Gaule est partagé en trois provinces impériales. L'Aquitaine s'étend des Pyrénées à la Loire. La Gaule celtique, ou

---
7. Les Arvernes sont établis en Auvergne.
8. Les Rèmes, établis en Champagne, ont Reims pour capitale.
9. Occupant le territoire situé entre les sources de la Seine et le Jura, les Séquanes ont établi leur capitale à Besançon.

lyonnaise, située entre Loire et Seine, inclut l'Armorique (la Bretagne) et la Normandie. La Gaule Belgique, enfin, couvre le nord et l'est du pays. Chaque province est dotée d'un gouverneur romain. En 17 de notre ère, Tibère détache deux provinces bordant le Rhin, la Germanie inférieure et la Germanie supérieure, qui deviennent un nouveau glacis protecteur contre les Barbares.
Auguste est attaché à la Gaule. C'est sous son règne que des villes nouvelles prennent leur essor : Autun, Tours, Clermont, Angers, Bayeux, Troyes. La Maison carrée de Nîmes, le pont du Gard ou les théâtres d'Orange, Arles ou Vienne datent de cette époque. Lyon a été fondée sur décision du Sénat romain, en 43 av. J.-C., avec l'objectif d'en faire la capitale des Gaules. En 12 av. J.-C., le sanctuaire fédéral des Trois Gaules est inauguré à l'emplacement actuel de la Croix-Rousse. C'est à Lyon qu'est né Claude, empereur qui, de 41 à 54 de notre ère, s'attache à romaniser la Gaule. Il offre notamment aux nobles gaulois la possibilité d'entrer au Sénat romain et d'exercer d'importantes fonctions dans l'Empire. Les Gaulois qui ont accédé à la citoyenneté font éduquer leurs enfants à Rome, intégration qui achève de diffuser la culture latine en Gaule. Les révoltes – il y en aura – seront rares, et ne remettront pas en question le modèle romain.
C'est donc par l'assimilation consentie des élites autochtones que s'édifie la société gallo-romaine. En Gaule, les Romains proprement dits sont d'ailleurs peu nombreux : 100 000 colons, essentiellement dans le Midi. Ce chiffre est à rapporter à celui des 8 millions d'habitants du pays avant la victoire des Romains, sachant que l'élément gaulois, initialement, était lui-même minoritaire. Dans la population gallo-romaine, par conséquent, le fonds issu du néolithique est toujours présent.

Protégée des migrations de l'Est par les légions qui campent sur le Rhin, bénéficiant de la sécurité intérieure et de la paix extérieure, la Gaule est un pays prospère. Les campagnes se peuplent. L'habitat rural fait place aux fermes de grande exploitation : on compte 500 000 *villae* de type romain en Gaule. L'araire préfigure la charrue et les Gallo-Romains inventent même la moissonneuse. Dans le Midi, les Romains introduisent l'olivier et la vigne, mais la viniculture se pratique bientôt en Bourgogne et jusqu'en Moselle.
Lyon, Reims, Trèves, Autun, Narbonne et Nîmes, cités gallo-romaines, sont des chantiers permanents. La Gaule abrite le quart des amphithéâtres que compte l'Empire, presque autant que l'Italie. Remparts, temples, forums, marchés, cirques, aqueducs, égouts, thermes : ces constructions montrent la puissance de la civilisation romaine. Balisé par des bornes, le réseau routier, dont il reste des segments aujourd'hui, permet de parcourir 45 km par jour. Des bateaux naviguent sur le Rhône, la Saône, la Seine et la Loire. Les ports de Marseille, Narbonne, Arles

Le pont du Gard.

et Bordeaux sont de véritables centres commerciaux. La Gaule forme un nœud d'échanges avec la Grande-Bretagne, les pays d'au-delà du Rhin, l'Espagne et surtout la Méditerranée et l'Asie.

Initialement langue de l'envahisseur, le latin devient la langue des élites. Il est utilisé dans l'armée, l'administration, les actes commerciaux, sur les monnaies, les bornes milliaires et les inscriptions au fronton des monuments. Les notables romanisent leur nom. Les langues vernaculaires restent la langue du peuple, mais se transforment en mélangeant mots celtes et latins. Interdits par Claude, les druides ont disparu, mais les divinités gauloises se maintiennent en se confondant peu à peu avec les dieux gréco-romains.

Cette *pax romana*, qui a duré trois siècles, a marqué notre histoire en profondeur. Elle prendra fin avec les grandes invasions. Celles-ci, coïncidant avec la fin de l'Empire, bouleverseront aussi le destin de la Gaule.

Le monde romain attire les Barbares

Au-delà du *limes* qui sépare le monde romain du monde barbare, des peuples se sont mis en mouvement. Vers l'Ouest. C'est par tradition, et pour faire image, que nous nommons cette migration « grandes invasions ». Le phénomène, en réalité, s'étale sur des dizaines et parfois des centaines d'années. Sauf exception, il ne se traduit pas par le déferlement d'immenses vagues humaines. Ce sont des groupes de quelques dizaines de milliers d'hommes qui s'introduisent dans des zones frontalières peu peuplées, Rome leur accordant le statut de colons et le droit de servir dans ses armées. Au fond, comme les Gaulois auparavant, ces Barbares aspirent à se faire une place dans le monde romain. Sur la durée, toutefois, ce mouvement, joint à l'affaiblissement du pouvoir central, finira par miner la cohésion de l'Empire.

Dès le IIIe siècle de notre ère, des peuples germaniques effectuent des incursions en Gaule. Au siècle suivant, certains s'installent entre le Rhin et la Moselle. Le 31 décembre 406, le Rhin ayant gelé, Vandales, Suèves et Alains[10], fuyant devant les Huns, franchissent le fleuve, près de Mayence, avec femmes, enfants, vieillards et troupeaux. Ces envahisseurs dévastent la Gaule, mais atteignent les Pyrénées

---

10. Avant leur migration vers l'Ouest, les Vandales sont établis entre la Vistule et l'Oder, les Suèves entre le Rhin et le Danube, les Alains dans le Caucase.

et passent en Espagne. En 418, ce sont les Wisigoths[11] qui, après avoir été eux aussi repoussés par les Huns, envahissent les Balkans, puis obtiennent le statut de fédérés dans l'Empire romain. Passés ensuite en Italie (où ils pillent Rome), puis en Espagne, ils fondent un royaume en Aquitaine, tout en conservant leur statut de fédérés. En 443, ce sont les Burgondes[12], également chassés par les Huns[13], qui s'installent dans la haute vallée du Rhône.

En 451, Attila, le roi des Huns, lance une expédition contre l'Empire romain d'Occident. Cologne, Metz (incendiée le 7 avril), Reims, Paris – qui résiste sous l'impulsion de sainte Geneviève –, Orléans : pendant quelques semaines, les Huns font régner la peur. Alors qu'ils sont sur le chemin du retour, l'armée romaine, dirigée par Aetius et alliée aux Wisigoths, aux Alains, aux Burgondes et aux Francs, peuples considérés il y a peu comme des Barbares, déclenche une contre-attaque. Au cours de l'été ou de l'automne de l'an 451, la bataille des champs Catalauniques, qui s'est sans doute déroulée à quelques kilomètres de Troyes, est une défaite pour Attila, qui rentre chez lui.
En 476, le dernier empereur romain d'Occident, Romulus Augustus, est déposé par ses troupes, qui ont été recrutées parmi les Barbares. En Gaule, en Espagne ou en Italie, se constituent des royaumes dont les souverains sont des Germains. Est-ce la fin de la romanité ? Non, car ces Barbares se réclament de Rome. Dans le quart sud-ouest de la Gaule, le royaume wisigoth. Le long de la Saône et du Rhône, le royaume burgonde. Et, dans le nord de la Gaule, un peuple qui écrira la suite de notre histoire : les Francs.

---

11. Peuple germanique originaire de Scandinavie, les Goths rejoignent la mer Noire, avant de s'installer aux frontières de l'Empire romain, puis d'occuper la Dacie. Les Wisigoths sont les Goths occidentaux.
12. Peuple germanique d'origine scandinave, les Burgondes, établis sur les rives de la Baltique puis dans la vallée de la Vistule, émigrent ensuite vers le Rhin.
13. Peuple nomade turco-mongol, les Huns, établis entre le lac Balkhach, au Kazakhstan, et la mer d'Aral, franchissent la Volga et le Don vers 370, puis s'installent dans l'actuelle Hongrie, d'où part la grande invasion de 406 vers la Gaule.

II. Clovis et Charlemagne, héritiers de Rome

C'est dès la fin du 1er siècle, par le truchement de marins, de marchands et de voyageurs venus d'Orient, que le christianisme est apparu en Gaule. Parti des ports méditerranéens, il a essaimé vers les vallées de la Garonne et du Rhône. En 177, sous Marc-Aurèle, la communauté chrétienne de Lyon est persécutée : l'évêque Pothin et sainte Blandine sont livrés aux bêtes. Saint Irénée succède à Pothin, puis l'Église de Lyon disparaît pendant tout le IIIe siècle. Mais d'autres apôtres, à la même époque, fondent des communautés en Gaule : Trophime à Arles, Saturnin à Toulouse, Denis à Paris, Martial à Limoges, Gatien à Tours, Austremoine à Clermont.
En 313, quand l'empereur Constantin, par l'édit de Milan, établit la liberté du christianisme, la foi chrétienne se répand dans toute la Gaule. En 314, le concile d'Arles réunit les évêques d'Occident : la Gaule romaine compte alors seize sièges épiscopaux, dont Arles, Marseille, Vaison, Bordeaux, Vienne, Lyon, Autun, Rouen et Reims. Quatre-vingts ans plus tard, lorsque les cultes païens sont interdits par Théodose (394), chaque ville gallo-romaine possède un évêque.
De grandes figures illuminent l'aube du christianisme sur le sol français : saint Hilaire, évêque de Poitiers, qui combat l'arianisme, hérésie niant la divinité du Christ ; saint Martin, évêque de Tours, veilleur, convertisseur, bâtisseur et protecteur des faibles ; saint Honorat, qui construit un monastère dans l'île de Lérins avant de devenir évêque d'Arles ; saint Jean Cassien, fondateur du monastère Saint-Victor à Marseille ; saint Germain, évêque d'Auxerre, un autre saint Martin ; saint Loup, évêque de Troyes, qui se livre en otage à Attila afin que celui-ci épargne la ville ; sainte Geneviève, dont l'intervention, en 451, sauve Paris des Huns.
Dans une société où les pouvoirs publics s'effacent, les évêques, protecteurs de la cité, sont les seuls capables de tenir tête aux envahisseurs barbares et de défendre les anciennes populations. Il leur arrive de convertir les nouveaux maîtres. Ce sera le cas de saint Remi avec Clovis, le roi des Francs.

Clovis et Charlemagne, héritiers de Rome

Les Francs, peuple fédéré au sein de l'Empire romain

Qui sont ces Francs qui donneront un jour son nom à la France ? Un des nombreux peuples germaniques qui, au IIIe siècle, poussés par d'autres peuples en mouvement, ont pris la route de l'Ouest. Au IVe siècle, les Francs Saliens[1] se fixent sur le territoire actuel de la Belgique et des Pays-Bas ; les Francs Ripuaires, eux, sur le Rhin. Après avoir fourni des auxiliaires aux légions romaines, ils acquièrent au sein de l'Empire le statut de fédérés. Poursuivant leur progression, ils occupent progressivement la Gaule du Nord. En 451, les Francs combattent les Huns aux côtés des Romains. Mais, en 454, le général romain Aetius stoppe leur avancée. Elle reprend vingt ans plus tard : en 475, Metz et Toul tombent entre leurs mains. Vers 440, Clodion, un Franc Salien, règne de Tournai à Cambrai. Grégoire de Tours, dans son *Histoire des Francs*, lui attribue un fils, Mérovée, dont on sait si peu de chose que certains spécialistes nient son existence. Les Mérovingiens, descendants présumés de Mérovée, symbolisent néanmoins trois siècles de notre histoire.

Childéric Ier, fils de Mérovée, représente à Tournai le petit État romain qui subsiste dans le Bassin parisien. Sa tombe a été retrouvée en 1653 : il avait été enterré avec l'apparat d'un chef barbare, mais doté de ses attributs de commandement romains. En lui succédant comme roi des Francs Saliens, vers 481, Clovis, fils de Childéric, s'inscrit dans cette continuité. Remi, l'évêque de Reims, qui lui écrit en le félicitant d'hériter de l'« administration de la Belgique seconde », province romaine, l'incite à prendre conseil des évêques. Or le corps épiscopal, en ce temps où l'autorité centrale a disparu avec le dernier empereur d'Occident, incarne la pérennité de l'ordre romain. Plus tard, l'empereur d'Orient fera de Clovis un consul romain : le roi des Francs tirera de cet adoubement un surcroît de légitimité.

Dès son accession au pouvoir, Clovis engage la politique qui sera l'œuvre de sa vie : réaliser l'unité de la Gaule sous l'égide des Francs, en éliminant les pouvoirs qui se sont formés à la suite de l'effondrement de l'Empire romain. En 486, lors de la bataille de Soissons, il écrase les troupes du patrice Syagrius, ultime représentant de Rome en Gaule. C'est ici que se déroule la célèbre anecdote rapportée par Grégoire de Tours. Après la victoire de Soissons, les Francs ayant l'habitude du pillage, un guerrier s'empare d'un vase sacré que Clovis avait accepté de restituer à son propriétaire. Plutôt que de céder au roi le précieux objet, le guerrier préfère le briser. Clovis avale l'affront mais, retrouvant l'homme un an plus tard, lui rappelle l'épisode du vase de Soissons, avant de lui fendre le crâne d'un coup de hache.

---

1. Les Francs Saliens, peuple germanique, sont principalement installés, à l'origine, autour de l'embouchure du Rhin. Les Francs Ripuaires, eux, sur le cours moyen du Rhin, autour de Cologne.

Vitrail de Notre-Dame de Paris
représentant sainte Geneviève.

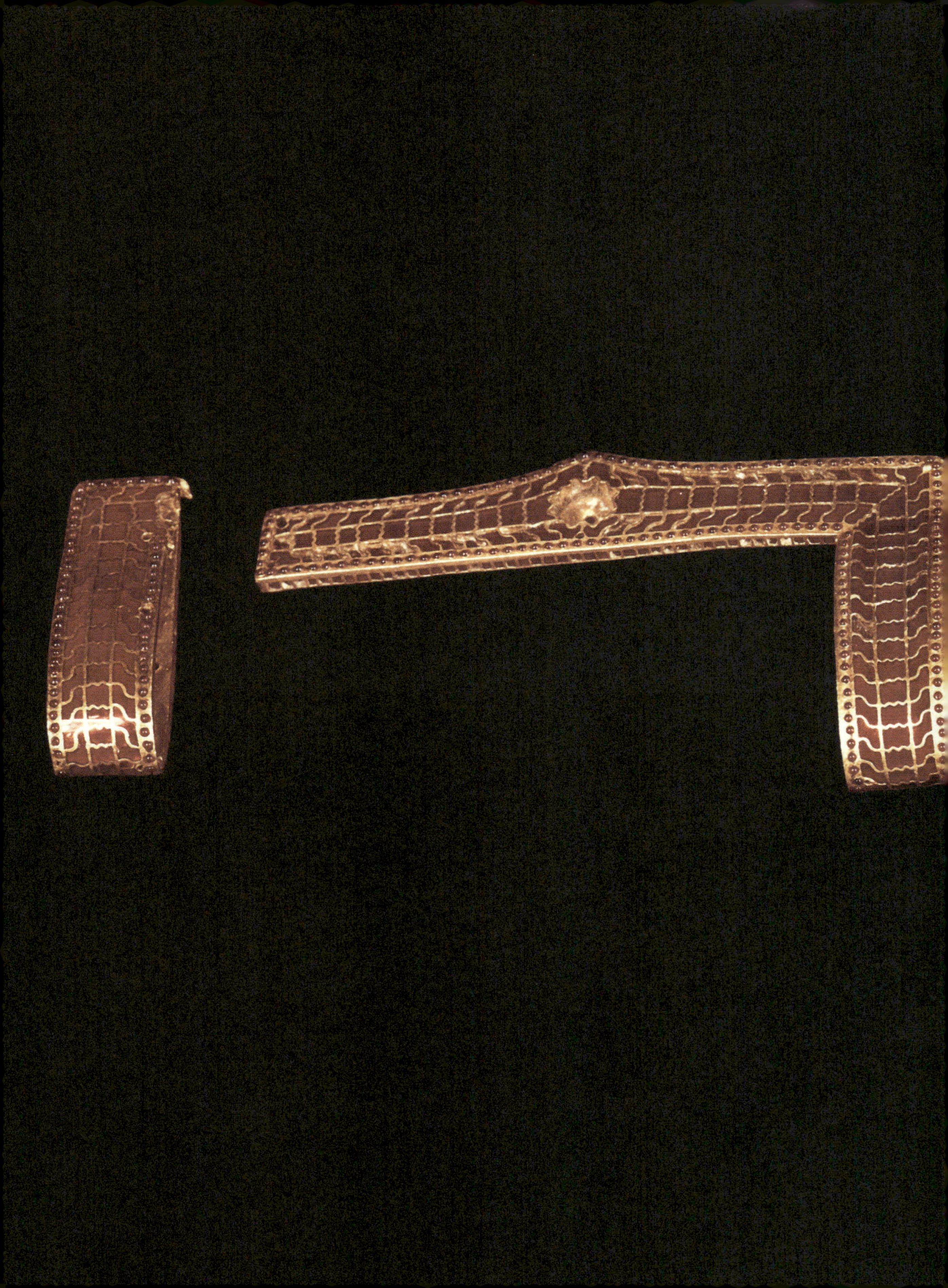

Épée d'apparat en or retrouvée dans le tombeau du roi mérovingien Childéric Ier.

Chassant les Wisigoths de Tours, le roi des Francs étend sa domination jusqu'à la Loire. Peu à peu, il élimine les chefs des autres tribus saliennes. En 496, victorieux des Alamans[2] à Tolbiac, au sud-ouest de Cologne, il soumet le pays situé entre la Meuse et la Loire. Par rapport aux 7 à 8 millions d'autochtones de la Gaule, les Francs représentent seulement quelques dizaines ou centaines de milliers d'individus. Clovis comprend qu'il ne parviendra à asseoir solidement son autorité sur les Gallo-Romains qu'à la condition d'embrasser un élément essentiel de leur culture : leur religion.

Par son baptême, Clovis rapproche Francs et Gallo-Romains

Clovis règne depuis quinze ans quand il choisit de se faire baptiser. Il y est incité par Remi, l'évêque de Reims, devenu son conseiller, mais aussi par sa femme : Clotilde, princesse burgonde, a été élevée dans le christianisme. Selon Grégoire de Tours, c'est pendant la bataille de Tolbiac, où il a vaincu les Alamans, que Clovis a arrêté sa décision. Mais d'après le témoignage de l'évêque de Trèves, le roi aurait publiquement exprimé le vœu de recevoir le baptême à l'occasion d'une visite au tombeau de saint Martin, à Tours. Or il s'est rendu dans cette ville en 498 ou 499. C'est donc l'année 499, plutôt que 496, qui est aujourd'hui retenue pour dater le baptême de Clovis. Une certitude : la cérémonie a eu lieu à Reims, le jour de Noël.
Autre certitude attestée par les sources : la conversion de Clovis est sincère. Elle l'est d'autant plus qu'il reçoit le baptême au sein de l'Église catholique, quand les chefs barbares qui ont adopté le christianisme, comme les Wisigoths ou les Burgondes, ont épousé l'hérésie arienne. Vis-à-vis du peuple franc, le roi se met donc en porte à faux. Sa conversion au catholicisme, en revanche, ne peut que plaire aux Gallo-Romains. À son baptême, Clovis a d'ailleurs invité tous les évêques de la Gaule, y compris ceux du sud du territoire, qui sont, eux, sujets de rois ariens. Comme s'il leur adressait un signe pour l'avenir.
Le baptême de Clovis, facilitant ses conquêtes et préparant la fusion

---

2. Les Alamans, groupement de tribus germaniques établies sur les cours moyen et inférieur de l'Elbe, s'installèrent ensuite entre le Main et le lac de Constance.

Clovis et Charlemagne, héritiers de Rome

Baptême de Clovis, diptyque d'ivoire consacré à la vie de saint Remi (dernier quart du IXe siècle).

des Francs et des Gallo-Romains, revêt ainsi une dimension politique. C'est pour ce motif que, plus tard, on parlera à son sujet de « baptême de la France ». En adoptant le catholicisme au contraire des autres Barbares, le roi des Francs, par ailleurs, refuse le système où le roi est à la fois chef temporel et chef religieux. Même si Clovis s'appuie sur le corps épiscopal, soutien de son gouvernement, la distinction entre l'Église et l'État restera une caractéristique de l'histoire de France.

Clovis réalise l'unité de la Gaule

En 500, Clovis bat les Burgondes près de Dijon. En 507, il est vainqueur des Wisigoths à Vouillé, près de Poitiers, succès qui lui ouvre les portes de l'Aquitaine : après s'être emparé de Toulouse, capitale wisigothique, il refoule ses adversaires en Espagne. Sur le Rhin, il impose son autorité aux Francs Ripuaires. Unissant désormais tous les Francs, Clovis règne de l'Escaut aux Pyrénées. Parce que Paris occupe une position centrale, et parce que c'est là qu'est enterrée sainte Geneviève, que Clotilde et lui vénèrent, c'est de cette ville qu'il fait sa capitale.
Roi pacificateur et législateur, Clovis généralise le recours au droit romain, esquissant le principe, certes embryonnaire, d'un État régi par la loi. Roi chrétien, il préside, à Orléans, le premier concile général de l'Église franque. Le catholicisme, toutefois, progressera lentement chez les Francs : il faudra attendre le VIIIe siècle pour que les tribus de la rive droite du Rhin se convertissent à leur tour.
Clovis meurt en 511. C'est de façon allégorique qu'il est souvent désigné comme le premier roi de France : au VIe siècle, la France n'existe pas. Quelques grands traits de notre première histoire se sont néanmoins affirmés sous son règne : lien entre le roi et le peuple à travers la religion catholique ; souveraineté sur un espace recouvrant (et débordant) une grande partie de la France ; distinction entre l'Église et l'État ; prédominance du droit romain. Aucun projet préconçu ne présidait à cette œuvre, mais des bases ont été posées. Partiellement oubliées par les descendants de Clovis, elles resurgiront un jour.

Les Mérovingiens ne sont pas des rois fainéants

À la mort de Clovis, son royaume est partagé entre ses quatre fils. Thierry exerce le pouvoir à Reims et à Metz, Clodomir à Orléans, Childebert à Paris, Clotaire à

Soissons. Les historiens ont longtemps considéré que ce partage de 511 résultait d'une coutume germanique. La tendance, aujourd'hui, est plutôt d'y voir le fruit de tractations entre Thierry, le fils aîné, né d'un premier lit, et ses trois demi-frères auxquels leur mère, Clotilde, voulait réserver une part de l'héritage paternel. Les fils et petits-fils de Clovis poursuivent son entreprise : élargir le territoire des Francs. En 534, le royaume des Burgondes est annexé par la force. En 537, la Provence. Au milieu du VIe siècle, les Mérovingiens contrôlent toute la Gaule, à l'exception des bouches du Rhin, de l'Armorique (la Bretagne), du pays Basque et de la Septimanie (le Languedoc, resté aux mains des Wisigoths). Le pouvoir des Mérovingiens s'étend aussi sur la Germanie centrale et méridionale.

En 558, Clotaire, le dernier fils survivant de Clovis, parvient à reconstituer l'unité franque. Mais sa mort, en 561, provoque un nouveau partage. Pendant un siècle, il existera alternativement trois ou deux royaumes francs. Au nord, la Neustrie, ou Francie occidentale, dont Paris est la capitale et à laquelle l'Aquitaine est rattachée, royaume à prédominance gallo-romaine. À l'est, l'Austrasie ou Francie orientale, dont Metz est la capitale, royaume à prédominance germanique. Au sud-est, la Burgondie (future Bourgogne), dont la capitale est Chalon-sur-Saône. De 570 à 613, une guerre civile oppose l'Austrasie à la Neustrie. Ce conflit, provoqué au départ par la rivalité entre Brunehaut et Frédégonde, deux reines qui prennent la tête des belligérants au nom de leurs fils ou petits-fils respectifs, s'achève par le ralliement des grands d'Austrasie et de Burgondie à Clotaire II, roi de Neustrie (ou Francie occidentale), qui est désormais le roi de tous les Francs. Les élites des trois royaumes se retrouvent à la cour de Clotaire II. Les familles nobles, gallo-romaines ou franques, y envoient leurs fils afin qu'ils y soient élevés et préparés aux responsabilités administratives et religieuses. C'est à la cour que Dagobert, le fils de Clotaire II, fréquente ceux qui l'assisteront comme roi. Son règne, de 629 à 639, représente l'apogée de la royauté mérovingienne. Conseillé par deux évêques, saint Éloi et saint Ouen, Dagobert s'efforce de restaurer le prestige du royaume, faisant respecter les frontières et rendant justice à l'intérieur. Il sera le dernier Mérovingien à exercer personnellement le pouvoir. Inaugurant une tradition, il sera également le premier roi enterré à Saint-Denis.

Après Dagobert, les partages morcellent de nouveau le territoire franc. L'antagonisme entre les successeurs du roi ranime l'opposition entre la Francie occidentale et la Francie orientale, tandis que la Burgondie et l'Aquitaine deviennent plus indépendantes. À l'intérieur de chaque royaume, dans la seconde moitié du VIIe siècle, la puissance glisse des rois vers les grandes familles qui se disputent le titre de

Le roi Dagobert Ier faisant son testament. Miniature des *Chroniques de France ou de Saint-Denis* (XIVe siècle).

maire du palais, l'intendant du roi. Dans chaque royaume, ce sont ces intendants qui exercent la réalité du pouvoir, les rois ne gouvernant plus que nominalement.

Le bilan des Mérovingiens n'est pas nul. En dépit de la décadence finale de la dynastie, décadence dont la perception est aggravée par l'image traditionnelle des « rois fainéants », ces derniers, malgré partages et conflits, ont maintenu un ensemble politique formé par la Gaule franque et une partie de la Germanie. Les Mérovingiens ont également veillé à la fusion des élites et des traditions gallo-romaines et germaniques, favorisant l'homogénéité sociale et culturelle du territoire franc. Par la protection qu'ils ont accordée à l'Église, notamment au mouvement monastique, ils ont enfin contribué fortement à l'enracinement du christianisme.

Charles Martel combat les païens au nord et au sud

Pépin le Vieux (Pépin Ier), maire du palais d'Austrasie (ou Francie orientale) sous le règne de Clotaire II et de son fils Dagobert, sera sans le savoir l'ancêtre d'une dynastie. Vers 680, son petit-fils Pépin le Jeune (Pépin II), lui aussi maire du palais d'Austrasie, lance ses troupes à la conquête du monde franc. Ayant réunifié les trois royaumes mérovingiens et reçu le titre de duc des Francs, il fixe sa résidence à Herstal, dans la vallée de la Meuse, près de Liège. Devenu un personnage, il a l'habileté de respecter la dynastie royale. Protégeant les missionnaires qui évangélisent les bouches du Rhin, il s'attire l'amitié du pape. Ainsi commence l'ascension d'une lignée, les Pippinides, dont descendront un jour les Carolingiens.

Après la mort de Pépin II (714), son fils bâtard, Charles Martel, le remplace comme maire du palais d'Austrasie – office qui n'est pas héréditaire. Quand les autres royaumes francs se liguent contre lui, ses troupes sont victorieuses. Devenu maire des trois palais mérovingiens, Charles Martel s'octroie le titre de *princeps*, réservé, en droit romain, au souverain. Un honneur supplémentaire qui fait de lui un rival du roi.
Le maire du palais, en outre, s'assure la fidélité de grandes familles franques en leur distribuant des bénéfices et des terres ecclésiastiques. Aliénées à titre viager, celles-ci reviendront à l'Église à la mort de leur bénéficiaire. Par ce procédé, Charles Martel rémunère ceux qu'il s'attache par un lien de fidélité personnelle. Ce qui se met en place, en l'occurrence, c'est ce qu'on appellera plus tard la vassalité, mais qui bénéficie, en l'espèce, au maire du palais et non au roi.
Après avoir ainsi conquis le royaume des Francs, Charles Martel tourne ses regards vers l'extérieur. Sur la rive droite du Rhin, il soumet les Saxons et les Frisons[3], puis étend l'autorité franque à la Thuringe et à la Bavière. Le maire du palais est un des premiers à comprendre que la paix avec les peuples germaniques passe par leur évangélisation. Aussi soutient-il les missionnaires comme saint Willibrord, évangélisateur de la Frise et premier évêque d'Utrecht, ou saint Boniface, fondateur des évêchés de Cologne et de Mayence.

Il a combattu les païens au nord. Il va ensuite le faire au sud. En 732, le gouverneur de l'Espagne musulmane, Abd ar-Rahman, attaque le royaume franc. Débordé par les Sarrasins, le duc Eudes d'Aquitaine fait appel à Charles Martel. Rassemblant une armée composée de Francs et d'Alamans, le maire du palais affronte les guerriers arabes entre Poitiers et Tours. Abd ar-Rahman tué au combat, les Sarrasins vaincus se replient vers la Septimanie (le Languedoc). La bataille de Poitiers n'a sans doute pas eu l'ampleur que lui donnera ultérieurement la légende. Elle ne met pas non plus fin aux incursions musulmanes en territoire franc. Elle revêt

---

3. Peuple germanique, les Frisons, parents des Saxons, sont installés sur la côte de la mer du Nord, entre la Meuse et la Weser.

néanmoins une portée symbolique qui n'échappe pas aux contemporains. Le maire du palais fait part de son succès au pape. Paré de la réputation de défenseur de la chrétienté, Charles Martel reçoit de Rome, en 739, le titre de *subregulus*, c'est-à-dire de vice-roi du monde franc. Le roi Thierry IV est d'ailleurs mort depuis deux ans, sans que personne l'ait remplacé. Le trône des Mérovingiens est vacant, ce qui accroît le prestige du maire du palais, seul détenteur de l'autorité.

Charles Martel, exploitant à fond sa victoire contre les Sarrasins, soumet ensuite l'Aquitaine, de même que la Provence qui s'était alliée aux Arabes. Avant de disparaître, il règle sa succession, partageant le pouvoir entre ses fils Carloman et Pépin. Il meurt en 741. Enterré aux côtés des Mérovingiens à l'abbaye de Saint-Denis, ce quasi-roi a sauvé l'unité du royaume franc et posé les fondations sur lesquelles ses héritiers édifieront l'Empire carolingien.

Pépin le Bref, premier roi sacré

Fils aîné de Charles Martel, Carloman administre la Francie orientale (l'Austrasie), la Souabe et la Thuringe. Son frère cadet, Pépin le Bref, ainsi nommé en raison de sa petite taille, succède à son père à la mairie du palais de Francie occidentale (la Neustrie) et à celle de Burgondie, à laquelle est rattachée la Provence. Les deux frères gouvernent ensemble. En 743, par respect envers la fonction royale, ils rétablissent sur le trône un Mérovingien, Childéric III. Carloman et Pépin le Bref s'unissent pour réprimer les révoltes qui éclatent à la périphérie de la monarchie franque : ils combattent les Saxons, le duc de Bavière, le duc d'Aquitaine, les Alamans.

Les deux frères chargent saint Boniface d'organiser l'Église franque ; celui-ci évangélise la Germanie et y fonde des évêchés. Des provinces ecclésiastiques sont constituées. Leurs archevêques, pour la première fois, sont en contact direct avec Rome.

En 747, renonçant au monde, Carloman se fait moine. Resté seul maître du royaume franc, Pépin le Bref est appuyé par ses conseillers ecclésiastiques : l'évêque de Metz, celui de Würzburg, l'abbé de Saint-Denis. Il bénéficie également du soutien de la noblesse franque. Aussi se décide-t-il, en 751, encouragé par le pape, à déposer Childéric III, le dernier Mérovingien, et à revêtir la royauté.

Pépin le Bref se fait proclamer roi des Francs par les grands du royaume, à Soissons, en 752. En se faisant sacrer par les évêques présents, dont saint Boniface, il introduit dans la monarchie franque un usage ignoré par les Mérovingiens, usage inspiré des traditions bibliques et des rites wisigothiques et celtiques. Élu de son peuple, béni par l'Église, le roi légitime son accession au trône par la cérémonie du sacre, qui confère à sa fonction une dimension religieuse : il est roi parce qu'il a été choisi par Dieu, devant qui il aura à rendre compte de ses actes.

À cette époque, le pape Étienne II est menacé par les Lombards. Ce peuple germanique, installé au VIe siècle dans la plaine du Pô, s'est laissé christianiser. Aspirant à conquérir toute l'Italie, les Lombards se sont emparés de Bologne et de Ravenne, et convoitent Rome. Le pape est abandonné par l'empereur d'Orient, qui se désintéresse de l'Italie. Afin d'obtenir l'intervention du roi des Francs, il franchit les Alpes et rencontre Pépin le Bref. En échange de son soutien, celui-ci obtient que le souverain pontife le sacre une seconde fois, ainsi que ses deux fils. Au printemps 754, Pépin, son fils aîné Charles (le futur Charlemagne) et son fils cadet Carloman sont donc sacrés des mains d'Étienne II, en l'abbaye de Saint-Denis. Au roi, le pape octroie le titre de patrice des Romains. Une nouvelle dynastie est née, que l'on nommera plus tard les Carolingiens.

Honorant son engagement, Pépin le Bref soumet les Lombards au cours de deux campagnes, en 754 et 756, et accorde au pape Ravenne et plusieurs villes d'Italie centrale. Cette « donation de Pépin », ajoutée au duché de Rome, forme le premier domaine pontifical, État appelé à durer jusqu'en 1870. Désormais, il existe un lien puissant entre la papauté et le royaume franc, ce qui n'exclura pas des rapports parfois houleux entre eux.

À Pépin le Bref, il reste à reprendre Narbonne et la Septimanie aux Arabes, et à conquérir l'Aquitaine, pour rétablir l'unité de la Gaule franque. En 768, sentant venir la mort, le roi des Francs partage le royaume, comme son père l'avait fait, entre ses deux fils. L'aîné, Charles, reçoit le territoire qui s'étend des côtes aquitaines à la Germanie, tandis que le cadet, Carloman, obtient la Gaule centrale et méridionale.

Pépin le Bref, dans la mémoire collective, est éclipsé par Charlemagne. C'est pourtant lui, premier roi carolingien des Francs, maître incontesté de l'Occident chrétien, qui a préparé l'œuvre de son fils.

Charlemagne réunit la Gaule et la Germanie

Trois ans après son père, Carloman meurt précocement. Il avait un fils. Violant les droits de son neveu, Charles récupère la totalité de l'héritage de Pépin le Bref.

Devenu le seul roi des Francs, à 29 ans, il va achever l'unification de la Gaule et de la Germanie, politique amorcée par ses prédécesseurs. L'élargissement de ses conquêtes fera de lui un souverain si puissant qu'il sera capable de restaurer à son profit l'Empire romain, disparu depuis trois siècles. Au cours de son règne prestigieux, qui durera quarante-cinq ans, cet homme de foi gouvernera avec la volonté de garantir l'ordre et la paix, conditions nécessaires, selon lui, pour que chacun prépare sur cette terre un salut qui surviendra dans l'autre monde.

Grand, cheveux courts, moustache tombante, Charles ne porte pas la barbe que lui attribue la tradition. Force de la nature, capable de chevaucher pendant des journées entières, il mourra septuagénaire, fait rare à l'époque. Aimant le commerce des ambassadeurs, des théologiens et des poètes, il est doté d'une intelligence large. Il parle la langue germanique, dans laquelle il a été élevé, et lit le latin. En revanche, il ne sait pas écrire.

Son père lui avait donné pour épouse la fille de Didier, le roi des Lombards. Il la répudie (ce prince chrétien aura six femmes et d'innombrables concubines…), puis, lorsque les Lombards reprennent la guerre contre Rome, se porte au secours du pape et contraint Didier à capituler. Après quoi il ceint la couronne de fer du roi des Lombards : à partir de 774, il porte le double titre de roi des Francs et de roi des Lombards. Renouvelant la « donation de Pépin », Charles s'assure définitivement le soutien de l'Église.

En Gaule, le roi des Francs accorde l'autonomie à l'Aquitaine, érigée en royaume et attribuée à son fils Louis. En Germanie, il écrase la révolte du duc Tassilon de Bavière, qui est emprisonné à vie dans un monastère. Il soumet les Saxons, dernier peuple germanique resté païen, au terme de campagnes longues et difficiles, où la conversion des vaincus est arrachée par des moyens fort peu évangéliques : massacres, déportations, baptêmes forcés. Les Avars, peuple surgi des steppes orientales, sont arrêtés sur le Danube. Afin de protéger la vallée du Danube, précisément, et la Bavière, la Marche de l'Est (Ostmark), future Autriche, est fondée. Au sud, Charles répond à la sollicitation des gouverneurs sarrasins de l'Espagne septentrionale, soulevés contre l'émir de Cordoue. Mais l'expédition de 778 au-delà des Pyrénées s'achève par un désastre : l'arrière-garde franque est massacrée, au col de Roncevaux, par les Basques (et non, contrairement à la légende qui met en scène Roland sonnant de l'olifant, par les musulmans). Plus tard, une Marche d'Espagne sera fondée à Barcelone.

Soutien de la papauté, égal de l'empereur romain d'Orient, Charles est également reconnu par le calife de Bagdad, avec lequel il a des échanges. En 794, après avoir mené une vie semi-nomade, il se fixe à Aix-la-Chapelle où il se fait construire un palais de style romain, siège d'une cour brillante, et un important édifice religieux,

Portrait de Charlemagne.
Peinture d'Albrecht Dürer (XVIᵉ siècle).

Karolus Magnus
imp'ator Annus 14·

la chapelle palatine. C'est là, dans cette « nouvelle Rome », qu'a germé, dans l'esprit de ses conseillers, l'idée de restaurer, en la personne du roi des Francs et roi des Lombards, la dignité impériale d'Occident, disparue en 476.

Les circonstances s'y prêtent. Depuis 797, il n'y a plus d'empereur à Byzance ; du moins le trône est-il occupé par une femme, Irène, que les Francs ne reconnaissent pas. En 799, le pape Léon III, chassé de Rome par une révolte, se réfugie auprès de Charles. À l'automne 800, le roi des Francs, son armée, sa cour et une cohorte d'évêques raccompagnent le pape en Italie, et le réinstallent sur son trône à la faveur d'un concile qui se tient dans la basilique Saint-Pierre, le 23 décembre. Le jour de Noël, Charles est couronné empereur par Léon III, en présence du « peuple romain » qui fait entendre par trois fois l'acclamation impériale : « À Charles Auguste, couronné par Dieu, grand et pacifique empereur des Romains, vie et victoire ! » Désormais, Charles le Grand (*Carolus Magnus*, Charlemagne) est le nouvel empereur d'Occident.

Droit romain et coutumes franques

Une fois par an, comme au temps des Mérovingiens, se tient le plaid général, assemblée des grands du royaume, ecclésiastiques et nobles. Mais ce n'est qu'une chambre d'enregistrement des décisions de Charlemagne. Fort de son titre romain de *princeps*, l'empereur donne ses directives sous forme de capitulaires, textes de loi qui sont transmis à l'ensemble du monde franc. Localement, le pouvoir repose sur les comtes, environ 500 membres de la haute noblesse qui se trouvent à la tête de chaque comté ou *pagus* (pays). Dotés de pouvoirs administratifs et militaires, ces fonctionnaires sont rémunérés par les taxes et frais de justice qu'ils perçoivent sur les terres que le souverain leur a allouées. À partir de 840, les comtes, pratiquement irrévocables, deviennent héréditaires. Il s'agit d'une nouvelle amorce du lien de vassalité : à sa manière, le fonctionnaire carolingien préfigure le seigneur féodal.

Les évêques, peut-être plus encore que les comtes, sont les administrateurs de la cité, les chevilles ouvrières du pouvoir. Comme sous les Mérovingiens, ils sont nommés par le souverain : Charlemagne, empereur chrétien, se regarde comme le maître de l'*ecclesia*, l'Église impériale.

Les *missi dominici* (« envoyés du maître »), institution mérovingienne reprise par Charlemagne, sont des agents royaux itinérants. Chargés de contrôler les comtes et les évêques, ils circulent par deux, un comte et un ecclésiastique, parcourant chaque année le territoire carolingien. Leur mission consiste à rendre tangible l'autorité du souverain. En renforçant sa puissance, ils assurent la cohésion de l'Empire.

Il ne faut pas surestimer, cependant, la stabilité de l'Empire carolingien. L'étendue de son territoire, le caractère incertain de la notion d'État dans un système qui juxtapose le droit romain et les coutumes franques, coutumes dans lesquelles les liens d'homme à homme comptent beaucoup, l'insécurité des frontières militaires, enfin, tous ces éléments concourent à rendre cette construction politique fragile.

Ce qu'on a appelé la Renaissance culturelle carolingienne s'inscrit, sans aucun doute, à l'actif de Charlemagne. L'apparition d'une nouvelle écriture, la caroline, extrêmement lisible, ne doit rien au souverain, mais a facilité la copie des manuscrits. Si la cour d'Aix a été un foyer intellectuel, en revanche, c'est que telle était la volonté de l'empereur. Théologiens, savants, poètes séjournent ou vivent au palais à l'année, formant l'Académie palatine. L'Anglais Alcuin, conseiller ecclésiastique de Charlemagne et futur abbé de Saint-Martin de Tours, y fonde une école où sont instruits les jeunes gens qui entreront au service du souverain. En 788, Charlemagne ordonne l'ouverture d'écoles dans tous les diocèses. Veillant au développement des études de théologie, il améliore la formation des clercs. L'empereur défend un latin pur (qui est pour lui celui de saint Augustin, le latin de l'Antiquité tardive). Dans les monastères, il fait recopier des auteurs païens et chrétiens de l'Antiquité. C'est à cette époque que les manuscrits, qui étaient jusque-là des rouleaux de parchemin, prennent la forme de livres reliés et enluminés. C'est encore Charlemagne qui fait adopter en Gaule le chant liturgique que nous nommons le chant grégorien.

Jusqu'aux années 1950, les Français considéraient Charlemagne comme un ancêtre de la France, tandis que les Allemands le regardaient comme un précurseur de l'Allemagne. Les deux perspectives sont justes et fausses à la fois. Il faudra beaucoup de temps, après les Carolingiens, pour qu'émerge une nation française, et plus encore une nation allemande. Il est toutefois vrai que, pour la première fois depuis la fin de l'Empire romain, l'Europe occidentale, à l'époque carolingienne, constitua un creuset où se rencontrèrent, sous l'égide de la foi chrétienne, peuples conquérants et peuples conquis, Gaulois, Germains et Latins. Cette synthèse fugitive inspirera parfois des nostalgies ambiguës. Elle n'en est pas moins un pan glorieux de notre passé.

III. Les rois capétiens, pères de la France

Surgis des brumes du Nord, ils attaquent. Sur les côtes de la Manche, puis celles de l'Atlantique, ils pillent, brûlent et tuent. Les Vikings. Dans les années 810, ils deviennent la terreur des habitants de la Francie occidentale. Le péril est d'autant plus aigu que les Francs ne possèdent pas les moyens de contrer ces assaillants peu nombreux, mais audacieux.

Charlemagne règne depuis plus de quarante ans. Que deviendra l'Empire après lui ? En 806, se sentant vieillir, l'empereur a rédigé un testament prévoyant un partage entre ses fils. L'aîné, Charles, aura la Gaule franque et la Germanie. Le cadet, Pépin, l'Italie et la Provence. Le plus jeune, Louis, héritera de l'Aquitaine et de la Catalogne. Curieusement, le document n'évoque pas le titre impérial, comme si son titulaire le considérait comme un honneur viager, lié à sa personne. Mais, quelques années plus tard, le benjamin des fils de l'empereur, puis l'aîné trouvent une mort précoce. Reste Louis, le plus jeune, désormais seul héritier de son père. En 813, Charlemagne lui remet en définitive la couronne impériale, à Aix-la-Chapelle.

Le vieil empereur disparaît en 814, au terme de quarante-trois années de règne. Son fils et successeur, qu'on appellera Louis le Pieux ou Louis le Débonnaire, s'éteindra en 840. L'unité de l'Empire carolingien sera donc prolongée de vingt-six ans.

Louis le Pieux veut instituer un État chrétien

À sa demande, Louis le Pieux est couronné une seconde fois par le pape, en 816, mais à Reims, symboliquement, dans la ville où Clovis, le premier roi, a été baptisé. Peut-être plus encore que son père, l'empereur a pour ambition d'instituer un État chrétien, projet qu'il expose dans l'*Ordinatio*, texte qu'il a rédigé de sa main. Puisque, selon Louis le Pieux, tout pouvoir vient de Dieu, comme l'a expliqué

constituta é. qua fabule poetaru in astr
mi
nerua que primu ea ex
muium fuerat hom
habet autem st
mo mali m sube

Accedens ad la uda serpens plabitur arg
Conuerans pse portans cumlumine pu

collocatā dicunt. ppt
dicit̄. et m are qd antea
nduali ingenio fecisse.
iiii. in latere. v. in sum
v sunt. xvii.

Représentation d'un drakkar viking
en forme de dragon, extraite
d'un manuscrit du XIᵉ siècle.

Miniature du XVe siècle représentant le couronnement de Louis le Pieux.

saint Paul, le souverain, s'il est chargé d'une mission temporelle, doit aussi guider les hommes vers leur salut éternel. Le ministère impérial, le ministère épiscopal et le ministère comtal, par conséquent, sont trois formes complémentaires du service de Dieu : l'harmonie de la société naît de l'étroite solidarité entre l'empereur, le corps épiscopal et la noblesse.

Poursuivant l'œuvre de son père, l'empereur s'attache à l'évangélisation des peuples du Nord. Les Danois sont christianisés, et de nouveaux évêchés sont fondés en Germanie. L'Église est réorganisée. Saint Benoît d'Aniane, à qui est attribuée l'abbaye de Marmoutier, en Alsace, entreprend la réforme de tous les monastères de l'Empire.

Un an après son second sacre, Louis le Pieux, à 39 ans, rédige son testament. Le territoire franc, après sa mort, sera partagé entre ses trois fils légitimes. Lothaire, l'aîné, recevra le titre impérial et l'autorité absolue sur l'ensemble des terres carolingiennes. Le cadet, Pépin, sera roi d'Aquitaine, et Louis, le benjamin, roi de Bavière ; mais ces deux derniers seront assujettis à leur frère aîné.

Dans ce partage, quelqu'un a été oublié : Bernard, un neveu, bâtard que Charlemagne avait laissé régner sur l'Italie. Comme il manifeste avec virulence son désaccord, Louis le Pieux le fait capturer, juger, condamner à mort et exécuter dans des conditions atroces (il meurt de ses blessures après qu'on lui a crevé les yeux). Indigne d'un prince chrétien, ce geste suscite une protestation des évêques telle que l'empereur, quelques années plus tard, organise une cérémonie où il fait publiquement pénitence.

Une nouvelle difficulté surgit, toutefois, lorsque la seconde épouse de l'empereur lui donne un quatrième fils : Charles, le futur Charles le Chauve. Ce Carolingien est légitime. Au grand dam de ses demi-frères, une quatrième part d'héritage doit lui être trouvée. Les trois fils aînés de Louis le Pieux se révoltent alors contre leur père et le déposent. Mais ne parvenant pas à se mettre d'accord pour désigner lequel d'entre eux deviendra empereur, ils s'entre-déchirent, au point de devoir rappeler Louis le Pieux sur le trône.

Le traité de Verdun prépare le royaume de France

Louis le Pieux, usé par les épreuves, s'éteint en 840. Après lui, l'Empire carolingien bascule dans la guerre entre princes rivaux. Les trois fils de l'empereur défunt, Lothaire, Louis le Germanique et Charles le Chauve, et leur neveu Pépin II d'Aquitaine sont tour à tour alliés ou adversaires. En 841, à Fontenoy-en-Puisaye, près d'Auxerre, les troupes de Lothaire et de Pépin II d'Aquitaine affrontent celles de Charles le Chauve et de Louis le Germanique. Ceux-ci, sortis vainqueurs de la bataille, renouvellent leur alliance, l'année suivante, par un serment prononcé à Strasbourg. Daté du 14 février 842, l'épisode forme un repère pour l'histoire de la langue française. Afin d'être compris de son allié, en effet, Charles le Chauve prête serment dans la langue de Louis le Germanique, le tudesque, et Louis le Germanique, dans la langue de Charles le Chauve, le roman. Le serment prononcé par Louis le Germanique, dans une langue intermédiaire entre le latin tardif et le français médiéval, est considéré comme le plus ancien texte français.

Les évêques et la noblesse franque, décimée par cette guerre civile, font pression sur les belligérants afin qu'ils trouvent un terrain d'entente. En 843, les trois frères concluent enfin un accord, qui est signé à Verdun.

Ce nouveau partage attribue à Charles le Chauve la Francie occidentale, soit une grande part de la France actuelle, de la mer du Nord aux Pyrénées. Louis le Germanique reçoit la partie de la Germanie qui se trouve à l'est du Rhin. Lothaire enfin, avec la dignité impériale, hérite d'un ensemble qui, séparant les possessions de ses frères, s'étire du nord au sud en recouvrant, en termes actuels, les Pays-Bas, une partie de la Belgique, un morceau de l'Allemagne, l'Alsace, les Alpes, la Provence et tout le nord de l'Italie.

Les conséquences du traité de Verdun seront immenses, au point que l'acte de 843 peut être classé parmi les événements fondateurs de notre histoire. Les contemporains l'ignorent mais, contrairement aux précédents partages mérovingiens ou carolingiens, il n'y aura pas de retour à l'unité des trois royaumes (sauf de façon éphémère, de 884 à 887, quand Charles le Gros, un descendant de Louis le Germanique, sera roi de France). Le traité de Verdun pose donc une division de l'espace européen qui durera plus de mille ans, jusqu'à nos jours. En ce sens, il prépare la naissance de la France. À cet avènement, une nouvelle dynastie attachera son nom.

Les Robertiens, ducs des Francs, combattent les Vikings

Les Vikings, que l'on appelle aussi les Normands, apparus en Francie occidentale au début du IXe siècle, restent le grand danger. Ces guerriers navigateurs, trafiquants de peaux et de fourrures mais aussi marchands d'esclaves, ont une culture fondée sur la force. Venus de Scandinavie à bord de leurs drakkars, ils ne cessent leurs violentes incursions en Europe de l'Ouest. Pendant l'été, ils établissent des bases à l'embouchure de la Seine et de la Loire, et lancent des raids vers la Normandie, le Bassin parisien, la vallée de la Loire, le Poitou. À quatre reprises, ils attaquent Paris.

Au milieu du IXe siècle, Robert le Fort, un seigneur d'origine germanique dont la famille s'est fixée dans la vallée de la Loire, défend la région contre les Normands. Charles le Chauve, après lui avoir décerné le titre de comte d'Anjou, lui confie le commandement militaire entre la Seine et la Loire. En 866, Robert le Fort est tué en luttant contre les Normands. Son fils aîné, Eudes, comte de Paris et duc

Page du serment de Strasbourg entre Charles le Chauve et Louis le Germanique (842).

lodharius me & hunc fratrem meum post obitu patris nri insectando usq; ad internecionem delere conatus sit. Hostis cum autē nec fraternitas, nec xpianitas, nec qdlibet ingeniū salua iusticia, ut pax int nos& ad iuuare posset. tandem coacti rem ad iuditiū omipotentis di decliuimus, uot suo nutu quid cuiq; deberet. contenti essemus. In quo nos sic noster p misericordia di uictores extitim. Is autem uictus una cū suis quo ualuit secessit. Hinc uero fraterno amore correpti, nec non & sup populū xpianū con passi, p sequi atq; delere illos noluimus. Sed hactenus sicut & antea. ut saltem deinde cuiq; sua iusticia cederetur. mandauimus. At ille post haec non contentus iuditio diuino, sed hostili manu iterū & me, & hunc fratrem meum p sequi non cessat. Insup & populū nrm incendiis, rapinis, cedibusque deuastat. Qua obre. nunc necessitate coacti con uenimus. Et qm uos de nra. stabili fide ac firma fraternitate dubitare credimus. hoc sacramentū int nos in conspectu uro. iurare decreuimus. Non qualibet iniqua cupiditate illecti hoc agimus. sed ut certiores sids nobis uro adiutorio quisquem dederit. de comuni profectu simus. Si autē qd absit sacramentū qd fri meo iurauero uiolare p supsero. a subditione mea. nec non & a iuramento qd mihi iurastis

unū queq; uirm absoluo. Cumq; karolus haec cadē uerba. romana linguaporasset. Lodhuuic cm maior natu erat. prior haec deinde se seruaturū testatus est.

Pro dō amur & pxpian poblo & nro comun saluamento. dist di en auant. in quant ds sauir & podir me dunat. si saluaraieo. cist meon fradre karlo. & in ad iudha. & in cad huna cosa. sicut om p dreit son fradra saluar dist. In o quid il mi altre si fazet. Et ab ludher nul plaid nūquā prindrai qui meon uol cist, meon fradre karle in damno sit. Quod cū lodhuuic explesset. karolus teudisca lingua sic hec eade uerba testatus est.

In godes minna indin thes xpanes folches ind unser bedhero gealnissi. fon thesemo dage frammordes so fram so mir got geuuizci indi madh furgibit. so haldih tesan minan bruodher. so so man mit rehtu sinan bruher scal. in thiu. thaz er mig so sama duo. Indi mit ludheren in nohhein thing ne gegango. zhe minan uuillon imo ce scadhen uuerhen.

Sacramentū autē qd utrorūq; populus quisq; propria lingua testatus est. Romana lingua sic se habet. Si lodhuuigs sagramento. que son fradre karlo iurat conseruat. Et karlus meos sendra de suo part n lostanit. si io returnar non lint pois. ne io ne neuls cui eo returnar int pois. in nulla aiudha contra lodhuuig nun li iuer. Teudisca aut lingua

des Francs, s'illustre, lui aussi, en défendant Paris, en 886, contre ces envahisseurs. Admirant ses succès, les grands vassaux, après la déposition de Charles le Gros (887), lui offrent le trône, qu'il détient jusqu'à sa mort.
La couronne revient ensuite à Charles le Simple, un Carolingien. Mais le deuxième fils de Robert le Fort, Robert, comte de Paris, est lui encore, comme naguère son père et son frère Eudes, engagé contre les Normands. Après avoir contraint leur chef, Rollon, à lever le siège de Paris, il conclut avec lui, en 911, le traité de Saint-Clair-sur-Epte. Selon cet accord, la basse vallée de la Seine, soit les diocèses de Rouen, Évreux et Lisieux, est cédée aux Normands. En contrepartie, ceux-ci, déjà largement sédentarisés, se reconnaissent comme les vassaux du roi de Francie. Rollon, de son côté, converti au christianisme, reçoit le titre de duc de Normandie. Les descendants de Robert le Fort – les Robertiens – forment désormais la famille la plus puissante de la noblesse franque. Avec les Carolingiens, leurs rapports sont complexes. Ils en sont parfois les loyaux vassaux, parfois les rivaux. Par les services qu'ils ont rendus à la population, au cours du long affrontement avec les Normands, ils ont acquis une légitimité. Elle servira à leurs descendants. Robert Ier, roi éphémère en 922-923, a un fils : Hugues le Grand, comte de Paris et duc des Francs. Le fils de celui-ci, Hugues Capet, sera le fondateur de la troisième dynastie royale de notre histoire.

En 987, Hugues Capet fonde une dynastie

Duc des Francs à la mort de son père, Hugues Capet est non seulement plus puissant que le roi carolingien, qui est alors Lothaire, mais il se rend à son tour populaire, en 978, en défendant la Francie contre l'empereur germanique. Quand Otton II s'empare de Laon et menace Paris, Hugues Capet, venu au secours du roi, repousse les Germains dont il anéantit l'arrière-garde dans la vallée de l'Aisne. Mais, en 981, Hugues Capet, qu'un différend oppose au roi Lothaire, tente de convaincre Otton II de s'allier avec lui contre les Carolingiens. Le duc des Francs est soutenu par Adalbéron, l'archevêque de Reims, et par Gerbert d'Aurillac (le futur pape Sylvestre II), abbé en Italie, appelé à Reims afin d'aider Adalbéron. Les deux hommes d'Église, aspirant à une entente de la Germanie avec la Francie, projettent d'installer Hugues Capet sur le trône de Lothaire. Mais ce dernier, ayant éventé le complot, convoque une assemblée d'évêques à Compiègne, en 985, en vue de condamner Adalbéron et Gerbert. Hugues Capet, toutefois, parvient à disperser l'assemblée et à se réconcilier avec le roi.

En 986, Lothaire meurt. Hugues Capet, ne lui disputant pas la couronne, laisse régner le fils du défunt, Louis V. L'année suivante survient un nouveau rebondissement : le roi entreprend de conquérir la Lorraine germanique, ce qui provoque la colère d'Adalbéron. Louis V ordonne alors à l'archevêque de Reims et à son ami Gerbert de comparaître devant une nouvelle assemblée qui se tiendra à Compiègne, afin d'y rendre compte de leur conduite favorable à l'empereur de Germanie. Mais le 22 mai 987, alors que l'assemblée est réunie, Louis V se tue à la chasse dans la forêt de Senlis. Le roi n'a pas d'héritier direct, et le dernier représentant de la famille carolingienne, Charles, duc de Basse-Lorraine, est très impopulaire. Pour Hugues Capet, l'heure a sonné. À Compiègne, la situation tourne à l'avantage d'Adalbéron. Non seulement il est dispensé de répondre de sa politique vis-à-vis de l'empereur, mais il fait campagne, en prévision de l'élection du roi, pour Hugues Capet. Les arguments en sa faveur ne manquent pas : possesseur d'une dizaine de comtés (Paris, Senlis, Orléans, Dreux), suzerain de nombreux vassaux, protecteur de grandes abbayes comme Saint-Denis, Fleury ou Saint-Martin de Tours, parent du duc de Bourgogne, du duc de Normandie et du duc d'Aquitaine, sans compter les souverains germaniques, le duc des Francs est un puissant personnage qui n'a, de surcroît, aucun rival de son envergure.
Le 1ᵉʳ juin 987, Hugues Capet est donc élu roi à Senlis. Le 3 juillet suivant, il est couronné par Adalbéron, vraisemblablement à Noyon. Ressuscitant à son profit un usage carolingien, il associe son fils aîné à la royauté : le jour de Noël 987, le futur Robert II le Pieux est couronné et sacré à Orléans, devant l'assemblée des grands du royaume, acte qui restaure le principe héréditaire dans la transmission de la royauté.
L'ultime Carolingien de Francie, Charles de Basse-Lorraine, ne renonçant pas à ses droits, fera la guerre à Hugues Capet. Livré par Adalbéron, il finira emprisonné avec sa famille. Sa mort, en 991, éteindra toute contestation dynastique.

Le miracle capétien, c'est de savoir durer

Lors de son avènement, Hugues Capet est loin de régner sur toute la Francie. S'il contrôle l'Île-de-France, l'Orléanais, les vallées de l'Aisne et de l'Oise (Senlis, Compiègne et Laon) et les provinces ecclésiastiques de Reims et de Sens, son royaume est partagé en une quinzaine de principautés héréditaires qui échappent à son gouvernement et qui se subdivisent en une multitude de seigneuries vassales. Au nord, le comté de Flandre s'étend de l'Escaut à la mer, sur la moitié de l'actuelle

Belgique. À l'ouest, le duché de Normandie, puissante vassalité, commence dès les boucles de la Seine. Les comtés d'Anjou, de Blois et de Champagne bordent le domaine royal. Le duché de Bretagne forme un pays à part. Le duché de Bourgogne regarde vers l'Empire. Les duchés d'Aquitaine et de Gascogne, le comté de Barcelone et celui de Toulouse, terres du Sud, sont trop éloignés pour que l'autorité du roi s'y fasse sentir.

Au comte Adalbert de Périgord qui avait pris la ville de Tours, Hugues Capet posera cette question : « Qui t'a fait comte ? » Le féodal lui répondra avec insolence : « Qui t'a fait roi ? » Dans une société où la souveraineté était éparpillée, il faudra un long temps pour enraciner la légitimité royale.

Savoir durer sera le premier miracle capétien. Celui-ci tiendra d'abord à des hasards providentiels. Telle la longévité personnelle des premiers rois, qui bénéficieront tous d'une robuste constitution. Hugues Capet est déjà avancé en âge (environ 47 ans) lorsqu'il accède au trône, mais la plupart de ses descendants directs auront la chance de régner longtemps : trente-cinq ans pour Robert II, vingt-neuf ans pour Henri Ier, quarante-huit ans pour Philippe Ier, quarante-trois ans pour Philippe Auguste, quarante-quatre ans pour Saint Louis, vingt-neuf ans pour Philippe le Bel.

Alors que la souveraineté, sous les Mérovingiens, s'était incarnée dans des tétrarchies (les fils et petits-fils de Clovis) et, sous les Carolingiens, dans des triarchies (Pépin le Bref et ses deux fils) et des dyarchies (Carloman et Charlemagne), la royauté capétienne est unitaire : le roi est le seul roi. Cette monarchie est héréditaire, ce qui ôte toute contestation concernant la transmission du pouvoir. Habilement, toutefois, Hugues Capet et ses successeurs n'oublient pas que, pour l'Église comme pour la haute noblesse, l'élection du roi, chez les Mérovingiens comme chez les Carolingiens, était une tradition. Pour cette raison, les premiers Capétiens font reconnaître leur héritier de leur vivant, en présence des grands du royaume, manière fictive de perpétuer le principe d'élection.

Encore fallait-il qu'ils eussent chacun un fils, puisque la primogéniture capétienne, contrairement à ce qu'il en sera dans d'autres dynasties occidentales, restera réservée aux mâles. Or les rois de France auront toujours un fils pour leur succéder, en ligne directe jusqu'en 1328, en ligne indirecte ensuite.

Successeurs de Charlemagne, « empereurs en leur royaume », les Capétiens n'admettent aucune autorité temporelle supérieure à la leur. Dès lors que le sacre les rend responsables devant Dieu, ces rois catholiques sont également jaloux de leur indépendance vis-à-vis du pape. À plus forte raison parce que la papauté, principe spirituel, est aussi, en ce temps-là, un pouvoir politique qui défend des intérêts qui ne concordent pas nécessairement avec ceux de la France.

Les rois capétiens, pères de la France

Alors que la royauté, à la fin de la période carolingienne, avait déchu, les Capétiens se servent du prestige de l'institution royale pour asseoir leur autorité. Le sacre, de manière essentielle, distingue du plus puissant féodal le roi qui seul bénéficie de l'onction du saint chrême. Pour autant, le pouvoir royal ne remet pas en cause les cadres de la société féodale, qu'il s'agisse de l'Église, de la chevalerie ou des communes : il les utilise. La noblesse du domaine royal, par exemple, deviendra une force combattante au service des Capétiens. Mais, tout en s'insérant dans

L'armée française, menée par Louis VI le Gros et Louis VII le Jeune, attaque une ville fortifiée arabe. Miniature extraite des *Grandes Chroniques de France* (xve siècle).

la société féodale, la royauté poursuit une mission propre : agrandir le royaume, tisser des liens de fidélité autour de la Couronne.
Évitons l'anachronisme : les premiers rois n'ont jamais pensé, comme s'ils suivaient un plan préconçu, qu'ils allaient faire la France. Il reste que ce sont eux qui ont commencé à l'édifier. Lors de l'avènement d'Hugues Capet, le domaine royal est plus petit que le duché vassal de Normandie. En 1328, à la mort de Charles le Bel, le dernier Capétien direct, seules la Flandre, la Bretagne, l'Aquitaine et la Bourgogne se trouveront en dehors du domaine royal.

Louis VI le Gros contre les seigneurs pillards

Louis VI le Gros, ainsi surnommé en raison de son obésité, roi de 1108 à 1137, représente une étape dans l'ascension de la dynastie. Son action vise à libérer le domaine royal, de Paris à Orléans, de tous les seigneurs pillards qui bravent son autorité, tel son demi-frère, Philippe de Montlhéry, qui détrousse les marchands passant sur ses terres. Leur menant une guerre impitoyable, le roi fait détruire leurs forteresses.
Afin de mettre en valeur le domaine royal, Louis VI, conseillé par son ami Suger, abbé de Saint-Denis, favorise l'activité urbaine en accordant chartes et franchises. Encourageant le mouvement communal, il fonde des bourgs destinés à attirer les paysans, à l'image de Lorris-en-Gâtinais, près d'Orléans, dont la charte communale servira de modèle au long du XIIe siècle.
Dès le début de son règne, Louis VI entre en conflit avec Henri Ier, roi d'Angleterre et duc de Normandie, guerre qui durera vingt-cinq ans. Quand l'empereur Henri V, gendre et allié du roi d'Angleterre, envahit la Champagne, Louis VI mobilise ses vassaux. Brandissant l'oriflamme de Saint-Denis, il pousse l'empereur à se retirer sans avoir combattu. Après lui, « Montjoie-Saint-Denis » restera le cri de guerre des troupes royales. Avant de mourir, le roi marie son fils, le futur Louis VII, avec Aliénor, héritière du duché d'Aquitaine. Union qui ne durera pas mais qui, pour un temps, étend jusqu'aux Pyrénées l'influence capétienne.
L'armée du roi des Francs, menée par Louis VII le Jeune, attaque une ville fortifiée arabe.
Louis VII, qui succède à Louis VI, est un roi pieux, influencé par saint Bernard de Clairvaux. Un différend l'oppose un jour au pape Innocent II et au comte Thibaud de Champagne, à propos du siège archiépiscopal de Bourges où le roi veut placer un candidat à lui contre celui du pape. Le conflit se solde par l'invasion

de la Champagne par les troupes royales. Sur l'intervention du nouveau pape, Célestin II, la province est évacuée, et Louis VII s'incline devant la nomination effectuée à Bourges. Afin de faire pénitence, le roi annonce qu'il partira pour la croisade avec la reine Aliénor. Laissant la régence à Suger, qui l'assiste après avoir conseillé son père, Louis VII quitte Paris en 1147, et gagne la Syrie. Sur place, ses différends avec l'empereur Conrad III, de la famille des Hohenstaufen[1], qui assiège vainement Damas, provoquent l'échec de la croisade.

En 1149, Louis VII et Aliénor rentrent en France, mais ne s'entendent plus. En 1152, leur mariage est annulé. Le roi, privé des conseils de Suger, mort l'année précédente, commet alors une erreur politique. Il laisse en effet Aliénor se remarier avec Henri Plantagenêt, comte d'Anjou, du Maine et de Touraine, à qui elle apporte en dot la Guyenne, la Gascogne, le Poitou, la Marche, le Limousin, l'Angoumois et le Périgord. Or Henri Plantagenêt, en 1154, devient roi d'Angleterre. Son autorité s'étend donc de l'Écosse aux Pyrénées. Une longue lutte attend dès lors Capétiens et Plantagenêts.

Philippe Auguste vainqueur à Bouvines

Philippe II succède à son père, Louis VII, en 1180. Cinq ans après son avènement, il sort vainqueur de l'affrontement avec une coalition de féodaux dirigée par le comte de Flandre. À 20 ans, précédé d'une réputation de chef de guerre, il peut annexer l'Artois, le Vermandois et l'Amiénois au domaine royal, et gagner son surnom : Philippe Auguste.

La grande affaire du règne sera la confrontation avec les Plantagenêts. Philippe Auguste commence par soutenir le fils d'Henri II Plantagenêt, Richard Cœur de Lion, qui s'est révolté contre son père. Ce prince, que la légende associe au souvenir du brigand justicier Robin des Bois, devient roi d'Angleterre en 1190. Il prend alors la tête de la troisième croisade en compagnie de Philippe Auguste. Mais, après la chute de Saint-Jean-d'Acre, les deux rois, s'étant querellés, rentrent en Europe. Richard Cœur de Lion, en route, est fait prisonnier en Autriche. De retour en France, Philippe Auguste profite de la captivité de son rival pour envahir la Normandie. Mais le roi d'Angleterre, libéré, inflige une série de défaites au Capétien, et fait bâtir la forteresse de Château-Gaillard pour veiller sur son fief normand. Quand il meurt, en 1199, son frère Jean sans Terre lui succède.

---

1. Dynastie allemande qui donna plusieurs souverains au Saint Empire.

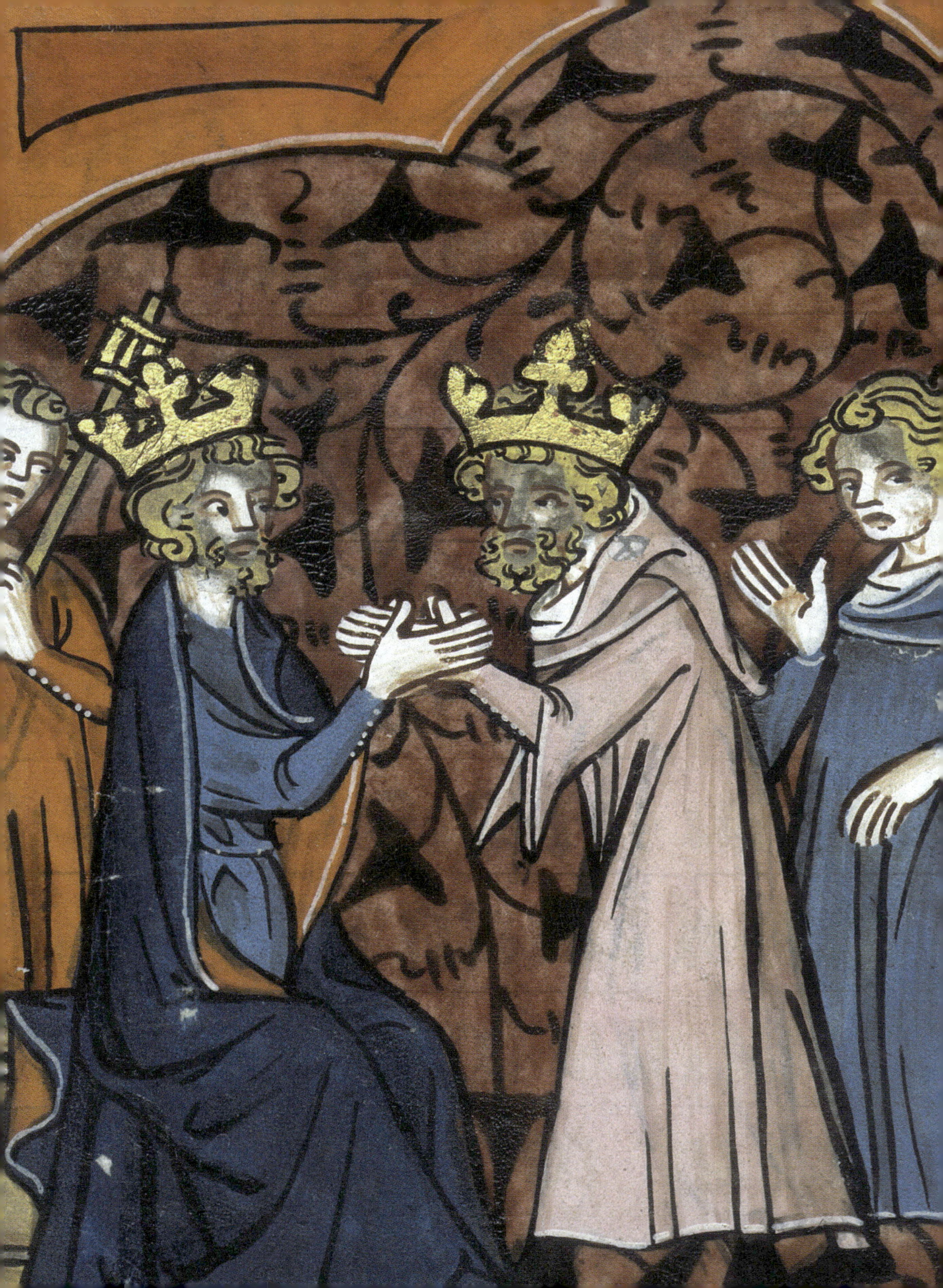

Convoqué devant le roi de France, son suzerain, pour une affaire privée, il refuse de comparaître. Prétextant de ce manquement au droit féodal, Philippe Auguste envahit la Normandie, en 1203, s'empare de Château-Gaillard et de Rouen, puis occupe le Maine, l'Anjou, la Touraine et les places fortes du Poitou, fiefs appartenant aux Plantagenêts.

Après ces revers, le roi d'Angleterre parvient à monter une coalition des princes qu'inquiètent les succès du roi de France : l'empereur Otton IV, le comte de Flandre, le duc de Brabant, le comte de Boulogne. Le plan des coalisés est d'attaquer Paris par le sud, rôle dévolu à Jean sans Terre qui débarque à La Rochelle, et par le nord, mission laissée aux Impériaux. Le 2 juillet 1214, le fils de Philippe Auguste, le futur Louis VIII, commence par battre les Anglais de Jean sans Terre à La Roche-aux-Moines, dans l'actuel Maine-et-Loire. Trois semaines plus tard, c'est à son père de briller en Flandre, au cours d'une bataille entrée dans l'Histoire. Le dimanche 27 juillet 1214, à Bouvines, au sud-est de Lille, 40 000 Allemands, Flamands et Anglais font face aux 25 000 hommes réunis par le roi. Philippe Auguste a mobilisé ses chevaliers, mais les milices communales ont aussi répondu à son appel. Pour la première fois depuis la fondation de la dynastie, nobles et gens du peuple combattent ensemble, sous la bannière à fleur de lys, mus par la volonté de repousser l'envahisseur. À l'issue de plusieurs heures de combat, l'avantage reste au Capétien. Très vite, la nouvelle de la victoire se répand dans tout le royaume. Elle prendra bientôt place dans les *Grandes Chroniques de France*, le premier mémorial français, rédigé par les moines de Saint-Denis. Le « dimanche de Bouvines » est un symbole : il marque une borne sur le chemin qui mènera au sentiment national français.

Après Bouvines, la Picardie a rejoint le domaine royal. D'autres acquisitions suivent : l'Auvergne, Montargis, Évreux, Gien, Tournon, Cahors. La croisade contre les Albigeois, destinée à réduire par la force l'hérésie cathare, entreprise dirigée par Simon de Montfort à partir de 1208, durera plus de vingt ans. Elle aboutira, sous le règne de Saint Louis, à la réunion du Bas-Languedoc à la couronne de France, permettant de rapprocher la France du Nord et la France du Sud, cette dernière étant restée à l'écart du royaume depuis le début du xe siècle. Philippe Auguste a renforcé le pouvoir royal. Il a ébauché une administration d'État en instituant un corps d'agents de la Couronne : les baillis[2], dans le Nord,

---

2. Les baillis, nommés et gagés par le roi, possèdent des pouvoirs militaires, financiers et judiciaires. Ils sont placés à la tête des bailliages.

Le roi d'Angleterre Jean sans Terre rend hommage au roi de France Philippe Auguste. Miniature tirée des *Chroniques de France ou de Saint-Denis* (XIVe siècle).

et les sénéchaux[3], dans le Sud. À son époque, le centre de gravité du royaume s'est définitivement déplacé de l'Orléanais vers Paris. Le trésor royal est dorénavant conservé au Temple, et les archives de la monarchie au palais de la Cité : la ville retrouve le statut de capitale qu'elle avait eu sous Clovis et ses successeurs immédiats. Une capitale que la construction de la cathédrale Notre-Dame, du palais du Louvre et de l'enceinte fortifiée, sous le règne de ce grand roi, embellit.

Philippe Auguste est le premier Capétien qui n'a pas cru devoir faire sacrer son héritier de son vivant. À sa mort, en 1223, son fils, Louis VIII, devient naturellement roi. Il ne régnera que trois ans, fauché par la maladie à l'âge de 39 ans. Un délai suffisant pour avoir pris à son rival, Henri III Plantagenêt, le Poitou, la Saintonge, l'Angoumois et le Périgord.

Louis IX, le roi saint

Fils et successeur de Louis VIII, Louis IX n'a que 12 ans à la mort de son père. Le futur Saint Louis a été élevé par sa mère, la pieuse Blanche de Castille, dans un climat de profonde piété. C'est elle qui exerce la régence en attendant la majorité de son fils. Femme de caractère, elle continuera d'influer sur lui ensuite. En signant avec Raymond de Toulouse le traité de Meaux (1229), qui met fin à la croisade des Albigeois et prévoit le mariage d'Alphonse de Poitiers, frère du roi, avec la fille du comte de Toulouse, la régente prépare l'annexion de ce fief, et confirme le rattachement au domaine royal de Nîmes, Béziers et Carcassonne. C'est encore Blanche de Castille qui, en concluant le mariage du roi avec Marguerite de Provence, étend l'influence de la dynastie dans la vallée du Rhône.
Au lendemain de sa majorité, Saint Louis doit mater une révolte de grands vassaux, la dernière révolution nobiliaire du XIIIe siècle. Après avoir forcé Henri de Lusignan et le comte de Toulouse à déposer les armes, le roi, son autorité rétablie, peut se consacrer aux affaires du royaume. Soucieux de concilier l'autorité et la justice, il envoie des enquêteurs auprès des baillis et sénéchaux afin de réparer les iniquités qui auraient pu être commises par ces officiers royaux. La justice : pour ce roi qui reçoit des plaignants et rend des sentences sous son chêne de Vincennes, cette vertu est la plus haute exigence à laquelle doit obéir le pouvoir. Dans le même état d'esprit, Saint Louis est attentif aux questions financières, à

---
3. Dans le sud du royaume, les sénéchaux et les sénéchaussées sont l'équivalent des baillis et des bailliages.

Saint Louis lavant les pieds des pauvres et scènes de charité chrétienne de la part du roi. Miniature tirée du *Livre des faits de Monseigneur Saint Louis* (xve siècle).

l'économie : veiller à la prospérité de son peuple est un devoir du roi. Les écus d'or qu'il fait frapper, les premières pièces d'or françaises, s'ornent de la prière des *Acclamations carolingiennes* : « *Christus vincit, Christus regnat, Christus imperat.* » Pour la France, le règne de Saint Louis est une phase de prospérité. Les paysans constituent 80 % de la population. Leur condition s'améliore, les surfaces cultivées s'étendent, et le rendement des terres augmente, si bien que les famines disparaissent. L'époque représente l'apogée des métiers artisanaux : Saint Louis charge le prévôt de Paris[4], Étienne Boileau, de recenser ceux-ci dans *Le Livre des métiers*.

---

4. Représentant du roi, le prévôt de Paris intervient en son nom dans les actes judiciaires.

Tout comme il fait régner la justice au sein du royaume, Saint Louis se veut un arbitre entre les peuples. Il est en effet sollicité en vue de mettre fin à des conflits qui déchirent la chrétienté. Il s'interpose, par exemple, entre les différents prétendants à la succession de la Flandre et du Hainaut, ou encore de la Navarre. Par le Dit d'Amiens (1264), il rend une sentence en faveur du roi d'Angleterre en lutte contre ses barons.

Auparavant, entre Henri III Plantagenêt et Saint Louis, ce n'était ni la paix, ni la guerre. En 1254, le roi d'Angleterre, qui se trouve sur ses terres de Gascogne, prie Saint Louis de lui accorder l'autorisation de traverser la France afin de regagner la Grande-Bretagne. Le roi y consent, rencontre son hôte à Chartres et, souhaitant une paix durable, lui propose des conditions qui aboutiront au traité signé à Paris en 1259. D'après cet accord, le Plantagenêt, en tant que duc d'Aquitaine, admet la suzeraineté du roi de France et renonce à la Normandie, au Maine, à l'Anjou et au Poitou. Saint Louis, en échange, lui restitue le Limousin, le Périgord, une partie de la Saintonge, le Quercy et l'Agenois. Ce traité sera impopulaire, le roi donnant l'impression d'avoir beaucoup cédé aux Anglais sans justification déterminante.

Deux rois capétiens, Louis VII et Philippe Auguste, sont déjà partis pour la croisade, grande aventure chrétienne où les Francs jouent le premier rôle. Suivant leur exemple, Saint Louis, prenant la tête de la septième croisade, quitte Paris, en 1248, laissant le gouvernement à Blanche de Castille. Il embarque à Aigues-Mortes, débarque près de Damiette, marche sur Le Caire, puis est fait prisonnier à la bataille de Mansourah (1250). Ayant retrouvé la liberté au prix d'une forte rançon, il passe quatre ans en Syrie. Il doit revenir en 1254, la mort de sa mère, deux ans plus tôt, ayant laissé le royaume sans direction. En 1270, la huitième croisade, qu'il conduit à nouveau, s'achève en désastre : le roi meurt de la peste à Tunis.

De grande taille, l'air majestueux, Saint Louis frappait ses contemporains par la beauté de son visage dont émanait un rayonnement mystérieux. Joinville, son précieux chroniqueur, observe qu'il exigeait de son entourage, au point de le lasser, de constantes dévotions. Fréquemment malade, Saint Louis se présentait en roi souffrant, tel un autre Christ. Canonisé dès 1297, vingt-sept ans après sa mort, Louis IX est un roi dont la sainteté fait l'unité de la vie.

C'est sous son règne que saint Thomas d'Aquin enseignait à Paris, que la Sainte-Chapelle était bâtie afin d'abriter les reliques de la Passion, et que l'Ange au sourire était sculpté sur la façade de la cathédrale de Reims. Étonnante symbiose entre un roi saint et une civilisation imprégnée de l'idée de chrétienté.

Le roi Philippe le Bel regarde les Templiers brûler vifs sur le bûcher. Miniature tirée des *Chroniques de France* (xive siècle).

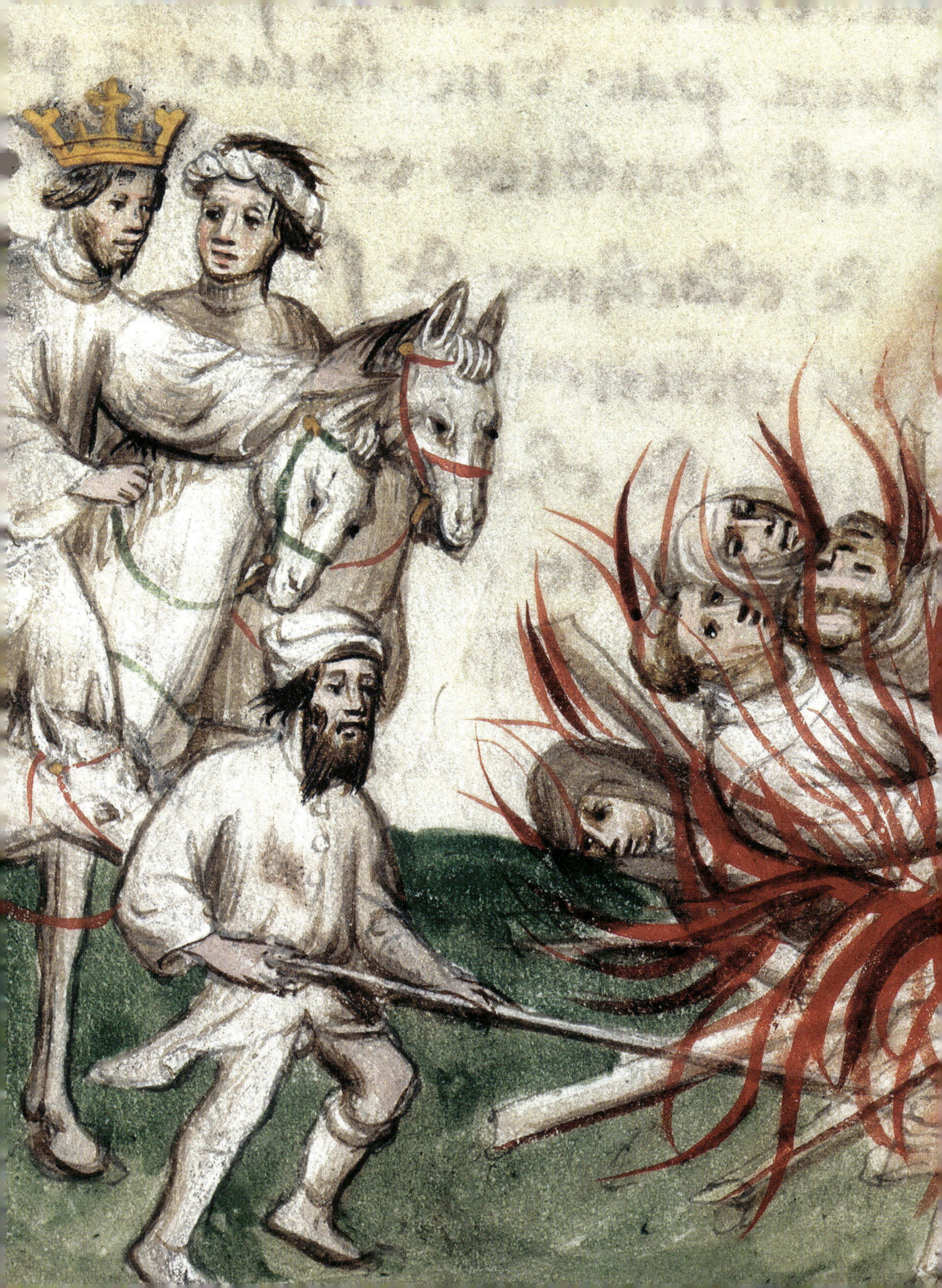

Philippe le Bel ou le réalisme politique

Petit-fils de Saint Louis, Philippe IV succède à son père, Philippe III, en 1285. Sa beauté physique est telle qu'on l'appelle Philippe le Bel. Son épouse, Jeanne de Navarre, lui apporte en dot la Champagne et la Navarre. Roi de France, Philippe le Bel porte aussi le titre de roi de Navarre, et il en sera de même pour tous ses successeurs jusqu'à Charles IV, le dernier Capétien direct, avant qu'Henri IV, trois siècles plus tard, reprenne le double titre de roi de France et de Navarre.
Philippe le Bel s'entoure de conseillers remarquables, les légistes : Pierre Flotte, Guillaume de Nogaret, Enguerrand de Marigny. Hommes de petite noblesse ou de bourgeoisie, officiers de justice ou de finance, compétents et honnêtes, ils ont été formés au droit romain. Ils y ont appris que l'État est une puissance indépendante et inaliénable. Cette idée, à la fois ancienne et moderne, contredit la conception féodale : dans cette vision de la monarchie, le roi n'est plus suzerain, mais souverain. Elle s'oppose également à la théocratie défendue par le Saint-Siège depuis Innocent III.
Un siècle plus tôt, lors de la lutte du Sacerdoce et de l'Empire, long conflit entre la papauté et les Hohenstaufen, le pape réclamait la tutelle sur la fonction impériale, en vertu de la théorie des deux glaives qui reléguait l'empereur au rang de délégué du souverain pontife. Les Capétiens, eux, refusent cette doctrine. Maîtres chez eux, sacrés à Reims, ils s'appuient sur l'Église, dont ils protègent les prérogatives, mais défendent leur indépendance.
Cette perspective provoquera un vif conflit, sous le règne de Philippe le Bel, entre la monarchie française et la papauté. En 1296, lorsque le roi lève un impôt nouveau frappant les ecclésiastiques, Boniface VIII interdit au clergé français d'obéir. Philippe le Bel réplique en interdisant toute sortie d'argent vers Rome, mesure qui contraint le pape à céder. En 1301, le roi fait arrêter Bernard Saisset, évêque de Pamiers, l'accusant d'outrager l'autorité royale. En 1302, le pape convoque à Rome les évêques de France. Philippe le Bel riposte en réunissant à Notre-Dame de Paris une assemblée de barons, de prélats et de représentants des villes, qui interdit aux évêques de se rendre à Rome. En réponse, le pape publie la bulle *Unam sanctam* dans laquelle il menace Philippe le Bel d'excommunication, et délie ses sujets de leur fidélité au roi.
La querelle a atteint un tel degré que Philippe le Bel cède à son conseiller, Guillaume de Nogaret, qui préconise de s'emparer de la personne du pape. À la fin de l'été 1303, celui-ci se rend à Anagni, où Boniface VIII est en villégiature. Lorsqu'il l'arrête et veut l'emmener – la gifle qu'il lui aurait donnée serait l'invention d'un chroniqueur –, l'envoyé du roi se heurte aux habitants de la ville et doit

s'enfuir. Boniface VIII ne survivra pas à l'émotion provoquée par cet attentat : il mourra peu après son retour à Rome.

Ses successeurs, Benoît XI et surtout Clément V (ancien archevêque de Bordeaux, élu grâce au soutien de Philippe le Bel), lèveront les peines prononcées contre le roi et finiront par absoudre Guillaume de Nogaret. En 1309, Clément V s'installe à Avignon, où les papes résideront jusqu'en 1377. Pour Philippe le Bel, la victoire est totale. Par-delà le choc de deux tempéraments, la querelle entre le roi et le pape traduit la fin de l'aspiration pontificale à l'Empire chrétien universel, et l'affirmation de la monarchie nationale, appliquée à définir ses intérêts propres en dehors de toute ingérence extérieure.

Au sud-ouest et au nord du royaume, Philippe le Bel affronte les grands féodaux qui menacent son autorité : le duc de Guyenne, qui n'est autre que le roi d'Angleterre, Édouard Ier, et le comte de Flandre, Guy de Dampierre. Deux guerres à la fois distinctes par la géographie et liées par la communauté d'intérêts réunissant les adversaires du roi de France. Le traité de Montreuil, signé en 1299 avec Édouard Ier, laisse la Guyenne à l'Angleterre. Après la défaite de l'armée royale contre les Flamands à Courtrai (1302), Philippe le Bel prend sa revanche à Mons-en-Pévèle (1304), puis signe une paix qui lui permet d'annexer la Flandre qu'on appellera française. Derrière ces conflits, c'est encore l'affirmation de l'État qui pointe, le roi de France faisant sentir sa puissance.

Aux prises avec le manque d'argent récurrent de la Couronne, Philippe le Bel s'attaque aux Templiers. Fondé en 1129, leur ordre, à la fois religieux et militaire, joue aussi le rôle de banquier dans l'Orient latin : il a accumulé d'immenses richesses. En secret, le Conseil du roi décide qu'un procès sera intenté aux Templiers et que leurs biens seront confisqués. Arrêtés en 1307, les membres du conseil de l'ordre et le grand-maître, Jacques de Molay, sont accusés d'hérésie. Clément V, le pape d'Avignon, conteste l'instruction, mais il doit son élection au roi. Aussi une bulle pontificale décrète-t-elle la dissolution de l'ordre du Temple, après qu'une assemblée de grands du royaume a approuvé le projet de Philippe le Bel. D'abord condamné à la prison perpétuelle, Jacques de Molay est brûlé vif, en 1314, après avoir rétracté les aveux qui, lors du procès, lui ont été arrachés sous la torture. Confisquée, la fortune des Templiers est confiée à la garde des Hospitaliers de Saint-Jean-de-Jérusalem, un autre ordre religieux et militaire (ancêtre de l'ordre de Malte), mais la Couronne en prélève une part considérable.

Philippe le Bel meurt quelques mois après cet épisode d'un froid cynisme. Son règne marque l'apparition d'une politique qui, au nom du réalisme, se révèle prête à utiliser tous les moyens. L'idéal de la chrétienté s'est alors bien éloigné.

HISTOIRE PASSIONNÉE DE LA FRANCE

Miniature représentant Philippe le Bel et ses enfants, dits « les rois maudits ».
Miniature tirée d'un manuscrit du XIVᵉ siècle.

Les rois capétiens, pères de la France

Le lent retour de l'idée d'État

Les derniers Capétiens directs sont trois frères. Le premier fils de Philippe le Bel, Louis X le Hutin (c'est-à-dire le querelleur), soumis à une puissante réaction féodale dirigée par son oncle, Charles de Valois, doit sacrifier Enguerrand de Marigny, le chambellan et le conseiller de son père, qui est pendu. Il meurt à 27 ans, après un règne de deux ans. Son fils posthume, Jean Ier, n'a vécu que quelques jours. C'est donc le deuxième fils de Philippe le Bel qui lui succède. Philippe V le Long (ainsi nommé en raison de sa grande taille) met fin à la guerre de Flandre, renforce l'administration, développe les milices urbaines à la tête desquelles il place des officiers royaux, bat monnaie et déclare inaliénable le domaine de la Couronne. À son tour, après six ans de règne, il meurt jeune, à 29 ans, en laissant une fille. Le règne de son frère, Charles IV le Bel, est court lui aussi (six ans), et caractérisé par la tension croissante avec les Plantagenêts, prélude à la guerre de Cent Ans. Il revient donc à ce roi, mort sans postérité mâle, d'être le dernier Capétien en ligne directe. En 1328, la couronne passe à son cousin Philippe de Valois, neveu de Philippe le Bel.

Lors de l'avènement d'Hugues Capet, son pouvoir, en dépit du prestige du titre royal et de l'onction du sacre, restait limité. Au Xe siècle, la féodalité se fondait sur la relation d'homme à homme, de vassal à suzerain. Le suzerain des suzerains, c'était le roi. Seigneur parmi d'autres seigneurs, il administrait son propre fief, exerçait la justice, défendait ses vassaux. Mais édicter des lois n'était pas en son pouvoir, pas plus que lever l'impôt ou posséder une armée. L'État, concept romain, subissait une longue éclipse. Trois siècles plus tard, l'idée d'État réapparaît. Naissante, imparfaite, inaboutie sans doute, cette idée enclenche néanmoins un processus vertueux. Autour de la monarchie, c'est-à-dire de la puissance publique, la France commence à se forger.

IV. La guerre de Cent Ans : naissance du sentiment national

La guerre de Cent Ans : naissance du sentiment national

En dépit de son nom, la guerre de Cent Ans n'a pas duré un siècle. L'expression, inventée au XIXe siècle, est associée à des images d'Épinal : la chevalerie française décimée par les archers anglais à la bataille de Crécy ; Philippe le Hardi, le jeune fils du roi Jean le Bon, encourageant son père à la bataille de Poitiers (« Père, gardez-vous à droite, père, gardez-vous à gauche ») ; la chevalerie française de nouveau anéantie à la bataille d'Azincourt ; Jeanne d'Arc délivrant Orléans…
Ce conflit, débuté en 1337 et terminé en 1453 ou 1475 (les deux dates se défendent), a consisté en une succession d'affrontements entrecoupés de longues trêves, soit peut-être vingt ans de guerre effective – suffisants, certes, pour mettre le pays à feu et à sang. Les contemporains, toutefois, auraient été bien incapables de distinguer une logique dans ces événements. Seul le recul du temps a permis de comprendre que cette guerre a accouché, étape par étape, d'une nouvelle forme de légitimité politique en Europe : derrière la rivalité entre le roi de France et le roi d'Angleterre, la réalité nationale s'affirmait.

La double légitimité des Plantagenêts

La guerre de Cent Ans est la conséquence du premier conflit dynastique qui, lui aussi, a duré cent ans et qui a été le fruit du mariage d'Aliénor d'Aquitaine, en 1152, avec Henri Plantagenêt, devenu roi d'Angleterre deux ans plus tard. Vassal du roi de France sur le continent, en tant que duc de Normandie ou duc d'Aquitaine, le Plantagenêt, comme ses descendants après lui, sera dorénavant l'égal du Capétien en tant que roi d'Angleterre.
Le problème posé, en France, par la double légitimité des Plantagenêts rebondit de manière aiguë, en 1328, à la mort de Charles IV, le dernier Capétien direct. Le roi meurt en ne laissant qu'une fille, mais sa veuve, la reine Jeanne d'Évreux, est enceinte. En attendant l'accouchement, le cousin du roi, Philippe de Valois,

exerce la régence. Quand la reine met au monde une seconde fille, exclue du trône dans la tradition capétienne, une incertitude pèse pour la première fois sur la succession à la Couronne.

Trois candidats se présentent. Philippe, comte d'Évreux, dont la femme est une nièce du roi défunt et une petite-fille de Philippe le Bel. Édouard III d'Angleterre, qui est par sa mère, Isabelle, un petit-fils de Philippe le Bel. Et enfin le régent Philippe de Valois, lui aussi petit-fils d'un roi de France, Philippe III. C'est lui qui l'emporte parce que son ascendance royale est exclusivement masculine. Le 8 avril 1328, après que les barons ont confirmé que les femmes ne peuvent ni régner ni transmettre les droits à la couronne de France[1], Philippe de Valois devient le roi Philippe VI.

Philippe d'Évreux et son épouse reçoivent la Navarre en dédommagement, et s'en satisfont. Édouard III, lui, est d'autant moins enclin à céder que sa prétention au trône de France, qui se soutient du point de vue du droit féodal, exprime l'attachement que les rois anglo-normands éprouvent à l'égard du royaume des Francs, dont ils partagent la culture. Édouard III et Philippe VI se rencontrent à Amiens, en 1329, mais cette tentative de conciliation échoue. En 1331, le roi d'Angleterre prête finalement hommage au roi de France, mais sans cesser de contester ses droits sur la Guyenne. Tout est en place pour que les hostilités éclatent.

La chevalerie française décimée à Crécy

En 1337, Philippe VI prononce la saisie de la Guyenne. En représailles, Édouard III lui fait porter des lettres de défi dans lesquelles il le qualifie de « soi-disant roi de France ». Mais sur le plan militaire, l'affrontement, dans le Sud-Ouest, se limite alors à des escarmouches. C'est à l'autre extrémité du royaume que la guerre va s'engager : en Flandre, où un mouvement de révolte contre le comte de Flandre, vassal du roi de France, invite Édouard III à se proclamer roi de France à la place de Philippe VI. En janvier 1340, le Plantagenêt substitue sur son sceau les armes de France à celles d'Angleterre et décide de dater désormais ses actes de la première année de son règne en France.

---

1. Au XVIIe siècle, la règle de transmission de la couronne par primogéniture masculine sera qualifiée de « loi salique », l'expression finissant par désigner l'ensemble des règles de succession de la monarchie française. En réalité, la loi salique, élaborée aux IVe et Ve siècles, était un code qui réglementait les héritages familiaux chez les Francs Saliens. En 1328, les juristes des Valois ont utilisé un article de cette loi, en le sortant de son contexte, afin de justifier la transmission de la couronne à Philippe VI au nom d'une règle de masculinité qui, auparavant, n'avait pas eu à être définie, tous les Capétiens directs ayant eu un fils pour leur succéder.

La guerre de Cent Ans : naissance du sentiment national

La bataille de Crécy. Miniature tirée d'un manuscrit du XIVe siècle.

Pour Philippe VI, les hostilités s'engagent mal. Le roi fait envoyer en mer du Nord la flotte qu'il a fait construire en Méditerranée, mais elle est coulée par les Anglais, en juin 1340, dans le port de l'Écluse, en Flandre.
Débarqué dans le Cotentin, en juillet 1346, Édouard III se dirige vers la Picardie dans le but d'y faire jonction avec les Flamands. Philippe VI, de son côté, accourt pour affronter l'ennemi. Le roi dispose de 50 000 hommes, une force deux fois supérieure à celle d'Édouard III. Leur rencontre a lieu dans l'actuel département de la Somme, à Crécy, le 26 août 1346, au coucher du soleil. Les fantassins français, qui poursuivent les Anglais depuis la vallée de la Seine, sont épuisés. Envoyé en reconnaissance, un capitaine observe les troupes du roi d'Angleterre, juchées sur le haut des pentes entourant Crécy. Au vu des positions adverses, l'officier recommande de laisser les hommes se reposer et d'attaquer le lendemain.
Les chevaliers français, cependant, brûlent de se battre. Philippe VI n'osant les retenir, ils chargent. Dans le camp d'en face, les troupes anglaises sont équipées

de canons, qui sont employés pour la première fois en Europe, et d'un corps d'archers dotés du *longbow*, une arme redoutable : cet arc en if de 2 m de long possède une portée de 200 m, et perce une cotte de mailles à 100 m et une armure à 60 m. Le roi de France a bien ses arbalétriers, des Génois, mais ils ne peuvent intervenir, la cavalerie française s'interposant entre les Anglais et eux. Assaut après assaut, les gens du roi ne peuvent déloger leurs adversaires, leurs rangs se brisant sur un mur de flèches ou de boulets. Le roi de Bohême, allié de Philippe VI, est tué dans la mêlée, ainsi que le comte de Flandre et le comte d'Alençon, frère du roi. Le roi a lui-même deux chevaux tués sous lui, avant de consentir à quitter le champ de bataille. Au total, du côté français, 1 500 chevaliers et plusieurs milliers d'hommes à pied ont trouvé la mort.

Grâce à leur victoire, les Anglais opèrent librement dans le nord du royaume. Ils mettent le siège devant Calais, qui tombe après un an de résistance, en août 1347. Le sacrifice de six bourgeois qui se livrent à Édouard III, pieds nus et corde au cou, sauve la ville de la destruction. Pendant deux siècles, ce port restera une base qui assurera à la couronne d'Angleterre la maîtrise de la Manche.
Les Anglais ont également vaincu les Écossais, alliés du roi de France, et Charles de Blois, le favori de Philippe VI dans la guerre de succession de Bretagne, qui est une guerre dans la guerre de Cent Ans. En septembre 1347, le roi de France signe une trêve avec ses adversaires. Elle est d'autant plus attendue que le royaume va affronter un danger d'un autre type : la peste noire.
Venus d'Orient avec des malades à bord, des navires génois accostent à Marseille en décembre 1347. Dans les mois qui suivent, la peste se propage dans le Languedoc, remonte la vallée du Rhône, ravage Lyon, atteint la Bourgogne, Paris, la Normandie, la Bretagne et le nord du pays. Selon Froissart, chroniqueur contemporain de l'événement, 16 000 personnes sont mortes à Marseille, 30 000 à Avignon, 45 000 à Lyon, 80 000 à Paris. D'après le recensement ordonné par Philippe VI en 1328, le royaume était peuplé de 16 à 18 millions de sujets. Après le passage de l'épidémie, certaines provinces auront perdu les deux tiers de leur population. Et, quand la maladie s'éloignera, la famine lui succédera : sombre époque pour la France.
Philippe VI meurt en 1350. Ce roi a connu de graves revers militaires. Il laisse néanmoins la France agrandie. Sous son règne, le Valois, Chartres, l'Anjou, le Maine, la Champagne, la Brie et Montpellier ont rejoint le domaine royal. De même que le Dauphiné qui a été acheté, en 1349, à Humbert II, le dernier dauphin du Viennois, sous condition que, à l'avenir, le fils aîné du roi de France porte le titre et les armes de dauphin.

La guerre de Cent Ans : naissance du sentiment national

À Poitiers, les Anglais font prisonnier le roi Jean le Bon

En 1355, le fils aîné d'Édouard III d'Angleterre, Édouard, prince de Galles, surnommé le Prince Noir en raison de la couleur de son armure, débarque à Bordeaux à la tête d'une armée. De la Gascogne au Languedoc et du Languedoc à la Guyenne, il mène une expédition sanglante à travers le sud de la France.
Depuis cinq ans, le roi Jean II a succédé à Philippe VI. L'année suivante, le Prince Noir est de retour. Avec ses troupes, il cherche à rejoindre l'armée du duc de Lancastre qui arrive de Normandie. À Tours, ne pouvant franchir la Loire, l'Anglais ordonne la retraite. Mais il a été pris en chasse par Jean II, qui contraint le Prince Noir à la bataille.
Les Anglais disposent de forces quatre fois inférieures à celles des Français. Ils se sont retranchés à Maupertuis, au sud-ouest de Poitiers, dans une position inaccessible à la cavalerie. À l'aube du 19 septembre 1356, Jean II donne le signal du combat. Par deux fois, les troupes royales montent à l'assaut. En vain. À la troisième vague, ayant demandé à ses chevaliers d'abandonner leurs montures, le roi attaque en tête, hache à la main.

Gisant d'Édouard, prince de Galles, surnommé le Prince Noir, dans la cathédrale de Canterbury.

Handicapés par le poids de leurs armures, les Français se retrouvent en situation d'infériorité face à des adversaires extrêmement mobiles. Et, comme à Crécy dix ans auparavant, les archers anglais font un carnage. Quand les hommes du Prince Noir à leur tour passent à l'offensive, ils remportent une victoire totale. À la fin de la journée, les Français comptent 6 000 tués et 1 900 prisonniers, contre 2 400 tués chez les Anglais. Le roi est prisonnier, de même que son tout jeune fils, Philippe le Hardi, qui l'a encouragé au combat. Le dauphin Charles, futur Charles V, a pris une part courageuse à l'affrontement, mais il a échappé à la captivité. C'est ce jour-là que Jean II a gagné son surnom : Jean le Bon, c'est-à-dire le Brave.

Étienne Marcel soulève Paris contre le roi

Pour les Français, le désastre, à Poitiers, est pire qu'à Crécy dix ans plus tôt. Emmené à Bordeaux, puis à Londres, Jean II est traité avec égards. Mais le dauphin Charles, qui gouverne en qualité de lieutenant du roi, va être confronté à une crise politique et sociale sans précédent. Dans un pays qui a été décimé par la peste et ruiné par la guerre, où la famine est chronique, les « Grandes Compagnies », des bandes de routiers qui n'obéissent qu'à eux-mêmes, pillent, violent et tuent. Des troubles éclatent, comme en Beauvaisis où la Jacquerie, une révolte paysanne[2], est réprimée dans le sang. Avant la bataille de Crécy, les états généraux ont été réunis par le roi Jean afin d'obtenir le financement de la guerre contre les Anglais. Monnayant leur appui au roi, deux personnages se sont imposés dans l'assemblée : Robert Lecoq, l'évêque de Laon, et Étienne Marcel, le prévôt des marchands de Paris. Après la captivité de Jean II, ils réclament la déchéance de certains conseillers de la Couronne et la formation, auprès du lieutenant du roi, le dauphin Charles, d'un conseil de vingt-huit membres élus par les états. Avant l'heure, il s'agit d'un projet de monarchie constitutionnelle.

Le dauphin, financièrement acculé, est contraint de faire des concessions. La Grande Ordonnance, proclamée en 1357, prévoit une réforme totale de l'administration royale et la réunion régulière des états généraux, ces assemblées de représentants du clergé, de la noblesse et de la bourgeoisie que réunit le roi pour obtenir un soutien à sa politique ou lever des impôts. Le dauphin, toutefois, ne cherche qu'à gagner du temps : il n'a aucune intention de souscrire à une conception de la monarchie qui serait contraire aux traditions capétiennes.

---

2. Jacques est un prénom très répandu au Moyen Âge, notamment dans le peuple. Une jacquerie, ou guerre des jacques, est une révolte paysanne.

La guerre de Cent Ans : naissance du sentiment national

L'assassinat d'Étienne Marcel, prévôt des marchands. Miniature tirée des *Chroniques* de Jean Froissart (XVe siècle).

Fin 1357, le roi de Navarre, Charles le Mauvais (surnom qui lui sera donné deux siècles plus tard par les chroniqueurs navarrais), emprisonné l'année précédente pour avoir fait assassiner un conseiller du roi, son beau-père, parvient à s'échapper. Rejoignant Paris, il s'allie avec Étienne Marcel. Le 22 février 1358, le prévôt des marchands, voulant intimider le dauphin, laisse volontairement dégénérer une émeute au cours de laquelle le maréchal de Champagne et le maréchal de Normandie, deux grands seigneurs de la suite du dauphin, sont massacrés. Quelques jours plus tard, le futur Charles V parvient à fuir la capitale, échappant à la pression populaire.

Les troupes du roi de Navarre entrent dans Paris, dont Charles le Mauvais est nommé capitaine général par Étienne Marcel. De la part du prévôt des marchands, c'est une erreur, car les mercenaires anglo-navarrais se font détester de la population, qui se retourne violemment : le 31 juillet 1358, Étienne Marcel est tué par la foule. Le dauphin Charles revient dans sa capitale deux jours après, le 2 août 1358, après avoir triomphé des ennemis de la Couronne en s'appuyant sur un sentiment national naissant.

En mars 1359, Jean II le Bon, prisonnier depuis trois ans, signe avec Édouard III les Préliminaires de Londres, traité qui garantit sa libération. En échange, l'Angleterre recevra la moitié du royaume de France et une rançon de 4 millions d'écus d'or. Ces exigences exorbitantes se heurtent au refus du dauphin et des états généraux, enfin unanimes. Cette unanimité a pour effet de relancer la guerre. En octobre 1359, une armée anglaise, partie de Calais, chevauche à travers l'Artois, la Champagne, la Basse-Bourgogne et la Beauce. Édouard III, paré du titre de roi de France et d'Angleterre, a l'intention de se faire sacrer à Reims. Mais, partout, il se heurte à des campagnes désertes et à des villes closes, qui lui rendent palpable l'hostilité de la population à son égard. Le roi regagne alors l'Angleterre.

Des deux côtés de la Manche, les belligérants sont épuisés. En 1360, ils signent à Brétigny un accord ratifié ensuite à Calais. Édouard III d'Angleterre s'engage à ne plus revendiquer le titre de roi de France. En échange, il reçoit Calais, le Poitou, la Saintonge, l'Angoumois, le Limousin, le Périgord, l'Agenais, le Quercy, le Rouergue et la Gascogne. Jean le Bon, lui, renonce à la souveraineté sur la Guyenne. Il obtient sa libération, mais deux de ses jeunes fils et son frère Louis d'Orléans, livrés comme otages, servent de garantie au versement de 3 millions d'écus d'or. C'est à l'occasion du paiement de cette rançon que les premiers francs sont émis.

En 1363, peu après son retour, Jean le Bon apprend que l'un des otages, son fils Louis d'Anjou, s'est enfui. Obéissant aux lois de l'honneur, le roi retourne se constituer prisonnier à Londres. C'est là, trois mois après son arrivée, qu'il meurt en captivité.

Du Guesclin, héros breton au service du roi de France

Devenu roi à la mort de son père, en 1364, Charles V est un homme de cabinet, grand travailleur et cultivé (il se fait traduire Aristote et saint Augustin). Bâtisseur, il entreprend la reconstruction du Louvre et l'édification de la chapelle

Le roi de France Jean II le Bon est fait prisonnier par les Anglais lors de la bataille de Poitiers en 1356. Miniature tirée des *Chroniques de Jean Froissart*, XVe siècle.

Evreulx

guy de mauille

de Vincennes. Administrateur et diplomate, ce roi ne volera pas son surnom : Charles le Sage. Dans l'interminable conflit qui oppose la royauté française à la monarchie anglaise, il est servi par le premier grand homme de guerre qui se soit révélé à cette occasion : Bertrand Du Guesclin.

Ce Breton, entré au service du roi de France un mois après l'avènement de Charles V, écrase les troupes navarraises de Charles le Mauvais à la bataille de Cocherel (mai 1364), puis éloigne les Grandes Compagnies en les emmenant combattre en Espagne.

En 1369, après neuf ans de paix, Charles V, arguant d'une clause du traité de Calais, cite à comparaître le Prince Noir, gouverneur de la Guyenne, l'accusant d'accabler d'impôts les habitants de la province. Devant son refus, Charles V prononce la confiscation de la Guyenne. C'est la guerre. Du Guesclin, nommé connétable, mènera les opérations pendant près de dix ans. Ayant chassé les

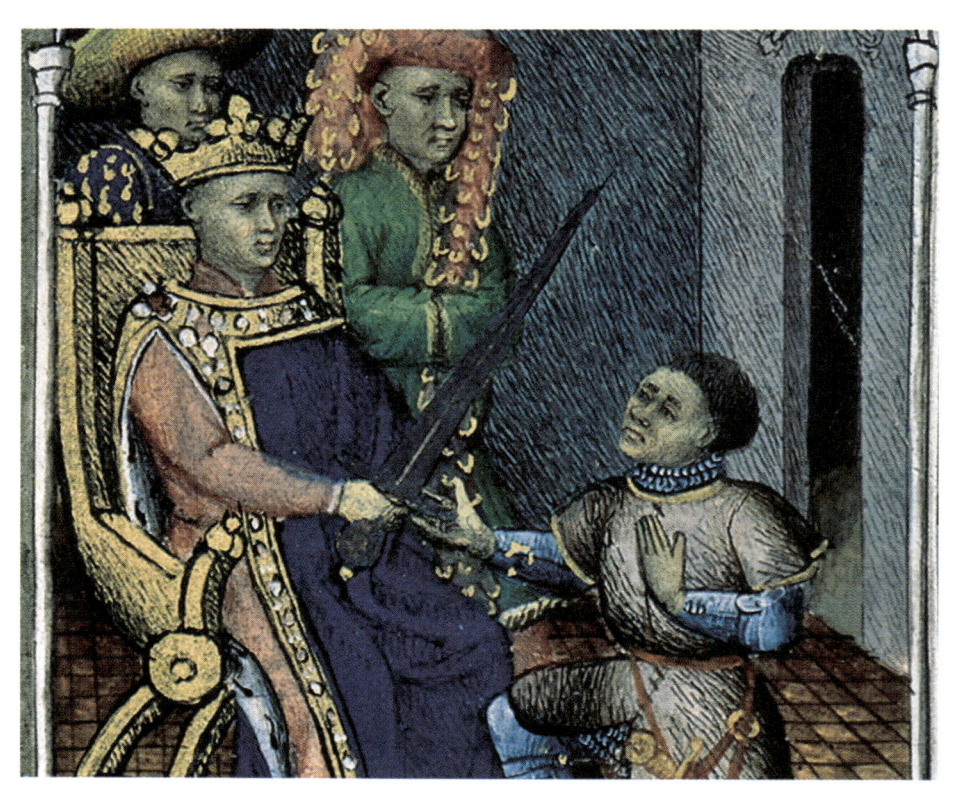

Le roi Charles V le Sage remet l'épée de connétable à Bertrand Du Guesclin.
Miniature tirée des *Grandes Chroniques de France* (xve siècle).

Anglais du Maine et de Normandie, il reprend l'Anjou, le Poitou, l'Aunis, la Saintonge, l'Angoumois, le Limousin, le Rouergue. Puis il s'attaque à l'Aquitaine anglaise, réduite, en 1374, aux environs de Bordeaux. En 1378, Charles V voulant confisquer le duché de Bretagne, Du Guesclin se trouve partagé entre sa loyauté au roi et la fidélité à sa province ; refusant de combattre la noblesse bretonne, il se retire à Pontorson. Rappelé pour combattre les routiers qui ravagent l'Auvergne et le Languedoc, en 1380, il meurt lors du siège de Châteauneuf-de-Randon. Insigne honneur, Du Guesclin est inhumé dans la nécropole de Saint-Denis, près du tombeau que Charles V s'est fait construire. Symboliquement, le roi rejoint deux mois plus tard dans la mort son meilleur capitaine.

En cette même année 1380, le Prince Noir, puis son père, Édouard III, disparaissent à leur tour. Si Du Guesclin a été le grand artisan de la reconquête, les Anglais possèdent encore Calais, quelques places fortes en Bretagne et la Guyenne autour de Bordeaux.

Charles VI, le roi fou

Fils de Charles V, Charles VI a 12 ans, en 1380, quand il succède à son père. Une minorité qui le place sous la tutelle de ses oncles, les ducs d'Anjou, de Bourgogne, de Berry et de Bourbon, lesquels se disputent le pouvoir. Cet affaiblissement de la Couronne favorise à nouveau les troubles sociaux. Ainsi à Paris, en 1382, un soulèvement contre les impôts qui sera baptisé révolte des Maillotins parce que les insurgés s'étaient emparés d'une réserve de maillets en plomb qui leur serviront d'armes.

Lorsque le roi se déclare majeur, il rappelle les conseillers de son père, que ses oncles avaient écartés. Intègres et compétents, ces hommes issus de la bourgeoisie ou de la petite noblesse sont désignés avec mépris, par le parti des princes, sous le sobriquet de Marmousets, du nom des figures grotesques sculptées sur les églises. Reprenant en main l'administration royale, ils réorganisent la justice, les comptes, les eaux et forêts. Au début de son règne, le jeune roi est populaire. En témoigne son premier surnom : Charles le Bien-Aimé.

En août 1392, dans la forêt du Mans, Charles VI est pris d'un subit accès de folie, au cours duquel il manque de tuer son frère, Louis d'Orléans. Le roi est alors âgé de 24 ans. Celui qu'on appellera Charles le Fol a encore trente ans à vivre ainsi, trente ans au cours desquels les longues phases de délire alterneront avec les courtes périodes de lucidité.

La reine Isabeau de Bavière est placée à la tête d'un conseil de régence. Rapidement, deux forces opposées s'y dessinent : d'un côté la maison d'Orléans, de l'autre la maison de Bourgogne. En 1407, Jean sans Peur, duc de Bourgogne, fait assassiner le duc Louis d'Orléans, frère du roi, auquel succède son fils Charles d'Orléans. Bernard d'Armagnac, dont la fille a épousé ce dernier, prend les armes au profit de son gendre. Armagnacs et Bourguignons, pendant dix ans, vont s'affronter politiquement ou par les armes. Le duc de Bourgogne, Jean sans Peur, domine d'abord le Conseil du roi. En 1413, à la faveur d'une nouvelle révolution parisienne, Bernard d'Armagnac chasse les Bourguignons et, nommé connétable par la reine-régente, exerce le pouvoir.

Nouveau désastre français à Azincourt

Profitant de l'anarchie qui règne en France, le nouveau roi d'Angleterre, Henri V de Lancastre, prince ambitieux et grand capitaine, débarque près de l'estuaire de la Seine, en août 1415. Après avoir chevauché à travers la Normandie, il s'empare d'Harfleur, mais doit fuir, avec ses 15 000 soldats, une armée française de 50 000 hommes. Se dirigeant vers le nord, Henri V gagne la Picardie où ses adversaires cherchent à lui couper la route.

La rencontre, le 25 octobre 1415, a lieu près d'Azincourt, village situé aujourd'hui dans le Pas-de-Calais. L'élite de la chevalerie française est là, les grands feudataires du royaume, sans compter les princes du sang, tous montés sur de lourds destriers, équipés d'imposantes armures. Mais la terre grasse, imprégnée de pluie, est un mauvais terrain pour les cavaliers. Aucun plan n'ayant été arrêté, tous se bousculent pour avoir l'honneur de combattre au premier rang. Comme à Crécy et à Poitiers, les mêmes causes produisent les mêmes effets : les vagues successives des Français, décimées par les archers anglais, poursuivent l'assaut au corps à corps, à l'épée ou à la hache. Une charge de la cavalerie anglaise achève de disloquer ce qui reste de l'armée du roi de France, dont l'arrière-garde, dépourvue de commandement, prend la fuite. Après l'affrontement, 6 000 ou 7 000 morts français jonchent le champ de bataille. Parmi les victimes se trouvent le connétable d'Albret, commandant de l'armée française, le duc d'Alençon, le duc

La guerre de Cent Ans : naissance du sentiment national

La bataille d'Azincourt. Miniature tirée du manuscrit
de *Vigiles du roi Charles VII* de Martial d'Auvergne, 1484.

de Brabant, le comte de Nevers, le duc de Bar. Et, parmi les prisonniers, Charles d'Orléans, premier prince du sang, qui passera vingt-cinq ans en captivité en Angleterre et deviendra un délicat poète.

Défaite française, Azincourt est aussi une défaite des Armagnacs, car les Bourguignons se sont alliés aux Anglais. Une loi de l'histoire de France, qui se vérifiera souvent, est en train de s'écrire : les puissances extérieures cherchent toujours à tirer profit de nos guerres civiles, au cours desquelles apparaît chaque fois, chez les Français, un parti de l'étranger.

Avec la complicité des Anglo-Bourguignons, Isabeau de Bavière, installée à Troyes, dirige un gouvernement. Son fils, le dauphin Charles, futur Charles VII, qui a pris le titre de régent contre sa mère, préside un autre gouvernement à Bourges. Bientôt, cependant, Jean sans Peur s'aperçoit que ses alliés anglais servent uniquement leurs intérêts. Une entrevue est ménagée avec le dauphin, au pont de Montereau, en septembre 1419, mais le duc de Bourgogne est assassiné par un officier du roi, désireux de venger le meurtre du duc d'Orléans en 1407. Au lieu de l'entente attendue face aux Anglais, cet attentat relance la lutte entre Armagnacs et Bourguignons, et rejette ces derniers dans l'alliance anglaise.

Le traité de Troyes vend la France aux Anglais

Le duc de Bourgogne, Philippe le Bon, fils et successeur de Jean sans Peur, ayant une revanche à prendre, joue à fond la carte anglaise. Après avoir conclu une alliance avec le roi Henri V, il pousse Isabeau de Bavière à négocier un accord avec les Anglais. Aux termes du traité signé à Troyes, en 1420, Charles VI demeurera roi de France jusqu'à sa mort, mais donne en mariage sa fille Catherine à Henri V. Ce dernier, décrété « héritier de France », réunira à la mort du roi les deux couronnes de France et d'Angleterre, qui resteront unies sous ses successeurs : union personnelle, sans fusion des royaumes. Et, en attendant, Henri V d'Angleterre, paré du titre de régent, exerce le gouvernement au nom du roi de France Charles VI, conservant à titre personnel le duché de Normandie.

Charles, le fils de Charles VI, exclu de ses droits par ce honteux traité dans lequel il est qualifié de « soi-disant dauphin », fera savoir que l'état mental de son père invalidait sa décision et qu'il ne pouvait, dans tous les cas, disposer de la couronne de France.

Deux ans plus tard, Henri V meurt prématurément, suivi par Charles VI. La situation est dramatique. La France est coupée en trois. Les Anglais occupent

Calais, la Normandie, le Maine, Chartres, Paris et la Guyenne. Leurs alliés, les Bourguignons, possèdent la Flandre et la Bourgogne, et contrôlent Reims et Troyes. Charles VII, roi en titre, n'est reconnu que dans le centre et le sud du pays, et dans de rares enclaves à l'est. Le « roi de Bourges » ne dispose ni d'une véritable armée, ni de finances stables, ni d'institutions solides.

Le royaume porte toujours les séquelles de l'épidémie de peste noire de 1348. La France est peu peuplée (12 millions d'habitants en 1400, contre 15 millions en 1350), nombre de villes ou de villages sont ravagés par la guerre, les bandes de routiers rendent les campagnes dangereuses, la mortalité infantile est considérable, et les adultes, mal nourris, meurent jeunes (l'espérance de vie est de moins de 30 ans, même s'il s'agit d'une moyenne). En cette époque de foi, où les quatre cavaliers de l'Apocalypse semblent rôder sur le royaume, les Français ne manquent pas d'invoquer la pitié de Dieu dans leurs prières : « De la peste, de la guerre, de la famine et de la mort, délivre-nous, Seigneur ! »

Bedford, tuteur du jeune roi Henri VI, dirige les opérations militaires du côté anglo-bourguignon. En octobre 1428, il assiège Orléans. Mais la ville résiste. Sa délivrance, événement incroyable, viendra d'une jeune fille partie des marches de l'Est.

Charles VII et le miracle Jeanne d'Arc

Jeanne d'Arc, née à Domrémy, village situé aux confins de la Lorraine et du Barrois, dans un territoire fidèle au roi Charles, est fille de paysans. Très pieuse, elle a entendu des voix dès l'âge de 13 ans : saint Michel, sainte Catherine et sainte Marguerite lui auraient inspiré la mission de sauver la France, et de bouter les Anglais hors du royaume. En 1428, à 16 ans, elle effectue une vaine tentative auprès de Robert de Baudricourt, capitaine de Vaucouleurs, afin qu'il la conduise auprès du roi Charles, que beaucoup continuent d'appeler le dauphin, alors réfugié à Chinon. Un an plus tard, à la seconde tentative, il se laisse convaincre.

Le 25 février 1429, à Chinon, a lieu la première rencontre entre Charles VII et Jeanne d'Arc. Bien qu'il se soit dissimulé au milieu de ses courtisans, la jeune fille l'a reconnu sans hésitation. Jeanne gagne sa confiance, et obtient le commandement de quelques troupes. Fin avril, elle rejoint Orléans, cité assiégée depuis sept mois. La présence de celle qu'on appelle la Pucelle galvanise les Français. Le 8 mai, la ville est délivrée. Ce succès marque un tournant : dans cette guerre, la victoire peut donc changer de camp.

ihs

mer...
apres
glap...
et qu...
festo...
comb...
que...
p...

MECREDI

La guerre de Cent Ans : naissance du sentiment national

Jeanne d'Arc est un miracle, et un mystère. Elle brandit un étendard sur lequel sont gravés les noms de Jésus et de Marie, mais porte l'épée et s'habille en homme. Elle ne sait pas lire, mais son verbe transporte ceux qui combattent avec elle. En vérité, cette vierge guerrière de 17 ans bouscule toutes les règles de son époque. D'ailleurs, si ses amis la croient envoyée par Dieu, ses adversaires voient en elle le diable en forme de femme.
Derrière elle, les Français, partis à la poursuite des Anglais, sont vainqueurs à Patay. Ils reprennent Auxerre, Troyes et Chalons. Mais le but que vise Jeanne d'Arc, avec un profond sens politique, c'est Reims, la ville du sacre. Le 17 juillet 1429, dans la cathédrale, Charles VII reçoit l'onction du saint chrême, qui fait de lui désormais un roi légitime, incontestable.

Charles VII mesure pourtant son soutien à Jeanne, qui veut délivrer Paris. Elle se présente devant la ville, mais les Parisiens, qui s'accommodent de la tutelle anglaise, ont renforcé leurs défenses. Le 8 septembre, Jeanne est blessée lors d'un assaut devant la porte Saint-Honoré, et doit renoncer. Au printemps 1430, le duc de Bourgogne assiège Compiègne. Fidèles à Charles VII, les habitants font appel à Jeanne d'Arc. Venue à leur secours, elle tombe aux mains des Bourguignons, qui la livrent aux Anglais.
Ces derniers accèdent au vœu des clercs qui réclament de juger la Pucelle : la convaincre de sorcellerie, ce serait atteindre du même coup le roi Charles qui lui doit son sacre. Le procès a lieu à Rouen, en 1431, instruit par l'évêque de Beauvais, Pierre Cauchon, dans le diocèse duquel Jeanne a été prise, et par Jean Lemaître, vice-inquisiteur de France. Accusée de s'être habillée en homme, d'avoir prophétisé, de ne pas douter de son salut, d'avoir interprété ses visions comme des révélations divines, Jeanne répond à ses juges avec intelligence et vivacité. Mais le verdict est décidé d'avance. Le 24 mai, alors qu'on lui lit la sentence qui la remet au bras séculier, la jeune fille faiblit, et se dit prête à accepter ce qu'on exige d'elle. En prison, elle reprend ses habits féminins. Mais quelques jours plus tard, invoquant de nouveau ses voix, elle se rhabille en homme. Le 29 mai, elle est alors condamnée comme relapse. Le 30 mai 1431, après s'être confessée et avoir communié, Jeanne la Pucelle est brûlée vive, à Rouen, sur la place du Vieux-Marché. Elle n'avait pas 20 ans.
Charles VII, qui n'a rien fait pour la sauver, attendra la prise de Rouen, en 1450, pour ouvrir une enquête sur son procès. Six ans plus tard, le pape Calixte III prononcera la réhabilitation de Jeanne d'Arc, qui attendra le xxe siècle pour être canonisée.

Portrait de Jeanne d'Arc, réalisé de son vivant. Miniature extraite d'un registre consignant la levée du siège d'Orléans (xve siècle).

Portrait de Charles VII.
Peinture de Jean Fouquet
(1444).

La guerre de Cent Ans prend fin sans traité de paix

En 1435, Charles VII signe la paix d'Arras avec le duc de Bourgogne. Deux ans plus tard, le roi effectue une entrée triomphale à Paris. En 1440, il doit affronter une révolte des grands féodaux qui refusent les réformes militaires limitant leur indépendance, soulèvement surnommé la Praguerie par allusion à la révolte des hussites de Prague, survenue quelques années plus tôt. Mais la suite du règne de Charles VII sera, pour la France, une ère de reconstruction économique et politique. L'ascension d'un Jacques Cœur, fils d'un marchand de Bourges, maître

La guerre de Cent Ans : naissance du sentiment national

d'un empire commercial dans les pays du Levant, entré au Conseil du roi, anobli et devenu le ministre des Finances de Charles VII, est un symptôme de cette renaissance, même si l'homme tombera en raison de son excès de puissance.

En 1444, les Anglais signent une trêve à Tours. Charles VII met ce répit à profit pour réorganiser ses troupes. En 1449, la guerre reprend, à l'initiative des Français qui visent la victoire finale. Normandie, Dordogne, Bordeaux et Bayonne : les fiefs continentaux du roi d'Angleterre tombent un à un entre les mains du roi de France. En 1453, la victoire de Castillon achève la reconquête de la Guyenne. Seul Calais, pour un siècle encore, reste entre les mains des Anglais.

Aucun traité de paix n'est signé, mais la guerre de Cent Ans est terminée, quand bien même les rois d'Angleterre porteront, jusqu'en 1801, le titre de roi de France. Cet interminable conflit a représenté une étape décisive dans la formation de la France – comme d'ailleurs de l'Angleterre.

En 1430, Jeanne d'Arc a dit à ses juges : « Je ne sais qu'une chose de l'avenir, c'est que les Anglais seront renvoyés de France. » Un début de sentiment national français se manifeste alors, à un degré inégal, il est vrai, selon la province ou le milieu social. La guerre de Cent Ans a également constitué, en France, une phase de l'édification de l'État, puisque la royauté a triomphé des partis princiers et des factions populaires ou bourgeoises. La monarchie s'est également dotée d'un embryon d'armée permanente, et d'un système de collecte des impôts plus efficace : la puissance militaire et la capacité financière du roi renforcent sa légitimité de principe.

Il restera à résoudre une querelle liée, dans sa genèse, à la guerre de Cent Ans : celle qui oppose la monarchie française à la maison de Bourgogne. Ce sera le fait du règne de Louis XI.

Louis XI contre Charles le Téméraire

Le fils de Charles VII est âgé de 38 ans, en 1461, quand il succède à son père. Ses relations avec lui ont toujours été conflictuelles. Dauphin, Louis XI ne supportait pas Agnès Sorel, la favorite, au point d'avoir été soupçonné, lors de sa mort subite à 28 ans, de l'avoir fait empoisonner. Mais, surtout, il n'avait cessé de participer à mille intrigues et complots contre le roi, pressé, au fond, de prendre sa place. Plutôt laid, insensible à son habillement, perpétuellement malade, dévot jusqu'à la superstition, ce roi n'a rien pour séduire. Plaire est d'ailleurs le cadet de ses soucis. Mais les historiens d'aujourd'hui démontent la légende noire qui

La bataille de Montlhéry, le 14 juillet 1465, voit s'affronter Louis XI et Charles le Téméraire. Miniature tirée de *Mémoires de Philippe de Commines*, XVe siècle.

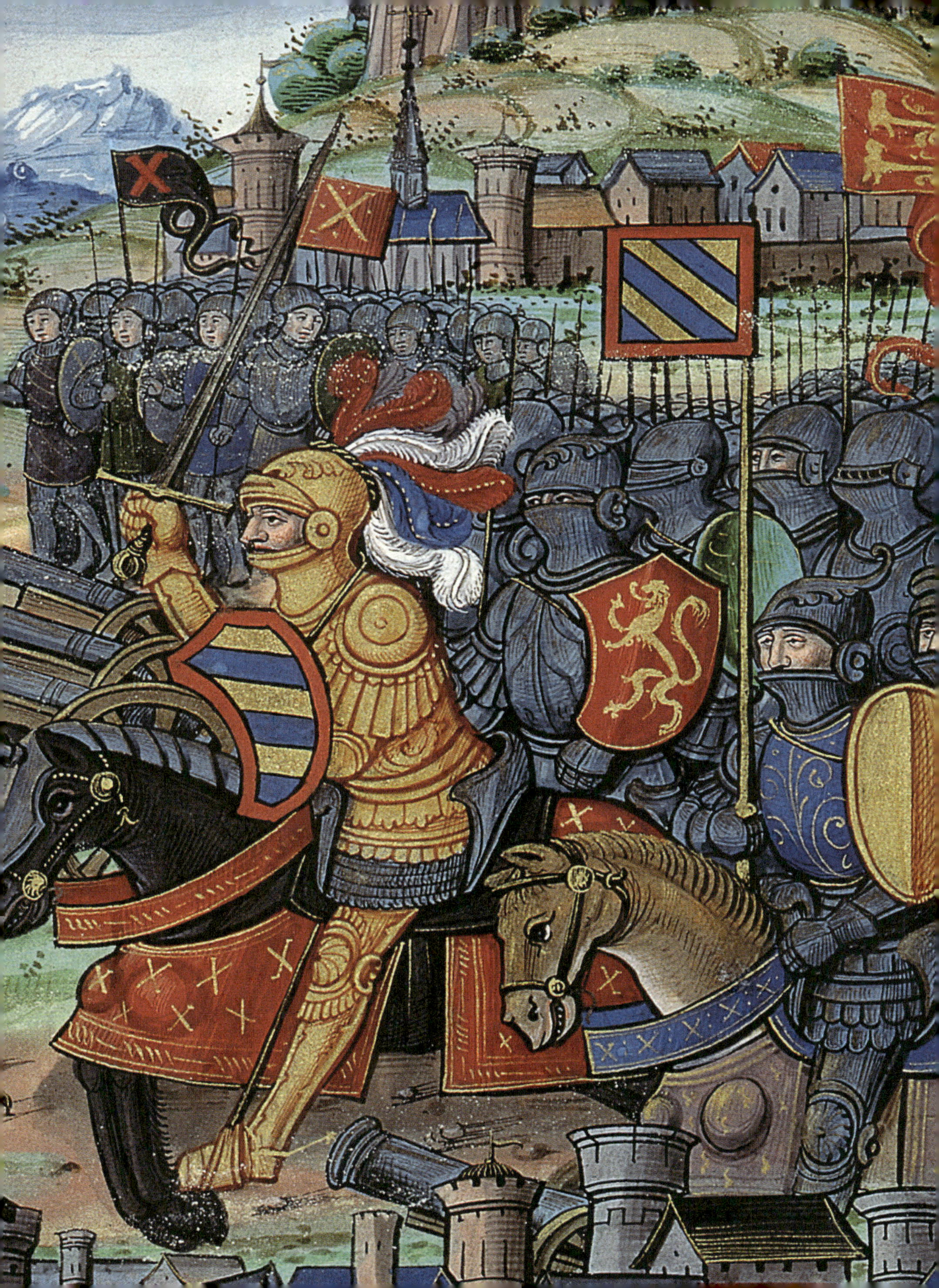

avait naguère cours à son égard, en prouvant que son règne fut une période de modernisation de la France.

Enfin roi, Louis XI suit une politique exactement contraire à celle qu'il a pratiquée dauphin. En accédant au trône, il a chassé les conseillers de son père : il les rappelle. Il soutenait jadis le clergé et la noblesse contre le pouvoir royal : il s'efforce de les mettre au pas. Il était ami du duc de Bourgogne : sa lutte avec Charles le Téméraire, fils et successeur de Philippe le Bon à la tête de la maison de Bourgogne, sera un des axes de son règne.
Intelligent, ambitieux, courageux, Charles est un prince de culture française qui supporte mal le lien de vassalité qui le lie au roi de France. Son grand dessein est de réunir ses possessions dans un État d'un seul tenant, qui comprendrait la Flandre, le Luxembourg, l'Alsace, la Lorraine, la Champagne, la Bourgogne et la Franche-Comté.
Le Téméraire commence par participer à la ligue du Bien public, une révolte des grands seigneurs que la politique de Louis XI mécontente. En 1465, lors de la bataille de Montlhéry, les Bourguignons sont maîtres du terrain, forçant le roi à leur céder des territoires. En 1468, à l'issue d'une entrevue qui se déroule à Péronne, le duc de Bourgogne contraint le roi, venant d'apprendre qu'il a suscité contre lui le soulèvement de Liège, à assister à ses côtés à la répression contre les rebelles, et lui impose un traité humiliant lui attribuant la Champagne, la Brie et les villes de la Somme, accord que Louis XI, après avoir recouvré sa liberté, s'empresse de décréter nul et non avenu.

En 1472, nouvelle menace. Charles le Téméraire noue contre Louis XI une coalition qui réunit une kyrielle de grands : le duc de Berry, Jean d'Armagnac, Jean d'Aragon, François de Bretagne, Jean d'Alençon et Édouard IV d'Angleterre. Si le duc de Bourgogne pénètre en Picardie, il échoue devant Beauvais, grâce à la résistance d'une jeune paysanne, Jeanne Hachette. Sauf en Roussillon, où Jean d'Aragon est vainqueur, Louis XI l'emporte partout. Seul le roi d'Angleterre n'a pas bougé au cours de cette guerre. Il n'en est pas de même, en 1475, lorsque Édouard IV, allié du Téméraire, débarque à Calais. Mais, disposant de forces insuffisantes, le roi d'Angleterre signe avec le roi de France, à Picquigny, une trêve qui ne sera jamais transformée en traité définitif, mais qui peut être considérée comme l'acte final de la guerre de Cent Ans.
Contre l'expansion bourguignonne, Louis XI, que ses adversaires surnomment « l'universelle araigne », sait aussi trouver des alliés : les villes d'Alsace, l'Autriche, le duc de Lorraine, les Suisses. Disputant Nancy au duc de Lorraine, Charles

La guerre de Cent Ans : naissance du sentiment national

le Téméraire trouve la mort sous les murs de la ville, en 1477. Son corps sera retrouvé dans la neige, à moitié dévoré par les loups.

Cette mort signe la fin de l'État bourguignon, Louis XI se hâtant d'occuper la Bourgogne proprement dite, tandis que Marie de Bourgogne, la fille et unique héritière du Téméraire, en épousant le futur empereur Maximilien, apportera en dot le reste de l'héritage bourguignon à la maison de Habsbourg. Ce mariage contient en germe un basculement d'époque. Le vieux conflit franco-anglais, qui a duré deux cents ans, s'efface, éclipsé par la lutte entre la France et l'Autriche, qui elle aussi durera deux siècles.

Louis XI suivra de peu son adversaire, s'éteignant en 1483. Selon son vœu, il sera inhumé non à Saint-Denis, mais à Notre-Dame-de-Cléry. Ce roi secret n'avait jamais été vraiment aimé de son peuple. Sa politique aura néanmoins rendu d'immenses services à la France.

V. Renaissance, Réforme : guerres en Italie, guerre civile en France

Renaissance, Réforme : guerres en Italie, guerre civile en France

Inventions, grandes découvertes : au tournant des XVe et XVIe siècles, le monde change, l'histoire s'accélère. Au fur et à mesure des progrès scientifiques, l'homme occidental éclaire les mécanismes de la planète, tandis que son espace s'élargit. En 1455, à Mayence, le premier livre imprimé en Europe sort de la presse de Gutenberg : un exemplaire de la Bible. Le premier livre français, une chronique de l'histoire de France, sera imprimé en 1477. Vers 1480, Léonard de Vinci, qui est peintre, sculpteur, architecte, ingénieur et philosophe, met son savoir au service des princes de son temps, à Milan, Florence, Rome et Paris. L'homme invente les plus étranges machines, dont ce qui deviendra un jour le sous-marin et l'avion. Vers 1510, en scrutant le ciel de Pologne, le chanoine Nicolas Copernic parvient à la conclusion que le déplacement des planètes s'explique par leur rotation autour du Soleil, théorie que l'auteur exposera dans un traité publié en 1543, l'année de sa mort. Dans les années 1540, le Français Ambroise Paré, qui soigne Henri II, François II, Charles IX et Henri III, invente la chirurgie moderne.
En 1492, le Génois Christophe Colomb appareille près de Cadix en vue de toucher la côte orientale des Indes. Il reconnaît en fait plusieurs îles des Antilles et des Caraïbes, avant d'accoster sur un continent qui s'appellera un jour l'Amérique. Six ans plus tard, en 1498, le Portugais Vasco de Gama atteint l'Inde après avoir longé l'Afrique et passé le cap de Bonne-Espérance. De 1519 à 1522, le Portugais Magellan accomplit le premier tour du monde en contournant l'extrême sud du continent américain par le détroit qui portera son nom. Et, en 1535, le Français Jacques Cartier explore l'estuaire du Saint-Laurent, posant les fondations du Canada.

L'Europe, à la même époque, vit également un tournant politique. L'Espagne, après le mariage des Rois Catholiques, Ferdinand d'Aragon et Isabelle de Castille, entame l'unification de son territoire et par la prise de Grenade, en 1492, mène à son terme la Reconquista, cette longue reconquête, par les chrétiens, de la péninsule Ibérique envahie par les musulmans au VIIIe siècle ; l'Espagne se hausse par ailleurs au rang de puissance continentale, en 1516, quand Charles Quint, déjà souverain des Pays-Bas, devient roi d'Espagne, avant d'être élu en 1519 à la tête du Saint Empire. En Angleterre, Henri VII, le fondateur de la dynastie des Tudors, roi de 1485 à 1509, restaure la concorde civile en mettant fin à la guerre des Deux-Roses et signe la paix avec l'Écosse. En France, après l'intégration au royaume, par Louis XI, de l'héritage angevin et de la Bourgogne, le mariage de Charles VIII et d'Anne de Bretagne (1491) prépare le rattachement du duché à la Couronne.

Ainsi les monarchies nationales ont-elles parachevé l'unification de leurs territoires. Les grands féodaux abaissés, les impôts levés selon un système plus efficace, l'organisation des forces armées améliorée, ces États sont prêts pour des aventures extérieures.

L'Allemagne et l'Autriche, morcelées en une multitude de principautés et de villes libres que fédère seulement la couronne impériale, ne sont pas des États unitaires. L'Italie non plus. Mais la péninsule est un cas particulier, car ses nombreux souverains, très sûrs de leur supériorité culturelle, défendent chacun leurs intérêts propres contre leurs voisins en s'alliant avec des puissances « barbares ».

Pages de la bible de Gutenberg imprimée vers 1455.

Par Italie interposée, la France et l'Espagne vont ainsi s'affronter dans un conflit à rebondissements multiples.

Charles VIII fait la guerre en Italie

À la mort de Louis XI, en 1483, son fils, Charles VIII, n'a que 13 ans. En attendant la majorité du roi, la régence est assurée (sans le titre) par sa sœur et son mari, Anne et Pierre de Beaujeu. Ceux-ci, habilement, s'emploient à défendre le pouvoir royal. Anne de Beaujeu résiste aux états généraux, au duc d'Orléans, à tous ceux qui veulent profiter de l'affaiblissement supposé de la monarchie pour reprendre des avantages qui leur ont été enlevés par Louis XI.
En vertu du traité d'Arras (1482), signé, du vivant de ce dernier, pour mettre fin à la guerre avec la maison de Bourgogne, le dauphin, futur Charles VIII, devait épouser l'archiduchesse Marguerite, fille de Maximilien d'Autriche. Mais celui-ci, veuf de sa première femme, se marie par procuration, en 1490, avec Anne de Bretagne. Le roi, alors majeur, entre en guerre contre la Bretagne, en 1491, et contraint la duchesse Anne à annuler sa promesse de mariage avec Maximilien afin de l'épouser, lui. Marguerite d'Autriche, la fille de Maximilien, est par conséquent renvoyée à son père, qui cède en compensation l'Artois et la Franche-Comté au roi de France. Le duché de Bretagne n'est pas encore rattaché à la Couronne, mais le processus de rapprochement est enclenché. Aussi, quand Maximilien devient empereur, en 1493, le danger d'encerclement par la maison d'Autriche est-il pour l'instant écarté.
Charles VIII est un souverain jeune et aventureux, nourri de romans de chevalerie, qui rêve d'expéditions lointaines et de croisade contre les Turcs. À qui veut l'entendre, il ne manque pas de rappeler qu'il est l'héritier des princes d'Anjou qui régnèrent à Naples et portaient le titre de rois de Jérusalem. L'Italie, aux yeux du roi, est la porte de l'Orient : il ira donc là-bas, d'autant que Ludovic Sforza, dit le More, nouveau duc de Milan, fait appel à son aide contre la maison d'Aragon qui exerce le pouvoir à Naples. En 1492 et 1493, afin de s'assurer de leur complicité ou de leur neutralité, Charles VIII conclut des traités avec le roi d'Angleterre, l'empereur Maximilien et les Rois Catholiques, payant l'Angleterre, restituant l'Artois et la Franche-Comté à l'Autriche et le Roussillon à l'Espagne.
En mars 1494, après avoir pris le titre de roi de Naples, Charles VIII réunit une armée de 30 000 hommes, à la tête de laquelle il franchit les Alpes en septembre. Pise, Florence, Rome : la campagne ressemble à une promenade militaire.

Portrait de Charles VIII.
Peinture de l'École
française du XVIe siècle.

En février 1495, les Français sont à Naples, où le roi est bien accueilli. Dès le mois suivant, cependant, tous les princes de la péninsule, y compris Ludovic Sforza, qui s'est retourné, s'allient contre les envahisseurs, sous la houlette de Ferdinand d'Aragon et avec la bénédiction du pape et de l'empereur. Contraintes d'abandonner Naples, les troupes de Charles VIII, sur le chemin du retour, affrontent les coalisés à Fornoue, près de Parme, le 6 juillet 1495. Inférieures en nombre, elles ne doivent qu'à leur cavalerie et à la fougue de ce que les Italiens qualifieront de *furia francese* de pouvoir se frayer un passage vers les Alpes.

Cette première campagne d'Italie est donc un échec. La noblesse du royaume, toutefois, en est revenue avec des tableaux et des objets témoignant d'un art

Renaissance, Réforme : guerres en Italie, guerre civile en France

raffiné, et avec des images de beauté et de soleil qui lui donneront envie de bâtir ou de transformer ses châteaux en style d'« outre mont ».

En 1498, Charles VIII trouve la mort, à 28 ans, dans un accident banal, ayant heurté du front une porte basse du château d'Amboise. Avec lui s'éteint, à la septième génération, la lignée directe des Valois. Sans enfant survivant, le roi laisse la couronne à son plus proche cousin, le duc d'Orléans, fils du poète Charles d'Orléans. Âgé de 36 ans, il prend le nom de Louis XII.

Louis XII, « Père du peuple », et le rêve italien

Pendant la minorité de Charles VIII, Louis XII avait pris la tête de l'opposition féodale, faisant la guerre à Anne de Beaujeu. Il s'était ensuite réconcilié avec le roi, commandant même une armée pendant la campagne d'Italie. Roi à son tour, il tourne la page, oubliant sa querelle de naguère avec la sœur du défunt roi, selon la formule entrée dans la légende : « Le roi de France ne venge pas les injures du duc d'Orléans. » Quelques mois après son accession au trône, Louis XII fait annuler son mariage avec Jeanne de France, la fille de Louis XI, princesse handicapée physique mais âme admirable (elle sera canonisée au xxe siècle), puis épouse la veuve de son prédécesseur, Anne de Bretagne. Est ainsi confirmée l'union personnelle entre le royaume et le duché, prélude au rattachement de la Bretagne à la France.

Doté d'une forte puissance personnelle de séduction, économe, prudent et bon gestionnaire, soucieux d'assurer à ses sujets une justice irréprochable, Louis XII sera un des rois de France les plus populaires. Les états généraux de 1506 lui apporteront d'ailleurs les remerciements du royaume et lui décerneront le titre de « Père du peuple ».

Héritier des Visconti par une de ses grand-mères, Louis XII prétend posséder des droits sur le duché de Milan. Aussi reprend-il à son compte la politique italienne de son prédécesseur. En 1499, il envahit le Milanais, le perd l'année suivante, puis le reprend. Le duc de Milan, Ludovic Sforza, fait prisonnier, est envoyé à Loches. En 1501, le roi, s'étant entendu avec Ferdinand d'Aragon pour partager le royaume de Naples, lance une expédition dans le sud de la péninsule. Les deux alliés se brouillent toutefois, si bien que les Français sont chassés par les Espagnols (1504). Louis XII s'empare encore de Gênes (1507) et de Venise (1509).

Mais, à nouveau, ces succès font craindre une hégémonie des Français. Le pape Jules II suscite alors contre eux la Sainte Ligue, qui regroupe Venise, l'Espagne, l'Empire et l'Angleterre. Victorieux à Ravenne (1512), mais vaincus à Novare (1513), les Français sont contraints de renoncer au Milanais. Dans le cadre de cette guerre, le territoire du royaume, pour la première fois depuis longtemps, est envahi : les Suisses assiègent Dijon, tandis que les Anglais débarquent en Picardie. À la fin de son règne, Louis XII parvient à faire la paix avec l'empereur Maximilien d'Autriche, Venise et l'Angleterre (veuf d'Anne de Bretagne, il se remarie avec la sœur d'Henri VIII). Ayant réussi à financer toutes ses guerres sur son butin dans la péninsule, le roi lègue un royaume prospère à son successeur. Privé d'héritier mâle, il a eu le temps de préparer sa succession en prenant sous sa protection son cousin le plus proche : François d'Angoulême. Ce dernier, encore enfant, a été présenté à la Cour, dès 1501, comme l'héritier de la couronne. En 1514, il a épousé la fille du roi, Claude de France. À la mort de Louis XII, en 1515, c'est donc à la fois son cousin et son gendre qui lui succède sur le trône sous le nom de François Ier.

François Ier, le roi-chevalier, vainqueur à Marignan

Grand, majestueux, élégant, séducteur, cavalier hors pair, excellent chasseur, le nouveau monarque mérite rapidement sa réputation de roi-chevalier. Quelques mois après son avènement, il est jeté à son tour dans l'aventure italienne. Son objectif est de reprendre le Milanais, perdu deux ans plus tôt par la Couronne. Après avoir confié la régence à sa mère, Louise de Savoie, François Ier prend en personne la tête de son armée. En août 1515, il franchit les Alpes, négocie la poursuite de sa route avec les Suisses qui sont les alliés du duc de Milan, mais, à la suite d'un désaccord, doit affronter ces derniers à Marignan, près de Milan, les 13 et 14 septembre 1515. La bataille, qui dure deux jours, est féroce. L'artillerie royale, la cavalerie lourde et les lansquenets allemands au service de la France donnent à la fin la victoire au jeune souverain, mais 15 000 morts sont restés sur le terrain.

D'après la légende, le roi a tenu à se faire adouber chevalier, sur le champ de bataille de Marignan, par un preux : Pierre Terrail, seigneur de la terre de Bayard, près de Grenoble. Entré au service de Charles VIII, celui-ci s'est distingué à Fornoue. Il a participé ensuite à toutes les campagnes d'Italie de Louis XII, défendant un jour, seul contre 200 ennemis, le pont du Garigliano. Fait prisonnier par les Anglais en Picardie, il a été, au vu de son prestige, libéré sans rançon par Henri VIII. À Marignan, Bayard, le chevalier sans peur et sans reproche, a été un des éléments clés du triomphe de François Ier. Vaincus, les Suisses, redoutables soldats, concluront une paix perpétuelle avec la France. Elle sera respectée jusqu'en 1797, date où les troupes de la République violeront le sol helvétique.

En décembre 1515, le pape Léon X accorde une audience à François Ier à Bologne. Outre un traité d'alliance, le souverain pontife et le roi négocient un accord qui met fin à un contentieux ouvert par la Pragmatique Sanction que Charles VII, en 1438, a rendue à Bourges. Limitant l'autorité pontificale sur le territoire du royaume, celle-ci permettait au roi d'intervenir dans les nominations des évêques. Fondatrice du gallicanisme – principe selon lequel la religion catholique, en France, aurait le droit, en vertu de l'ancienneté de son implantation dans le pays, de s'organiser en maintenant le pape à distance –, cette décision royale, approuvée par l'Église de France et par le Parlement, n'avait jamais été reconnue par Rome. Le concordat de Bologne, signé en 1516 entre Léon X et François Ier, annule cette Pragmatique Sanction de Bourges. Il sauvegarde les prérogatives pontificales en matière de nominations à la tête des évêchés et des abbayes, établissant la règle selon laquelle c'est le roi qui présente d'abord un candidat, le souverain pontife ayant la liberté de le refuser et d'imposer l'élu de son choix. Simultanément, le concordat assure au roi des avantages dans la nomination aux bénéfices et dans le contrôle des finances de l'Église. Cet accord de 1516, bien équilibré, réglera les rapports du Saint-Siège et de la France jusqu'à la Révolution.

François Ier contre Charles Quint : un duel de trente ans

Charles de Habsbourg est le fils de Philippe le Beau, roi de Castille et souverain des Pays-Bas (partie des États de Charles le Téméraire qui correspond à la Belgique et à la Hollande actuelles). En 1506, à sa mort, il lui succède nominalement, quoiqu'il soit enfant, comme souverain des Pays-Bas. En 1516, lors de la disparition de son grand-père maternel, Ferdinand d'Aragon, il prend sa place sur le trône d'Espagne, sa mère, Jeanne la Folle, étant incapable d'exercer son métier de reine. Charles, enfin majeur, règne donc sur les Flandres, l'Espagne et sur les territoires de la couronne espagnole : la Sardaigne, la Sicile et les colonies d'Amérique.

De culture française par son ascendance bourguignonne, ce souverain incline à une entente durable avec François Ier : au traité de Noyon (1516), il lui reconnaît la possession du Milanais. En 1517, le traité de Cambrai scelle la paix entre les

Habsbourg et la France : l'empereur Maximilien (grand-père paternel de Charles), son petit-fils le roi d'Espagne et François Ier reconnaissent leurs territoires respectifs, et s'engagent à mener ensemble la croisade contre les Turcs.

Mais à la mort de Maximilien, en 1519, Charles hérite de toutes les possessions familiales en Autriche et en Allemagne, et entreprend de succéder à son grand-père dans la dignité impériale. Sans doute, dès 1521, partage-t-il la souveraineté avec son plus jeune frère, le futur empereur Ferdinand Ier, à qui il laisse son apanage d'Europe centrale, créant une double lignée, au sein de la dynastie, entre les Habsbourg d'Espagne et les Habsbourg d'Autriche. Il reste que ces deux branches conserveront longtemps des liens privilégiés et que, sous l'égide de la maison d'Autriche, se met en place, à ce moment, une puissance européenne colossale, qui sera la grande rivale de la France pendant plus de deux siècles.

Maximilien Ier avait tout prévu pour que l'élection de son petit-fils comme empereur soit une simple formalité. Mais, sur son chemin, Charles trouve un rival inattendu. Estimant qu'il convient de restaurer le caractère à la fois électif

Arrivée de François Ier, de Charles Quint et du cardinal Farnèse à Paris.
Fresque du palais Farnèse (XVIe siècle).

et universel de la dignité impériale, François Ier brigue les suffrages des grands électeurs, en multipliant les promesses et en distribuant les subsides. Mais, en dépit des efforts du roi de France, Charles Ier d'Espagne est finalement élu, en juin 1519, et devient l'empereur Charles V (Charles Quint).

En 1520, François Ier déploie un luxe sans équivalent pour recevoir Henri VIII, près de Calais, lors de l'entrevue du camp du Drap d'or. Contre Charles Quint, le roi cherche l'appui du roi d'Angleterre. Mais ce dernier, loin d'être conquis, est au contraire indisposé par le faste du roi de France. Poursuivant sa route, il rencontre l'empereur en Flandre et c'est avec lui qu'il signe un traité d'amitié. Pour François Ier, c'est un grave échec.

Pour le roi, épreuves et déconvenues s'accumulent. La guerre recommence en 1521. La France, menacée sur sa frontière nord, subit des revers en Italie, perdant le Milanais après la bataille de la Bicoque (1522). En 1523, Charles de Bourbon, connétable de France (c'est-à-dire chef des armées royales), trahissant le roi, se rallie à Charles Quint. Prenant la tête d'une armée qui envahit la Provence, en 1524, il assiège Marseille, que seule la résistance acharnée des habitants, forçant Charles de Bourbon à battre en retraite, sauve de l'ennemi. Après avoir de nouveau confié la régence à Louise de Savoie, sa mère, le roi poursuit l'armée impériale, reprend Milan et assiège Pavie. Dans la nuit du 23 au 24 février 1525, une contre-attaque espagnole tourne à la déroute pour les Français. Suprême humiliation, François Ier est fait prisonnier par son ancien connétable. À sa mère, le roi écrit cette phrase poignante : « De toutes choses ne m'est demeuré que l'honneur et la vie qui est sauve. »

Le roi et ses fils prisonniers à Madrid

Conduit en Espagne, François Ier signe un traité de paix, en janvier 1526, à Madrid. En échange de sa libération, il abandonne ses droits sur Milan et Naples, et sur le duché de Bourgogne. Le roi promet par ailleurs de réhabiliter le connétable de Bourbon, et de livrer ses deux fils aînés, le dauphin François et son frère Henri (le futur Henri II), en gage d'application du traité. Mais le monarque n'a aucune intention de respecter ces clauses qu'il a conclues sous la contrainte. Aussitôt libéré, il pousse les états de Bourgogne à manifester leur refus que la province soit détachée du royaume de France. Avec le pape Clément VII, le duc de Milan, Francesco Sforza, et Venise, le roi forme la ligue de Cognac, dans l'espoir que l'union des États d'Italie fasse obstacle à l'hégémonie impériale.

Représentation de la flotte de Barberousse face à la ville de Nice. Miniature tirée d'un manuscrit du XVIe siècle.

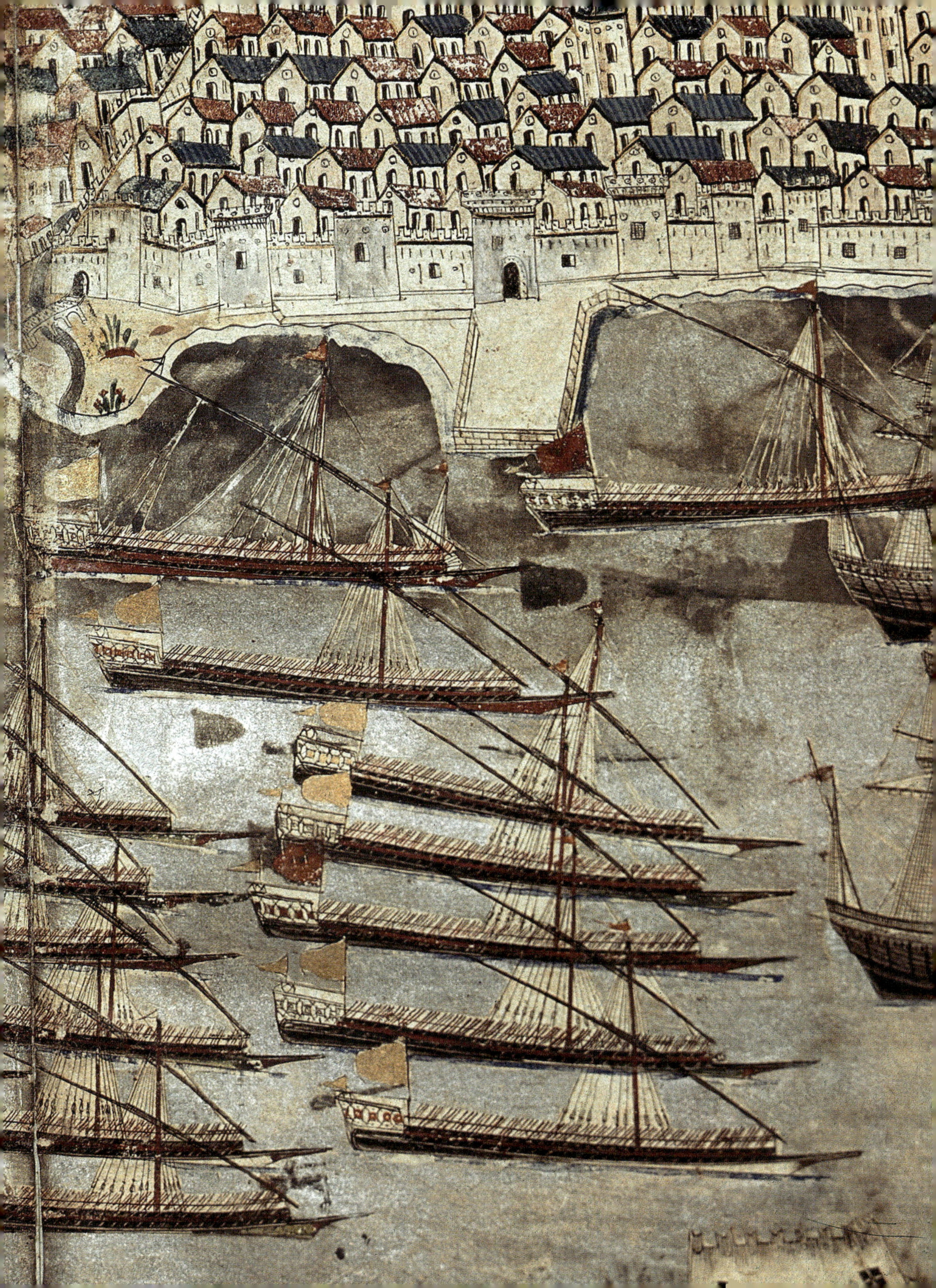

En 1527, les troupes de Charles Quint mettent néanmoins Rome à sac. Une armée française, envoyée à Naples, est de nouveau battue par les Impériaux. En 1529, François Ier doit se résoudre à une paix de compromis. On l'appelle la paix des Dames parce qu'elle a été signée, à Cambrai, par Louise de Savoie, la mère du roi, et par Marguerite d'Autriche, la tante de Charles Quint. En vertu de ce traité, la France renonce à l'Italie et Charles Quint à la Bourgogne. Un an plus tard, les fils du roi, toujours prisonniers à Madrid, sont libérés.

En 1536, les deux adversaires se font de nouveau la guerre. Les opérations se déroulent notamment en Savoie, que le roi de France voudrait annexer. Guerre interminable, guerre sur tous les fronts. L'empereur a fait scandale, chez les catholiques, lorsqu'il a pillé Rome, ville du pape. François Ier scandalise à son tour quand, au nom du réalisme politique, il s'allie aux princes protestants allemands, en 1531, et *a fortiori* avec les Turcs, en 1536, en signant les premières Capitulations[1]. En 1542, les armes parlent encore une fois. François Ier permet à Barberousse, corsaire du Sultan, d'hiverner à Toulon (ville vidée de ses habitants, sur ordre du roi, afin de leur éviter tout contact avec les Infidèles), et une escadre franco-turque assiège Nice. L'enjeu ? Toujours la prise de contrôle du Milanais. Le conflit se termine par le traité de Crépy, en 1544, sans conclusion décisive. Cruel constat au regard des efforts déployés : trente ans de guerres continuelles n'ont pas modifié en profondeur l'équilibre entre la maison de France et la maison d'Autriche.

Rival malheureux de Charles Quint sur le plan politique, François Ier a laissé sa marque, dans notre histoire, comme un admirable mécène, providence des lettres et des arts. Protecteur du poète Clément Marot et de l'humaniste Guillaume Budé, fondateur du Collège de France, dont les premières chaires étaient consacrées au grec, à l'hébreu et au latin, introducteur en France de la Renaissance italienne, il fit travailler Benvenuto Cellini, Andrea del Sarto, le Rosso, le Primatice et Léonard de Vinci. Bâtisseur, ayant choisi pour emblème la salamandre, animal mythique qui ne meurt jamais et résiste même au feu, il fit construire ou embellir les palais royaux de Chambord, Fontainebleau et Saint-Germain-en-Laye, ainsi que le château de Madrid à Neuilly (tombé en ruine à la veille de la Révolution et détruit en 1792).

La Renaissance française – dont les racines, contrairement à une idée reçue, plongent dans le patrimoine chrétien et dans l'héritage médiéval autant que

---

1. Les Capitulations sont des conventions réglant le statut des étrangers dans l'Empire ottoman. Celles concédées en 1536 par Soliman Ier le Magnifique, renouvelées par ses successeurs, resteront en vigueur jusqu'au début du XXe siècle. Elles accordaient aux Français la permission de voyager et de faire du commerce, l'exonération d'impôts, la liberté de religion et l'inviolabilité du domicile.

dans l'imitation de l'Antiquité gréco-romaine – n'a pas commencé avec les seules guerres d'Italie, ni avec le seul François Ier. Mais, par l'ampleur de son bilan dans ce domaine, ce roi reste l'archétype du prince de cette période, à la fois guerrier et lettré.

C'est du règne du roi-chevalier que date l'édit de Villers-Cotterêts (1539), dont un des articles prescrit d'utiliser le français, au lieu du latin, dans la rédaction des actes officiels. Dans la pratique, cette mesure mettra du temps à être mise en œuvre partout. Elle apportera néanmoins sa pierre à l'édification de la France.

Henri II poursuit la politique de son père

Lorsque François Ier disparaît, en 1547, son fils aîné, le dauphin François, est mort depuis onze ans. Héritier de la Couronne depuis lors, le cadet, Henri, devient le roi Henri II, à l'âge de 28 ans.

Sur le plan extérieur, Henri II s'inscrit dans la lignée de son père. Après avoir repris Boulogne aux Anglais (1550), il confirme l'alliance turque et signe un nouveau pacte avec les protestants d'Allemagne, qui se sont révoltés contre Charles Quint (traité de Chambord, 1552). Puis les troupes royales occupent les Trois-Évêchés (Metz, Toul et Verdun). L'empereur riposte en assiégeant Metz, mais la place est brillamment défendue par François de Guise (1553). En proie aux difficultés financières, et sur le point d'abdiquer, Charles Quint conclut une trêve, que le roi rompt en 1556. Afin de défendre le pape Paul IV, dont les États ont été envahis par les Espagnols, Henri II expédie une armée en Italie. Le roi d'Espagne, qui est maintenant Philippe II, le fils de Charles Quint, et ses alliés anglais se liguent, une fois de plus, contre la France.

La plus grande bataille – et la dernière des guerres d'Italie – a lieu en Picardie, à Saint-Quentin, en 1557. Les troupes du roi de France, commandées par Montmorency, y sont vaincues par une armée espagnole placée sous la direction d'Emmanuel-Philibert de Savoie, prince que les Français ont spolié de son fief. Pour Henri II, ce désastre est compensé, en 1558, par la prise de Calais, port que les Anglais détenaient depuis deux siècles. En 1559, par les deux traités de Cateau-Cambrésis signés, l'un avec l'Espagne, l'autre avec l'Angleterre, la France renonce à toute prétention en Italie et sur la Savoie, mais conserve Calais. La péninsule italienne est abandonnée à l'influence des Habsbourg d'Espagne mais, l'Empire n'ayant pas été partie prenante des traités, les Trois-Évêchés restent à la France. Sous François Ier, les guerres continuelles ont suscité d'énormes besoins d'argent,

Le traité de Cateau-Cambrésis entre Henri II et Philippe II d'Espagne. Peinture de Giorgio di Giovanni (XVIᵉ siècle).

entraînant une centralisation relative de la levée des impôts et une rationalisation de la gestion des finances publiques. En matière de justice ou d'assistance aux pauvres, on a assisté, de même, à un renforcement de l'autorité royale. Dans ce domaine aussi, Henri II s'inscrit dans la continuité de son père. Dotant le gouvernement de quatre secrétaires d'État, créant une nouvelle juridiction, les présidiaux, généralisant dans le royaume les tournées d'inspection des commissaires, le roi adopte des mesures qui dotent la France de l'État le plus homogène de son temps en Europe.

En 1559, Henri II est gravement touché en affrontant le comte de Montgomery en tournoi : un éclat de lance lui a pénétré dans le crâne par l'œil, blessure devant laquelle Ambroise Paré s'avère impuissant. Au bout de dix jours d'une atroce agonie, le roi expire.

Le coup de lance de Montgomery changera la face de la France. Le successeur du roi, son fils aîné, François II, est un adolescent qui régnera peu de temps : il meurt de maladie en 1560, un an après son avènement. Lui succède son frère

Charles IX, qui ne cessera d'être guidé par sa mère, Catherine de Médicis, forte femme et grande tête politique, mais qui n'était quand même pas le roi. Ainsi le pouvoir, manquant de continuité et d'unité, est-il relativement affaibli au moment où une nouvelle Europe est en train de naître. Celle-ci est caractérisée par la lutte de grandes monarchies nationales, affrontement qui relègue au loin les rêves d'unité de la chrétienté, tandis que la fracture religieuse entre Réforme et Contre-Réforme divise profondément le continent.

La Réforme française est apparue dix ans avant Luther

La Réforme française n'est pas née de la Réformation allemande lancée par Martin Luther en 1517. Elle trouve entre autres sa source dans l'humanisme, courant européen qui cherche à concilier l'étude des sages de l'Antiquité et les leçons de l'Évangile. Dix ans avant Luther, Jacques Lefèvre d'Étaples, vicaire épiscopal à Meaux, exprime son rejet du latin liturgique et prône des réformes visant à éloigner l'Église du modèle romain.
À partir de 1520, les doctrines réformatrices se répandent en France. François Ier, dans un premier temps, se montre plutôt enclin à la conciliation à leur égard. Mais les évangéliques, s'enhardissant, s'en prennent à la piété traditionnelle, détruisant des statues de la Vierge ou des saints, perturbant des processions. En 1534, ils apposent à Paris et à Amboise, jusque sur la porte de la chambre du roi, des affiches dénonçant le dogme de la transsubstantiation (pour les catholiques, le pain et le vin consacrés au cours de la messe se transforment en la substance du corps et du sang du Christ). Ne pouvant laisser passer cette provocation, le roi fait publiquement profession de foi catholique, puis déclenche la répression qui aboutit à l'exécution d'une vingtaine de protestants. En 1540, l'édit de Fontainebleau promulgue une législation frappant les hérétiques. Le roi est d'autant plus sévère, alors, qu'il a besoin de rassurer les catholiques, choqués par ses alliances avec les protestants d'Allemagne ou les Turcs.
À l'époque, Genève, dont l'évêque a été chassé, a proclamé la république. Les magistrats municipaux ont fait appel à un Français converti à la Réforme, Jean Calvin. Devenu le guide politique et religieux de la ville, en 1541, il y fait régner une dictature théocratique, fondée sur la stricte application des principes réformés. C'est à partir de Genève que les idées protestantes se diffusent en France. Henri II, au cours des douze années de son règne, applique envers les réformés la

même rigueur que son père. S'ils sont présents partout, les protestants s'implantent particulièrement dans le tiers sud-ouest du royaume. On les désigne du terme de huguenots, altération de l'alémanique *Eidgenossen*, « associés par serment ». Vers 1550, un tiers de la noblesse française est calviniste.

En 1559, la couronne échoit donc à François II. Le roi n'a que 15 ans, mais il est majeur aux termes de la loi. Marié à Marie Stuart, la reine d'Écosse, il abandonne le pouvoir aux oncles de sa femme, François, duc de Guise, et son frère Charles, cardinal et duc de Lorraine. La puissance de cette grande famille est considérable, et son prestige s'est étendu depuis que le duc François a défendu Metz contre Charles Quint et repris Calais aux Anglais. Les deux princes, hostiles à toute forme de compromis avec les protestants, sont les hauts représentants du parti catholique qui, face à la progression de la Réforme, commence à se constituer dans le pays.

Les chefs protestants – Antoine de Bourbon, roi de Navarre, le prince de Condé, son frère, et les Coligny (Bernard, l'amiral, Odet, dit le cardinal de Châtillon, et François Coligny d'Andelot, trois frères passés à la Réforme) –, résolus à s'opposer au gouvernement des Guise, tentent d'enlever le jeune roi, à Amboise, en mars 1560. Ayant échoué, la conjuration est noyée dans le sang : 1 200 huguenots sont exécutés, et le pouvoir des Guise est renforcé.

Catherine de Médicis sent alors le danger. Veuve d'Henri II, concurrencée, pendant son règne, par l'éclat de la favorite, Diane de Poitiers, la reine est une femme d'expérience, que son beau-père François Ier appréciait déjà, et à qui la régence a été confiée trois fois, quand son mari était en campagne. À titre personnel, sur le plan religieux, Catherine de Médicis n'est pas radicalement hostile aux thèses réformatrices. Et, sur le plan politique, elle ressent la nécessité, pour la monarchie, de tenir balance égale entre les tendances qui se dessinent dans le royaume. Aussi persuade-t-elle son fils, le roi François II, de nommer chancelier de France un modéré, Michel de L'Hospital, en mai 1560.

En décembre 1560, François II, miné par la maladie, meurt sans postérité. Son frère devient le roi Charles IX. Puisqu'il est mineur, cependant, Catherine de Médicis est à nouveau nommée régente. Quand il sera majeur, sa mère conservera sur lui un ascendant marqué. Après la mort de Charles IX, en 1574, à l'issue de quatorze ans de règne, la reine, de nouveau, assurera la régence, dans l'attente du retour de Pologne de son troisième fils, Henri III. Sous le règne de celui-ci, elle continuera de jouer un rôle important. Catherine de Médicis a donc attaché son nom à l'un des épisodes les plus dramatiques de notre histoire : les guerres de Religion.

Portrait de Jean Calvin. Peinture anonyme (1550).

Portrait de Catherine de Médicis.
Peinture de l'École française du XVIᵉ siècle.

Huguenots contre papistes : la France se déchire

À l'initiative de la reine régente et de Michel de L'Hospital, se tient à Poissy, en 1561, un colloque théologique dont le but est d'esquisser un rapprochement entre catholiques et réformés. La controverse s'ouvre en présence de Charles IX, de la reine mère et du chancelier. Mais ils sont les seuls, semble-t-il, à espérer un compromis : le colloque est un échec. La tension augmentant, la régente promulgue un édit, à Saint-Germain, en janvier 1562, visant à préserver la paix civile : les protestants se voient accorder la liberté de conscience, la liberté de réunion et la liberté de culte en dehors des villes.

Mais un incident sanglant survient à Wassy, ville forte de Champagne où François de Guise est de passage le 1ᵉʳ mars suivant. Ce jour-là est un dimanche, et le culte réformé est célébré dans une grange de la ville, au mépris de l'édit de Saint-Germain. Venu constater les faits, le duc de Guise est accueilli à coups de pierre, et blessé. Son escorte riposte et prend d'assaut la grange où se tenaient les huguenots, faisant 60 morts et 200 blessés dans leurs rangs.

Ce premier sang en appelle d'autres. Les guerres de Religion commencent. Avec des périodes de répit, ce long conflit civil, qui peut être décomposé en huit guerres, durera trente-six ans.

Avant la fin du mois de mars 1562, dans tout le royaume, les huguenots ont pris les armes. La guerre dure un an. Elle se termine, en 1563, par la paix d'Amboise. Catherine de Médicis assure l'amnistie totale aux protestants, et leur laisse la liberté de conscience et la liberté de culte dans certaines limites territoriales.

En 1567, les réformés tentent d'enlever le roi Charles IX et Catherine de Médicis. Cette « surprise de Meaux » déclenche la deuxième guerre. Une nouvelle paix est conclue, à Longjumeau, en 1568, accordant aux huguenots les mêmes garanties que celles offertes à Amboise, mais en reconnaissant La Rochelle comme place protestante. Quelques mois plus tard, la disgrâce de Michel de L'Hospital provoque un troisième soulèvement qui s'achève, en 1570, par le traité de Saint-Germain : les réformés disposent de la liberté de culte dans deux villes par province, et de quatre places de sûreté : La Rochelle, La Charité, Montauban, Cognac.

De l'édit de Saint-Germain (1562) à la paix d'Amboise (1563), et de la paix de Longjumeau (1568) au traité de Saint-Germain (1570), la tactique du parti huguenot est toujours la même : utiliser ses avantages acquis tout en cherchant à les étendre. Une série de succès qui, *a contrario*, excite la fureur des catholiques et spécialement du parti des Guise, qui accuse la Couronne de pusillanimité vis-à-vis des réformés.

Le drame de la Saint-Barthélemy reste une énigme

Charles IX et Catherine de Médicis continuent néanmoins d'espérer l'apaisement entre les deux camps. En 1571, le roi prend deux décisions allant dans ce sens. En premier lieu, il fiance sa sœur, Marguerite de Valois, à Henri de Navarre. Ce dernier est le premier prince du sang depuis la mort de son père, Antoine de Bourbon, en 1562, et de son oncle, Louis de Bourbon, prince de Condé, son prédécesseur à la tête du parti huguenot, tué en 1569 à la bataille de Jarnac, où les catholiques commandés par le futur Henri III battirent les protestants. Charles IX, en deuxième lieu, rappelle à la Cour l'amiral de Coligny, protestant qui, depuis dix ans, a participé à toutes les guerres. Ces deux gestes de conciliation vont pourtant servir à attiser l'incendie qui éclatera à la Saint-Barthélemy de 1572. Le 18 août de cette année-là, le mariage d'Henri de Navarre et de Marguerite de Valois est célébré, à Paris, dans une atmosphère électrique. Aux yeux des ultras du parti catholique, qui bénéficient de la sympathie de la capitale, cette union constitue une provocation. Le 22 août, l'amiral de Coligny est la cible d'une tentative de

Renaissance, Réforme : guerres en Italie, guerre civile en France

Le massacre de la Saint-Barthélemy, le 24 août 1572.
Peinture de François Dubois (XVIe siècle).

meurtre : visé dans la rue par un tir d'arquebuse, il échappe à la mort, mais il est blessé. Qui a commandité l'attentat ? Charles IX et Catherine de Médicis ont fait de la réconciliation des Français la pierre d'angle de leur politique : contrairement à ce qui se prétendra plus tard, ils n'avaient aucun intérêt à la saboter. La piste la plus plausible est espagnole. Coligny, au Conseil du roi, plaidait en effet pour une intervention française en faveur des calvinistes des Pays-Bas, alors révoltés contre leur souverain. Début août, le principe de cette intervention avait même été arrêté. Philippe II avait toutes les raisons, par conséquent, de se venger de Coligny et de déclencher des troubles en France afin de détourner l'attention de ce qui se passait aux Pays-Bas.

Le 23 août, Paris est en effervescence. La milice bourgeoise, le Parlement et l'Hôtel de Ville ont pris officiellement parti pour les Guise, et sont bientôt rejoints par la garde du Louvre. Charles IX, en son propre palais, se sent cerné. En pleine nuit, afin de préserver sa sécurité, il est obligé de faire sortir vingt gentilshommes protestants de l'entourage d'Henri de Navarre, qui l'accompagnaient à son mariage : les malheureux sont tués. Le 24 août au matin, jour de la Saint-Barthélemy, un

HISTOIRE PASSIONNÉE DE LA FRANCE

Henri III poussant du pied le corps de Henri Ier de Lorraine, duc de Guise, après son assassinat au château de Blois. Peinture de Charles Barthélemy Durupt (1832).

Renaissance, Réforme : guerres en Italie, guerre civile en France

groupe dirigé par le duc de Guise pénètre dans l'hôtel de Coligny et achève l'amiral blessé. La foule, prenant ces assassinats pour un signal, ne se contient plus : la chasse aux huguenots est ouverte. Dans toute la ville, le sang coule.

Ce drame reste une énigme. Est-ce Charles IX qui a donné l'ordre du massacre ? A-t-il cédé à la pression ? Quel a été le rôle de Catherine de Médicis ? L'affaire dissimulait-elle un coup de force organisé par la maison de Guise au profit de l'Espagne ? Quelle que soit la bonne hypothèse, force est de constater que le roi ne contrôlait plus les événements, le carnage cessant à Paris le 29 août pour reprendre ensuite en province. Au cours de ces folles journées, on comptera 2 000 à 3 000 victimes à Paris, et 8 000 à 10 000 en province. Le 26 août, au cours d'un lit de justice, Charles IX endosse publiquement la responsabilité du massacre, déclarant que son peuple a prévenu un complot fomenté par l'amiral de Coligny. Deux ans plus tard, sur son lit de mort, le roi sera encore torturé de remords.

Après la Saint-Barthélemy, les hostilités reprennent dans tout le royaume. Au cours de cette quatrième guerre, les troupes catholiques assiègent vainement La Rochelle. La paix est signée en 1573, l'édit de Boulogne rétablissant la liberté du culte réformé dans les demeures des seigneurs hauts-justiciers et retirant les garnisons royales de La Rochelle, Nîmes et Montauban.

Henri III sauve la Couronne

En 1574, Charles IX meurt de maladie, à 24 ans, en ne laissant qu'une fille et un fils bâtard. Son frère, Henri, duc d'Anjou, s'est acquis une grande réputation militaire, comme lieutenant général du royaume, en étant vainqueur des huguenots, en 1569, à Jarnac puis à Moncontour. En 1573, il a été élu roi de Pologne[2]. Cueilli là-bas par la nouvelle de

---

2. En 1572, le roi de Pologne et de Lituanie Sigismond II Auguste, de la dynastie des Jagellons, est mort sans enfant. La diète de Varsovie décida que la Couronne serait désormais élective, le roi étant tenu de convoquer la diète tous les deux ans et de respecter la Constitution, faute de quoi la nation polonaise serait déliée de l'obéissance à son égard. Les Lituaniens voulaient donner la Couronne au Russe Ivan le Terrible, les évêques et la noblesse de Pologne à un Habsbourg. Les intrigues de Catherine de Médicis et les largesses de l'ambassadeur de France permirent l'élection d'Henri de Valois, le futur Henri III, dont le règne polonais ne dura que quatorze mois.

la mort de son frère, il rentre en France et devient roi sous le nom d'Henri III. Ce roi, qui veut être au courant de tout ce qui touche à son gouvernement, s'entoure de juristes compétents, issus de la moyenne noblesse. Anticipant Louis XIV, il fait de la Cour un instrument de pouvoir, destiné à mettre en valeur la majesté royale. Les hommes sur lesquels il s'appuie (du Guast, Joyeuse, Épernon) l'imitent dans le goût de la propreté corporelle et du raffinement de l'habillement et de la mise : ils sont appelés les mignons, terme qui n'a aucune connotation sexuelle à l'époque, mais que les polémistes calvinistes associeront ultérieurement à l'homosexualité, pratique restée étrangère, en réalité, au monarque et à ses favoris.

Sous le règne d'Henri III, il y aura d'abord trois courtes guerres, en 1575, 1577 et 1580. En 1576, la paix de Beaulieu, qui accorde aux protestants la liberté de culte (à l'exception de Paris et des villes closes) et huit places fortes, est si favorable aux huguenots qu'elle suscite, par réaction, la naissance de la Ligue, parti catholique dont le stratège est le duc Henri de Guise et l'inspirateur spirituel son frère Louis, cardinal de Lorraine.

Henri III n'a pas d'enfant. En 1584, la mort de son frère, Monsieur, duc d'Anjou, dernier fils d'Henri II et de Catherine de Médicis, fait du cousin du roi et premier prince du sang, Henri de Navarre, l'héritier du trône. Or il est de confession réformée. Un protestant roi de France ? Pour les catholiques, c'est impensable. Le duc de Guise, aussitôt, se pose en compétiteur. Sa famille affirme descendre de Charlemagne : pourquoi ne ceindrait-elle pas la couronne ? Bien disposée à ne pas céder, la Ligue se mobilise. Ce sera l'origine de la huitième et dernière guerre de Religion, qui durera huit ans.

En 1585, afin de ne pas être débordé par la Ligue, Henri III croit habile d'en prendre la tête. Luttant en personne contre les huguenots, il révoque les édits autorisant le culte réformé. Dans le même temps, ne transigeant pas sur les lois dynastiques, le roi ne cesse de confirmer Henri de Navarre comme son successeur. À telle enseigne que la capitale, toujours proche de la Ligue, reproche sa modération à Henri III. En mai 1588, lors de la journée des Barricades, Paris se révolte et contraint le monarque à la fuite. À Blois, où il a réuni les états généraux, Henri III se heurte à l'opposition virulente des partisans de la Ligue. Comprenant qu'il n'est plus libre, le roi se résout donc à faire assassiner Henri de Guise et son frère Louis, cardinal de Lorraine, à Blois, en décembre 1588. Ce double meurtre, s'il est dicté par la raison d'État, scandalise la France catholique, qui se prend de haine pour le roi.

Depuis le début du règne d'Henri III, Catherine de Médicis n'a cessé de jouer un rôle au sein du gouvernement, cherchant toujours l'équilibre entre les partis.

Écartée à la fin, la reine mère disparaît en janvier 1589. Peu de temps après, le duc de Mayenne, frère des Guise assassinés à Blois, soulève les provinces catholiques. Pour sauver la Couronne, Henri III n'a d'autre ressource que de se rapprocher d'Henri de Navarre. Ayant conclu une alliance, le roi et son héritier assiègent Paris ensemble. C'est à cette occasion, en août 1589, que Jacques Clément, un moine fanatique, poignarde Henri III. Avant de mourir, le roi exige que les seigneurs présents jurent fidélité à Henri de Navarre, futur Henri IV.

Henri IV se convertit et signe l'édit de Nantes

Après l'assassinat d'Henri III, Henri de Navarre est *de jure* roi de France sous le nom d'Henri IV. *De facto*, il n'est que le roi des huguenots, et sa cause a quelque chose de désespéré. C'est les armes à la main qu'il doit conquérir son trône, affrontant le duc de Mayenne, chef de la Ligue, à Arques en 1589, puis à Ivry en 1590 (bataille où il prononce les mots célèbres : « Ralliez-vous à mon panache blanc, vous le trouverez toujours au chemin de l'honneur et de la victoire »). En 1591, il assiège de nouveau Paris où la Ligue a pris le pouvoir. Le conflit s'éternise. Pour sortir de l'impasse, Henri IV fait savoir qu'il est enfin prêt à se convertir au catholicisme. À Saint-Denis, en 1593, il abjure définitivement. En 1594, il est sacré à Chartres. En 1595, il déplace le conflit civil sur le plan international en déclarant la guerre à l'Espagne, tout en obtenant la soumission des derniers grands seigneurs de la Ligue. En 1598, tandis que la paix de Vervins met fin à la guerre avec l'Espagne, la signature de l'édit de Nantes clôt les guerres de Religion. Aucun pays européen touché par la Réforme n'a subi un affrontement intérieur aussi long, aussi meurtrier, aussi destructeur. C'est que les guerres de Religion, en France, ont recouvert un conflit pour le contrôle de l'État. Or cet État a toujours reposé sur le principe unitaire. Au sein de l'empire des Habsbourg, là où la Réforme s'était implantée, Charles Quint s'était résolu à la partition territoriale, entre catholiques et protestants, en fonction de la confession de chaque prince, les sujets adoptant la religion de leur souverain, en application du principe *Cujus regio, ejus religio*. La constitution historique du royaume capétien, en revanche, interdisait une telle solution. Au-delà de l'antagonisme religieux qui séparait papistes et huguenots, le drame, qui s'est joué entre 1562 et 1598 en France, était donc une tragédie politique.

Pour chaque camp, huguenots ou ligueurs, le roi, s'il ne se plaçait pas de leur côté, devenait le tyran à abattre. Les huguenots regardaient vers l'Angleterre et les

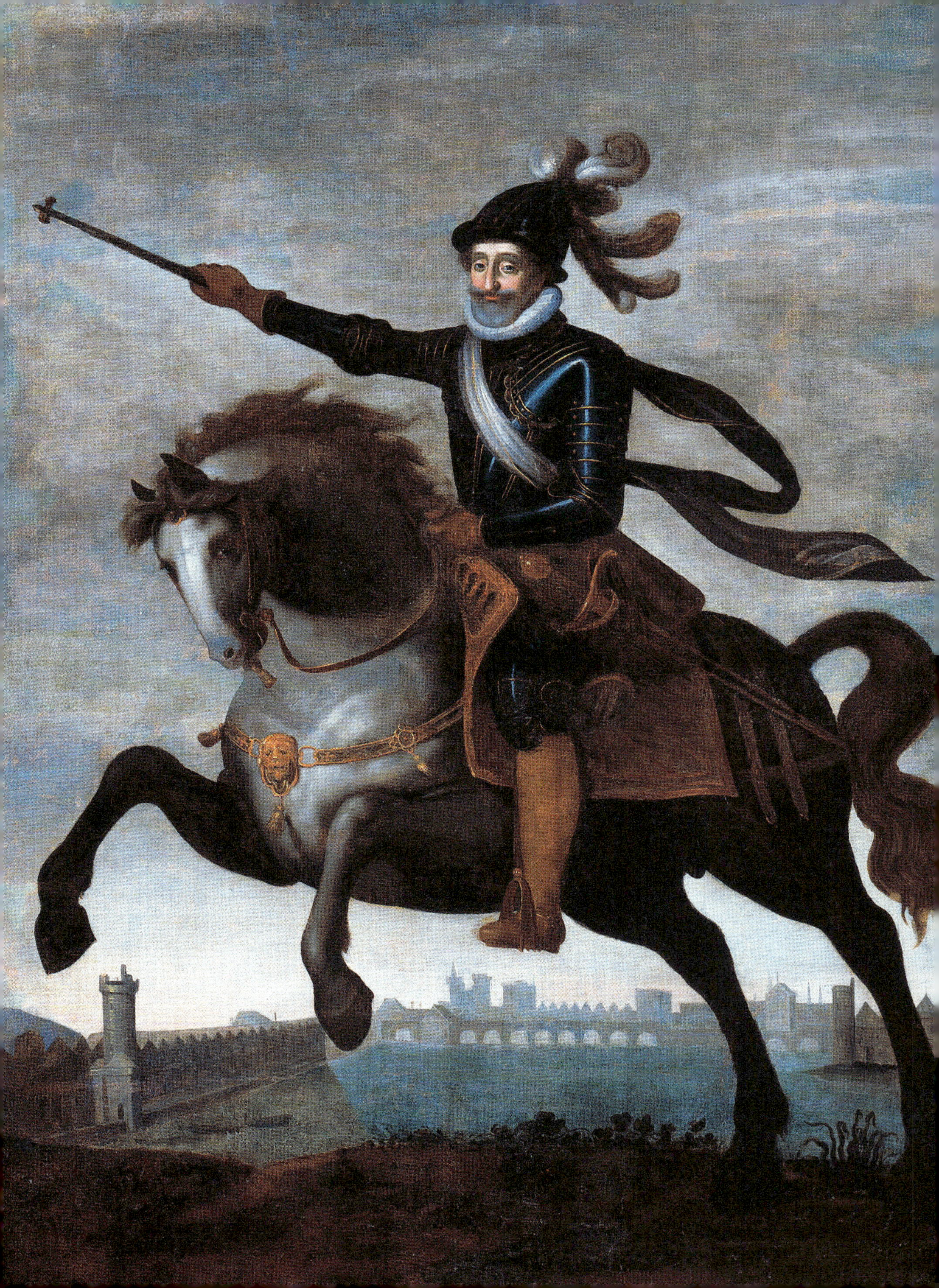

Renaissance, Réforme : guerres en Italie, guerre civile en France

ligueurs vers l'Espagne. Dans cette guerre civile, il n'était question que de coreligionnaires, et non plus de compatriotes. Par rapport à l'essor du sentiment national français entamé à la fin de la guerre de Cent Ans, il s'agissait d'un profond recul. Après cette catastrophe, le premier article du traité de paix intérieure signé à Nantes, le 13 avril 1598, est peut-être le plus profond. Au terme de plus de trois décennies de guerre civile, Henri IV prône l'oubli et le pardon entre les anciens adversaires. L'édit reconnaît le catholicisme comme religion d'État, mais accorde des privilèges considérables aux protestants. Ce traité, dans les faits, instaure moins la tolérance religieuse, concept inconnu à l'époque, qu'il n'organise la coexistence entre les confessions sur la base d'un partage territorial. Ce compromis, accroc à la tradition unitaire française, tiendra parce que, remarquable souverain, Henri IV saura l'imposer en ralliant les modérés des deux camps. Mais également parce que le pays, exsangue, était immensément las de la guerre civile, et qu'à la fin le sentiment national s'était réveillé, faisant comprendre à certains qu'au-delà de leurs différences de foi, ils étaient français.

Portrait du roi Henri IV
à cheval. Peinture de l'École
française du XVIIe siècle.

VI. Grandeurs et échecs de la monarchie française

Commençons par chasser un cliché tenace. Dans tous les livres d'histoire, spécialement les manuels scolaires, la monarchie telle que l'incarnèrent Henri IV, Louis XIII, Louis XIV, Louis XV et Louis XVI est classée dans la catégorie de l'« absolutisme ». Or ce mot n'est pas innocent. Il ne date, d'ailleurs, ni du Grand Siècle, ni du temps des Lumières, mais de… 1796. L'absolutisme est un concept qui a été forgé pendant la Révolution, afin de fustiger les institutions antérieures et de justifier la nécessité de les avoir détruites. Au même titre que l'Ancien Régime (expression qui date de 1790), il s'agit d'une formule de propagande.
Les dictionnaires d'aujourd'hui donnent au mot « absolutisme » les synonymes suivants : autoritarisme, césarisme, dictature, tyrannie, autocratie. Or ces termes traduisent une réalité qu'on ne rencontre pas à l'époque de la monarchie dite absolue. Lorsqu'on lit les mémoires, journaux intimes et lettres privées du temps de Louis XIV, même chez ceux qui ont eu à souffrir des rigueurs de la politique royale, on ne trouve nulle part mention d'un défaut de liberté, d'un sentiment d'oppression. Telle mesure du roi peut être source de mécontentement, ses ministres peuvent être impopulaires, les grands du royaume peuvent être critiqués, mais jamais la personne du monarque ni le principe de sa fonction ne sont remis en cause. L'absolutisme supposé de la monarchie française, à son apogée, ne gêne donc que ceux qui n'ont pas vécu sous son règne.

Henri IV et Sully reconstruisent la France

Faut-il présenter Henri IV ? Carrure d'athlète, menton en galoche, barbe blanche, odeur de sueur et d'écurie : le portrait physique est connu. Le caractère aussi : courage, bonhomie, jovialité. Et ne parlons pas de l'insatiable appétit du Vert Galant pour les femmes. Pour autant, ce roi d'une intelligence exceptionnelle a d'abord été un homme d'autorité, capable de la plus grande rigueur à l'encontre

de ceux qui lui manquaient. Ainsi du maréchal de Biron. Un an après la signature de l'édit de Nantes, celui qui fut le compagnon d'armes du roi à Arques et à Ivry, lorsque Henri IV bataillait contre la Ligue, entre en relation avec le roi d'Espagne. Pardonné, il recommence à comploter, n'ayant pas compris que les temps ont changé. Arrêté, jugé, condamné à mort par le Parlement, il est décapité en 1602.
À l'issue des guerres de Religion, la tâche qui attend Henri IV est immense : l'État est à restaurer, la France à reconstruire. Il s'y attelle aussitôt, en gouvernant sans les états généraux et en s'appuyant sur un Conseil restreint. Les princes du sang en sont exclus, mais le roi y a placé d'anciens ministres d'Henri III ou des fidèles à lui. Tel Sully, qui inaugure une série de principaux ministres du roi (Richelieu, Mazarin, Colbert...) qui sauront être de grands serviteurs de l'État tout en édifiant, selon les mœurs de l'époque, de colossales fortunes personnelles.
Maximilien de Béthune, baron de Rosny, duc et pair de Sully (titre créé pour lui en 1606), a servi Henri de Navarre, les armes à la main, dès 1576. Vif et brave, volontaire, capable de tenir tête au roi, ce calviniste a poussé son maître à abjurer, tout en refusant de renoncer à sa foi. Entré au Conseil des finances en 1596, surintendant des Finances deux ans plus tard, il est l'inspirateur de la politique économique et financière du règne. Avec succès : dès 1603, le budget est équilibré. Sully, persuadé, selon sa formule, que « labourage et pâturage sont les deux mamelles de la France », soutient particulièrement l'agriculture. Mais il favorise également les échanges commerciaux intérieurs, en abolissant des péages et en remettant en état des routes et voies navigables.
À partir de 1604, Sully joue un rôle prééminent au Conseil, où Henri IV s'appuie sur lui. Toute son action vise à renforcer le pouvoir : des commissaires et délégués permanents du roi sont envoyés dans les provinces, les gouverneurs étant réduits à leurs attributions militaires. Les parlements sont bridés, leurs velléités d'user du droit de remontrance découragées. Ainsi commence à se faire sentir une certaine centralisation administrative qui contribue à l'affirmation de l'État. En vue d'attacher les fonctionnaires au service public, mais aussi de renflouer le Trésor royal, Sully rend l'édit de la Paulette (1604), qui institue la vénalité et l'hérédité des offices. Cet édit marque la naissance de la noblesse de robe, qui est propriétaire de ses charges moyennant le versement d'une rente annuelle au Trésor.
À l'extérieur, Henri IV gagne la guerre contre le duc de Savoie qui, au traité de Lyon (1601), cède à la France la Bresse, le Bugey et le pays de Gex (provinces rayonnant autour de l'actuel département de l'Ain). Le roi, reprenant la politique de ses prédécesseurs, s'emploie à isoler l'Espagne. À cette fin, il renouvelle les alliances avec les Suisses et les princes protestants d'Allemagne, et noue des relations bienveillantes avec la Toscane, Mantoue, Venise et le Saint-Siège.

L'assassinat d'Henri IV et l'arrestation de Ravaillac.
Peinture de Charles Gustave Housez (1860).

Au terme d'une décennie de paix, Sully pousse Henri IV à rouvrir les hostilités avec la maison d'Autriche. Une expédition est préparée contre les Pays-Bas espagnols, le roi devant prendre la tête de ses troupes le 19 mai 1610. Mais le 14 mai, à Paris, il tombe sous le couteau d'un catholique illuminé, François Ravaillac. Qui a guidé la main de l'assassin ? À la veille d'une nouvelle guerre contre les Habsbourg, Ravaillac a pu être l'agent inconscient d'un complot ourdi par l'archiduc Albert d'Autriche, souverain des Pays-Bas.
Dès la mort d'Henri IV, sa légende se met en place. Elle ne fera que s'amplifier, chaque époque façonnant le personnage à sa guise. Sous Louis XIV, il incarnera la figure de l'honnête homme, et sous la Régence, le libertinage. Les Lumières en feront un adepte du despotisme éclairé, tandis que le XIXe siècle républicain verra en lui le dispensateur de la poule au pot. Quant à notre temps, au prix d'un certain anachronisme, il loue Henri IV comme un apôtre du vivre-ensemble. La multitude de ces images, vraies ou forcées, reflète la richesse de la personnalité du plus populaire de nos rois.

Louis XIII, le roi conscient de ses limites

En 1599, le mariage d'Henri IV et de Marguerite de Valois a été annulé. L'année suivante, le roi a épousé Marie de Médicis, la fille du grand-duc de Toscane, grande et belle femme passionnée par la danse et la musique, et néanmoins dévote. Leur premier fils, le futur Louis XIII, est venu au monde en 1601. À la mort de son père, il n'a donc que 9 ans. Sa mère, nommée régente en prévision du départ d'Henri IV pour la guerre, assure le gouvernement.

Écartant les ministres de son mari, Marie de Médicis s'appuie sur son compatriote Concino Concini, maréchal d'Ancre, dont la femme, Leonora Galigaï, est sa favorite. Dès 1611, il remplace Sully à la tête des affaires, et dirige le pays avec une poigne de fer. La régente, tournant le dos à la politique d'Henri IV, favorise un rapprochement avec la puissance espagnole. Une orientation qui se traduit, dès 1612, par la négociation du mariage de Louis XIII avec l'infante Anne d'Autriche, de la branche espagnole des Habsbourg, union qui sera célébrée en 1615, les deux époux ayant 14 ans.

En 1614, Condé entraîne de grands seigneurs dans la révolte contre Concini. Marie de Médicis, contrainte de faire des concessions, consent à la convocation

Portrait de Marie de Médicis. Peinture de Franz Pourbus le Jeune (vers 1609).

Portrait de Concino Concini. Peinture de Denis Lecocq (1834).

d'états généraux. Mais, face aux dissensions qui se manifestent dans l'assemblée, la régente se trouve en position d'arbitre, rétablissant son autorité et celle de son favori. Quant au roi, il accède à la majorité peu après, mais sa mère continue d'exercer le gouvernement. Concini est donc doublement confirmé dans son pouvoir. Quelques années plus tard, c'est au tour de Louis XIII de ne plus supporter la tutelle du maréchal d'Ancre. En 1617, sur ordre du roi, le capitaine des gardes du Louvre transperce Concini de son épée, tandis que la Galigaï, condamnée à mort comme sorcière, sera décapitée et brûlée. À l'annonce de ce coup d'éclat qui est aussi un coup d'État, la capitale laisse éclater une joie sauvage, la foule déterrant le corps du maréchal d'Ancre avant de le mutiler et de le brûler. Louis XIII, qui n'a pas 16 ans, éloigne sa mère de Paris, rappelle quelques vieux conseillers de son père, et installe auprès de lui son ami Charles d'Albert, duc de Luynes. Ce dernier, après s'être fait attribuer la fortune et les titres de Concini, devient à son tour tout-puissant. Mais par ses excès, il se fait détester du peuple. Il meurt de maladie, en 1621, au terme d'une campagne militaire contre un soulèvement huguenot, alors que le roi s'apprêtait à le disgracier.
Le roi, timide et bègue, est un solitaire. Son mariage avec Anne d'Autriche, consommé en 1619, est un échec : il faudra attendre les hasards d'une nuit d'hiver de… 1637 pour que la reine tombe enceinte. Louis XIII aime le travail manuel et la chasse, et se réfugie à cette fin dans son pavillon de Versailles. Profondément croyant et même pieux, il possède une haute idée de sa mission sur Terre, à la fois comme roi et comme chrétien. Mais, s'il peut manifester son autorité, il sait, étant conscient de ses limites, avoir besoin d'un homme de confiance. Or, justement, Marie de Médicis, qui s'est réconciliée avec son fils après la mort de Luynes, pousse un de ses protégés : Armand Jean du Plessis de Richelieu.

Ce dernier est entré en politique alors que, évêque de Luçon, délégué par le clergé du Poitou aux états généraux de 1614, il a été remarqué par la force de ses discours et son intelligence tactique. Devenu secrétaire d'État à la Guerre et aux Affaires étrangères en 1616, à 30 ans, il a servi Concini et soutenu le parti dévot, c'est-à-dire le parti espagnol entourant Marie de Médicis. En 1617, après l'élimination du maréchal d'Ancre, il a suivi la reine mère dans sa disgrâce, à Avignon, puis à Angoulême. Après avoir été un des artisans de la réconciliation entre celle-ci et son fils, Richelieu est revenu à la Cour, où il fait toujours partie de l'entourage de Marie de Médicis.
S'il obtient le chapeau de cardinal, en 1622, c'est par le truchement de ses relations dans le parti dévot. Or celles-ci entretiennent la défiance du roi à son égard. Il faudra donc du temps pour construire une véritable relation de confiance entre

Louis XIII et Richelieu. Appelé au Conseil du roi en 1624, le Cardinal attendra 1629 pour recevoir le titre de « principal ministre de l'État ».

Richelieu, une intelligence hors du commun

Richelieu est une des plus imposantes figures de notre histoire. Physiquement, ses portraits montrent un homme grand, doté d'un visage fin et long, l'air aristocratique. En réalité, cette prestance dissimule un secret : frêle et maladif, il souffre de migraines chroniques. Déterminé, persévérant, d'une intelligence hors du commun, d'une foi, aussi, qui ne doit pas être sous-estimée, il a pour passion la politique. La politique qui consiste, dit-il, à « rendre possible ce qui est nécessaire ». Mécène et collectionneur, protecteur des lettres et des arts, fondateur de l'Académie française (1635), bâtisseur de la nouvelle Sorbonne, de la Bibliothèque et de l'Imprimerie royales, future Bibliothèque nationale, et du Palais-Cardinal, légué à Louis XIII et devenu le Palais-Royal, Richelieu est aussi un acteur éminent, en son siècle, de la vie des arts.
Jusqu'en 1642, date de sa mort, Richelieu sera pour Louis XIII le plus précieux des collaborateurs. Entre eux, la répartition des rôles est parfaite : rendant compte au roi de toutes les questions importantes, le Cardinal n'usurpe pas l'autorité de son maître, tout en ayant l'art de l'amener à ses vues. La politique de Louis XIII sera donc la politique de son ministre. À l'intérieur, renforcer l'État, en abaissant la noblesse factieuse et en désarmant l'organisation politico-militaire des huguenots. À l'extérieur, résister à la puissance de la maison d'Autriche (parvenu au pouvoir, Richelieu s'est détourné du parti espagnol) et trouver des alliés pour le roi de France.

En 1626, le comte de Chalais conspire avec la reine Anne d'Autriche et le frère du roi, Gaston d'Orléans. Celui-ci, turbulent individu, restera l'héritier du trône jusqu'à la naissance de Louis XIV, en 1638. Richelieu frappe avec d'autant plus de force : condamné à mort, Chalais est décapité. En 1626 encore, le duel est prohibé, deux gentilshommes ayant enfreint l'interdiction sont exécutés place de Grève, tandis que la destruction des châteaux inutiles à la défense du territoire est ordonnée par le roi. Certaines vieilles familles se prennent alors de haine pour le cardinal ministre.
Pour Richelieu, la priorité est de restaurer l'autorité de l'État au sein du royaume. Aussi se résout-il, en 1626, à conclure la paix avec l'Espagne, à l'issue d'un bref

Triple portrait de Richelieu. Peinture de Philippe de Champaigne (XVIIe siècle).

conflit dans la Valteline, en Italie du Nord, préférant se concentrer, dans une première phase, sur le problème intérieur français. Toutefois, les ambitions maritimes qu'il déploie, jointes à l'alliance qu'il a nouée avec l'Espagne, inquiètent les Anglais. À Londres, le roi Charles Ier choisit donc de répliquer en apportant son soutien aux protestants français, sujets mal pacifiés de Louis XIII.
Depuis l'édit de Nantes, La Rochelle, capitale protestante et base logistique des séditions huguenotes qui, sporadiquement, secouent le royaume, n'a cessé de maintenir des liens étroits avec Londres. En juillet 1627, le roi d'Angleterre débarque sur l'île de Ré à la tête d'un corps expéditionnaire. Dès le mois de septembre, pendant que les navires anglais subissent l'assaut de la flotte du roi de

France, Richelieu fait construire une digue destinée à empêcher les Anglais de jeter l'ancre dans le port de La Rochelle et, conduisant lui-même les opérations, assiège la ville. En novembre 1627, les Anglais rembarquent. En octobre 1628, après un an de siège, La Rochelle, réduite à la famine, doit capituler.

L'année suivante, l'édit de grâce d'Alès (juin 1629), corrigeant l'édit de Nantes, supprime la centaine de places de sûreté huguenotes qui échappaient à l'autorité royale : c'est la fin du protestantisme conçu comme un parti politique. Aux réformés, la paix d'Alès garantit toutefois la liberté de culte et l'égalité civique avec les catholiques. Quelques extrémistes des deux bords sont encore mécontents, mais Richelieu a trouvé la formule qui permettra aux chrétiens des deux confessions de vivre à peu près en bonne entente, pendant cinquante ans. En ce sens, l'édit de grâce d'Alès, trente après l'édit de Nantes, représente la vraie fin des guerres de Religion.

Richelieu combat les protestants en France, et les soutient à l'étranger

Richelieu est un prêtre de la Contre-Réforme, en harmonie, sur le plan religieux, avec son temps. Les articles du concile de Trente (1545-1563), qui a réorganisé l'Église après le choc de la Réforme, ont été reçus en France en 1615. Dans le royaume des Bourbons, à l'époque, les figures spirituelles abondent. Citons Angélique Arnauld, la jeune abbesse de Port-Royal ; Bérulle, le fondateur de l'Oratoire ; Jean Eudes, créateur d'un ordre de missionnaires des campagnes ; François de Sales, né en Savoie, fondateur de l'ordre de la Visitation avec Jeanne de Chantal. Et Vincent de Paul, qui forme des prêtres et se voue aux pauvres par la fondation des Filles de la Charité (avec Louise de Marillac) et de l'Œuvre des Enfants trouvés. Plus tard viendront les grands prédicateurs comme Bossuet, l'Aigle de Meaux, le jésuite Louis Bourdaloue ou l'évêque de Nîmes, Esprit Fléchier. Le Grand Siècle, en France, est aussi un Grand Siècle chrétien, un siècle de saints.

Richelieu, impitoyable avec les réformés à l'intérieur, prodigue sans réserve son soutien, en revanche, aux protestants d'Allemagne. L'objectif reste de diviser le monde sur lequel règnent les Habsbourg. En 1629-1630, la France est entraînée dans la guerre de Succession de Mantoue, en Italie du Nord, affaire qui implique l'empereur, la Savoie et l'Espagne d'un côté, le pape, Venise et la France de l'autre.

Une armée, commandée par Louis XIII et Richelieu, franchit les Alpes et se bat sans succès décisif, mais obtient une paix qui assure à la France la forteresse de Pignerol et une présence permanente à Mantoue.

Cette campagne a renforcé l'entente entre le roi et son principal ministre. Elle a cependant dévoilé une stratégie antiespagnole qui heurte Marie de Médicis. Le 11 novembre 1630, la reine mère exige le renvoi de son ancien protégé. Convoqué à Versailles, ce dernier peut se croire perdu, mais il est au contraire reconduit dans ses fonctions par Louis XIII qui lui ordonne de tenir le « timon des affaires ». Triomphe de Richelieu, cette « journée des Dupes » provoque la mise à l'écart de ses adversaires et le départ de Marie de Médicis. La reine mère rejoint les Pays-Bas espagnols, puis la Hollande, l'Angleterre et Cologne, où elle mourra, en 1642, sans avoir revu la France, et sans avoir cessé de conspirer.

Des conjurations, Richelieu en déjoue toujours de nouvelles. En 1642, le marquis de Cinq-Mars, confident et favori du roi, à qui le Cardinal a refusé l'entrée au Conseil, s'entend avec Gaston d'Orléans et le duc de Bouillon, grand seigneur calviniste qui accueille dans sa principauté de Sedan des protestants et des factieux en fuite. Alors que la France est en guerre contre l'Espagne, les trois complices signent un traité d'alliance avec Madrid. Richelieu, qui a découvert le complot, révèle les faits au roi. En 1642, Cinq-Mars et son ami François de Thou, impliqué dans la conjuration, sont exécutés à Lyon, tandis que le duc de Bouillon est dépouillé de la principauté de Sedan et que Gaston d'Orléans doit une nouvelle fois faire amende honorable.

Les traités de Westphalie, triomphe de Richelieu et Mazarin

Depuis 1618, le Saint Empire romain germanique est déchiré par ce qui s'appellera la guerre de Trente Ans. Conflit d'origine religieuse, devenu conflit politique, elle met aux prises l'empereur et les souverains catholiques d'une part, et les princes protestants d'Allemagne et de Bohême d'autre part. Le roi de Danemark, Christian IV, puis le roi de Suède, Gustave-Adolphe, sont entrés ensuite dans le conflit, ce dernier grâce au soutien financier de… Richelieu. Fidèle à sa politique, le Cardinal contrecarre les Habsbourg en aidant leurs adversaires, mais de manière détournée. Toutefois, la mort de Gustave-Adolphe, sans doute le meilleur général du temps, à la bataille de Lützen (1632) et la défaite des princes protestants à

HISTOIRE PASSIONNÉE DE LA FRANCE

Le Grand Condé à la bataille de Rocroi. Peinture de François-Joseph Heim (XIXe siècle).

Nördlingen (1634) contraignent le Cardinal à prendre les armes, en 1635, en affrontant à la fois l'Empire et l'Espagne.

Le champ de bataille s'étend désormais à l'Europe : on se bat en Allemagne, en Italie, en Espagne, aux Pays-Bas et même en France. En 1636, après avoir pris Corbie, en Picardie, les Espagnols ne sont plus qu'à 120 km de Paris, déclenchant un début de panique que Louis XIII et Richelieu jugulent en refusant de fuir. Plus tard, la situation se retourne au bénéfice des Français, qui occupent le Roussillon, en 1642, année de la mort de l'« homme rouge ».

C'est donc le successeur de ce dernier, Mazarin, qui poursuivra son œuvre. Le 19 mai 1643, cinq jours après la disparition de Louis XIII, Condé écrase les Espagnols à Rocroi, dans les Ardennes, puis sa victoire contre les Impériaux, à Lens, en Picardie, en 1648, ouvre aux armées du roi la route des Pays-Bas espagnols. Il restera à Turenne et aux Suédois à envahir la Bavière et la Bohême pour que l'empereur Ferdinand III se résigne à la paix.

Les traités de Westphalie, signés en octobre 1648, mettent fin à la guerre de Trente Ans – le conflit se prolongeant entre l'Espagne et la France. Cette dernière se voit confirmer la possession des Trois-Évêchés, et annexe une partie de l'Alsace. La Suède obtient des gains territoriaux considérables en Allemagne. Le statut de l'Empire, enfin, est profondément modifié : l'empereur règne toujours sur 350 États, mais ils peuvent conclure des traités entre eux ou avec des pays étrangers, à condition qu'ils ne soient pas dirigés contre l'Empire, la spécificité des États protestants étant garantie.

La France et la Suède, déclarées garantes des « libertés germaniques » par les traités de Westphalie, exercent dorénavant une forme de tutelle sur l'Allemagne, où les Habsbourg, détenteurs de la couronne impériale élective, ne disposent que d'une souveraineté théorique, quoique prestigieuse (tout en restant les maîtres dans leurs possessions autrichiennes et danubiennes). La maison d'Autriche abaissée et la frontière nord-est du royaume renforcée, Richelieu et Mazarin ont atteint leur but. À court terme, la France est gagnante. Sur le long terme, d'autres problèmes sont posés. Le soutien aux protestants allemands consacre la division spirituelle de l'Europe, et l'affaiblissement de la puissance impériale prépare l'émergence, au sein du monde germanique, d'un État qui, un jour, s'avérera un adversaire plus redoutable que l'Autriche : la Prusse. Des conséquences que Richelieu et Mazarin ne pouvaient pas prévoir.

Portrait du cardinal Jules Mazarin. Peinture de Pierre Mignard (1661).

Mazarin fait l'éducation politique de Louis XIV

Louis XIII a appelé Jules Mazarin au Conseil dès la mort de Richelieu, en décembre 1642. Cet Italien, entré dans la carrière ecclésiastique et dans la diplomatie pontificale, ne recevra jamais les ordres majeurs : il ne sera pas prêtre. En 1630, en mission en France, il a été présenté à Richelieu. Ce dernier, ayant mesuré ses talents, lui a fait quitter le service du pape et en a fait son plus proche collaborateur. C'est encore Richelieu qui a demandé à Mazarin, au nom du roi, d'être le parrain du dauphin, le futur Louis XIV (1638), qui lui a décerné ses lettres de naturalisation (1639), puis lui a obtenu le chapeau de cardinal (1641). En mourant, il l'a recommandé à Louis XIII. Le monarque, lui-même malade et sentant sa fin approcher, en rédigeant son testament y a désigné Mazarin comme membre du Conseil de régence qui siégera à sa mort.

Quand Louis XIII disparaît, en mai 1643, son fils, Louis XIV, n'a que 5 ans. La mère du roi, Anne d'Autriche, exerce la régence. Mais il y a surtout Mazarin. Qui a d'autant moins de mal à s'imposer que les années transformeront ses rapports avec la reine mère en une relation amoureuse, dont nous possédons les preuves écrites, même s'il est douteux qu'ils aient été amants. Anne d'Autriche confie à Mazarin l'éducation politique de son fils. Le cardinal, qui a vite compris les qualités de son filleul, l'initie aux affaires de l'État, sans rien lui cacher, et sans empiéter sur sa fonction. Aussi, à sa majorité, en 1651, le roi laisse-t-il le pouvoir à Mazarin en totale confiance.

Le cardinal, jusqu'à sa mort en 1661, jouera auprès de Louis XIV le rôle que joua Richelieu auprès de Louis XIII. Comme lui, il se fera d'inexpiables ennemis. La haine envers Mazarin, exprimée dans des pamphlets (les mazarinades), a laissé des traces jusqu'à nos jours. Mais que pèse par exemple son enrichissement personnel, certes colossal, au regard des services rendus au pays ? Mazarin a formé un des plus grands rois de France, a repéré quelques-uns de ses plus grands serviteurs, comme Lionne, Servien, Le Tellier et Colbert. Avec sa fortune, il a pensionné Lulli, créé l'Académie royale de peinture et de sculpture, fondé le Collège des Quatre-Nations (aujourd'hui siège de l'Institut, quai Conti, à Paris) et ouvert la première bibliothèque publique de France, qu'on appellera après lui la Mazarine. C'est plus qu'assez pour figurer parmi les grands hommes de l'histoire de France.

La Fronde, période d'anarchie, suscite un besoin d'autorité

Pour les nobles et parlementaires à qui Richelieu a ôté positions et avantages, la minorité de Louis XIV semble une aubaine pour regagner le terrain perdu. Le prétexte leur est fourni, en avril 1648, par un édit qui suspend pour quatre ans le traitement des magistrats des cours souveraines. Le Parlement de Paris, poussé par le conseiller Pierre Broussel et par Paul de Gondi, le futur cardinal de Retz, refusant d'enregistrer l'édit, rend un arrêt dans lequel il annonce vouloir se réunir avec les autres cours souveraines – Grand Conseil, Chambre des comptes, Cour des aides[1] – afin de délibérer sur les affaires de l'État. Mazarin, après avoir répondu que cet arrêt attentait aux droits du roi, fait arrêter ses instigateurs, acte d'autorité

---
1. Le Grand Conseil, présidé par le chancelier de France, traite des requêtes judiciaires directement adressées au Conseil du roi ; la Chambre des comptes contrôle les dépenses publiques ; la Cour des aides juge en appel des affaires financières.

qui, dans Paris, déclenche la journée des Barricades (26 août 1648). Ainsi commence la Fronde, succession de troubles protéiformes qui se déroulent sur fond de guerre extérieure (la guerre de Trente Ans se termine, mais les hostilités avec l'Espagne se poursuivent) et de difficultés financières et fiscales dues aux dépenses nécessaires pour financer les armées. Tandis que la Cour trouve refuge à Saint-Germain-en-Laye (janvier 1649), l'armée de Condé assiège Paris. Mais les parlementaires, inquiets du tour pris par l'insurrection populaire dans la capitale, finissent par accepter la paix de Rueil (avril 1649), qui leur accorde l'amnistie.

Après la Fronde parlementaire, la Fronde des princes prend le relais. Condé, qui aspire à secouer le joug de Mazarin, se retourne contre le pouvoir et rejoint la cabale formée par son frère, le prince de Conti, son beau-frère et sa sœur, le duc et la duchesse de Longueville, et par d'autres grands comme le cardinal de Retz, Turenne ou le duc de La Rochefoucauld. L'oncle du roi, Gaston d'Orléans, perpétuel conspirateur, prend la tête de l'agitation nobiliaire. Condé, Conti et leur beau-frère Longueville, arrêtés en janvier 1650, sont emprisonnés à Vincennes, pendant que les troubles s'étendent à la Normandie, au Poitou, au Limousin, au Bordelais, à la Bourgogne. Quand Mazarin éteint un foyer dans une province, l'incendie éclate ailleurs.

La situation est d'autant plus confuse que les alliances se font et se défont et que l'étranger intervient. Anne d'Autriche libère les princes, paraît sacrifier Mazarin qui, devant l'hostilité qu'il cristallise, s'exile à deux reprises, à Cologne, puis à Bouillon, en Wallonie. Après avoir contracté une alliance secrète avec les Espagnols, Condé soulève la Guyenne et le Poitou. Mais Turenne, repenti, rallie le camp du roi et affronte Condé au faubourg Saint-Antoine (juillet 1652). En octobre suivant, Anne d'Autriche rentre à Paris en compagnie du jeune Louis XIV, qui vient d'accéder à la majorité. Sur les conseils de sa mère, le roi rappelle Mazarin en février 1653, retour qui marque la fin de la Fronde. Née d'un mécontentement vis-à-vis du pouvoir, cette révolte s'achève comme un appel au renforcement de la monarchie. Louis XIV saura s'en souvenir.

En politique extérieure, Mazarin, reprenant intégralement les objectifs de Richelieu, vise l'abaissement de la maison d'Autriche. Après avoir négocié les traités de Westphalie (1648), il caresse vainement le rêve,

Grandeurs et échecs de la monarchie française

La paix des Pyrénées. Peinture d'Adam Frederich van der Meulen (XVIIe siècle).

comme François Ier jadis, de faire élire Louis XIV empereur contre l'archiduc Léopold (1657). Dans la guerre contre l'Espagne, il ne craint pas de s'allier au régicide Cromwell, fanatique antipapiste dont la dictature s'étend sur l'Angleterre, l'Écosse et l'Irlande (1657). En Allemagne, il organise la Ligue du Rhin, confédération de petits États qui s'interposent entre la France et l'Empire.

En 1659, le conflit avec l'Espagne se termine enfin. Par la paix des Pyrénées, Madrid reconnaît à la France l'Artois et le Roussillon, et l'infante Marie-Thérèse, fille du roi Philippe IV, est donnée en mariage à Louis XIV, union célébrée en 1660. En 1661, Mazarin assure par ailleurs le mariage de Philippe d'Orléans (Monsieur, le frère du roi) avec Henriette d'Angleterre, fille de Charles Ier Stuart et sœur de Charles II.

Dès lors, la France est en paix avec ses plus proches voisins : l'Empire, l'Espagne et l'Angleterre. La situation ne durera pas, mais les frontières sont sûres (Vauban commence son œuvre de fortification du « pré carré »), si bien que les conflits ultérieurs se dérouleront hors du royaume : pendant plus d'un siècle et demi, le territoire français restera à l'abri des invasions.

Louis XIV gouverne personnellement

À la mort de Mazarin, en mars 1661, Louis XIV est âgé de 23 ans. Grand, beau, séduisant, ce roi dégage une majesté et une autorité naturelles que les ans altéreront à peine, sauf dans l'extrême vieillesse. Dix années se sont écoulées depuis sa majorité, dix années au cours desquelles il a laissé son ministre gouverner, mais en l'observant, en écoutant ses leçons, en réfléchissant à la meilleure manière de conduire l'État. La Fronde a profondément marqué le roi, depuis ce départ précipité de la Cour pour Saint-Germain, dans la nuit du 5 janvier 1649, quand l'enfant de 10 ans avait senti un vent de panique souffler chez les adultes. De cette période, Louis XIV conserve le souvenir cuisant d'un État diminué, humilié, peinant à triompher des intrigues et des complots en tout genre. Il en a tiré la conclusion que seule son autorité peut s'imposer à tous. Aussi le 10 mars 1661 annonce-t-il, à la surprise de son Conseil, qu'il se passera désormais de ministre principal, et gouvernera par lui-même.

En septembre 1661, par un véritable coup d'État, le roi brise la puissance de Nicolas Fouquet, surintendant des Finances dont le faste et l'impunité défiaient son autorité. Il s'agit de faire un exemple politique, qui s'adresse à tous les grands : le roi est le maître, le seul maître. Ses plus proches collaborateurs, Louis XIV les

Jean-Baptiste Colbert présente à Louis XIV les membres de l'Académie royale des Sciences. Détail d'une peinture d'Henri Testelin (1667).

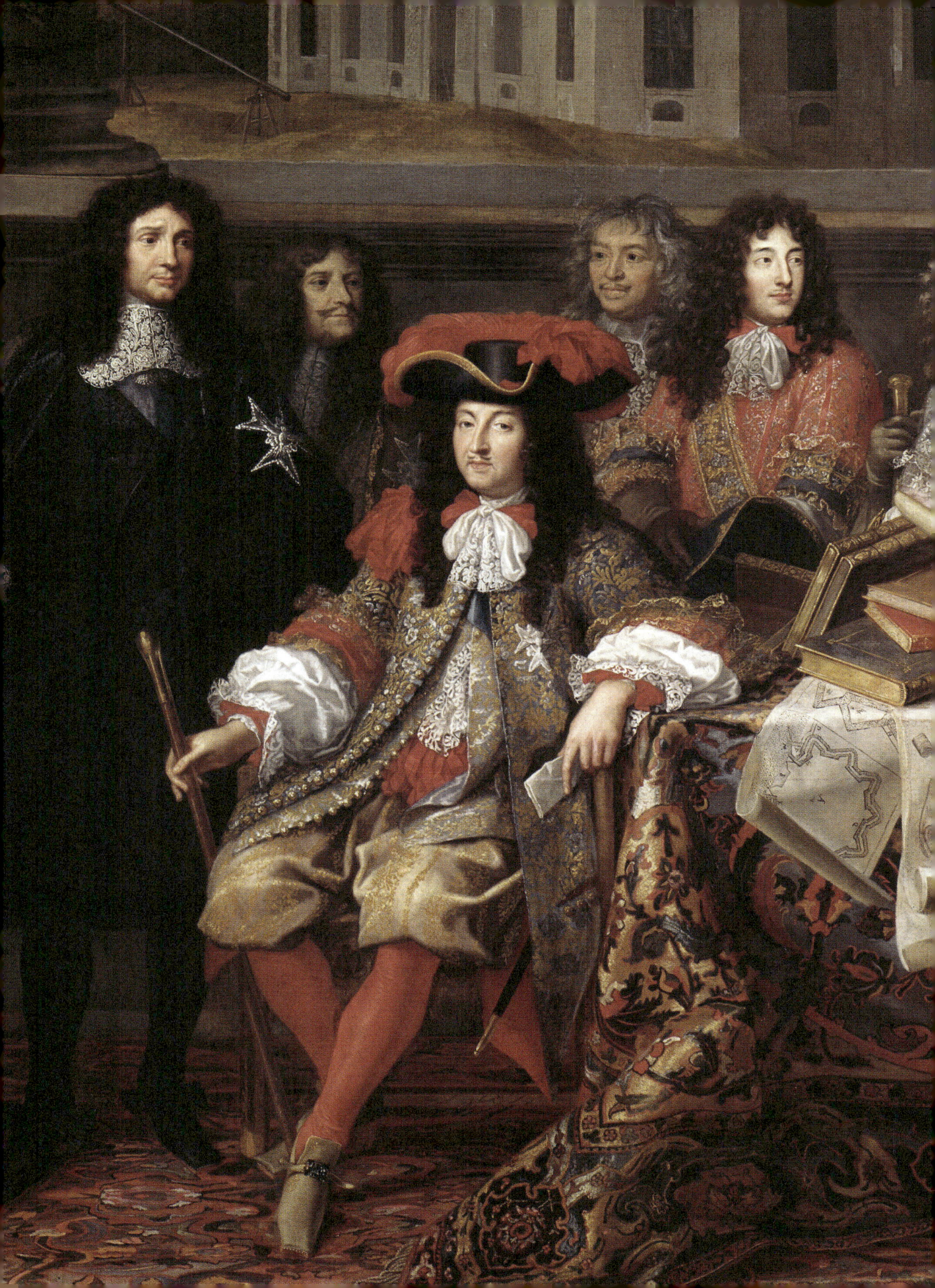

HISTOIRE PASSIONNÉE DE LA FRANCE

Vue du château de Versailles en 1668.
Peinture de Pierre Patel le père.

Grandeurs et échecs de la monarchie française

recrute parmi des bourgeois qui lui doivent tout. Beaucoup, au début du règne, ont été repérés par Mazarin : Colbert, Le Tellier ou son fils Louvois, grands commis de l'État, capables, zélés et diligents, mettent leur talent au service du bien public. Mais dans un esprit d'obéissance au roi qui ne souffre pas d'écarts.

La noblesse, sous le règne de Louis XIV, jouit de la considération due à l'ancienneté de son rang. Toutefois, reçue à la Cour pour une minorité et vouée à verser son sang sur les champs de bataille pour la plus grande part, elle n'exerce, en tant que corps, aucune fonction politique. Le haut clergé continue à se partager les évêchés et les abbayes, mais n'influence pas les affaires de l'État. Les parlements, réduits dès 1673 à enregistrer les édits, ne sont autorisés à présenter, après coup, que d'« humbles remontrances ». Les états généraux ne sont pas convoqués, beaucoup d'états provinciaux étant supprimés. Les autorités sociales traditionnelles sont remplacées par des représentants directs du roi – intendants et commissaires, officiers non propriétaires de leur charge, lieutenant de police. Une centralisation relative, qui ne dit pas son nom, se met en place. Dépouillant les parlements de leur pouvoir administratif et politique, elle institue un appareil d'État stable et moderne.

Au sortir de la Fronde, où l'anarchie a produit un besoin d'autorité, ce pouvoir fort satisfait une attente. Louis XIV exploite à fond le désir de paix intérieure, d'ordre et de soumission qui s'exprime chez les Français. Seul souverain, le roi bute néanmoins sur les innombrables barrières au-delà desquelles son pouvoir est impuissant. Car la société du Grand Siècle est communautaire. Corps royaux, provinciaux, coutumiers, municipaux, professionnels, corps savants (universités, académies), corps de marchands, communautés d'arts et métiers, compagnies de commerce et de finance, chambres de commerce, compagnies et collèges d'officiers, corps des auxiliaires de la justice : tout est corporatif, au sens large. Or le roi, ordinairement, ne peut empiéter sur les droits, privilèges et coutumes de ces corps.

En 1682, quittant le Louvre, austère demeure de ses aïeux, Louis XIV installe la Cour à Versailles. Un château dont la construction représente un chantier de trente ans, suivi dans les moindres détails par le roi. Un palais où tout est symbole, où tout est ordonné, par la pédagogie de la beauté, au culte du plus grand roi du monde, lieutenant de Dieu sur Terre. Désormais, toutes les affaires de l'État se décideront à Versailles, château et ville, capitale politique de la France. Il arrivera au roi d'utiliser les autres résidences royales, Fontainebleau, Compiègne ou Chambord, mais l'appareil d'État est dorénavant trop lourd pour être itinérant.

Bien que tout le monde puisse pénétrer dans le palais à condition d'être proprement vêtu et de louer une épée à l'entrée, le transfert à Versailles exerce une conséquence négative qui ne ressortira qu'avec le temps : dès lors que le roi ne vit plus au milieu des Parisiens, et que la Cour ne se déplace plus comme autrefois à travers le royaume, une distance se creuse entre la monarchie et les Français. L'abaissement des corps constitués, de même, provoque un déséquilibre car le pouvoir royal ne peut compter que sur lui pour maintenir le contact avec le pays. Si ce contact ne s'effectue plus, le roi se retrouve isolé. La réalité, c'est que Louis XIV a infléchi la monarchie dans un sens correspondant aux circonstances de son accession au trône et conforme à sa personnalité. Mais, sans s'en douter, le roi lègue un problème à ses successeurs.

Louis XIV a « trop aimé la guerre »

Le colbertisme, cette politique d'intervention de l'État dans le commerce et l'industrie, a pour dessein avoué de ruiner les concurrents de la France. Création de manufactures, fondation de compagnies de commerce, encouragement à l'effort maritime et colonial : ses effets bénéfiques sont nombreux. Ils ont pour contrepartie une réglementation économique dont la prolifération, à la fin du règne, paraîtra tyrannique, voire paralysante, maladie bien française. L'agriculture, qui emploie la majeure partie de la population, souffre, pendant le règne, de catastrophes climatiques (1693 et 1709) dont nul n'est responsable, mais dont les conséquences sur la paysannerie sont aggravées par la pression fiscale. Le système d'imposition, à l'époque, ne suit pas la modernisation de la puissance publique, si bien que l'État manque d'argent. Il en manque d'autant plus que son budget est grevé non pas tant par la cour de Versailles, comme on a pu le dire, que par l'entretien des armées et par les nombreuses campagnes militaires que le roi devra financer, parfois, en faisant fondre sa vaisselle.

« J'ai trop aimé la guerre », aurait confessé Louis XIV sur son lit de mort. Le roi, de fait, a consacré trente-deux années de son règne à combattre ses ennemis. Alors que Richelieu et Mazarin, dans leur confrontation avec la maison d'Autriche, s'étaient présentés comme les défenseurs de l'équilibre européen et les protecteurs des petits États, Louis XIV, attiré au-delà de toute raison par la gloire des armes, se lance dans des guerres de conquête, portant le fer et le feu en Europe. Pour ce faire, il possède la plus puissante armée permanente que l'Europe ait connue depuis l'Empire romain, instrument forgé par Louvois et servi par de grands capitaines comme Turenne, Luxembourg ou Catinat, et Duquesne, Tourville ou Jean Bart sur mer. Il faut aussi mentionner Vauban, dont la « ceinture de fer » hérisse les frontières du royaume de positions défensives qui sont autant de chefs-d'œuvre tactiques et architecturaux.

Innombrables conflits, impossibles à résumer en quelques lignes. Soulignons simplement leur incidence sur l'agrandissement du territoire. Au traité d'Aix-la-Chapelle, qui clôt la guerre de Dévolution[2] avec l'Espagne (1667-1668), la France restitue la Franche-Comté, mais obtient Lille et la Flandre. À la paix de Nimègue, au terme de la guerre de Hollande qui a vu le continent coalisé contre Louis XIV (1672-1678), la France retrouve la Franche-Comté. À la paix de Ryswick, qui termine la guerre de la Ligue d'Augsbourg[3] (1688-1697), nouvelle coalition européenne contre la France, le roi se fait reconnaître la possession définitive de Strasbourg. Au traité d'Utrecht (1713), point final, pour la France, de la guerre de Succession d'Espagne[4], qui a vu s'affronter aussi l'Angleterre, les Provinces-Unies, le Portugal, la Savoie et la Prusse (1701-1714), le royaume se voit confirmer les conquêtes du règne (Flandre, Alsace, Strasbourg, Franche-Comté), mais les successions de France et d'Espagne sont dissociées : le duc d'Anjou, petit-fils de Louis XIV, devenu le roi d'Espagne Philippe V, est contraint de renoncer pour lui et ses descendants au trône de France. La France abandonne en outre l'Acadie, la baie d'Hudson et Terre-Neuve à l'Angleterre, début de la perte de la Nouvelle-France et de la prépondérance britannique dans le continent nord-américain.

---

2. La guerre de Dévolution est ainsi nommée parce que Louis XIV justifiait ses prétentions sur une partie des Pays-Bas espagnols par le « droit de dévolution » en usage dans certaines provinces belges, au nom duquel les biens apportés en mariage par l'un des deux époux devenaient la propriété des enfants du premier lit lorsque le père ou la mère se remariaient. Or la reine Marie-Thérèse, épouse de Louis XIV, était née du premier mariage de Philippe IV d'Espagne, tandis que le successeur de celui-ci, son fils Charles II, était né du second mariage du roi d'Espagne.
3. La Ligue d'Augsbourg, nouée en 1686 contre la France, rassemblait l'empereur, les Provinces-Unies, la Suède, la Bavière, le duc de Saxe et plusieurs princes protestants d'Allemagne, rejoints plus tard par l'Électeur palatin, le Danemark, l'Angleterre, l'Espagne et la Savoie.
4. La guerre de Succession d'Espagne éclate après la mort du dernier Habsbourg d'Espagne, le roi Charles II, disparu sans descendant en 1700. Louis XIV et l'empereur Léopold Ier étaient tous deux des petits-fils de Philippe III d'Espagne et avaient tous deux épousé des sœurs de Charles II. Louis XIV soutenait les droits au trône d'Espagne de son petit-fils, le duc d'Anjou, futur Philippe V d'Espagne, et Léopold Ier ceux de son fils, l'archiduc Charles, futur empereur Charles VI.

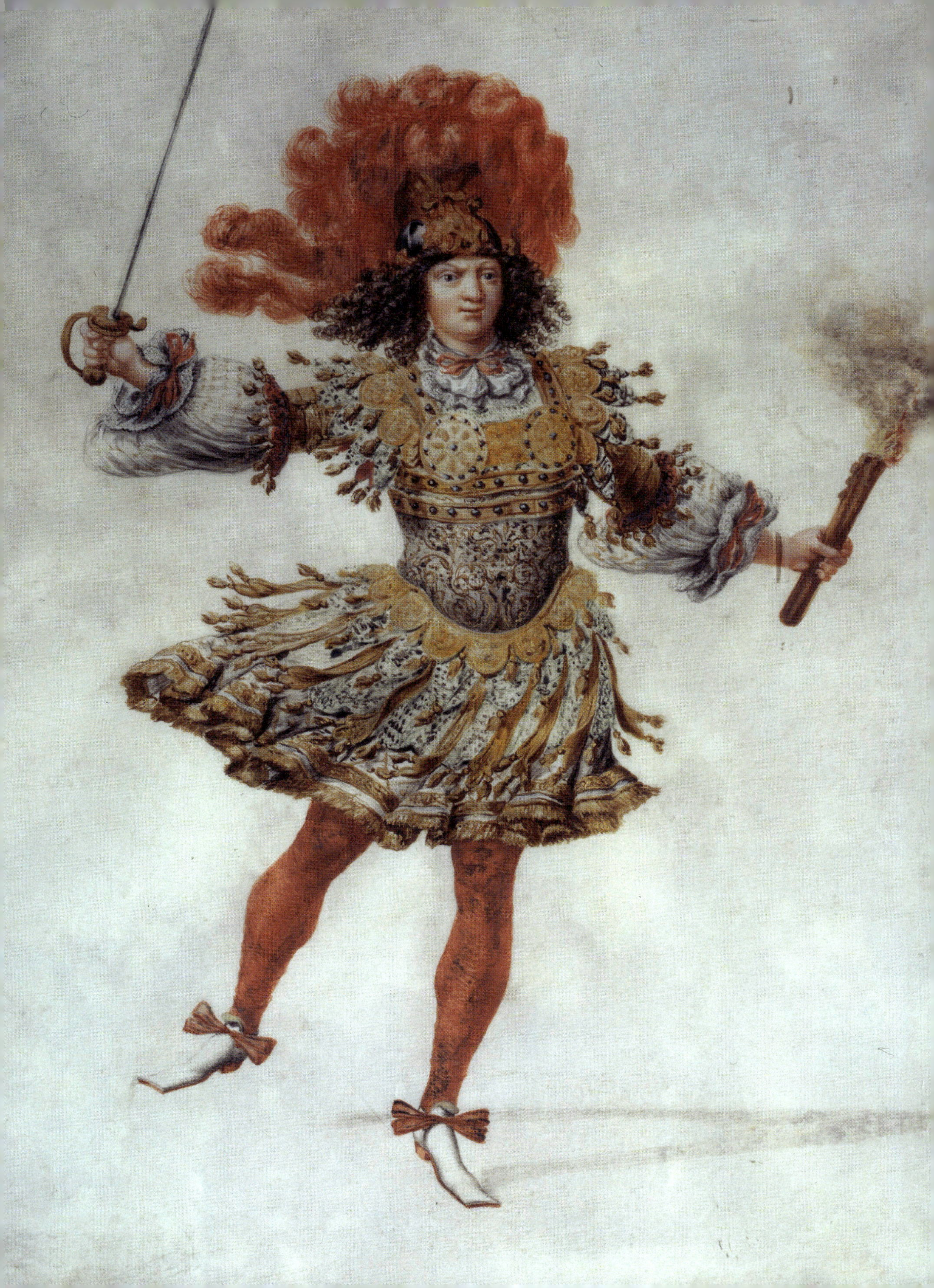

La faute de la révocation de l'édit de Nantes

Sacré à Reims avec l'huile de la Sainte-Ampoule, Louis XIV tend à se comporter comme le chef de l'Église de France. En 1682, il encourage le clergé à publier la déclaration des Quatre Articles, proclamation des « libertés de l'Église gallicane » présentées en contrepoint à l'autorité du pape. Le jansénisme, issu de Port-Royal, se développe au même moment[5]. Or le roi, ne pouvant tolérer de partis, fussent-ils religieux, persécute les jansénistes. Cette répression, au XVIIIe siècle, incitera ces derniers à s'allier avec les milieux parlementaires, transformant le jansénisme en courant d'opposition politique.

L'abolition de l'édit de Nantes procédera de la même erreur. Ses conseillers religieux avaient persuadé Louis XIV que les missions catholiques envoyées dans le royaume afin de convertir les réformés avaient réussi. Interdire le protestantisme, dès lors, serait aligner la France sur le modèle qui dominait l'Europe, où les sujets professaient la religion de leur souverain. En 1685, l'édit de Fontainebleau, qui révoque celui de Nantes, rompt l'équilibre qui avait été trouvé, en 1629, avec la paix d'Alès. Humilié et proscrit, le protestantisme français devient une force de contestation souterraine. Non seulement l'unité spirituelle du royaume, qui était le but recherché, n'est pas atteinte, mais un cinquième de l'élite économique française, de confession réformée, prend le chemin de l'exil, apportant ses aptitudes à des États qui, comme la Hollande ou la Prusse, sont ou seront des ennemis de la France. Sans aucun doute possible, la Révocation est une des fautes majeures du règne.

Dans le domaine de l'architecture, des arts et des lettres, en revanche, la réussite de Louis XIV est éclatante. Le roi n'est pas un « intellectuel » ou un homme cultivé, au sens d'aujourd'hui, mais il fait preuve d'un goût parfait. Architectes, peintres, sculpteurs, paysagistes, écrivains et musiciens de la génération 1660, celle du grand classicisme français, doivent tout à son généreux mécénat. Le siècle de Louis XIV, pour toujours, est celui des architectes Perrault (la colonnade du Louvre), Mansart (l'église du Val-de-Grâce et le château de Maisons-Laffitte), Le Vau (Vaux-le-Vicomte et Versailles) et Hardouin-Mansart (Saint-Louis-des-Invalides et Versailles), de Le Nôtre et ses jardins, des peintres Rigaud et

---

5. Le jansénisme doit son nom à l'évêque d'Ypres, Cornelius Jansen, qui a exposé sa thèse dans son ouvrage l'Augustinus en 1640. Interprétant la doctrine de saint Augustin, Jansen affirme que la grâce du salut, indépendante de la liberté et des mérites de l'homme, est réservée aux prédestinés qui ont été élus dès leur naissance. Cette doctrine, hostile aux jésuites, accusés de donner trop de place à la liberté, est condamnée en 1653 par le pape. En France, le jansénisme prend rapidement un aspect politique, rassemblant les opposants à Louis XIV.

Costume du rôle de la Guerre, dans le ballet *Les Noces de Pélée et Thétis*, interprété par Louis XIV. Aquarelle d'Henri Gissey (XVIIe siècle).

Lebrun, des écrivains Racine, La Fontaine et Molière, du prédicateur Bossuet et des musiciens Couperin et Lulli.

Un Régent au goût anglais

Louis XIV disparaît en 1715, sans être pleuré : le monarque a régné trop longtemps, dans l'ambiance austère et dévote d'un Versailles dominé par Mme de Maintenon, épousée secrètement après la mort de la reine, en 1683. La France a changé de siècle, et l'envie d'un renouveau se fait sentir.
En quelques années, le vieux roi a successivement perdu son premier arrière-petit-fils, Louis (1705), son fils, le Grand Dauphin (1711), son petit-fils, le duc de Bourgogne (1712), et son deuxième arrière-petit-fils, le dauphin Louis (1712). Le successeur de Louis XIV est donc son troisième arrière-petit-fils, le duc d'Anjou, né en 1710, qui prend le nom de Louis XV.
En 1714, à l'approche de sa fin, Louis XIV a institué un Conseil de régence présidé par son neveu Philippe, duc d'Orléans, premier prince du sang, mais en

Le Conseil de régence présidé par le régent Philippe, duc d'Orléans, et le cardinal Fleury. Peinture de l'École française du XVIIIe siècle.

lui laissant des pouvoirs limités. Dès la mort du roi, le Régent fait casser son testament par le Parlement, et obtient la régence sans condition. En échange, il restitue aux parlementaires le droit de remontrance qui leur avait été retiré en 1673. En outre, marqué par les idées réformatrices de Fénelon et de Saint-Simon, le Régent installe des Conseils du gouvernement qu'il recrute exclusivement dans la haute noblesse[6]. Résidant à Paris, au Palais-Royal, le duc d'Orléans est un homme intelligent, cultivé, immensément riche, et n'ayant d'yeux que pour l'Angleterre. Homme des Lumières, libre-penseur, il prête le flanc à toutes sortes de rumeurs qui font de lui le pire des débauchés, ce qui est sans doute excessif. Dès 1718, toutefois, le réel reprenant ses droits, le Régent se résout à des mesures d'autorité : les Conseils qu'il avait instaurés sont supprimés, le Parlement, qui faisait de l'obstruction systématique, est contraint par un lit de justice d'enregistrer les édits. Ayant hérité d'une situation financière dégradée – la dette de l'État étant équivalente à dix années de recettes fiscales –, le Régent accepte la proposition de John Law, un Écossais fixé en France. En 1716, celui-ci fonde une banque privée dont les billets sont admis dans toutes les caisses publiques. En 1718, la banque de Law devient une banque d'État dont on se dispute les actions, mais dont les émissions de billets sont sans rapport avec la réalité des valeurs qu'elle détient. Cette fièvre spéculative trouve son point final, en 1720, quand quelques gros possesseurs de billets demandent à être remboursés en monnaie d'or ou d'argent, déclenchant un vent de panique parmi la clientèle. Incapable de satisfaire ces demandes, la banque fait faillite et Law prend la fuite à l'étranger. Cette banqueroute traumatisera l'opinion française, qui restera longtemps méfiante à l'égard du papier-monnaie, retardant d'autant les progrès du système bancaire.

Louis XV se méfie des philosophes

En 1723, ayant atteint sa treizième année, Louis XV est déclaré majeur. Trois ans plus tard, il confie les affaires à son ancien précepteur, le cardinal de Fleury, qui dirigera le gouvernement pendant dix-sept ans. Ce modéré rétablit les finances, stabilise la monnaie et donne un nouvel essor à l'économie et au commerce extérieur.

---

6. Adversaire du pouvoir personnel, Fénelon, archevêque de Cambrai et ancien précepteur du duc de Bourgogne, le petit-fils de Louis XIV, souhaitait rétablir la noblesse dans toutes ses prérogatives, tout en soulignant les devoirs du roi et des grands à l'égard du peuple. Son ami le duc de Saint-Simon, qui sera le mémorialiste acerbe du règne de Louis XIV, voulait de même restaurer la grandeur passée des familles nobles. Le système de gouvernement instauré en 1715 par le Régent porte le nom de polysynodie : il visait à faire traiter chaque question politique par un Conseil approprié, recruté de préférence dans la noblesse, en réaction à la mise à l'écart de celle-ci par Louis XIV.

Le Salon de Madame Geoffrin. Peinture d'Anicet Charles Gabriel Lemonnier (1812).

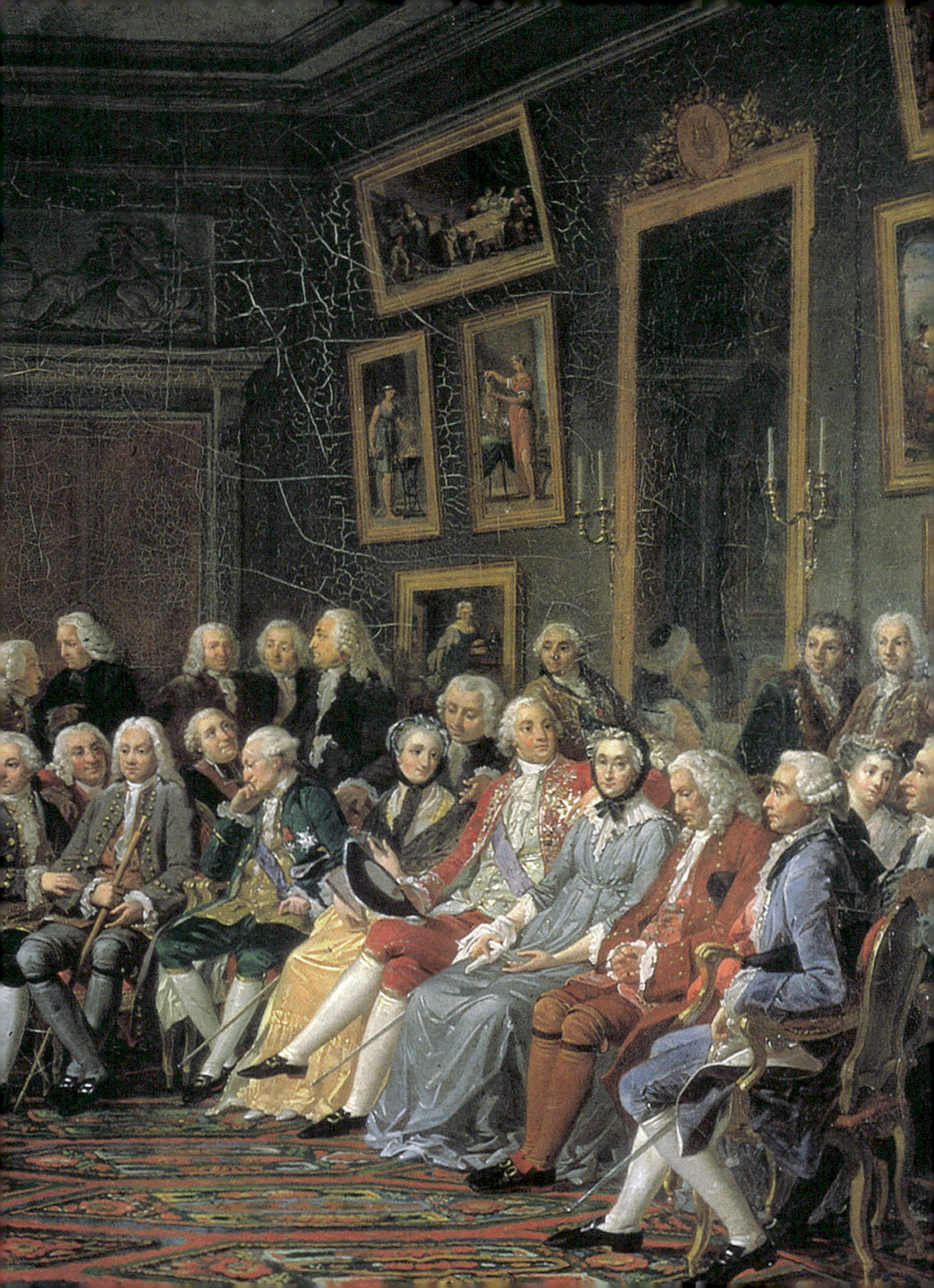

En dépit de son tempérament pacifique, le ministre sera entraîné dans la guerre de Succession de Pologne. En 1725, Louis XV est marié à Marie Leszczynska, fille de Stanislas Leszczynski, roi détrôné de Pologne. En 1733, Stanislas est réélu roi de Pologne, ce à quoi s'opposent la Russie et l'Autriche qui soutiennent la candidature d'Auguste III de Saxe et qui envahissent la Pologne. En 1734, assiégé dans la citadelle de Dantzig, Stanislas attend un renfort français, mais Fleury ne lui envoie qu'un petit détachement qui ne peut avoir raison des assaillants russes. Il s'enfuit incognito et, ayant perdu la guerre, finit par se réfugier en France. En 1738, au traité de Vienne, le beau-père de Louis XV reçoit en dédommagement du trône de Pologne le duché de Lorraine et le comté de Bar, territoires qui, à sa mort (1766), reviendront à la France.

Fleury, disparu en 1743, ne sera pas remplacé. À 33 ans, Louis XV commence son gouvernement personnel. Beau, grand, racé, le roi impressionne. C'est un homme pénétrant, doté d'une vaste mémoire, dont les connaissances sont plutôt scientifiques. Il se méfie particulièrement des gens de lettres et des philosophes, dont l'heure de gloire arrive, son règne coïncidant avec l'apogée des Lumières. Mais Louis XV est timide, distant et parfois irrésolu, souffrant de crises de neurasthénie capables de le paralyser pendant plusieurs jours. Ses deux passions intimes sont la chasse et les femmes. Il a sincèrement aimé la reine, qui lui a donné dix enfants, mais seulement deux garçons, dont un seul a survécu. À partir de 1734, toutefois, les favorites se succèdent. Au début de son règne, le roi est populaire, comme le prouve le surnom de Bien-Aimé qui lui est donné, en 1744, quand il tombe gravement malade alors qu'il se trouve à Metz, sur le chemin de la guerre, et que tout le royaume prie pour lui.

En politique étrangère, Louis XV agit souvent à l'insu de ses ministres, grâce au « Secret du roi », un ministère officieux confié à des diplomates qui travaillent directement sous ses ordres. Le pays, sous son règne, sera de nouveau engagé sur les champs de bataille européens. La guerre de Succession d'Autriche[7], où la France et la Prusse affrontent l'Autriche alliée à l'Angleterre, se termine sans avantage pour Louis XV, en dépit de la brillante campagne du maréchal de Saxe, victorieux à Fontenoy en 1745, et alors que Frédéric II a annexé la Silésie : la France a « travaillé pour le roi de Prusse ».

---

7. La guerre de Succession d'Autriche (1740-1748) éclate à la mort de l'empereur Charles VI. En vertu de la Pragmatique Sanction de 1713, sa fille Marie-Thérèse doit lui succéder à la tête des États patrimoniaux héréditaires de la maison de Habsbourg (à ne pas confondre avec le trône impérial, qui est électif et interdit aux femmes, ce qui explique que c'est le mari de Marie-Thérèse, François de Lorraine, qui sera élu empereur). Mais l'Électeur Charles-Albert de Bavière et Auguste III de Saxe et de Pologne contestent les droits de la jeune femme. Frédéric II de Prusse, puis Louis XV entrent ensuite dans la coalition contre l'Autriche, qui a pour alliées l'Angleterre et les Provinces-Unies.

En janvier 1756, Frédéric II s'allie avec les Anglais, qui affrontent les Français sur mer en Amérique du Nord comme en Méditerranée. Aussi Louis XV accepte-t-il le rapprochement que lui offre Marie-Thérèse d'Autriche contre les Anglo-Prussiens. Signé à Versailles, en mai 1756, ce renversement des alliances a été préparé, côté autrichien, par le chancelier Kaunitz et par Starhemberg, l'ambassadeur à Paris, et, côté français, par Bernis, qui deviendra secrétaire d'État un an plus tard et consolidera cet accord avec l'appui de Choiseul, nommé ambassadeur à Vienne. Cette alliance franco-autrichienne met fin à une rivalité de deux cent cinquante ans, apparue sous François Ier et Charles Quint. Historique, l'événement est aussi prophétique, car la Prusse, force montante du monde germanique, est l'ennemi de demain. Le renversement des alliances sera néanmoins impopulaire : les Français continueront à considérer les Autrichiens comme des ennemis, et les milieux philosophiques à préférer le despotisme éclairé du protestant Frédéric II de Prusse à la monarchie catholique de Marie-Thérèse d'Autriche.

Le traité de Versailles de 1756 inaugure la guerre de Sept Ans, qui est le premier conflit mondial : elle a impliqué toutes les puissances européennes et s'est déroulée sur le continent, sur les mers, en Amérique et aux Indes. Les efforts dispersés de la France contre l'Angleterre outre-mer et contre la Prusse sur le continent se soldent par un désastre (en 1757, à Rossbach, en Saxe, les Français du maréchal de Soubise et les Autrichiens ont été écrasés par Frédéric II de Prusse). Au traité de Paris (1763), la France perd l'Acadie, le Canada et les Indes (mais il lui reste les Antilles), tandis que l'Angleterre s'impose comme la première puissance maritime mondiale. Au même moment, la paix de Hubertsbourg entre l'Autriche et la Prusse consacre la victoire de Frédéric II. En dépit du talent d'un ministre comme Choiseul, la France est éprouvée, humiliée et ruinée.

Sous Louis XV, les parlements font la guerre au roi

Le règne de Louis XV, en politique intérieure, se caractérise par l'affrontement continu entre le pouvoir royal et les parlements, devenus une force d'opposition depuis que, au début de la Régence, ils ont récupéré leur droit de remontrance. En matière religieuse, les parlementaires refusent d'enregistrer comme une loi de l'État la bulle papale *Unigenitus* (1713) qui condamne le jansénisme. En 1732 et en 1753, le roi doit exiler les récalcitrants en province.

En 1749, le contrôleur général Machault d'Arnouville crée le vingtième, un impôt sur le revenu qui frappe tout sujet du roi, qu'il soit ecclésiastique, noble

Portrait de Louis XV en armure. Peinture de Quentin de La Tour (XVIIIᵉ siècle).

Portrait du roi Louis XVI à 30 ans. Peinture de l'École française (1784).

ou roturier. Mais cette mesure, inspirée par le principe d'égalité fiscale, se heurte à une levée de boucliers de la part des privilégiés. Les parlementaires, après avoir crié au viol des libertés fondamentales, finissent cependant par plier. L'opposition la plus rude vient du clergé. Afin de calculer la répartition de l'impôt, le roi exige un inventaire des biens de l'Église. L'affaire provoque un tel scandale que, menacé des foudres ecclésiastiques, Louis XV, en 1751, exonère le clergé de l'application du vingtième.
Il est loin le temps du consentement à l'autorité observé au début du règne de Louis XIV. À partir du milieu du XVIIIᵉ siècle, les écrits des Lumières procèdent à une révision générale de toutes les certitudes, mais ce bouillonnement des idées va dans le sens d'une radicalité croissante : si Montesquieu, dans *De l'esprit des lois* (1748), défend un libéralisme modéré, respectueux de la monarchie, Rousseau, dans *Le Contrat social* (1762), se fait l'avocat de la souveraineté du peuple. Avec La Mettrie ou d'Holbach, l'athéisme s'affiche. L'*Encyclopédie*, œuvre collective à laquelle participent tous les penseurs du moment (« Ils pansent les chevaux ? »

ironise Louis XV), répand un état d'esprit hostile aux traditions et à la religion. Et les libelles persiflent le roi, la Cour ou la Pompadour, tandis que le parti philosophique combat l'Église, le pape et les jésuites et que l'opposition parlementaire s'agite : sur tous les fronts, l'époque est à la contestation[8].

En 1766, La Chalotais, procureur général du parlement de Bretagne, voltairien convaincu, critique les mesures financières décidées par l'intendant de la province, le duc d'Aiguillon. Louis XV fait arrêter le magistrat rebelle mais, devant l'ampleur des protestations, tient un lit de justice qui rappelle aux parlementaires les principes de la monarchie et ordonne l'exécution immédiate de ses édits. En 1770, le Parlement de Paris, contraint d'enregistrer un édit de discipline par un lit de justice, tente d'embarrasser le pouvoir en donnant sa démission en masse, ce qui revient à suspendre le cours de la justice.

Excédé, Louis XV frappe un grand coup. En janvier 1771, 138 magistrats d'un coup sont exilés en province. Et son chancelier Maupeou lance une série de mesures novatrices. Le ressort du Parlement de Paris est diminué, ce qui favorise les justiciables. Puis de nouvelles cours d'appel sont créées. Maupeou fait ensuite évaluer les offices, prélude à leur rachat autoritaire et à l'extinction de leur vénalité. Enfin le Parlement de Paris est supprimé, et remplacé par une instance composée de magistrats nommés par le roi et devant rendre une justice rapide et gratuite. À leur tour, les cours de province sont démantelées, cédant la place à des Conseils supérieurs nommés par le roi. Abolition de la vénalité et de l'hérédité des charges, gratuité de la justice : c'est plus qu'une réforme, c'est une révolution… royale.

Mais ces mesures autoritaires viennent trop tard. Les parlementaires, appuyés par l'opinion éclairée, font figure de martyrs, si bien que la réforme de Maupeou apparaît comme un sursaut absolutiste. Tout concourt à l'impopularité de Louis XV, qui meurt détesté, en 1774, à 64 ans.

Louis XVI échoue à réformer l'État

Le 10 mai 1774, Louis XVI succède à Louis XV, son grand-père. Né en 1754, il a dû à la mort de son frère aîné, le duc de Bourgogne, en 1760, puis de son père, Louis, en 1765, devenir le dauphin. En 1770, en signe de rapprochement entre les

---

8. La publication des volumes de l'*Encyclopédie* s'étale de 1751 à 1765. Dirigée par Diderot, l'entreprise a pour collaborateurs Montesquieu, Voltaire, Rousseau, Marmontel, Condillac, Buffon, d'Holbach, d'Alembert, La Condamine, Turgot, Quesnay. L'ouvrage expose les connaissances scientifiques de l'époque. Ses vues politiques, défendant la monarchie, sont plutôt conservatrices. Sur la religion, en revanche, l'*Encyclopédie*, expression du rationalisme philosophique, constitue une critique du catholicisme, ses attaques étant déguisées derrière des articles comme « Fanatisme », « Préjugé », « Superstition ».

HISTOIRE PASSIONNÉE DE LA FRANCE

L'Assemblée des trois ordres du Dauphiné dans la salle du château de Vizille.
Peinture d'Alexandre Debelle (1862).

couronnes de France et d'Autriche, il a épousé Marie-Antoinette, une fille de l'impératrice Marie-Thérèse. L'archiduchesse est une princesse pleine de charme, mais dont la légèreté inquiète sa mère elle-même. Très vite, et en partie par sa faute, la jeune reine devra affronter plus que l'impopularité : la calomnie, la haine.

Grand, un peu empâté, timide, un peu indolent, le roi n'est pas un modèle d'énergie. Mais il est intelligent, pieux et instruit. Il maîtrise plusieurs langues, et possède des connaissances scientifiques importantes en astronomie, en géographie et dans le domaine de la navigation. En résumé, c'est un homme de bien, mais sans doute pas un homme d'État. Nommé ministre d'État, le comte de Maurepas, un vieillard de 73 ans, disgracié vingt-cinq ans plus tôt pour avoir publié des épigrammes contre Mme de Pompadour, guide les premiers pas de Louis XVI. Il installe une équipe où l'on remarque des hommes nouveaux et de qualité : Vergennes aux Affaires étrangères, Miromesnil à la Justice, Turgot au Contrôle général, Sartine à la Marine, Saint-Germain à la Guerre. Mais Maurepas a sacrifié Maupeou et son œuvre. Dès l'automne 1774, il convainc Louis XVI de rappeler les anciens parlements. Le roi, espérant amadouer tous ceux qui avaient combattu son grand-père, remet ainsi en selle les privilégiés qui reprendront leur obstruction systématique envers l'autorité royale.

Turgot, ami des philosophes, a été nommé par crainte de l'esprit du temps. Les réformes qu'il lance, cependant, se heurtent à leur tour à l'hostilité des magistrats. Lorsqu'il supprime les corvées en établissant une contribution unique qui frappe les biens nobles et roturiers, les parlements refusent d'enregistrer son édit, que Louis XVI doit imposer par un lit de justice. En 1776, Turgot est acculé à la démission par l'opposition qu'il rencontre.

Il est remplacé par Necker, porté par les salons et sa réputation d'habileté. Ce banquier genevois, d'origine protestante, doit résoudre une crise financière paradoxale. Le royaume est en effet prospère. Depuis la mort de Louis XIV, le commerce extérieur a quadruplé : armateurs et négociants ont acquis d'immenses fortunes. Les premières grandes manufactures apparaissent, des dynasties bourgeoises se fondent (Dietrich, Wendel, Perier). Toutefois, au moment où la France détient la moitié du numéraire existant en Europe, l'État manque structurellement d'argent. La solution serait de refondre complètement le système fiscal, notamment en supprimant les privilèges financiers et en instituant l'égalité devant l'impôt. Or ces mesures sont systématiquement bloquées. Necker, ayant à son tour suscité les mécontentements, est renvoyé en 1781. À l'extérieur, Vergennes s'efforce de fédérer de petits États autour de la France. Dans la guerre d'Indépendance américaine (1778-1783), ce grand ministre voit l'occasion, après la guerre de Sept Ans et le traité de 1763, de prendre une revanche sur l'Angleterre. En Amérique, un corps d'armée commandé par Rochambeau rejoint donc les volontaires de La Fayette. Les Français contribuent fortement à la défaite des Anglais à Yorktown (1781), pendant que la Marine royale, derrière l'amiral de Grasse aux Antilles et le bailli de Suffren aux Indes, remporte de nombreux succès. Au traité de Versailles (1783), qui confirme l'indépendance des treize États unis d'Amérique, la France obtient des îles et des comptoirs en Amérique et en Afrique. Le conflit a cependant aggravé considérablement le déficit financier de l'État.

Nommé au Contrôle général en 1783, Calonne finance un temps par l'emprunt une politique de dépenses et de grands travaux, en rupture avec l'austérité ambiante. Quand il ne trouve plus à emprunter, il propose un plan général de réformes susceptible de débloquer l'activité économique : création d'un impôt unique, abolition de la corvée et des douanes intérieures. Mais pour éviter le refus du Parlement, en 1787, il convoque une assemblée de notables choisie par lui. C'est un échec, car les nobles et les bourgeois refusent de supprimer leurs propres privilèges, tout en se donnant, comme d'habitude, des airs de défenseurs de la liberté, combattant le despotisme. À son tour, Calonne doit se retirer. Son successeur, Loménie de Brienne, qui a été son adversaire, préconise la même politique après avoir accédé aux affaires. Mais son plan de réformes administratives et fiscales bute à nouveau sur la résistance des parlements.

Quand Louis XVI, revenant dans un sursaut d'énergie à la politique de Maupeou, se décide enfin à briser les parlements par l'ambitieuse réforme de Lamoignon[9], il est trop tard : l'État est au bord de la faillite. Et déjà la révolte gronde : dans le Dauphiné, l'émeute éclate à Grenoble (journée des Tuiles, 7 juin 1788), et l'assemblée de Vizille, réunie sans l'assentiment du roi, le 21 juillet 1788, prélude à la Révolution. Necker revient aux affaires (août 1788), et décide le roi à convoquer, pour le printemps suivant, les états généraux que réclament les parlements, puis de doubler le nombre de députés du tiers (décembre 1788). Tout l'hiver 1788-1789 est consacré à leur préparation : ils s'ouvriront au mois de mai à Versailles.

---

9. Le 8 mai 1788, à l'initiative du garde des Sceaux, Lamoignon, et du contrôleur général des Finances, Loménie de Brienne, Louis XVI, au cours d'un lit de justice, enlève le droit de remontrance aux parlementaires et confie le droit d'enregistrement à une cour plénière. Quarante-sept tribunaux, dits de grand bailliage, sont créés, et la torture est abolie.

Vers la Révolution

Depuis Henri IV, l'État royal travaillait à moderniser la France. À la fin du XVIIIe siècle, les transformations inéluctables provoquent à la fois une réaction d'autodéfense des anciennes couches dirigeantes et une frustration des nouvelles, essentiellement issues de la bourgeoisie urbaine. Or, pour la première fois, la monarchie hésite devant l'obstacle.

En s'inclinant devant les privilégiés, en ne mesurant pas assez l'aspiration à une meilleure mobilité sociale, en creusant les déficits, l'Ancien Régime se condamne. À partir de 1750, la fonction politique de la Cour s'estompant, de nombreux habitués de Versailles vivent sans charge. C'est alors que la société de cour acquiert une image d'oisiveté. Si la monarchie s'était réinstallée à Paris, au moins partiellement, la césure entre la royauté et la capitale aurait été évitée. Paradoxalement, le passage de la bourgeoisie vers la noblesse s'avère plus difficile sous Louis XVI que sous Louis XIV. Dans le but de répondre à la paupérisation croissante de la petite noblesse militaire, une ordonnance, en 1781, exige quatre quartiers de noblesse pour le grade de sous-lieutenant. Cette mesure ne résout rien : elle ne règle pas les problèmes de l'aristocratie pauvre, mais vexe en revanche les nouveaux nobles ou les bourgeois désireux de choisir la carrière des armes.

Comme le soulignera Tocqueville, l'inégalité des statuts – incarnée dans les privilèges – jurait avec l'égalité croissante des conditions, créant une « cascade de mépris » à laquelle répondaient les revendications de plus en plus vives de la bourgeoisie. « La barrière qui séparait la noblesse de France des autres classes, observe l'écrivain dans *L'Ancien Régime et la Révolution*, quoique très facilement franchissable, était toujours fixe et visible, toujours reconnaissable à des signes éclatants et odieux à qui restait dehors. Une fois qu'on l'avait franchie, on était séparé de tous ceux du milieu desquels on venait de sortir par des privilèges qui leur étaient onéreux et humiliants. »

Dans les années 1780, si les droits seigneuriaux avaient été abolis, si le développement de la petite propriété avait été encouragé, un sentiment d'injustice ne se serait pas répandu dans le royaume. L'étude des cahiers de doléances montre qu'en 1789 le peuple demande des réformes, mais c'est au roi qu'il les demande : à la veille de la Révolution, la monarchie reste immensément populaire. Mais les événements vont mettre à bas l'institution qui, au Moyen Âge et dans les temps modernes, avait fait la France.

VII. La Révolution française ou le prix du sang

La Révolution française ou le prix du sang

Si l'on interroge aujourd'hui les Français sur ce que représente pour eux la Révolution de 1789, ils évoquent la liberté, la démocratie ou les droits de l'homme. À partir de la prise de la Bastille, le pays serait donc passé de l'absolutisme monarchique à un régime permettant aux citoyens d'intervenir librement dans les affaires publiques, la Terreur ne constituant qu'un accident de parcours. Cette vision idyllique, malheureusement, ne correspond pas à la réalité des faits. L'élan de 1789 a certes véhiculé des aspirations profondément légitimes, et permis à certaines d'entre elles de se réaliser. Il n'empêche que, pendant toute la durée de la Révolution, la violence s'est imposée comme méthode d'action politique, au mépris justement de la liberté, de la démocratie et des droits de l'homme, qui ont été constamment violés. Dès 1789, ce sont des minorités qui se sont emparées du pouvoir. Si bien que le moment fondateur de la République française porte en lui cette inavouable contradiction : la Révolution, conduite au nom du peuple, s'est déroulée sans le consentement du peuple, et souvent contre lui.

La Révolution commence le 17 juin 1789

Le 4 mai 1789, les états généraux, convoqués par Louis XVI en août 1788, s'ouvrent par la procession du Saint-Sacrement dans les rues de Versailles, les députés écoutant dans l'église Saint-Louis un sermon prononcé par Mgr de La Fare, évêque de Nancy : le cadre demeure celui de l'Ancien Régime. Le 5 mai, chacun des trois ordres (clergé, noblesse et tiers état) se réunit séparément. Mais les députés du tiers, sous la pression d'une minorité activiste, se déclarent les mandataires de toute la population française : le 17 juin, ils se proclament Assemblée nationale. Le 20 juin, ayant trouvé la salle des Menus-Plaisirs fermée sur ordre du roi, ils se rassemblent dans la salle du Jeu de Paume, et font serment de ne pas se séparer avant d'avoir donné une Constitution à la France.

HISTOIRE PASSIONNÉE DE LA FRANCE

Le serment du Jeu de Paume le 20 juin 1789.
Peinture de Jacques-Louis David (XVIIIe siècle).

La Révolution française ou le prix du sang

Louis XVI commence par résister. Le 23 juin, assistant à une assemblée plénière des députés, il ordonne aux états de siéger par ordre. Après qu'il a quitté la séance, la noblesse et une partie du clergé se retirent. Les représentants du tiers, eux, restent sur place : « Nous sommes ici par la volonté du peuple, et nous n'en sortirons que par la force des baïonnettes », clame le comte de Mirabeau. Défiguré par la petite vérole, violent et passionné, ce Méridional qui a été emprisonné pour rapt et adultère publie des pamphlets où il clame son admiration, en disciple des Lumières, pour l'Angleterre et la Prusse du défunt Frédéric II. De famille noble, mais rejeté par ses pairs, il s'est fait élire député du tiers état. À Versailles, il s'impose d'emblée par son éloquence.

Dès le 27 juin, Louis XVI transige : il enjoint au clergé et à la noblesse de se réunir avec le tiers état. La révolution politique, née d'un coup de force, est faite : la souveraineté ne réside plus dans le roi, mais dans l'Assemblée nationale. En pratique, cette Assemblée est dominée par des bourgeois ou des nobles. Le peuple, dont Mirabeau se targue, n'a pas été consulté.

La prise de la Bastille : une manipulation

À Paris, au même moment, l'effondrement de l'autorité et les difficultés d'approvisionnement (la récolte de 1788 a été catastrophique) provoquent une atmosphère tendue. Quand on apprend que le roi concentre autour de la capitale 20 000 soldats appartenant aux régiments étrangers et qu'il remplace, sous la pression de la Cour, son principal ministre Necker par le baron de Breteuil, notoirement hostile à tout changement, la situation vire à l'émeute. Le 12 juillet, dans les jardins du Palais-Royal, le jeune avocat Camille Desmoulins, un adepte enthousiaste des idées nouvelles, appelle les Parisiens à prendre les armes, puis conduit la foule au pied de la Bastille. Cette forteresse, érigée au XIVe siècle, est devenue une prison d'État au XVIIe siècle ; depuis les années 1770, elle est dénoncée par les libellistes comme un symbole de l'arbitraire royal.

Le 14 juillet au matin, quelques milliers d'émeutiers envahissent les Invalides, et prennent armes et canons. À l'autre bout de Paris, la Bastille est également assaillie, non par la population spontanément

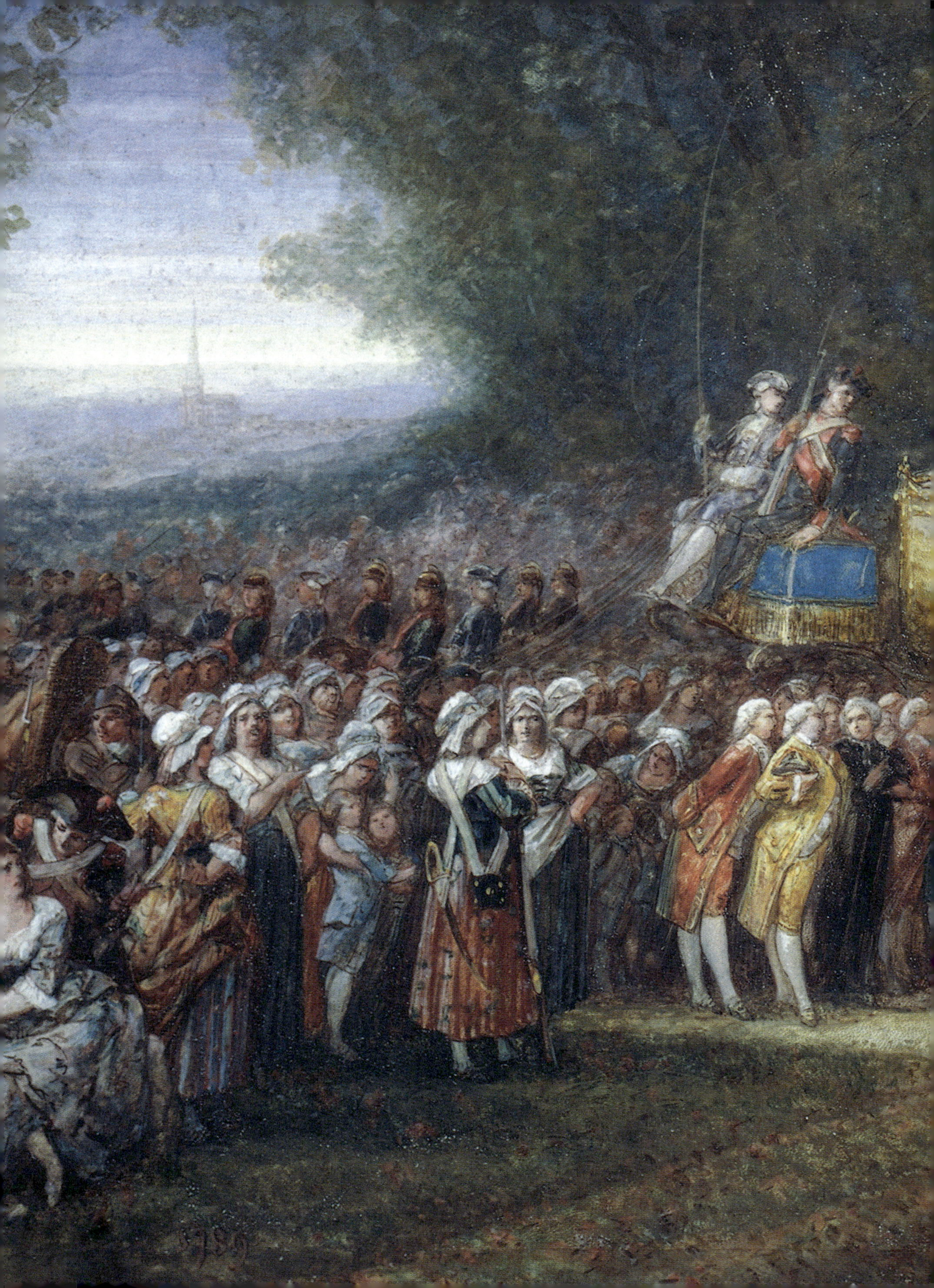

Le roi Louis XVI et la reine Marie-Antoinette quittent Versailles le 6 octobre 1789. Peinture de Joseph Naylet (XIXᵉ siècle).

mobilisée, contrairement à la légende, mais par une bande d'agitateurs qui ont préparé l'opération. Le gouverneur Launay, les ayant laissés entrer, est assassiné. Des entrailles de l'édifice sont extraits, en fait de victimes de l'absolutisme, sept prisonniers, dont quatre faussaires, un libertin et deux fous.

Quelques heures après la prise de la Bastille, le prévôt des marchands, Flesselles, est abattu à la sortie de l'Hôtel de Ville. Son corps est dépecé et sa tête est promenée au bout d'une pique, en compagnie de celle de Launay. Le 22 juillet, c'est au tour de Bertier de Sauvigny, intendant de Paris, et de son beau-père, Foulon, d'être massacrés. Les émeutiers leur arrachent les viscères, brandissent leur cœur en triomphe et plantent leur tête au bout d'une pique. À l'Assemblée, le député Lally-Tollendal s'étant ému de ces abominations, Barnave, un avocat de Grenoble, orateur aussi brillant que Mirabeau, lui donne la réplique : « On veut nous attendrir, Messieurs, en faveur du sang qui a été versé hier à Paris. Ce sang était-il donc si pur ? »

Le 16 juillet, faisant une nouvelle fois volte-face, Louis XVI retire ses troupes et rappelle Necker. Le lendemain, il se rend à Paris, à l'Hôtel de Ville, où les autorités municipales ont été remplacées par la Commune que dirige Bailly, le président de l'Assemblée nationale, nommé maire de la capitale. Le roi, sous le regard de la foule, consent à mettre la cocarde bleu et rouge des Parisiens, mais y ajoute le blanc de la monarchie : les trois couleurs révolutionnaires sont nées. La population, toutefois, montre des marques d'attachement sincères envers le monarque, qui en est ému. Il n'empêche que, pendant les années qui suivront, l'Hôtel de Ville exercera un constant chantage sur l'Assemblée, dans le sens de la surenchère. Manipulation des députés, pression des factions, menace de la rue : le mécanisme révolutionnaire est lancé.

Août 1789, la vieille France liquidée

Entre le 20 juillet et la première semaine d'août, une panique collective gagne les campagnes : les paysans, excités par des agents révolutionnaires, s'arment afin de repousser des brigands qui s'avèrent imaginaires. Le mouvement se répand de manière foudroyante, épargnant seulement la Bretagne, la Lorraine, l'Alsace, le Hainaut, les Landes, le Languedoc et la Basse-Provence. Des châteaux sont brûlés, des intendants, des percepteurs et des fonctionnaires royaux attaqués. Partout les révoltés fustigent les « droits féodaux », dont la dénonciation avait été un refrain des cahiers de doléances rédigés en vue des états généraux.

La Révolution française ou le prix du sang

Au cours de la nuit du 4 août 1789, l'Assemblée constituante paraît répondre à cette revendication quand, dans une ambiance exaltée, mais au cours d'une manœuvre préparée d'avance, les députés votent la « fin des privilèges ». Encore un temps fort de la rhétorique révolutionnaire. Car ce n'est pas seulement l'égalité devant la loi qui est adoptée. En quelques heures, ce sont tous les statuts particuliers, franchises, libertés, coutumes et lois privées (*lex privata*, privilège) de la société traditionnelle qui sont abolis. Un coup de rabot législatif aplanit la condition des Français, à quelque milieu qu'ils appartiennent : la révolution sociale est faite.

Adoptée par l'Assemblée le 26 août 1789, la Déclaration des droits de l'homme et du citoyen, inspirée par la Déclaration d'indépendance américaine de 1776, est un condensé de la pensée des Lumières. Elle exalte les droits naturels chers à l'*Encyclopédie*, prône la séparation des pouvoirs professée par Montesquieu, exprime la théorie de la volonté générale inventée par Rousseau et aspire à défendre l'individu contre l'arbitraire judiciaire et policier, comme chez Voltaire. « Les hommes naissent et demeurent libres et égaux en droits », certifie l'article premier. Cette phrase contient une contradiction conceptuelle : si les hommes sont libres, n'étant pas dotés des mêmes capacités, ils ne seront pas égaux ; et, s'ils sont égaux, c'est qu'ils ne sont pas libres. En dehors de cette pétition de principe, la Déclaration proclame des droits positifs – liberté individuelle, liberté d'opinion, droit de propriété, droit à la sûreté, droit de résister à l'oppression – qui tous, sans exception, seront bafoués dans les années suivantes. Ce texte fondateur des valeurs de la Révolution, ne mentionnant ni le Dieu de la révélation chrétienne, ni le roi sacré à Reims, affiche ouvertement sa volonté de rompre avec la tradition religieuse et politique de la France.

Le roi prisonnier de la révolution parisienne

En raison des mauvaises récoltes précédentes et de la désorganisation qui gagne, Paris manque de pain. Exploitant le mécontentement provoqué par cette pénurie, des agitateurs excitent à nouveau les esprits. Le 5 octobre, 5 000 à 6 000 femmes, accompagnées par 15 000 gardes nationaux[1], s'assemblent dans la capitale, et

---

1. La Garde nationale, créée le 13 juillet 1789 par la nouvelle municipalité parisienne, est une milice d'autodéfense civique, dont les membres, équipés à leurs frais, doivent un service gratuit de garde et de patrouille. Recrutée parmi les habitants « actifs », c'est-à-dire dotés des droits politiques, à partir de 1791, elle comptera 100 000 hommes en 1793. Certaines grandes villes de province mettront sur pied des sections de la Garde nationale.

DÉCLARATION DES DROITS DE L'HOMME ET DU CITOYEN,

Décrétés par l'Assemblée Nationale dans les séances des 20, 21, 23, 24 et 26 août 1789, acceptés par le Roi.

PRÉAMBULE

LES représentans du peuple François, constitués en assemblée nationale, considérant que l'ignorance, l'oubli ou le mépris des droits de l'homme sont les seules causes des malheurs publics et de la corruption des gouvernemens ont résolu d'exposer dans une déclaration solemnelle, les droits naturels, inaliénables et sacrés de l'homme : afin que cette déclaration, constamment présente a tous les membres du corps social, leur rappelle sans cesse leurs droits et leurs devoirs, afin que les actes du pouvoir legislatif et ceux du pouvoir exécutif, pouvant être à chaque instant comparés avec le but de toute institution politique, en soient plus respectés ; afin que les reclamations des citoyens, fondées désormais sur des principes simples et incontestables, tournent toujours au maintien de la constitution et du bonheur de tous.

EN conséquence, l'assemblée nationale reconnoit et déclare en présence et sous les auspices de l'Etre suprême les droits suivans de l'homme et du citoyen.

ARTICLE PREMIER.
LES hommes naissent et demeurent libres et égaux en droits ; les distinctions sociales ne peuvent être fondées que sur l'utilité commune.

II.
LE but de toute association politique est la conservation des droits naturels et inprescriptibles de l'homme ; ces droits sont la liberté, la propriété, la sureté, et la résistance à l'oppression.

III.
LE principe de toute souveraineté réside essentiellement dans la nation, nul corps, nul individu ne peut exercer d'autorité qui n'en émane expressément.

IV.
LA liberté consiste a pouvoir faire tout ce qui ne nuit pas à autrui. Ainsi, l'exercice des droits naturels de chaque homme, n'a de bornes que celles qui assurent aux autres membres de la société la jouissance de ces mêmes droits ; ces bornes ne peuvent être déterminées que par la loi.

V.
LA loi n'a le droit de défendre que les actions nuisibles à la société. Tout ce qui n'est pas défendu par la loi ne peut être empêché, et nul ne peut être contraint à faire ce qu'elle n'ordonne pas.

VI.
LA loi est l'expression de la volonté générale ; tous les citoyens ont droit de concourir personnellement, ou par leurs représentans, à sa formation ; elle doit être la même pour tous, soit qu'elle protege, soit qu'elle punisse. Tous les citoyens étant égaux à ses yeux, sont également admissibles à toutes dignités, places et emplois publics, selon leur capacité, et sans autres distinction que celles de leurs vertus et de leurs talens.

VII.
NUL homme ne peut être accusé, arrêté, ni détenu que dans les cas déterminés par la loi, et selon les formes qu'elle a prescrites, ceux qui sollicitent, expédient, exécutent ou font exécuter des ordres arbitraires, doivent être punis ; mais tout citoyen appelé ou saisi en vertu de la loi, doit obéir à l'instant, il se rend coupable par la résistance.

VIII.
LA loi ne doit établir que des peines strictement et évidemment nécessaire, et nul ne peut être puni qu'en vertu d'une loi établie et promulguée antérieurement au délit, et légalement appliquée.

IX.
TOUT homme étant présumé innocent jusqu'à ce qu'il ait été déclaré coupable, s'il est jugé indispensable de l'arrêter, toute rigueur qui ne serait pas nécessaire pour s'assurer de sa personne doit être sévèrement réprimée par la loi.

X.
NUL ne doit être inquiété pour ses opinions, mêmes religieuses pourvu que leur manifestation ne trouble pas l'ordre public établi par la loi.

XI.
LA libre communication des pensées et des opinions est un des droits les plus précieux de l'homme ; tout citoyen peut donc parler écrire, imprimer librement ; sauf à répondre de l'abus de cette liberté dans les cas déterminés par la loi.

XII.
LA garantie des droits de l'homme et du citoyen nécessite une force publique ; cette force est donc instituée pour l'avantage de tous, et non pour l'utilité particuliere de ceux a qui elle est confiée.

XIII.
POUR l'entretien de la force publique, et pour les dépenses d'administration, une contribution commune est indispensable ; elle doit être également répartie entre les citoyens en raison de leurs facultées.

XIV.
LES citoyens ont le droit de constater par eux même ou par leurs représentans, la nécessité de la contribution publique, de la consentir librement, d'en suivre l'emploi, et d'en déterminer la quotité, l'assiette, le recouvrement et la durée.

XV.
LA société a le droit de demander compte a tout agent public de son administration.

XVI.
TOUTE société, dans laquelle la garantie des droits n'est pas assurée, ni les séparation des pouvoirs déterminée, n'a point de constitution.

XVII.
LES propriétés étant un droit inviolable et sacré, nul peut en être privé, si ce n'est lorsque la nécessité publique, légalement constatée, l'exige évidemment, et sous la condition d'une juste et préalable indemnité.

décident d'aller réclamer du pain au gouvernement. L'initiative, une fois de plus, n'a rien de spontané. À Versailles, où la foule se déplace, se déroule en effet un nouveau coup de force. Les émeutiers demandent à voir le roi, tandis que des gardes du corps sont tués, leur tête étant plantée au bout d'une pique. En dépit de cet horrible spectacle, Louis XVI et Marie-Antoinette se montrent. Si la reine est huée, le roi, en revanche, est acclamé, mais la foule habilement manipulée réclame l'installation du monarque dans la capitale. Le 6 octobre, le couple royal et le dauphin[2], surnommés en l'occurrence « le boulanger, la boulangère et le petit mitron », sont conduits à Paris, aux Tuileries, pendant que l'Assemblée prend ses quartiers dans la salle du Manège du palais.

Louis XVI est maintenant prisonnier de la révolution parisienne. Depuis le 23 juin, le roi et l'Assemblée se faisaient face. Ils sont désormais surveillés par un troisième pouvoir, apparu le 14 juillet : l'émeute.

Dans l'œuvre de la Constituante, le meilleur côtoie le pire

Au sein de l'Assemblée, ceux qui penchent du côté du roi se sont assis à droite, les partisans du changement siégeant à gauche. Gauche, droite : ces catégories nées du hasard deviendront universelles. À côté des monarchiens – Mounier, Malouet, Bergasse – qui défendent une rénovation de la monarchie, et non une révolution, le courant dominant souhaite une monarchie parlementaire. Les figures les plus représentatives de cette tendance sont le libéral La Fayette, héros de la guerre d'Indépendance américaine, l'abbé Sieyès, prêtre athée, auteur d'un essai (*Qu'est-ce que le tiers état ?*) qui, dès janvier 1789, a énoncé la théorie de la souveraineté nationale, Talleyrand, évêque qui, issu de la haute noblesse, n'en est pas moins acquis à l'idée d'arracher leur statut social au clergé et à l'aristocratie. Sur leur gauche, le groupe des triumvirs – Duport, Lameth, Barnave – prône des réformes plus radicales. À l'extrême gauche, une fraction très minoritaire, mais plus révolutionnaire encore, a trouvé un champion ardent : l'avocat Maximilien de Robespierre, député d'Arras.

---

2. Né en 1785, Louis, duc de Normandie, deuxième fils de Louis XVI et futur Louis XVII, est devenu dauphin à la mort de son frère aîné, Louis-Joseph, le 4 juin 1789. Le désarroi d'un père meurtri par la mort de son fils de 8 ans est un facteur qui ne doit pas être sous-estimé dans l'explication des atermoiements du monarque lors de la tourmente de l'été 1789.

Déclaration des droits de l'homme et du citoyen. Peinture attribuée à Jean-Jacques François Le Barbier (XVIIIe siècle).

C'est l'Assemblée constituante, et non celles qui lui succéderont, qui effectue la part la plus importante de la Révolution, celle qui durera. Les parlements et les états provinciaux sont supprimés, le territoire français étant divisé en 83 départements, administré chacun par un Conseil élu. Le droit de vote est accordé aux citoyens actifs payant 3 livres d'impôts par an, les plus riches étant seuls éligibles. Chaque département est divisé en districts, puis en communes. Ces dernières se substituent aux paroisses, notamment pour l'état civil, les maires enregistrant à la place des curés les naissances, les mariages et les décès. Au nom du principe d'égalité devant la loi, la noblesse et le droit d'aînesse sont supprimés, de même que l'égalité successorale est instituée. Les poids et mesures sont uniformisés à l'échelle du pays. La taille, la gabelle et toutes les autres taxes sont supprimées, et remplacées par trois contributions directes, exigibles de tous les Français, en vertu de l'égalité devant l'impôt. Des instances judiciaires sont fondées (justice de paix, tribunal criminel, tribunal de cassation), la justice étant publique et gratuite, et rendue par des juges élus. Les lois restrictives à l'égard des protestants sont abolies, et les Juifs émancipés. Au nom de la liberté de la concurrence, corporations, associations ouvrières et règlements de métier sont interdits, au même titre que les péages intérieurs sont supprimés.

Une œuvre considérable, où le meilleur côtoie le pire, et où resurgissent des mesures préparées par les bureaux de Louis XV ou de Louis XVI, mais qui n'avaient pu aboutir. Le 14 juillet 1790, au cours de la fête de la Fédération, organisée à l'occasion du premier anniversaire de la prise de la Bastille, le roi prête serment à la Constitution. Louis XVI est applaudi, particulièrement par les provinciaux : la vieille légitimité royale n'est pas morte. Elle cohabite dorénavant avec une autre légitimité, instable et changeante, née de la Révolution.

L'Assemblée engage le combat contre l'Église

La Constituante pose aussi les prémices d'une politique qui va connaître des développements tragiques. Dès le 11 août 1789, la dîme, qui permettait à l'Église d'assurer sa mission sociale dans les écoles et les hôpitaux, est supprimée. Au mois d'octobre suivant, l'Assemblée suspend autoritairement le recrutement monastique. En novembre, les biens ecclésiastiques sont saisis. En février 1790, les vœux monastiques sont interdits, les ordres contemplatifs supprimés, et l'Assemblée décide que ses décrets seront dorénavant lus en chaire par les curés. Un mois plus tard, les biens d'Église, déclarés biens nationaux, sont mis en vente. Le

Le Serment de fidélité de La Fayette à la fête de la Fédération le 14 juillet 1790. Peinture de Jacques-Louis David (1791).

12 juillet 1790, la Constitution civile du clergé est adoptée. En application de ce décret, la France passe de 130 diocèses à 83, un par département, les diocèses supplémentaires étant abolis. C'est la population qui élit les curés et les évêques, ces derniers n'ayant qu'à notifier leur élection au pape. Le clergé, en compensation de la saisie de ses biens, recevra un traitement de l'État. Ce texte n'est pas même d'inspiration gallicane : il vise à édifier une religion d'État, en rupture totale avec Rome.

C'est donc bien avant la Terreur, dès la Constituante, que la Révolution engage la bataille contre l'Église. Pour la première fois dans l'histoire de France (dans certaines régions, pour la première fois depuis les guerres de Religion), les catholiques, qui constituent 95 % de la population, sont marginalisés dans leur propre pays. La Constitution civile du clergé est contraire à l'esprit et à la lettre du serment que le roi a prononcé lors de son sacre. Avant de se déterminer sur le décret, Louis XVI attend l'avis du pape. Mais la réaction pontificale tarde. Le 24 août 1790, à contrecœur, le roi promulgue le texte. Parmi le clergé français, l'émotion est immense. Évêques ou prêtres multiplient les protestations. Le 27 novembre 1790, l'Assemblée riposte en les obligeant, sous peine de destitution, à prêter serment à la Constitution civile. De nouveau l'accord du roi est nécessaire : le 26 décembre, la mort dans l'âme, Louis XVI signe le décret. En mars 1791, le verdict pontifical tombe : Pie VI condamne le statut imposé au clergé par la Constituante.

Sur 130 évêques français, 4 seulement reconnaissent la Constitution civile du clergé. Sur 130 000 prêtres, plus de 100 000 refusent le serment ou se rétractent en apprenant la position du pape, et 30 000 acceptent de le prêter. Drame du clergé de France : les non-jureurs deviennent des rebelles aux yeux de l'État, tandis que les 30 000 jureurs, désavoués par Pie VI, deviennent schismatiques, même si la plupart d'entre eux ont cédé à la peur, à la crainte de la misère ou à la volonté de ne pas abandonner leurs fidèles.

Échec au roi à Varennes

À Pâques 1791, Louis XVI ne peut assister à la messe célébrée par un prêtre ayant refusé la Constitution civile du clergé. À l'Assemblée, de mois en mois, la pression des éléments les plus radicaux ne fait que croître. Aux Tuileries, l'ambiance est menaçante. Se sentant de moins en moins libre, le roi se résout à s'échapper avec les siens. Le plan, élaboré en secret, est de rejoindre les troupes du marquis de Bouillé en Lorraine, et d'aviser, au milieu de ces fidèles, sur la meilleure manière, pour la monarchie, de reprendre la maîtrise des événements. L'affaire échoue : dans la nuit du 20 au 21 juin 1791, la famille royale est reconnue et arrêtée à Varennes. Le retour vers Paris, avec une foule hostile massée le long de la route, est une humiliation supplémentaire pour le roi. Rentré dans la capitale, Louis XVI conserve néanmoins sa fonction, mais parce que les Constituants ont besoin de lui, sachant que le pays n'est pas mûr pour tirer un trait sur la royauté.

Le 17 juillet 1791, les éléments radicaux organisent une manifestation, à Paris, sur le Champ-de-Mars, n'hésitant pas à mettre Louis XVI en cause. L'Assemblée ayant ordonné la dispersion du rassemblement, La Fayette ordonne à la Garde nationale de tirer sur la foule, au prix de dizaines de victimes. L'unité d'origine du mouvement révolutionnaire a vécu : on distingue désormais ceux qui veulent freiner la révolution, ceux qui la suivent, et ceux qui la précèdent.

L'Assemblée législative sous l'influence des clubs

Deux mois plus tard, la Constitution, approuvée par Louis XVI le 14 septembre 1791, entre en vigueur. Tout en conservant la monarchie héréditaire, celle-ci reconnaît dans l'Assemblée, suivant la séparation des pouvoirs, une deuxième source de l'autorité. Le roi exerce le pouvoir exécutif, mais les lois et les impôts sont votés par l'Assemblée législative, élue au suffrage censitaire. Si le roi possède un droit de veto, celui-ci est suspensif, et non absolu. En cas de conflit entre le roi et l'Assemblée, qui est indissoluble, aucun dispositif légal n'est prévu pour les départager.

Le 1er octobre 1791, la Législative siège pour la première fois. Elle est composée d'hommes nouveaux, car la Constituante avait décidé que ses membres ne pourraient pas être élus dans la nouvelle Assemblée. Assis à la droite du président se tiennent les Feuillants, qui tirent leur nom du couvent où ils se réunissent, près des Tuileries. Ces modérés, monarchistes constitutionnels, aspirent à mettre un terme à la Révolution. Leurs véritables chefs sont La Fayette et Barnave, qui ne sont plus députés.

À gauche de l'Assemblée se trouvent ceux qui, issus de la bourgeoisie cultivée, souvent liés aux milieux d'affaires, notamment aux négociants de Marseille ou de Bordeaux, veulent au contraire accentuer les bouleversements politiques et sociaux. Ils font généralement partie du club des Jacobins, dont le nom est tiré du couvent dominicain de la rue Saint-Honoré où ses membres se réunissent. Dans ce club, les lois et les motions qui sont votées à l'Assemblée sont auparavant examinées, discutées, réécrites, en même temps que s'y préparent des stratégies politiques. Aux Jacobins adhèrent les Girondins, ainsi nommés parce que plusieurs d'entre eux sont originaires de Bordeaux, tel l'avocat Vergniaud. À ce groupe se rattachent le journaliste Brissot, le philosophe et mathématicien Condorcet, et Roland, inspecteur des manufactures à Lyon, installé à Paris avec sa femme avec qui il forme un couple uni par l'adhésion militante aux idées révolutionnaires.

Le club des Cordeliers, fondé en 1790, se réunit dans un ancien couvent franciscain. Son rôle est comparable à celui des Jacobins, son rival. Les membres influents des Cordeliers sont Danton, personnage colossal au physique comme

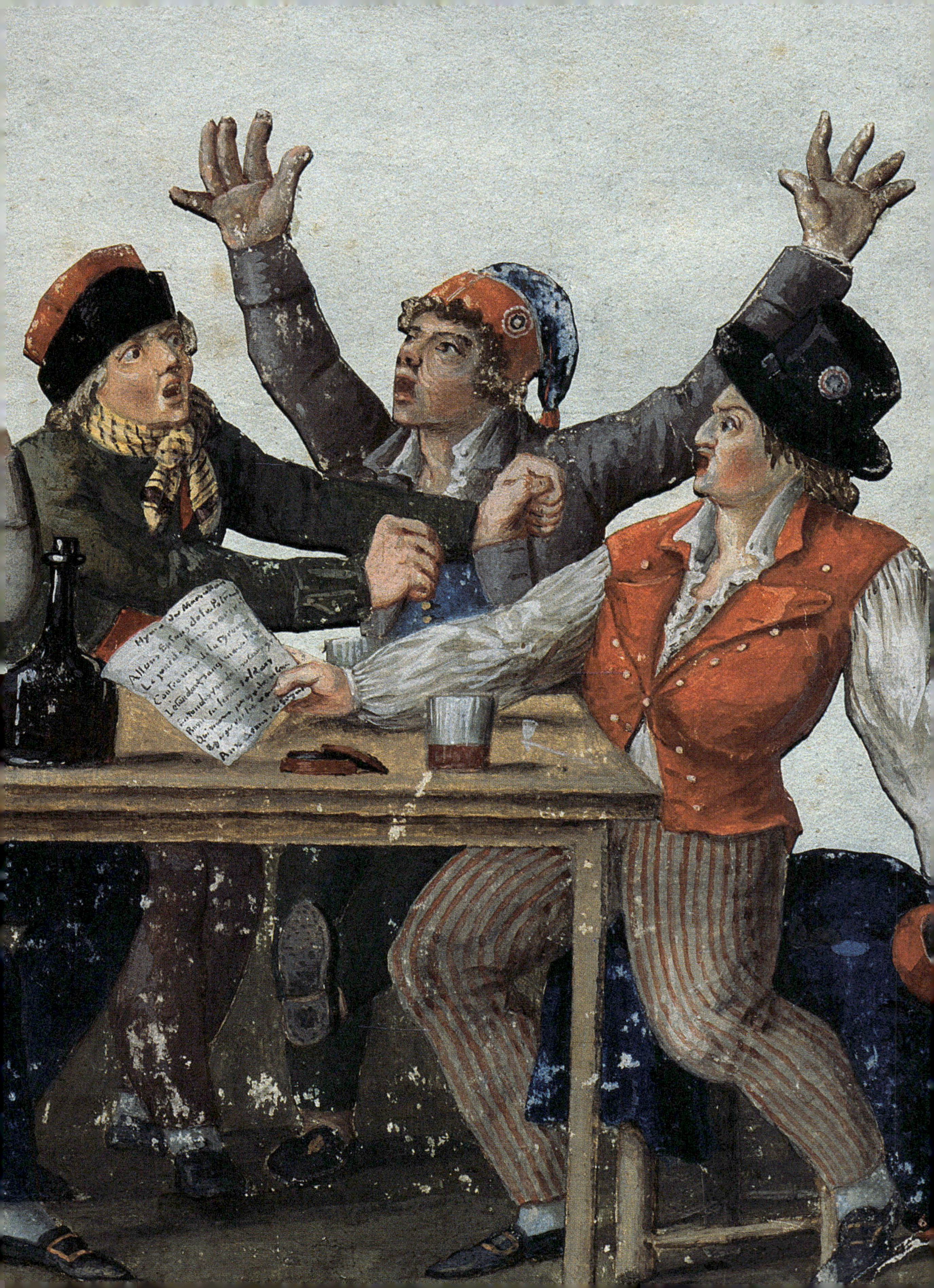

La Révolution française ou le prix du sang

au figuré, homme du verbe et de l'action, aimant à la fois les concepts, les femmes et l'argent ; Marat, le polémiste de *L'Ami du peuple* ; le poète et comédien Fabre d'Églantine, qui sera l'auteur du calendrier révolutionnaire ; Camille Desmoulins, républicain avant l'heure.

Ce dernier adhère à la fois aux Jacobins et aux Cordeliers. Robespierre et le Girondin Brissot se retrouvent aux Jacobins, mais se détestent. Les révolutionnaires composent un petit monde, avec ses idéalistes et ses corrompus, ses vaniteux et ses serviteurs de l'ombre, ses rivaux et ses complices. Très vite, en tout cas, la lutte des factions devient un moteur interne du régime. Où s'observe une règle : la gauche tend à l'emporter sur la droite, parce que le mécanisme révolutionnaire ne revient pas en arrière et que les plus violents l'emportent toujours en temps de troubles. Les députés du Marais, classés au centre, votent ainsi au gré des circonstances. Mais, par peur d'être taxés de modération, ils votent souvent à gauche, si bien que l'Assemblée finit par assurer le triomphe des plus radicaux.

En outre, les députés vivent sous la pression des révolutionnaires purs et durs, qui font alors leur apparition. Appelés « sans-culottes » parce qu'ils ont troqué la culotte courte et les bas contre le pantalon, vêtus de la carmagnole, une veste rouge sang de bœuf, et du bonnet phrygien, ces fanatiques, porteurs de piques, arme qui a pour but d'intimider, imposent le tutoiement général et remplacent les appellations « monsieur, madame » par les intitulés « citoyen, citoyenne ». Les événements que traverse le pays, à leurs yeux, dépassent la politique : il s'agit d'une rupture dans l'histoire de l'humanité.

La radicalité révolutionnaire s'exprime notamment à l'occasion de deux lois qui inaugurent la catégorie de « suspects », à propos de la noblesse et du clergé. En l'attente de jours meilleurs, les nobles ont été de plus en plus nombreux à se mettre à l'abri à l'étranger. Le comte d'Artois, frère de Louis XVI et futur Charles X, a été le premier à partir, le 16 juillet 1789. En 1791, il est rejoint par son frère, le comte de Provence, futur Louis XVIII. Les émigrés sont nombreux à se regrouper en Rhénanie, autour de Coblence, où ils forment une armée d'exilés. Le 9 novembre 1791, un décret de la Législative force les émigrés à revenir dans un délai de deux mois ; à défaut, ils seront considérés comme criminels et leurs biens seront confisqués.

Le 29 novembre 1791, un second décret déclare suspect tout prêtre non jureur, et le prive de son traitement. Le 27 mai 1792, un autre décret ordonne la déportation des prêtres réfractaires dénoncés par « vingt citoyens actifs d'un même canton ». À ces lois iniques, Louis XVI, usant de son droit constitutionnel, oppose son veto. Mais, ce faisant, il devient suspect à son tour aux yeux des révolutionnaires.

Citoyens chantant l'hymne des Marseillais. Gravure des frères Lesueur (XVIIIᵉ siècle).

Portrait de Charles François Dumouriez.
Peinture de Jean-Sébastien Rouillard (1835).

La Révolution déclare la guerre à l'Europe

Le 27 août 1791, à Pillnitz, en Saxe, l'empereur Léopold II, successeur de Joseph II, son frère, et frère également de la reine Marie-Antoinette, conclut avec le roi de Prusse, Frédéric-Guillaume II, un accord dans lequel les deux souverains menacent l'Assemblée constituante de prendre les armes afin de délivrer le roi de France. La déclaration leur a été arrachée par le comte d'Artois, dans le but de donner de l'espoir aux émigrés. À Paris, à la tribune de l'Assemblée, les orateurs invectivent les monarques étrangers, accusés de vouloir écraser la Révolution, les plus radicaux n'hésitant pas à incriminer Louis XVI de complicité avec eux, et à clouer la reine, « l'Autrichienne », au pilori. En décembre 1791, accédant à la demande de l'Assemblée, le roi somme l'Électeur de Trèves de disperser l'armée des émigrés qui se forme dans sa principauté.

La Révolution française ou le prix du sang

En réalité, même s'ils redoutent la contagion des idées révolutionnaires, les souverains déterminent leur politique en fonction de leurs intérêts nationaux. La Prusse et la Russie, qui rêvent de se partager la Pologne, sont alors trop contentes de voir la France paralysée par ses problèmes intérieurs. Quant à l'Angleterre, elle savoure sa revanche de l'aide apportée naguère par Paris aux insurgents américains. Le traité d'alliance de 1756 entre la France et l'Autriche étant toujours en vigueur, Louis XVI et Marie-Antoinette correspondent avec Vienne. Contrairement à la légende qu'on fera courir sur lui, le roi fait tout pour empêcher la guerre voulue par beaucoup à Paris. Léopold II, au demeurant, pas plus que Joseph II avant lui, n'est décidé à recourir aux armes pour secourir sa sœur.
Le 15 mars 1792, toutefois, Louis XVI doit accepter la formation d'un ministère girondin, avec Roland à l'Intérieur et Dumouriez, général rallié à la Révolution, aux Affaires étrangères. Le 20 avril, ce ministère plonge la France dans la guerre en déclarant les hostilités au « roi de Bohême et de Hongrie », l'empereur François II, fils de Léopold II, qui vient d'accéder au trône des Habsbourg. La France s'engage dans un conflit qui durera vingt-trois ans, et s'achèvera par la défaite de Waterloo et l'occupation du pays. La Prusse s'alliera avec l'Autriche, mais dans le double but d'obtenir des agrandissements territoriaux et de détourner Vienne de la Pologne. Plus tard, l'Angleterre entrera à son tour dans l'arène, mais uniquement quand la Belgique et la Hollande, ses voies d'accès sur le continent, seront menacées par la déclaration de guerre de la France à ces deux pays, le 1er février 1793. Par conséquent, en dépit d'un mythe bien installé, on ne verra jamais d'union sacrée des rois contre la France révolutionnaire.
Si Jacobins et Girondins ont désiré l'affrontement, c'est par réflexe idéologique. « Il faut déclarer la guerre aux rois et la paix aux nations », lance le député Merlin de Thionville. Faire la guerre, c'était forcer Louis XVI à prendre parti pour la Révolution. La Législative, sans conteste, a voulu le conflit avec l'Europe pour des raisons de politique intérieure.

Les deux tiers des officiers de 1789 ayant émigré, l'armée est désorganisée. En toute hâte, il faut former des officiers, recruter des troupes. L'épopée patriotique de l'An II ? Encore un mythe postérieur. Parmi la population, aucun enthousiasme ne se manifeste. Ce ne sont pas des volontaires qui vont se battre, mais les hommes désignés au sein de chaque commune, un nombre considérable d'entre eux préférant l'insoumission ou la désertion. Les premières batailles sont désastreuses, des régiments entiers passant à l'ennemi. Le général Dillon, qui veut enrayer la débandade, est tué par ses propres soldats. Le 11 juillet 1792, l'Assemblée sera dans l'obligation de déclarer la « patrie en danger ».

Les Tuileries, tombeau de la monarchie

À Paris, cependant, les événements se précipitent. Le 13 juin 1792, le roi remplace le ministère girondin par un cabinet modéré. Il vient de poser son veto au décret déportant les prêtres réfractaires, ainsi qu'à un autre décret de l'Assemblée créant, aux portes de la capitale, un camp de fédérés dévoués à la Révolution. Dans les deux cas, il n'a fait qu'user de ses prérogatives constitutionnelles. Les radicaux décident pourtant de lui forcer la main. Le 20 juin, sous prétexte de célébrer le troisième anniversaire du serment du Jeu de Paume, les Tuileries sont envahies par 20 000 hommes et femmes, rassemblés par les clubs, qui vont présenter à l'Assemblée une pétition rédigée en termes injurieux pour Louis XVI, puis font irruption dans les appartements royaux. Pendant près de trois heures, le roi subit les familiarités et les menaces des émeutiers, accepte de trinquer avec eux, et de coiffer le bonnet rouge. Mais il ne cède pas. La journée, cependant, a déclenché des forces que personne ne peut plus contrôler.

Le 1er août suivant, Paris prend connaissance du manifeste par lequel le duc de Brunswick, chef des armées austro-prussiennes, lance un ultimatum aux habitants de la capitale, leur promettant les pires châtiments s'ils ne se soumettent pas et si la famille royale est de nouveau inquiétée. Le texte a été rédigé par un groupe d'émigrés, dont Mallet du Pan et Geoffroy de Limon. Au lieu de sauver le roi, cette provocation va le perdre.

Le 10 août 1792, les Tuileries sont prises d'assaut par les Fédérés et par les membres des sections révolutionnaires, contraignant Louis XVI et sa famille à se réfugier à l'Assemblée. Répugnant à faire couler le sang, le monarque ordonne aux gardes-suisses de n'opposer aucune résistance. Avec 200 gentilshommes venus prêter leur épée au roi et avec les domestiques du château, ces soldats fidèles sont massacrés dans des conditions abominables : à la fin de la journée, on relève 800 cadavres, la plupart mutilés. À l'Hôtel de Ville, la Commune dicte ses conditions : suspension du roi, élection d'une nouvelle Assemblée. Aux termes de la Constitution de 1791, ces mesures sont illégales. Mais les 240 députés présents (sur 745) capitulent devant l'émeute.

Le 12 août, la famille royale est enfermée au Temple. La Commune remplit les prisons de suspects, institue un tribunal populaire, décide l'arrestation des « empoisonneurs de l'opinion publique, tels que

La Révolution française ou le prix du sang

Prise des Tuileries le 10 août 1792. Peinture de Jacques Bertaux (XVIIIe siècle).

les auteurs des journaux contre-révolutionnaires ». Le 26 août, la Législative aggrave le décret auquel Louis XVI avait opposé son veto : tout prêtre ayant refusé la Constitution civile du clergé doit abandonner le pays « dans le délai de quinze jours ». Bannis de leur patrie, 45 000 ecclésiastiques français (45 % des réfractaires) s'exilent aux quatre coins de l'Europe, et jusqu'en Amérique. Environ 30 000 prêtres (30 % des réfractaires) entrent dans la clandestinité ; 4 000 sont arrêtés et déportés sur les pontons de Rochefort, ou en Guyane, d'où une poignée seulement reviendra.

Les massacres de Septembre ont été prémédités

À la fin du mois d'août, 2 600 personnes sont détenues dans les neuf prisons de Paris. Entretenue par les sections de la Commune, la fièvre secoue toujours la ville. Une rumeur circule : des comploteurs royalistes s'apprêteraient à distribuer des armes aux prisonniers de droit commun. Le 2 septembre, la place forte de Verdun venant de se rendre aux Austro-Prussiens, les cloches appellent les Parisiens à s'enrôler dans l'armée. Le tocsin agit comme un signal pour les semeurs de troubles, qui se précipitent vers les prisons et y pénètrent de force. Après un pseudo-jugement de quarante-cinq secondes par personne, les prêtres réfractaires internés à l'Abbaye et aux Carmes sont exécutés. Les tueurs envahissent ensuite la Conciergerie, le Châtelet, la Force ; le lendemain, Saint-Firmin, Saint-Bernard, Bicêtre et la Salpêtrière. Le 4 septembre au soir, le carnage prend fin. Au total, près de 1 400 détenus ont été massacrés, à peu près la moitié des effectifs des prisons. Parmi les victimes, on compte la princesse de Lamballe, amie de Marie-Antoinette, dont la tête fichée au bout d'une pique sera brandie sous les fenêtres de la geôle de la reine, 220 ecclésiastiques, 150 gardes-suisses ou gardes du palais rescapés du 10 août, une centaine d'« aristocrates » (terme extensible à tout adversaire de la Révolution, quelle que soit son origine sociale), une cinquantaine de « suspects » divers, mais aussi plus de 800 condamnés de droit commun, escrocs, faux-monnayeurs, criminels ou fous.
Les historiens ont apporté la preuve que les massacres de Septembre ont été prémédités, cet accès de folie ayant été favorisé par les autorités comme par la presse révolutionnaire (le 1er septembre, Marat a fait placarder des affiches réclamant une justice populaire expéditive). Danton avouera qu'il voulait frapper Paris de peur, et réduire les modérés au silence. La chute de la monarchie marche de pair avec l'instauration de la Terreur… au nom de la liberté.

La Révolution française ou le prix du sang

Au même moment, en vertu de la décision prise à l'Assemblée le 10 août, ont lieu les élections à la nouvelle Assemblée. Cette dernière s'appellera la Convention, nom inspiré de la Convention constitutionnelle américaine de Philadelphie (1787). Alors que les députés ont commencé à siéger sans que les élections soient terminées, l'annonce de la victoire des Français contre Brunswick, à Valmy, le 20 septembre, parvient à Paris. Cette bataille n'a constitué qu'une canonnade sur laquelle pèsera toujours une énigme : pourquoi les Prussiens se sont-ils retirés sans combattre ? Ce retournement de la fortune des armes, exploité auprès de l'opinion publique à Paris, engendre néanmoins un mythe : l'armée d'un peuple (français) s'étant montrée capable de vaincre l'armée d'un roi (de Prusse), il appartient au peuple français d'aller délivrer les autres peuples du joug des rois. À la Convention, ce mythe insuffle un regain d'énergie aux partis avancés.

Le 21 septembre 1792, sur intervention de l'abbé Grégoire, personnage tourmenté et contradictoire, chrétien sincère et républicain convaincu, les 300 députés à la Convention déjà élus et présents décrètent l'abolition de la royauté et proclament la République. Alors que la Constitution de 1791 n'a pas été abolie, cette rupture historique est un coup de force perpétré par une minorité. Au demeurant, même quand la nouvelle Assemblée sera au complet, ses 749 députés auront été élus par un citoyen sur dix seulement, les neuf autres s'étant abstenus en raison du climat de terreur régnant sur le pays, ce qui interdit de considérer la Convention comme le reflet de la France.

Le 22 septembre, la Convention décide que les actes publics seront datés, dorénavant, à partir de l'« an premier de la République » : refusant toute idée de continuité de l'État, les députés aspirent au contraire à marquer la rupture symbolique avec l'Ancien Régime – expression d'ailleurs inventée à cette époque. Le 25 septembre, le Jacobin Danton fait proclamer la « République française, une et indivisible », l'intention étant de faire pièce aux Girondins, déjà suspectés de « fédéralisme ». Au sein de la Convention, où le personnel parlementaire a été profondément renouvelé par rapport à la précédente Assemblée, les luttes internes redoublent de vigueur. Les Feuillants, qui n'ont pas résisté à la chute de la monarchie, ont disparu. Les Girondins, qui formaient la gauche de la Législative, siègent désormais à droite. Refusant la dictature de la Commune et s'appuyant sur les modérés de province, ils affrontent en effet plus révolutionnaires qu'eux : les Montagnards. Ainsi nomme-t-on les radicaux parisiens qui se regroupent en haut des gradins de l'Assemblée et qui, eux-mêmes, s'efforcent de ne pas être débordés par la Commune.

Avec la chute de la monarchie, l'axe politique s'est à nouveau déplacé vers la gauche. Fin 1792, le club des Cordeliers passe ainsi sous le contrôle des extrémistes :

Hébert, chantre de la révolution populaire dans son journal *Le Père Duchesne*, l'autodidacte Chaumette, porte-parole des sectionnaires de Paris. Récusant la Convention, ceux-ci luttent ouvertement pour l'hégémonie de la Commune.

La France coupe la tête à son roi

Depuis le mois d'août, Louis XVI est prisonnier dans la tour du Temple, séparé des siens. Le 20 novembre 1792, l'« armoire de fer », un placard secret aménagé dans un mur des Tuileries, est découverte inopinément. Elle contient entre autres la correspondance du roi avec les souverains étrangers, ce qui fournit le motif d'ouvrir son procès. Celui-ci débute le 11 décembre et se déroule devant la Convention, qui s'est érigée en tribunal exceptionnel. « Louis Capet », défendu avec courage et talent par Malesherbes, son ancien ministre, et par Romain de Sèze, ne convainc pas ses juges, auquel il oppose des dénégations systématiques.

Le roi Louis XVI montant à l'échafaud. À ses côtés, son confesseur, l'abbé Edgeworth de Firmont. Illustration de Cazenave (1793).

Il les impressionne toutefois par sa majesté triste, lui qui prie en silence pendant les débats.

Pour créer l'irréparable, les Montagnards veulent la mort de Louis XVI. Les Girondins, en revanche, tentent de le sauver en réclamant que la sentence soit soumise à la ratification du peuple. Mais cette proposition est rejetée par la Convention. Le 18 janvier, à l'issue d'un scrutin par appel nominal qui a duré vingt-quatre heures, la peine de mort sans condition est prononcée par 387 voix, 334 députés ayant voté la détention ou la mort conditionnelle, 28 s'étant abstenus ou étant absents. Si le vote avait été secret, le roi aurait sans doute sauvé sa tête. Le 19 janvier, une demande de sursis échoue. Après des adieux déchirants à sa famille, Louis XVI monte à l'échafaud, le 21 janvier 1793 à 10 h 30, sur l'actuelle place de la Concorde, au milieu d'une foule immense. Avant de mourir avec dignité, il offre son sacrifice : « Je meurs innocent, je pardonne à mes ennemis. Que mon sang soit utile aux Français, qu'il apaise la colère de Dieu. »

La dictature du Comité de salut public

Pendant ce temps, la guerre se poursuit. Fin 1792, les Français ont successivement occupé Nice et la Savoie, la rive gauche du Rhin, puis les Pays-Bas autrichiens (l'actuelle Belgique). À Jemmapes, le 6 novembre 1792, Dumouriez a remporté une belle victoire. Au début de l'année 1793, ne pouvant tolérer que la France contrôle les bouches de l'Escaut, l'Angleterre entre dans la coalition austro-prussienne, bientôt rejointe par l'Espagne et la Hollande. Le 18 mars 1793, la défaite de Dumouriez contre les Autrichiens, à Neerwinden, donne le signal de la débâcle pour l'armée de la République. Dès lors, Dumouriez, qui est resté au fond de lui un général d'Ancien Régime, songe à retourner ses troupes contre Paris, rêvant de proclamer Louis XVII roi de France. Mis en accusation par la Convention, il passe à l'ennemi le 5 avril 1793. Dès lors, les défaites françaises se succèdent. La Belgique est évacuée, Mayence capitule, l'Alsace est envahie, les Anglais occupent Toulon. Alors que l'assignat, papier-monnaie créé par la Constituante, a perdu la moitié de sa valeur, la colère gronde parmi la population.

Afin de ne pas se laisser dépasser par la Commune, les Montagnards imposent des mesures d'exception. Le 6 avril 1793, la Convention institue un Comité de salut public. Formée de députés élus et renouvelables tous les mois, cette instance étend son emprise sur tous les organes civils et militaires de l'État. Danton,

Saint-Just (l'« Archange de la Terreur »), Couthon, Robespierre ou Carnot, les Conventionnels les plus implacables seront ses membres les plus célèbres.
Créé le 28 mars 1793, le tribunal criminel extraordinaire de Paris prononce des sentences sans appel et immédiatement exécutoires. En province et aux armées, des représentants en mission sont chargés de contrôler les autorités. Des comités de surveillance (il y en aura 20 000 dans tout le pays) délivrent des certificats de civisme. Dressant la liste des suspects, ils les interrogent et les font interner. Émigrés et rebelles sont désormais passibles de la peine de mort.
Les Girondins s'efforcent d'arrêter la machine infernale. Le 13 avril, ils font arrêter Marat, mais celui-ci est absous par le tribunal révolutionnaire. En mai, ils font nommer une commission d'enquête sur les exactions de la Commune de Paris, dont l'un des chefs, Hébert, est interné. Mobilisant les sectionnaires, les Montagnards retournent alors la situation : le 2 juin 1793, 80 000 émeutiers cernent la Convention où la majorité, terrorisée, vote l'arrestation des Girondins. Ceux-ci conservent cependant de fortes positions en province, où la moitié des départements s'insurgent contre la Convention. En Vendée, la révolte tourne à la guerre civile.

Le peuple vendéen contre la République

Dans cette région qui s'étend au-delà de l'actuelle Vendée, les idées nouvelles ont pénétré comme partout. En 1789, l'annonce de la tenue des états généraux et la rédaction des cahiers de doléances y ont été reçues avec espoir. En 1790, les Vendéens ont acheté des biens nationaux. Ensuite, l'obligation faite aux prêtres de se soumettre à la Constitution civile du clergé a suscité un malaise grandissant, qui a culminé, en 1792, quand les réfractaires ont été pourchassés. Au printemps 1793, c'est la levée de 300 000 hommes par la Convention, dans un pays qui n'avait jamais connu la conscription, qui met le feu aux poudres.
Le soulèvement vendéen est populaire : ce sont les paysans qui forcent les nobles à leur servir d'officiers. Les insurgés commencent par aligner les victoires, échouant devant Nantes mais prenant Saumur et Angers. Pendant l'été 1793, le Comité de salut public fait converger plusieurs armées sur la Vendée dont les habitants, franchissant la Loire, tentent d'échapper à l'étau qui se resserre sur eux. À l'automne, c'est la Virée de Galerne : un exode emmène des dizaines de milliers de familles vendéennes jusqu'en Normandie, avant qu'elles ne doivent refluer sous les coups de leurs adversaires. Le 23 décembre 1793, les débris de l'« armée catholique et

La Révolution française ou le prix du sang

Le pardon de
La Rochejaquelein :
« Et moi ma religion me
commande de te pardonner. ».
Vitrail de l'église Saint-Pavin,
Le Pin-en-Mauges.

royale » sont anéantis à Savenay. « Il n'y a plus de Vendée, annonce le général Westermann à la Convention : elle est morte sous notre sabre libre. J'ai écrasé les enfants sous les pieds de mes chevaux, massacré les femmes qui n'enfanteront plus de brigands. Je n'ai pas un prisonnier à me reprocher. J'ai tout exterminé. » Ce n'est que le premier acte de la tragédie. À Nantes, Carrier fait régner une terreur atroce, noyant 10 000 innocents dans la Loire. Afin de prévenir un nouveau soulèvement, les « colonnes infernales » de Turreau sillonnent la Vendée. De décembre 1793 à juin 1794, ces troupes massacrent la population, incendient fermes et villages, détruisent récoltes et troupeaux.

Aujourd'hui encore, il est difficile, pour les historiens, de déterminer le nombre de victimes de cette guerre, estimé entre 140 000 et 190 000 morts dans les deux camps. Localement, certaines communes ont perdu le tiers ou la moitié de leurs habitants. Or, au plus fort de la répression, en 1794, il n'y avait plus de danger pour la République. Ni intérieur, puisque les Vendéens avaient été militairement écrasés, ni extérieur, puisque les armées françaises avaient cumulé les victoires entre octobre et décembre 1793. Populicide (le mot est de Babeuf) ou génocide ? Quel que soit le terme adéquat, l'opération de maintien de l'ordre s'est bel et bien transformée en entreprise exterminatrice pour des raisons idéologiques. Des représentants en mission l'écrivaient au général Haxo : « Il faut que la Vendée soit anéantie parce qu'elle a osé douter des bienfaits de la Liberté. »

La Terreur à l'ordre du jour

Le 24 juin 1793, la Convention adopte une nouvelle Constitution. Celle-ci est approuvée par référendum au mois de juillet suivant, mais, sur moins de 6 millions d'électeurs, 4 millions se sont abstenus, par peur de faire connaître leur opinion, ce qui aboutit au résultat caricatural de 1,8 million de suffrages pour le « oui » contre 17 000 pour le « non ». Le 13 juillet, Marat est assassiné par la royaliste Charlotte Corday. Le 5 septembre, sur proposition de Barère, la Convention met la « Terreur à l'ordre du jour ». Le pays se trouve abandonné aux mains du Comité de salut public et du Comité de sûreté générale, qui dirige une police politique. Le 17 septembre, la loi des suspects étend son champ d'accusation à tous ceux qui n'ont pas attenté à la République mais sont susceptibles de le faire : tout Français devient un coupable potentiel. Le 10 octobre, la Constitution est suspendue : « Le gouvernement provisoire de la France sera révolutionnaire jusqu'à la paix. » C'est le triomphe du régime d'exception.

Le tribunal révolutionnaire siège en permanence. Fouquier-Tinville, l'accusateur public, personnage corrompu et criblé de dettes, décide de la vie et de la mort de ses victimes en fonction de leurs ressources et de leur docilité. La guillotine fauche des têtes tous les jours. Le 16 octobre, Marie-Antoinette monte à l'échafaud : en prison et devant ses juges, la reine, par sa dignité et sa hauteur d'âme, a racheté sa légèreté d'autrefois, s'élevant au sublime face à la mort. Le 6 novembre, c'est au tour du duc d'Orléans d'être guillotiné : démagogue ayant mis son immense fortune au service de ses ambitions, l'arrière-petit-fils du Régent, élu député à la Convention en 1792, siégeant parmi les Montagnards, a pris le nom de Philippe Égalité et voté la mort de son cousin le roi, mais ses reniements et ses trahisons ne lui ont pas valu d'être épargné.

Adversaires de toujours ou ex-amis de la Révolution, les députés girondins, Mme Roland, Bailly, l'ancien maire de Paris, Mme du Barry, favorite de Louis XV, ou Mme Élisabeth, sœur de Louis XVI, sont ainsi suppliciés en compagnie de

Marie-Antoinette conduite au supplice.
Dessin de Jacques-Louis David (1793).

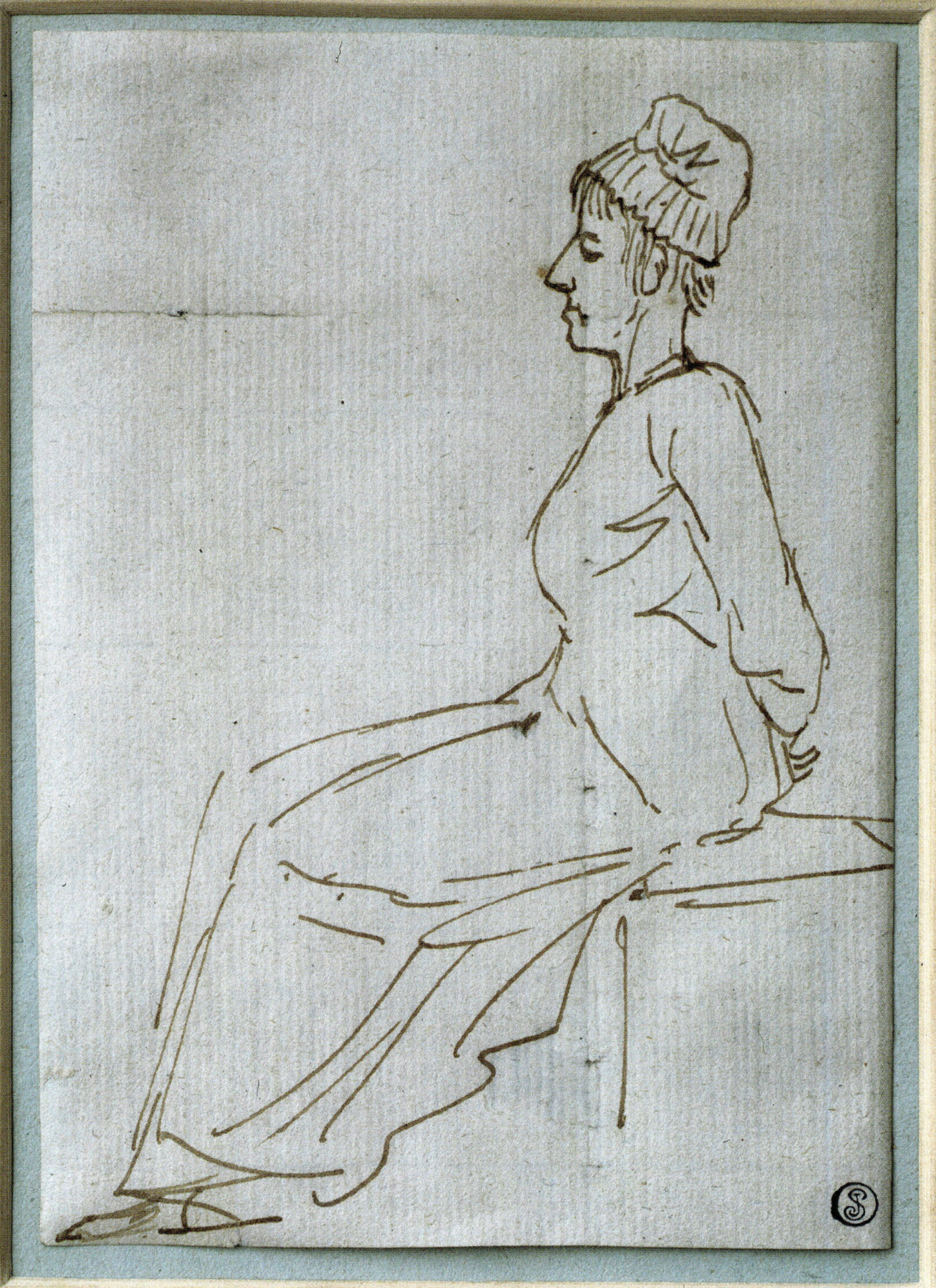

milliers d'inconnus de toutes origines sociales. Ceux qui ont contrevenu à la loi du maximum, en septembre 1793, édictée afin de bloquer les prix et les salaires, sont aussi passibles de la peine de mort. À Lyon, où la révolte qui a éclaté en mai 1793 est matée six mois plus tard, les insurgés sont si nombreux qu'ils sont exécutés au canon. Il faut « réduire la population de plus de moitié », lance le Conventionnel Jean Bon Saint-André.

La politique antireligieuse atteint son paroxysme au cours de cette période. Entré en vigueur le 5 octobre 1793, le calendrier de Fabre d'Églantine remplace le dimanche par le décadi. Tout comme le décompte des années à partir de la proclamation de la République, cette mesure vise à effacer la chronologie instaurée par le christianisme, que les révolutionnaires veulent éradiquer. Le 10 novembre 1793, Notre-Dame de Paris devient le temple de la Raison. C'est là que se déroulera un peu plus tard le culte de l'Être suprême, rite laïc inventé par Robespierre. Toutes les églises parisiennes sont ensuite fermées. Dans la capitale ou en province, une vague de vandalisme s'attaque aux édifices religieux, qui sont pillés, mutilés et parfois démolis. Le député de l'Oise, Anacharsis Cloots, se proclame « ennemi personnel de Jésus-Christ ».

En juillet 1793, Carnot, membre du Comité de salut public, a été chargé des opérations de guerre. S'il partage l'idéologie du régime, il est aussi et surtout un remarquable technicien militaire. Réorganisant les troupes, à la tête desquelles se distinguent de jeunes généraux (Hoche, Jourdan, Kléber, Marceau), il mène la contre-offensive : les Austro-Prussiens sont battus à Wattignies (15 au 16 octobre 1793) et à Wissembourg (29 décembre 1793), en attendant la victoire contre les coalisés à Fleurus (26 juin 1794).

Alors qu'il n'y a plus de danger extérieur, la Terreur, déclenchée au prétexte du péril qui menaçait la France, n'est plus qu'un instrument de guerre civile, les factions révolutionnaires réglant leurs comptes entre elles. Robespierre a acquis une place prépondérante au sein du Comité de salut public. Petit, chétif, le teint blême, myope, le visage bourré de tics, l'homme se veut le chantre incorruptible d'une démocratie idéale et vertueuse, dont il développe une vision quasi mystique : « Nous voulons substituer, dans notre pays, déclare-t-il à la Convention le 5 février 1794, la grandeur de l'homme à la petitesse des grands, un peuple magnanime, puissant, heureux, à un peuple aimable, frivole

La Révolution française ou le prix du sang

La Nuit du 9 au 10 thermidor 1794.
Gravure de Jean Harriet (XIXe siècle).

et misérable, c'est-à-dire, toutes les vertus et tous les miracles de la République, à tous les vices et à tous les ridicules de la monarchie. » Après avoir éliminé les hébertistes (24 mars 1794), Robespierre se débarrasse de Danton et de ses amis (5 avril 1794).

Conçue par l'homme fort du moment, la loi du 22 prairial an II (10 juin 1794) institue la Grande Terreur. À Paris, les effectifs du tribunal révolutionnaire étant quintuplés, les interrogatoires préalables et les avocats sont supprimés : la guillotine fonctionne six heures par jour. Au cours des dix mois de la dictature de Robespierre, 500 000 personnes auront été emprisonnées, 300 000 assignées à résidence, 16 000 guillotinées.

La chute de Robespierre

La France, cependant, est lasse de tout ce sang versé. Et les dirigeants révolutionnaires, qui risquent l'épuration en permanence, en ont assez de trembler pour leur propre vie. Le 27 juillet 1794 (9 thermidor an II), lors d'une séance de la Convention qui dure près de cinq heures, Robespierre et ses amis, interrompus par les invectives de leurs adversaires, ne peuvent se faire entendre. A l'issue de la séance, ils sont décrétés d'arrestation. À cette nouvelle, la Commune de Paris tente de mobiliser ses sections, mais en vain. Des sectionnaires libèrent néanmoins les robespierristes, qui se réfugient à l'Hôtel de Ville. C'est là que, dans la nuit du 9 au 10 thermidor, des gendarmes arrêtent l'Incorruptible. A-t-il essayé de se suicider, a-t-il été blessé dans la bagarre ? Toujours est-il que c'est la mâchoire fracassée que, le soir même, Robespierre est conduit à la mort. Avec vingt et un de ses compagnons, dont Saint-Just, Couthon et Hanriot, il est guillotiné, place de la Révolution, au milieu d'un public en liesse.

En additionnant les condamnations capitales prononcées par l'instance judiciaire, les exécutions sommaires, les décès en prison et les victimes de la guerre civile (tous camps confondus), le bilan global de la Terreur s'établit entre 200 000 et 300 000 morts. Soit 1 % de la population. À l'échelle de la France d'aujourd'hui, cela donnerait plus de 600 000 victimes ! En dépit des idées reçues, c'est le peuple français dans son ensemble qui a subi la Terreur : 31 % des guillotinés étaient des ouvriers ou des artisans, 28 % des paysans, 20 % des marchands ou des spéculateurs, 9 % des nobles, 7 % des ecclésiastiques. De même pour ceux qui ont pu y échapper en quittant la France : 51 % des 150 000 émigrés de l'époque appartenaient à la bourgeoisie et au peuple, 25 % au clergé et 17 % à la noblesse.

La Révolution française ou le prix du sang

Après la chute de Robespierre, le pouvoir passe dans un premier temps à des hommes qui ont participé à la Terreur. Sous la pression de l'opinion, la réaction va plus loin ensuite. La Commune de Paris et le tribunal révolutionnaire sont liquidés. En novembre 1794, le club des Jacobins est fermé. Soucieux de détente, les Thermidoriens (Barras, Tallien, Fouché) prennent des mesures de pacification religieuse : en février 1795, la liberté des cultes est rétablie, quoique les prêtres doivent prêter un nouveau serment de « soumission et obéissance aux lois de la République ».

La hausse du coût de la vie et la misère des faubourgs provoquent des troubles. Le 12 germinal (1er avril 1795) et le 1er prairial (20 mai 1795) ont encore lieu deux émeutes – les dernières de la Révolution. Le 20 mai 1795, une foule déchaînée envahit la Convention. Un député est tué, et sa tête est présentée à l'Assemblée. Six extrémistes constituent un gouvernement, vite balayé par la Garde nationale. En juin 1795, après l'échec du débarquement royaliste de Quiberon, 700 émigrés sont fusillés. Robespierre n'est plus là, mais la violence révolutionnaire n'est pas morte. Le 22 août 1795, la Convention thermidorienne adopte une nouvelle Constitution, dite de l'An III. Celle-ci prévoit que la représentation nationale sera assurée par deux Assemblées, le Conseil des Anciens et le Conseil des Cinq-Cents. Un décret, toutefois, précise que les deux tiers des députés seront choisis parmi les membres de la Convention sortante. Dans l'esprit de ses instigateurs, cette clause a pour but d'écarter les royalistes qui s'affichent de plus en plus : les Thermidoriens veulent terminer la Révolution, mais non la renier, tout en conservant le pouvoir. En septembre, la Constitution est approuvée par référendum, mais 5 des 6 millions d'électeurs se sont abstenus.

Le 5 octobre 1795 (13 vendémiaire), les royalistes, privés de tout espoir de reprendre le pouvoir par les voies légales, tentent alors un coup d'État, appuyés par plusieurs sections parisiennes de la Garde nationale. Mais Barras, l'homme en vue de la Convention finissante, fait appel au jeune général Bonaparte qui sauve la République en mitraillant 300 insurgés royalistes sur les marches de l'église Saint-Roch. Le 25 octobre, l'ultime décret des Thermidoriens ressuscite contre les nobles la loi des suspects de septembre 1793, et reproduit les textes de 1792 et 1793 frappant les ecclésiastiques : au cours de l'année 1796, 1 448 prêtres français et 8 235 prêtres belges seront expédiés au bagne de Cayenne.

Le 26 octobre 1795, la Convention se sépare. À ce régime, après la chute de Robespierre, la France doit au moins quelques-unes de ses grandes fondations scolaires, universitaires ou culturelles, héritières, pour certaines, d'institutions créées par la monarchie et voulues par les Girondins : lycées et collèges, écoles centrales, École normale supérieure, École polytechnique, École des Ponts et Chaussées, École de guerre, École des langues orientales, Conservatoire des arts et métiers, Conservatoire de musique, musée du Louvre, Archives nationales, Bibliothèque nationale, musée des Monuments français, Institut de France. Riche bilan, auquel s'ajoutent les victoires militaires : le savoir et la gloire, qui mérite d'être mis en regard des tragédies accumulées.

Le Directoire, ultime sursaut révolutionnaire

La Constitution de l'An III confie le pouvoir exécutif de la République française à un directoire de cinq membres, élus par le Conseil des Anciens sur une liste de dix candidats établie par le Conseil des Cinq-Cents. Chaque directeur préside à tour de rôle et, tous les ans, l'un d'eux, tiré au sort, doit être remplacé. Les cinq premiers directeurs sont Barras, Rewbell, La Révellière-Lépeaux, Letourneur et Carnot, qui sont tous des régicides : le pouvoir exécutif ne change pas de main. En revanche, si les deux tiers des députés, aux termes de la Constitution, sont d'anciens Conventionnels, le dernier tiers, librement choisi par les électeurs, montre dans quel sens penche le pays : ce sont tous des modérés et des royalistes qui, au sein du pouvoir législatif, animent une véritable minorité d'opposition.
Au terme de trois ans de guerre, la coalition antifrançaise se dissout. La Prusse s'est retirée au traité de Bâle (avril 1795), la Hollande en fait autant au traité de La Haye (mai 1796), rejointe par l'Espagne au second traité de Bâle (juillet 1795). Il reste l'Autriche, que la brillante campagne d'Italie de Bonaparte (avril 1796-février 1797) chasse de Lombardie. En octobre 1797, Vienne signe le traité de Campoformio. L'Autriche s'agrandit de la Vénétie, mais laisse le reste du nord de la péninsule à la France, qui crée des États satellites : république Ligurienne (capitale Gênes), république Cisalpine (capitale Milan). La France conserve par ailleurs la Belgique, la frontière du Rhin, la Savoie et le comté de Nice.

Aux élections d'avril 1797 au Conseil des Cinq-Cents, dont les députés se renouvellent par tiers, seulement 28 des 177 élus sont républicains, les royalistes devenant majoritaires avec les membres du Conseil des Anciens. Entre les directeurs jacobins et les Assemblées contre-révolutionnaires, le conflit éclate bientôt. Le 4 septembre 1797 (18 fructidor an V), après l'annulation de l'élection de dizaines de députés, le Directoire fait appel à l'armée. Lors de ce coup d'État, 65 députés et journalistes royalistes sont déportés en Guyane. Revenant aux procédés révolutionnaires, le Directoire instaure un régime policier, emprisonne ou déporte des centaines de prêtres, et tente d'enrayer le renouveau catholique en relançant – en vain – le culte décadaire.

Dans un second temps, c'est à l'opposition de gauche d'être muselée. Les élections d'avril 1798 se traduisant par une progression jacobine, 106 députés radicaux sont invalidés. En 1799, les royalistes s'abstenant, le Directoire connaît une nouvelle poussée à gauche. Le 18 juin (30 prairial an VII), un coup d'État jacobin contraint à la démission trois directeurs qui sont remplacés par des extrémistes. Aussitôt, l'esprit révolutionnaire est réactivé. Le 12 juillet 1799 est votée une loi qui institue des listes d'otages dans chaque département. La politique antireligieuse reprend : de nombreuses églises sont fermées ou vendues. Le 28 août 1799, le pape Pie VI, prisonnier de la République depuis l'année précédente, meurt à Valence. À Toulouse, à Bordeaux, en Vendée, en Bretagne et en Normandie, des insurrections royalistes éclatent : si la Révolution n'est pas terminée, la Contre-Révolution non plus.

Bonaparte est trop brillant pour ne pas inquiéter le Directoire. C'est avec soulagement qu'on lui confie l'expédition d'Égypte (1798-1799), dont le but est de frapper l'Angleterre en lui coupant la route des Indes. Mais, pendant ce temps, une deuxième coalition antifrançaise s'est formée en Europe, réunissant l'Angleterre, l'Autriche, Naples, la Russie et la Turquie. Lorsque les armées de la République sont chassées d'Italie par le Russe Souvorov, Bonaparte abandonne son armée en Égypte et rentre en France (octobre 1799).

Le Directoire affronte alors une nouvelle fois deux menaces : celle des Jacobins, qui se sont renforcés aux dernières élections, et celle des modérés, qui aspirent à un retour durable à l'ordre et à la prospérité, en bref à terminer la Révolution sans revenir sur ses acquis politiques et sociaux, quitte à passer par un renforcement de l'exécutif afin de conjurer l'anarchie ambiante. C'est pourquoi Sieyès, un des directeurs, cherche un général populaire, capable d'imposer par la force une révision constitutionnelle. Après avoir été l'accoucheur de 1789, il revient à l'auteur de l'*Essai sur les privilèges* d'en devenir le fossoyeur. Après avoir songé à Joubert, qui a été tué en combattant contre les Russes le 15 août 1799, il trouve l'homme providentiel en la personne de Bonaparte, qui revient d'Égypte et dont la renommée n'a fait que croître depuis la campagne d'Italie.

Avec Talleyrand, ancien et futur ministre des Affaires étrangères, Cambacérès, ministre de la Justice, Fouché, ministre de la Police, et Lucien Bonaparte, président du Conseil des Cinq-Cents, Sieyès met le plan au point. Il consiste, sous prétexte de déjouer un complot, à transférer les Conseils à Saint-Cloud, afin d'éviter l'intervention de la rue parisienne, à obtenir la démission des directeurs, et

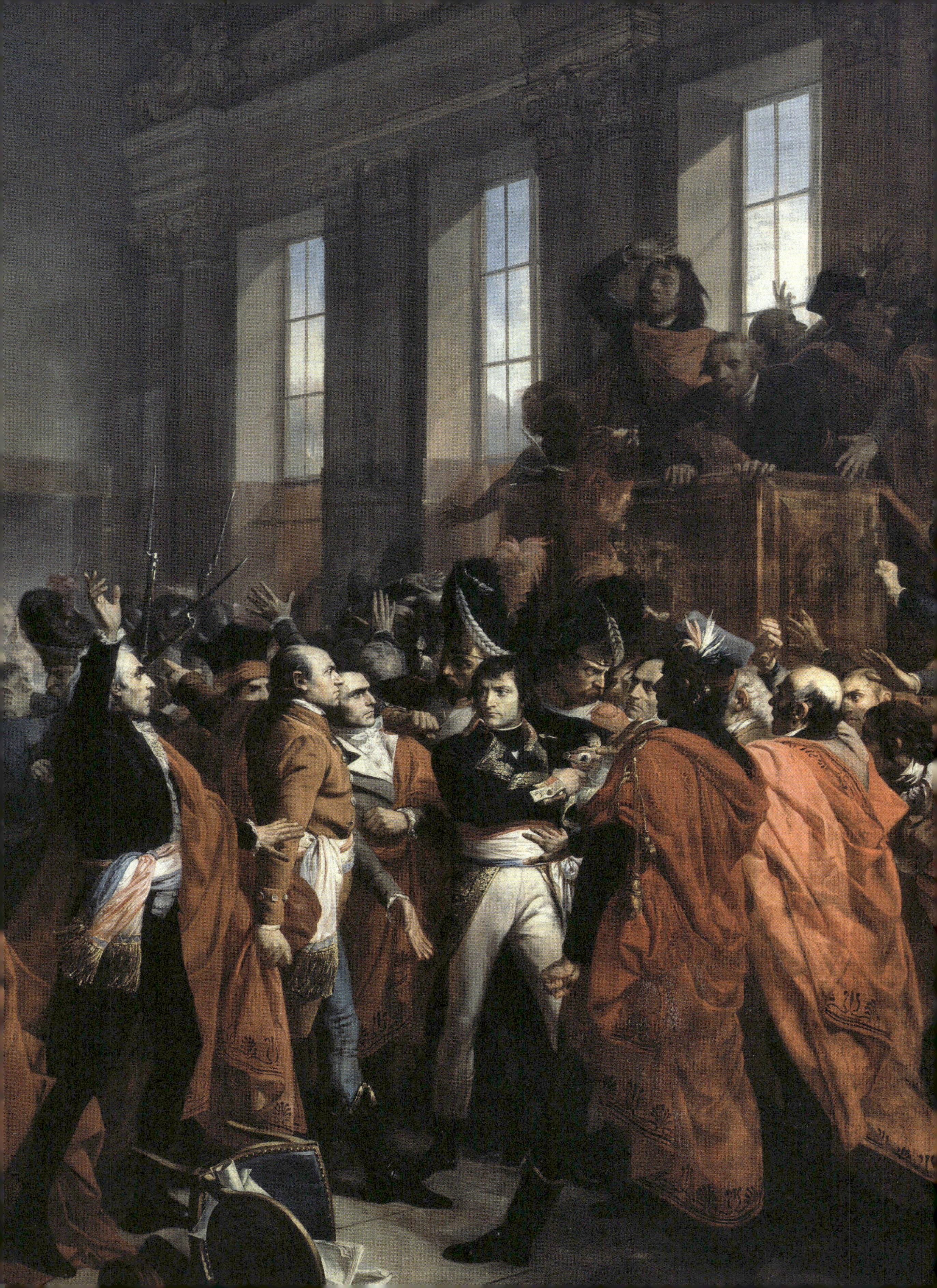

à faire nommer trois consuls provisoires, chargés de trouver enfin la Constitution idéale que Sieyès affirme avoir en tête.

Une dictature clôt la Révolution

Le 9 novembre 1799 (18 brumaire an VIII), Bonaparte est nommé commandant des troupes de Paris par le Conseil des Anciens, et deux directeurs jacobins, Gohier et Moulin, sont arrêtés. Le délai nécessaire au transfert des Conseils à Saint-Cloud, cependant, est mis à profit par les Jacobins, puissants aux Cinq-Cents, pour organiser la riposte. Le 10 novembre (19 brumaire), à Saint-Cloud, le jeune général intervient devant le Conseil des Anciens, puis pénètre dans l'Orangerie où siègent les Cinq-Cents. Là, Bonaparte est conspué, bousculé et frappé. Mais son frère Lucien use de son autorité de président pour faire évacuer la salle par un détachement de grenadiers. Le soir même, une cinquantaine de députés, réunis d'autorité, décident de confier le pouvoir à trois consuls provisoires, Napoléon Bonaparte, Sieyès et l'obscur Roger Ducos. Le coup d'État a réussi, mais par la force des baïonnettes.
La Constitution de l'An VIII est promulguée le 15 décembre 1799. Refusant d'être, selon ses propres termes, un « cochon à l'engrais », Bonaparte marginalise d'emblée Sieyès et oriente les discussions à son profit exclusif. Nommé Premier Consul, Bonaparte possède le pouvoir exécutif et une grande part du pouvoir législatif. Trois Assemblées sont créées, dont les membres sont nommés sous son contrôle. C'est donc par la dictature que se termine la Révolution. Six ans après avoir coupé la tête à son roi, la France se jette dans les bras d'un homme dont l'autorité et les moyens de gouvernement seront dix fois plus contraignants que ceux de Louis XVI. Tout ça pour ça...
1789-1799 : au crédit de cette décennie sont à porter toutes les réformes que la monarchie n'avait pas su mener à bien et que les Français attendaient : l'égalité devant la loi, l'égalité devant l'impôt, l'égalité devant la justice, l'abolition d'archaïsmes injustifiés, la création d'instances politiques représentant l'opinion. Mais à quel prix ces conquêtes ont-elles été obtenues : tant de déchirements, tant de souffrances, tant de sang... D'autres pays occidentaux ont évolué naturellement vers la modernité politique, sans rupture radicale avec le passé, sans subir la violence, la terreur, la dictature, la guerre civile. La Révolution française, vraiment, n'aurait-elle donc pas pu et dû être évitée ? Aujourd'hui comme hier, elle ne fait pas l'unanimité.

Coup d'État du 18 Brumaire an VIII.
Peinture de François Bouchot (1840).

VIII. Napoléon : un destin, une œuvre, un mythe

Napoléon : un destin, une œuvre, un mythe

Il est un des personnages les plus connus de l'histoire universelle, et pourtant sa naissance est banale, pour ne pas dire obscure. Napoléon Bonaparte vient au monde à Ajaccio, en 1769, sous le règne de Louis XV, à peine un an après la cession de la Corse à la France. Il appartient à une lignée patricienne qui a réussi à se faire assimiler à la noblesse du continent. Mais son père, Charles Bonaparte, totalement désargenté, doit quémander des bourses à Versailles afin de payer les études de ses fils. Napoléon a quatre frères, Joseph (l'aîné), Lucien, Louis et Jérôme, et trois sœurs, Élisa, Pauline et Caroline. Il les associera tous, à des degrés divers, à son extraordinaire aventure, même s'il finira par se brouiller avec certains.

Successivement élève au collège d'Autun (où, ne parlant que le corse à son arrivée, en 1779, il apprend le français en trois mois), à l'École militaire de Brienne et à l'École militaire de Paris, il montre un caractère taciturne et sombre, qui lui vaut peu d'amis. Ce brillant sujet se nourrit de livres : les grands auteurs de l'Antiquité, Machiavel, les classiques français et les penseurs des Lumières, de Montesquieu à Rousseau. Au physique, il est de petite taille, le corps maigre portant une grosse tête carrée aux longs cheveux. Lieutenant d'artillerie en 1785, il est affecté à Valence. Jusqu'en 1791, les garnisons s'enchaînent : Lyon, Douai, Auxonne, de nouveau Valence.

Devenu français par l'éducation, Napoléon reste italo-corse par le goût. S'il accueille la Révolution avec faveur, c'est plus par intérêt que par conviction. Son moteur intime réside dans le haut destin auquel il se sent appelé. Or il devine que les bouleversements politiques et sociaux que traverse le pays vont lui donner sa chance. À Ajaccio, où il effectue des séjours prolongés, il est élu officier de la Garde nationale. Celle-ci est dirigée par Pascal Paoli. Le patriote qui rêve d'une Corse indépendante a été exilé en Angleterre sous Louis XV, puis rappelé par la Constituante. Mais, contrairement à lui, Bonaparte est jacobin, tendance montagnarde. Aussi doit-il se réfugier sur le continent avec sa famille, en juin 1793, lorsque Paoli déclenche une insurrection antifrançaise dans l'île.

Capitaine-commandant du 4ᵉ régiment d'artillerie, à Nice, l'officier participe à la répression contre les fédéralistes marseillais. Lors du siège de Toulon, en décembre 1793, ville qui avait ouvert ses portes aux Anglais afin d'échapper à la Terreur, il commande avec succès l'artillerie et décide par son audace de la prise de la ville. Remarqué par Augustin Robespierre, frère cadet de Maximilien et représentant en mission dans le Var, il est récompensé par le brevet de général de brigade.

Après Thermidor, brièvement emprisonné et compromis par ses relations, Bonaparte reste sans affectation pendant un an. Il finit cependant par se lier avec Carnot, Cambon, Tallien, Barras. Ce dernier fait appel à lui, le 5 octobre 1795 (13 vendémiaire an IV), le chargeant de juguler l'insurrection royaliste parisienne, qui est mitraillée devant l'église Saint-Roch. Sauveur de la République, Bonaparte obtient le grade de général de division et le commandement militaire de la capitale. Barras lui présente Joséphine de Beauharnais, une intime dont il veut se débarrasser. Le 8 mars 1796, Bonaparte épouse cette jeune femme du demi-monde. Le surlendemain, Barras le nomme général en chef de l'armée d'Italie.

La campagne d'Italie révèle son génie militaire

Depuis 1792, la France est en guerre. La Prusse, la Hollande et l'Espagne ont quitté la coalition ennemie en 1795, mais l'Angleterre et l'Autriche restent en lice. Au printemps 1796, Carnot, qui dirige les opérations militaires du Directoire, prévoit de lancer trois armées contre Vienne. La première, aux ordres de Jourdan, par la vallée du Main ; la deuxième, sous le commandement de Moreau, par l'axe du Danube ; la troisième, confiée à Bonaparte, doit à l'origine seulement faire diversion dans la plaine du Pô et dans les Alpes autrichiennes. Jourdan et Moreau seront battus, si bien que c'est Bonaparte qui jouera le rôle essentiel : à 27 ans, secondé par des chefs d'une folle bravoure comme Augereau ou Masséna, il mènera une campagne éblouissante, où se révélera son génie militaire.

Commençant par battre les Piémontais, alliés des Autrichiens, à Montenotte et à Mondovi (12 et 22 avril 1796), le jeune général contraint le Piémont-Sardaigne à signer la paix à Paris : le 15 mai 1796, le roi de Sardaigne renonce à ses droits sur le comté de Nice et la Savoie, occupés par la Convention en 1792. Se retournant contre l'armée autrichienne, Bonaparte franchit ensuite le Pô, force le passage au pont de Lodi et entre dans Milan le 15 mai. L'empereur François II envoie alors une nouvelle armée qui, battue à Castiglione (5 août 1796) et à Bassano

Portrait inachevé
de Napoléon Bonaparte.
Peinture de Jacques-
Louis David (vers 1798).

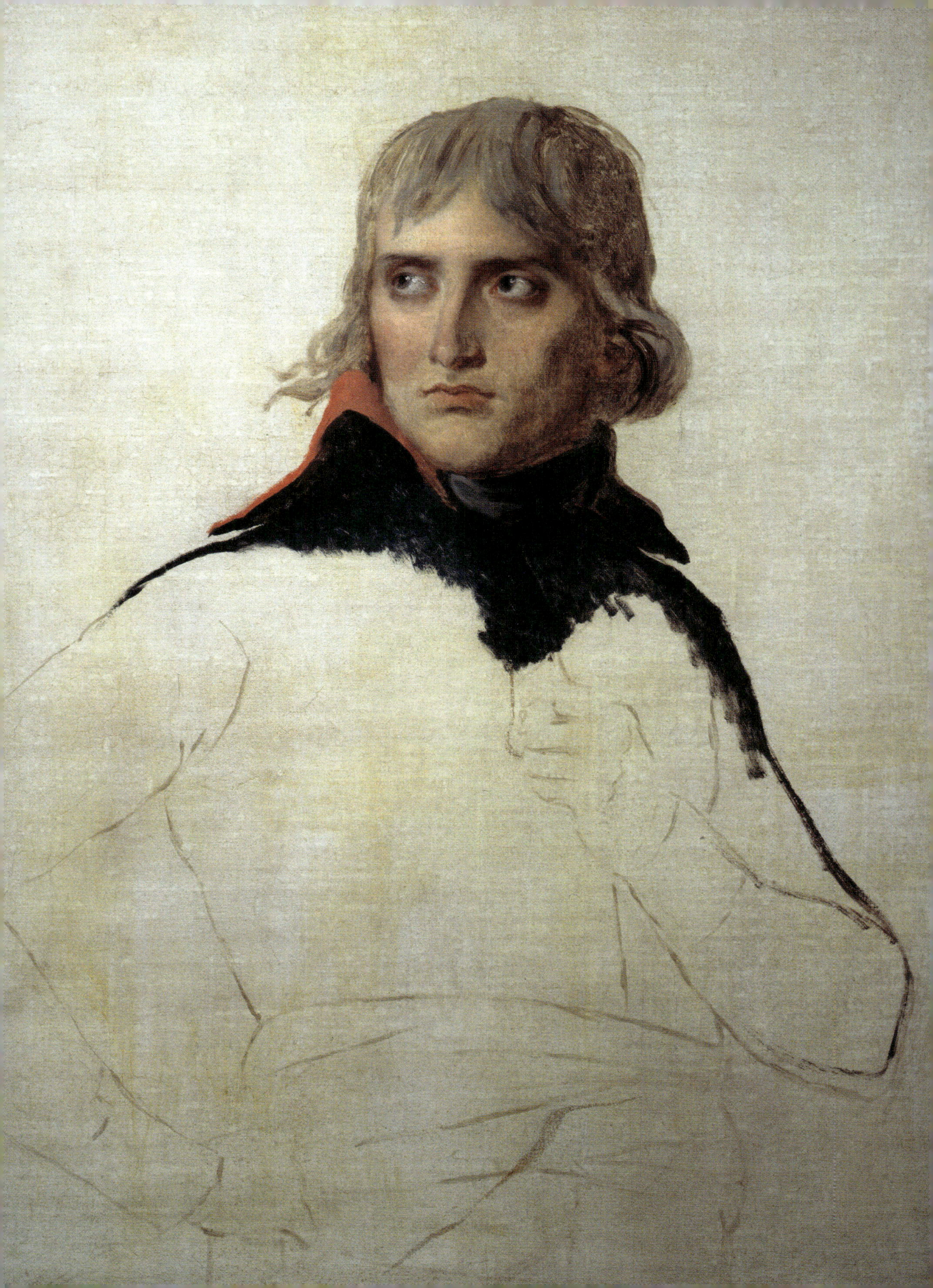

(8 septembre 1796), s'enferme dans la citadelle de Mantoue. Après la victoire française au pont d'Arcole (17 novembre 1796) et à Rivoli (15 janvier 1797), une troisième armée autrichienne doit capituler, livrant Mantoue aux Français (2 février 1797). Au cours de toutes ces opérations, les Français vivent sur le pays, pillant vivres et œuvres d'art.

La route de Vienne est ouverte. Bonaparte s'y engouffre, bousculant les forces de l'archiduc Charles, le frère de l'empereur. À Leoben, en Styrie, l'Autriche obtient l'armistice (18 avril 1797). Six mois plus tard, le traité de Campoformio, signé entre Paris et Vienne le 17 octobre 1797, assure à la France la rive gauche du Rhin, et crée en Italie une république Cisalpine, État satellite de Paris, dont la capitale se trouve à Milan.

Mettant fin à la guerre sur le continent (mais pas sur mer, puisque l'Angleterre n'a pas désarmé), la paix de Campoformio vaut à Bonaparte une popularité immense. D'ores et déjà, son ambition est fixée : il veut le pouvoir. Sentant que son heure n'est pas venue, il agit toutefois avec prudence. Afin de ne pas être entraîné dans les intrigues du Directoire, il élabore les plans d'une expédition en Égypte. S'inscrivant dans la continuité des grands voyages à caractère savant du XVIIIe siècle, cette expédition aurait une facette scientifique, mais poursuivrait surtout un objectif stratégique : couper la route des Indes à l'Angleterre. Après avoir proposé à Bonaparte le commandement d'une armée destinée à envahir la Grande-Bretagne, le Directoire se résout à lui laisser tenter cette campagne dont l'intérêt stratégique laisse perplexe.

Soldats et savants en Égypte : le rêve oriental de Bonaparte

Embarqué à Toulon le 19 mai 1798, Bonaparte déjoue la vigilance des Anglais, avec lesquels ses navires ne peuvent rivaliser en Méditerranée. Au passage, il s'empare de Malte et, le 1er juillet, débarque 35 000 soldats près d'Alexandrie. Après la conquête de la Basse- et de la Moyenne-Égypte, sa victoire des Pyramides (21 juillet) lui dégage le chemin du Caire. L'amiral Nelson, toutefois, détruit la flotte française à Aboukir (1er août), coupant la voie du retour à l'expédition. Entre septembre 1798 et juin 1799, Desaix prend le contrôle de la Haute-Égypte, pendant que Bonaparte s'enfonce en Syrie. Ayant occupé Gaza et Jaffa, il assiège en vain Saint-Jean-d'Acre, puis ordonne la retraite.

Revenu en Basse-Égypte, il est vainqueur des Turcs à Aboukir (25 juillet 1799).

Mais les Français, prisonniers de leur conquête, se trouvent dans une impasse sur le plan militaire. Les savants de l'expédition, eux, n'ont pas perdu leur temps. Dès leur arrivée, en juillet 1798, Monge et Berthollet ont fondé l'Institut d'Égypte, qui inspirera de nombreux travaux sur l'Égypte ancienne. Découverte en 1799, la pierre de Rosette, stèle dont le texte est gravé en hiéroglyphes, en égyptien démotique et en grec, permettra à Champollion, quelques années plus tard, de déchiffrer les hiéroglyphes.

Mais Bonaparte, l'homme pressé, n'a pas l'intention de s'éterniser près des Pyramides, même si, à Sainte-Hélène, il martèlera que « l'Orient n'attend qu'un homme ». Ayant eu connaissance de la formation d'une nouvelle coalition contre la France et de l'offensive victorieuse des Austro-Russes en Italie du Nord, il remet le commandement de ses troupes à Kléber[1] et, le 22 août 1799, s'embarque secrètement pour la France. Le 8 octobre, il accoste à Fréjus.

Le 18 Brumaire : un sabre contre le Directoire

À Paris, Sieyès cherchait depuis plusieurs mois un sabre capable de sortir la République des impasses du Directoire, tout en restant fidèle à la Révolution. Ce sabre, ce sera Bonaparte. Devenu consul provisoire, à l'issue du coup d'État du 18 brumaire (9 novembre 1799), en compagnie de Sieyès et de l'improbable Roger Ducos, le vainqueur de la campagne d'Italie domine aussitôt le trio. Bousculant les plans de Sieyès, il l'oblige à s'effacer. La Constitution de l'An VIII, adoptée le 13 décembre 1799, instaure, sous une apparence libérale, un régime autoritaire et centralisé, dont Bonaparte est l'homme fort.

Le pouvoir appartient à trois consuls, nommés pour dix ans par le Sénat, mais rééligibles. Bonaparte est Premier Consul. Le deuxième est Cambacérès, juriste et ancien Conventionnel modéré (il refusa de voter la condamnation de Louis XVI), et le troisième est Lebrun, un spécialiste des finances, ancien député à la Constituante, emprisonné sous la Terreur. Le deuxième et le troisième consul ont voix consultative. Le Premier Consul, lui, détient la réalité du pouvoir exécutif et possède l'initiative des lois. C'est lui qui nomme les officiers, les fonctionnaires, les membres des conseils départementaux, les conseillers d'État, les diplomates et les juges.

Le pouvoir législatif passe par quatre instances : le Conseil d'État, qui rédige les

---

[1]. Kléber sera assassiné au Caire en juin 1800 et le corps expéditionnaire français en Égypte devra capituler aux mains des Anglais en septembre 1801.

Installation du Conseil d'État au palais du Petit Luxembourg.
Les trois consuls Bonaparte, Cambacérès et Lebrun reçoivent les serments des présidents.
Peinture de Louis-Charles-Auguste Couder (1856).

projets de loi ; le Tribunat, qui les discute ; le Corps législatif, qui les vote ou les rejette sans pouvoir les discuter ; le Sénat, enfin, qui désigne les consuls et les membres des deux Assemblées précédentes, et vérifie la constitutionnalité des textes législatifs.
Derrière cette architecture institutionnelle complexe, le Premier Consul concentre toute l'autorité entre ses mains. La nouvelle Constitution, comme en 1793 et en 1795, est soumise à référendum. La victoire du « oui » est écrasante : 3 millions de suffrages, contre 1 500 pour le « non ». Mais près de 4 millions d'électeurs (sur 7 millions) se sont abstenus, et Lucien Bonaparte a falsifié les résultats. Il reste que ce pouvoir personnel, beaucoup plus puissant que celui d'un roi de France, possède toutes les apparences de la légalité républicaine. Cette filiation avec la Révolution rassure tous ceux qui tiennent aux conquêtes de 1789, assurant d'emblée au régime le soutien de la bourgeoisie.

Napoléon : un destin, une œuvre, un mythe

Le faux espoir de paix du traité d'Amiens

En accédant au consulat, Bonaparte hérite de la guerre déclenchée en 1798, alors qu'il était en Égypte. Fils de la Révolution, le Premier Consul n'échappe pas à la logique des guerres incessantes contre une Europe qui ne saurait accepter l'hégémonie française. Après que les armées du Directoire ont été chassées d'Italie par le Russe Souvorov (août 1799), la victoire de Masséna à Zurich (26 septembre), puis la capitulation du corps anglo-russe en Hollande (18 octobre) ont rétabli la situation pour la France. Mais le conflit se poursuit.

Au printemps 1800, Bonaparte passe les Alpes au col du Grand-Saint-Bernard, lance ses troupes contre les Autrichiens en Italie du Nord, et décroche la difficile victoire de Marengo (14 juin 1800). De son côté, Moreau porte un coup décisif aux forces des Habsbourg à Hohenlinden, près de Munich (3 décembre). Le 9 février 1801, la paix de Lunéville confirme le traité de Campoformio de 1797 : Vienne reconnaît à la France la cession de la rive gauche du Rhin et le contrôle de la quasi-totalité de l'Italie, à l'exception de la Vénétie.

La Russie, de son côté, se retire des hostilités par le traité de Paris (8 octobre 1801). Il reste l'Angleterre qui, financièrement à bout, se résigne à la paix. Au traité d'Amiens, conclu le 25 mars 1802, Londres restitue à la France toutes ses colonies et lui reconnaît ses conquêtes de la Révolution, dont la Belgique et le port d'Anvers. L'Égypte, évacuée par les armées européennes, est rendue à l'autorité des Turcs.

L'opinion française comme l'opinion britannique accueillent le traité d'Amiens avec soulagement, y voyant les prémices d'une longue ère de paix. En réalité, la trêve ne durera qu'un an : les hostilités reprendront en 1803, pour ne plus s'arrêter qu'en 1815.

Les « masses de granit » du Premier Consul

En prêtant serment après le 18 Brumaire, Bonaparte a fait cette déclaration : « La Révolution est fixée aux principes qui l'ont commencée, elle est finie. » Le Premier Consul, voulant tout à la fois pérenniser et terminer la Révolution, entreprend d'abord une œuvre de redressement intérieur, visant, sur le plan politique, économique et financier, à apaiser la société française.

Dans l'Ouest, depuis l'écrasement de la Vendée, en 1794, la République se heurte à la chouannerie dont la persistance tient à des chefs d'une incroyable énergie

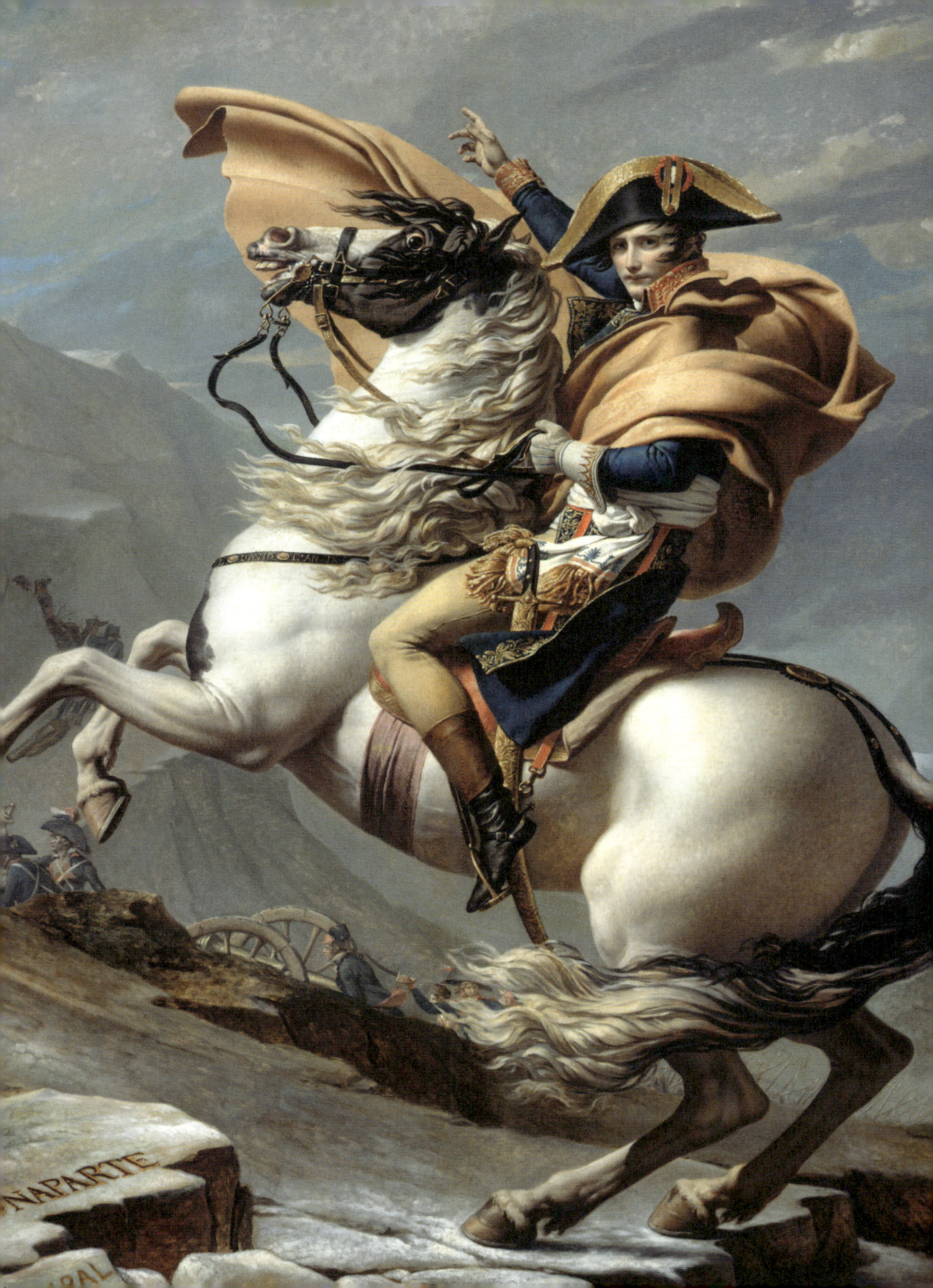
NAPARTE

comme Charette, Stofflet (tous deux fusillés en 1796), Frotté ou Cadoudal. À l'automne 1799, les royalistes sont encore capables d'attaquer des villes de la taille de Saint-Brieuc, Le Mans ou Nantes. Bonaparte, avec son passé jacobin, a donné assez de gages à la Révolution pour faire des concessions de l'autre côté. S'il fait encore fusiller Frotté, le chef de la chouannerie normande, en février 1800, le Premier Consul a auparavant signé avec les royalistes la paix de Montfaucon (18 janvier 1800), et tente en vain de retourner Cadoudal, lui offrant un commandement dans les armées de la République.

D'autres gestes viendront, comme la suppression de la fête du 21 janvier, le rappel des royalistes proscrits lors du coup d'État jacobin du 18 fructidor (4 septembre 1797) ou, en 1802, l'amnistie octroyée aux émigrés. Bonaparte persévérera dans cette politique de réconciliation en dépit de l'attentat auquel il échappera, rue Saint-Nicaise, le 24 décembre 1800, attentat dont les responsables étaient royalistes, mais qu'il attribuera aux Jacobins.

Le plus important, toutefois, est le nouveau rapport que Bonaparte veut instaurer entre la République et l'Église. À titre personnel, Bonaparte n'est pas croyant : son regard sur la religion relève du pur pragmatisme. « Ma politique, souligne-t-il en août 1800, est de gouverner les hommes comme le plus grand nombre veut l'être. C'est en me faisant catholique que j'ai gagné la guerre de Vendée, en me faisant musulman que je me suis établi en Égypte, en me faisant ultramontain que j'ai gagné les esprits en Italie. » Ayant compris qu'il a besoin de faire la paix avec les catholiques pour asseoir son pouvoir, le Premier Consul ouvre des négociations avec le pape. En novembre 1800, le représentant de Pie VII est à Paris. Au bout de sept mois de négociations et d'échanges avec Rome, un concordat est signé, le 15 juillet 1801, entre le secrétaire d'État du Saint-Siège, le cardinal Consalvi, et la République française, puis ratifié par le souverain pontife le 15 août suivant. Aux termes de cet accord, qui restera en vigueur jusqu'en 1905, l'État reconnaît le catholicisme comme la religion « de la grande majorité des Français » et, garantissant la liberté du culte, assure un traitement au clergé. Au sortir d'une décennie de persécution religieuse sans précédent, c'est une avancée historique. Le pape, de son côté, fait des concessions en tirant un trait sur les biens d'Église vendus sous la Révolution, et en acceptant que la hiérarchie ecclésiastique issue du Concordat, les diocèses de France devant être redécoupés, soit issue du clergé réfractaire comme du clergé constitutionnel. C'est le Premier Consul, ainsi qu'il en était du roi, qui nomme les évêques, le pape ne leur accordant que l'institution canonique.

En 1802, le Concordat, promulgué comme loi de la République française, est assorti d'« articles organiques » – jamais reconnus par le pape – qui font de l'Église

Bonaparte, Premier Consul, franchissant les Alpes, au mont Saint-Bernard, le 20 mai 1800.
Peinture de Jacques-Louis David (1803).

un instrument soumis à l'État, conformément à la pensée de Bonaparte selon qui « il faut une religion au peuple », mais « dans la main du gouvernement ». Le protestantisme et le judaïsme seront ensuite organisés selon le même principe, devenant des cultes reconnus par l'État.

L'État qui se met en place à cette époque est rigoureusement centralisé. Tous ses représentants, depuis les ministres jusqu'au moindre agent local, tiennent leur autorité du Premier Consul, et de lui seul. Une police omniprésente et omnipotente, confiée à Fouché jusqu'en 1810, veille au respect sans faille du pouvoir. En vertu de la loi du 17 février 1800 sur l'organisation administrative, le territoire français est divisé en départements, arrondissements, cantons et municipalités. Chaque département est doté d'un préfet et chaque commune d'un maire, tous nommés par le Premier Consul. Promulguée un mois plus tard, la loi sur l'organisation judiciaire met fin aux juges élus de la Révolution et institue une nouvelle hiérarchie des magistrats, tous désignés par le Premier Consul. La loi de 1802 qui organise les lycées sur le mode militaire vise pareillement à former les cadres d'une société hiérarchisée, entièrement subordonnée à l'État. Dans sa perspective initiale, la Légion d'honneur, fondée en 1802 afin de réunir les citoyens méritants, obéit à la même préoccupation.

En août 1800, une commission de juristes est chargée d'élaborer un code général du droit français. Amalgamant le droit romain, le droit coutumier d'Ancien Régime, les principes de 1789, les exigences de la bourgeoisie libérale et la conception de l'État autoritaire et centralisé de Bonaparte, ce Code civil, promulgué le 21 mars 1804, devient un pilier de la société française. Il sera répandu dans toute l'Europe par les armées napoléoniennes.
Période de redressement économique, le Consulat voit aussi la création d'institutions qui participent du rétablissement de l'État : Direction des contributions directes, Caisse d'amortissement, Banque de France. Fondée le 17 février 1800, cette dernière reçoit le monopole de l'émission de billets, le 28 mars 1803 (7 germinal an XI), créant une nouvelle unité monétaire, le franc germinal, dont la valeur restera inchangée jusqu'en 1914.
En 1802, lors d'une discussion au Conseil d'État, Bonaparte évoque les « masses de granit » qu'il convient de recréer afin de stabiliser la société française, pulvérisée comme des grains de sable par la tourmente révolutionnaire. Le préfet, le maire, le Code civil, la Banque de France, le franc germinal, le lycée ou la Légion d'honneur sont ces masses de granit fondatrices de la France moderne, dont la pérennité jure avec la gloire éphémère des conquêtes militaires.

Sacre de l'empereur Napoléon Ier et couronnement de l'impératrice Joséphine à Notre-Dame de Paris le 2 décembre 1804. Peinture de Jacques-Louis David (1806).

Napoléon se couronne lui-même empereur

Officier de cœur et d'esprit, Bonaparte gouverne néanmoins plus en dictateur romain qu'en dictateur militaire : son pouvoir, à l'intérieur, ne repose pas sur l'armée, mais sur la mobilisation de l'État et de ses fonctionnaires à son service. Il n'est pas un militaire qui fait de la politique : il est un politique qui porte l'uniforme. En 1802, la situation économique s'améliore, le budget de l'État atteignant à l'équilibre, et la paix d'Amiens avec l'Angleterre rassure l'opinion. Estimant le moment favorable, le Premier Consul en profite pour renforcer son pouvoir. Le 10 mai, un plébiscite approuve l'attribution du consulat à vie à Bonaparte et aux deux autres consuls (3,5 millions de « oui » contre 8 300 « non »). Promulguée le 4 août 1802, la Constitution de l'An X accorde au Premier Consul le droit de désigner son successeur, de nommer les autres consuls (à la mort de Cambacérès et Lebrun) et les sénateurs, lui-même présidant le Sénat, qui devient l'Assemblée prépondérante.

Il ne lui reste plus qu'à rendre sa fonction héréditaire pour ressembler à un roi, mais un roi plus puissant que n'était Louis XIV. Inconsciemment, Bonaparte éprouve une sorte de mauvaise conscience vis-à-vis de la royauté, dont il sait qu'il ne possède pas la légitimité historique. Le sentiment de ce parvenu reste cependant ambivalent, comme le prouve la brutalité de la proposition qu'il adresse à Louis XVIII, en 1802, de renoncer à ses droits à la Couronne en échange du versement d'une forte indemnité. Le frère de Louis XVI repoussera ce marchandage avec mépris, à l'unisson des royalistes qui ne pouvaient accepter la caricature de monarchie incarnée par le Consulat.

Réfugié en Angleterre en 1800, l'indomptable Cadoudal complote avec Pichegru, ancien commandant de l'armée de Rhin-et-Moselle, devenu royaliste sous le Directoire, déporté en Guyane après le 18 fructidor, évadé et réfugié en Angleterre. En février 1804, Cadoudal et Pichegru se rendent en secret à Paris, projetant d'enlever Bonaparte. Les deux conjurés bénéficient du soutien tacite de Moreau : le héros de Hohenlinden, s'estimant mal récompensé de sa victoire, est en froid avec le Premier Consul. Mais Moreau et Pichegru, démasqués, sont arrêtés, de même que Cadoudal.

Un rapport de police ayant persuadé à tort Bonaparte que le prince attendu par les comploteurs était le duc d'Enghien, qui vit en exil en Allemagne, le Premier Consul frappe un grand coup : le prince est enlevé à Éttenheim, dans le pays de Bade, transféré à Paris, condamné à mort après une parodie de procès, et fusillé dans les fossés du château de Vincennes, le 21 mars 1804, à 3 heures du matin. Le sacrifice de ce Bourbon innocent, qui révulse Chateaubriand, rassure les anciens Jacobins : le Premier Consul reste un fils de la Convention. Ainsi sont-ils prêts à accepter la modification constitutionnelle que prévoit Bonaparte.

Dès le 27 mars, le Sénat invite ce dernier à « rendre son ouvrage immortel comme sa gloire ». La Constitution de l'An XII, promulguée le 18 mai 1804, annonce que « le gouvernement de la République est confié à un empereur qui prend le nom d'empereur des Français », Napoléon Ier, dont la succession est dévolue à sa descendance par ordre de primogéniture masculine.

Pendant ce temps-là, Pichegru a été retrouvé étranglé dans sa cellule. Moreau, condamné à deux ans de prison, sera autorisé à partir pour les États-Unis. Quant à Cadoudal, il sera guillotiné le 28 juin 1804, à Paris, en place de Grève. Homme du monde nouveau, Bonaparte n'aura jamais compris la fidélité royaliste de celui qu'il nommait, avec dédain, « un gros Breton ».

Le 2 août 1804, un plébiscite approuve l'institution de l'Empire (3,5 millions de voix pour le « oui », 2 500 pour le « non »). Napoléon, empereur, va symboliquement s'incliner sur le tombeau de Charlemagne, à Aix-la-Chapelle, puis il convie le pape à Paris. Pie VII s'exécute, dans l'espoir, qui s'avère vain, d'obtenir l'annulation des Articles organiques qui accompagnent le Concordat.
Le 2 décembre 1804, la cérémonie du sacre est célébrée par le pape, à Notre-Dame de Paris, mais Napoléon se couronne lui-même, soulignant par là qu'il ne tient son pouvoir que de lui, et non de Dieu, au contraire des rois de France. À l'issue de la cérémonie, il s'engage à faire respecter « l'égalité des droits, la liberté politique et civile, l'irrévocabilité des ventes des biens nationaux ». Le présentant comme le rempart des conquêtes de la Révolution, ce serment vise à rassurer ceux qui grognent contre cette cérémonie qui leur rappelle l'Ancien Régime. Toujours l'ambivalence du régime napoléonien… Jusqu'en 1806, le calendrier républicain restera d'ailleurs en vigueur, tout comme les pièces de monnaie porteront jusqu'en 1808 l'inscription « République française ».

De Trafalgar à Austerlitz

Après la débâcle anglaise de 1794-1795, la Hollande a été placée sous le protectorat de la Convention thermidorienne, devenant, sous le nom de République batave, la première de ces Républiques sœurs qui forment un cordon protecteur autour de la France. Le 1er mai 1803, l'Angleterre somme celle-ci d'évacuer la Hollande. Le 11 mai, Paris rejette l'ultimatum. Cinq jours plus tard, l'Angleterre met l'embargo sur les navires français, et la France arrête les sujets britanniques se trouvant sur son territoire. C'est la guerre : la paix d'Amiens aura duré quatorze mois.
À la même époque, parallèlement à son œuvre intérieure, Bonaparte multiplie les initiatives extérieures. En 1803, il est à l'origine d'un acte de médiation qui crée la Confédération helvétique, et d'un recès impérial qui, simplifiant la carte politique de l'Allemagne, fait disparaître 112 États du Saint Empire romain germanique. En 1802, la république Cisalpine de 1797 devient la République italienne, dont Bonaparte est proclamé président. Et, en 1805, cette République italienne se transforme en royaume d'Italie : le 26 mai, Napoléon est sacré roi

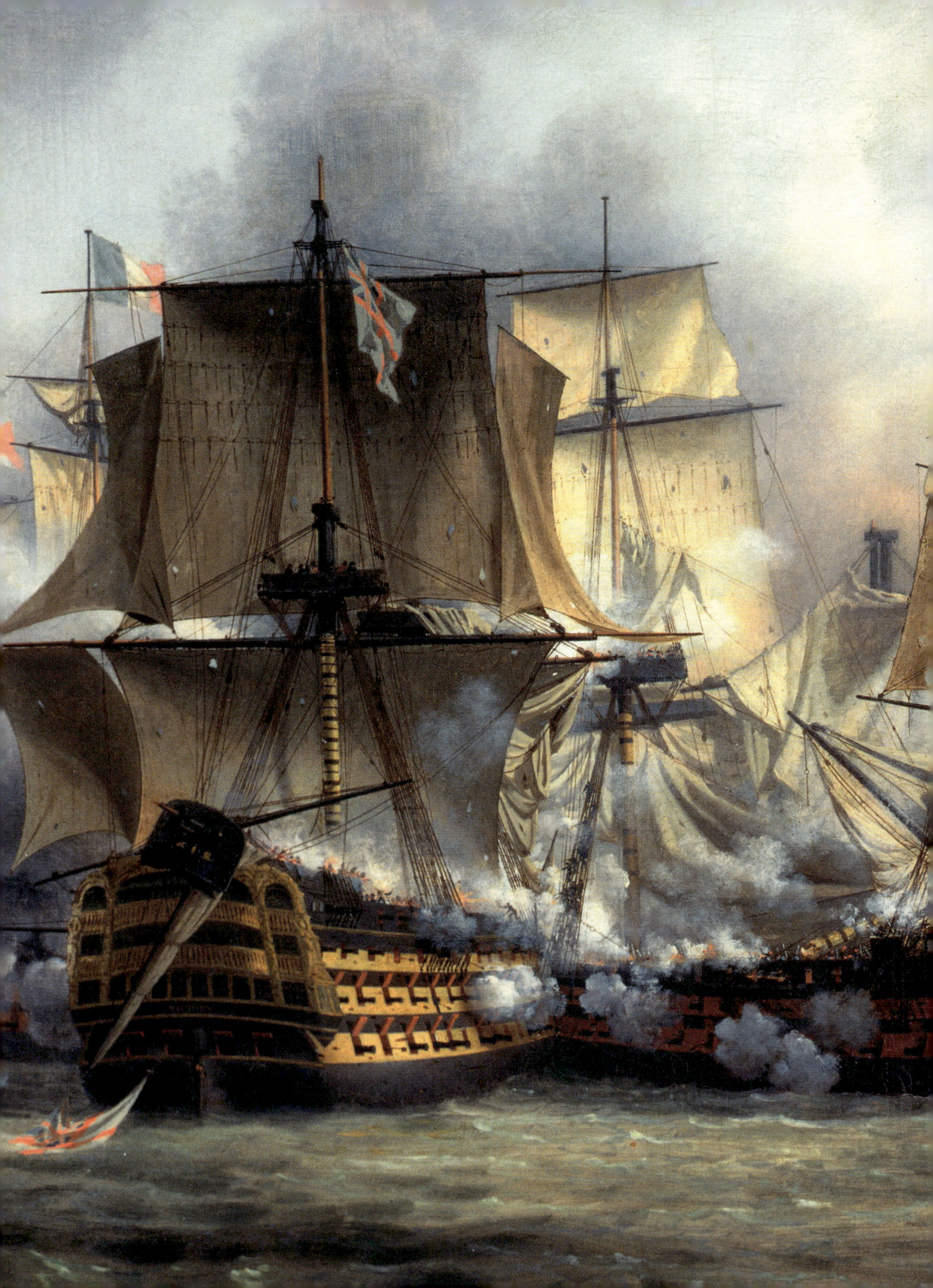

La Bataille de Trafalgar le 21 octobre 1805.
Peinture de Louis-Philippe Crépin (1807).

d'Italie dans la cathédrale de Milan, et la vice-royauté est confiée à son beau-fils, Joseph de Beauharnais.

Aux yeux des pays européens, la France impériale de Napoléon n'est que le prolongement de la « Grande Nation » révolutionnaire, avec les mêmes visées idéologiques et hégémoniques. Aussi une nouvelle coalition se noue-t-elle contre Paris, à la fin de l'été 1805, rejoignant Londres. Cette coalition, la troisième depuis 1792, regroupe l'Angleterre, la Russie, l'Autriche, Naples et la Suède. Jusqu'en 1815, il y aura encore quatre autres coalitions européennes contre Napoléon. Dix ans de guerre attendent la France – sans interruption avec l'Angleterre, par alternance avec les autres belligérants.

Le 21 octobre 1805, au cours d'un affrontement naval où l'amiral Nelson, héros britannique de la guerre sur mer, trouve la mort au combat, la flotte franco-espagnole est coulée au large du cap Trafalgar, au sud de l'Espagne. Ce désastre contraint Napoléon, faute de navires suffisants, à renoncer à son plan d'invasion de la Grande-Bretagne. L'Empereur a alors 36 ans : il est en pleine possession de ses moyens. Contre ses adversaires, il va mener, au centre de l'Europe, une campagne étincelante par sa rapidité et son caractère déterminant. Fonçant vers l'Allemagne du Sud, où le rejoignent, à marche forcée, les troupes qui étaient massées dans le camp de Boulogne, face à la Manche, il envahit la Bavière et contraint le général en chef autrichien, Mack, à capituler dans Ulm (20 octobre 1805). Progressant ensuite le long du Danube, il entre dans Vienne, qui est occupée sans résistance le 15 novembre, puis remporte à Austerlitz, en Moravie, le 2 décembre 1805, une victoire éclatante sur les Austro-Russes, commandés par l'empereur François II et par le tsar Alexandre Ier.

Les conséquences de cette « bataille des Trois Empereurs » seront immenses. Avec la Russie, Napoléon signe l'armistice. Avec l'Autriche, qui est assommée et humiliée par une défaite survenue chez elle, l'Empereur signe le traité de Presbourg (26 décembre 1805), par lequel Vienne cède le Tyrol, qui est attribué à la Bavière, alliée de la France, et Venise, l'Istrie et la Dalmatie, qui sont annexées au royaume d'Italie. Avec la Prusse, qui allait se joindre aux coalisés, Napoléon conclut un traité d'alliance qui se traduit par un échange de territoires : la Prusse reçoit le Hanovre, et la France Neuchâtel.

L'empereur des Français redessine la carte de l'Europe

Ayant vaincu ou soumis les principales puissances du continent, l'empereur des Français est maître de l'Europe. Il peut même se permettre de réorganiser l'Allemagne à son profit. Dans un premier temps, la Bavière et le Wurtemberg deviennent des royaumes alliés à la France. Puis, par un accord signé à Paris le 12 juillet 1806, la Confédération du Rhin voit le jour. Elle réunit 16 souverains germaniques, dont les rois de Bavière et de Wurtemberg, les grands-ducs de Berg et de Clèves, l'archevêque de Mayence, les souverains de Bade, de Hesse-Darmstadt et de Nassau. En 1811, elle rassemblera 36 États, à l'exception de la Prusse. Décrété protecteur de la Confédération du Rhin, Napoléon est aussi le commandant de son armée.
La Confédération du Rhin institue un quasi-protectorat français, mais représente un pas de plus vers l'unité allemande, qui s'effectue de surcroît au détriment des Habsbourg. Napoléon ne mesure pas que, sur le long terme, cette politique sert les desseins historiques de la Prusse. C'est la mort du Saint Empire romain germanique, dont la Diète se dissout le 6 août 1806. L'empereur François II n'a plus qu'à abandonner son titre d'empereur allemand, pour conserver, sous le nom de François Ier, celui d'empereur d'Autriche, titre créé en 1804 afin de répliquer au couronnement de Bonaparte et à la création d'un titre impérial français.
Poursuivant la refonte de la carte du continent, Napoléon destitue les Bourbons de Naples, en 1805, et attribue leur royaume à son frère Joseph. En 1806, la République batave devient le royaume de Hollande, qui est attribué à son frère Louis. Le clan Bonaparte est servi, et ce n'est qu'un début.

La domination que Napoléon exerce sur le continent repose exclusivement sur sa capacité à imposer ses vues par la guerre. En France, son armée, recrutée selon le système de conscription mis en place par le Directoire, est majoritairement constituée d'hommes de 20 à 25 ans, dont le contingent annuel est fixé par la loi, les conscrits possédant le droit de se faire remplacer. La France est alors l'État le plus peuplé d'Europe : en 1800, elle compte 29 millions d'habitants, contre 22 millions en Allemagne, 17 millions en Italie, 10 millions en Grande-Bretagne et 10 millions en Espagne. Pour la Grande Armée, dénomination apparue en 1805, les villes et les campagnes françaises forment un inépuisable réservoir de soldats. Les jeunes maréchaux de l'Empereur ont tous appris la guerre sur les champs de bataille européens, à partir de 1792. Rien ne fait peur à ces chefs exceptionnels : sous leur commandement, l'armée française est la meilleure du monde. Mais à partir de 1806, l'Empereur fait appel à des contingents étrangers. Car les hostilités reprennent.

Les effets pervers du Blocus continental

Cette fois-ci, c'est Frédéric-Guillaume III de Prusse qui, ne pouvant accepter la réorganisation de l'Allemagne, ouvre la lutte, poussé par les Russes. En septembre 1806, il lance un ultimatum qu'il sait impossible à satisfaire par Napoléon : avant le 1er octobre, la France doit dissoudre la Confédération du Rhin. L'Empereur réplique en rassemblant la Grande Armée à Bamberg, puis en lançant l'offensive en direction du nord. Son plan est d'écraser les Prussiens avant qu'ils n'aient reçu le renfort des Russes. Le 14 octobre 1806, Napoléon remporte une double victoire : à Iéna, il écrase en personne les troupes prussiennes du prince de Hohenlohe, tandis que Davout met en fuite celles du duc de Brunswick à Auerstaedt. Le 27 octobre 1806, les Français paradent dans Berlin.

Après cette campagne éclair contre la Prusse, la Grande Armée franchit la frontière de la Pologne, et chasse les Russes de Varsovie (26 novembre 1806). Le 18 janvier 1807, le tsar ordonne la contre-offensive. Le 8 février, à Eylau, en Prusse-Orientale (aujourd'hui en Russie), se déroule un long affrontement dont le résultat est indécis : si les Français restent maîtres du terrain face aux Russes et aux Prussiens, ils ont perdu 18 000 hommes (contre 25 000 chez leurs adversaires) au cours de cette sanglante bataille qui marque le premier coup d'arrêt à la puissance impériale. À l'issue de la bataille, la Grande Armée prend ses quartiers d'hiver. En juin 1807, les Russes reprennent l'offensive. Mais, le 14 juin, Napoléon remporte contre eux la victoire écrasante de Friedland. Le 25 juin, à Tilsitt, sur un radeau au milieu du Niémen, l'empereur des Français rencontre le tsar Alexandre Ier, rencontre à laquelle le roi de Prusse est ensuite associé. Le 7 juillet 1807, par le premier traité, conclu entre la France et la Russie, le tsar s'engage à proposer sa médiation à l'Angleterre et, en cas de refus, à lui déclarer la guerre. De son côté, Napoléon reconnaît aux Russes le droit de prendre la Finlande à la Suède, et accepte de prévoir de partager avec eux l'Empire ottoman. Ces deux promesses ne coûtent rien, mais ont le mérite de placer pour l'instant la Russie dans le camp de la France.
Le second traité de Tilsitt, signé le 9 juillet 1807 entre la France et la Prusse, impose à Frédéric-Guillaume III le démembrement de son royaume, qui est réduit

de moitié. Conservant la Prusse proprement dite, la Silésie, la Poméranie et le Brandebourg, le pays perd ses territoires situés à l'ouest de l'Elbe : ils forment le royaume de Westphalie, dont la couronne est confiée à Jérôme Bonaparte. Quant aux provinces polonaises de la Prusse, érigées en grand-duché de Varsovie, elles sont attribuées à la Saxe, qui adhère à la Confédération du Rhin. Cette dernière, à laquelle la Westphalie adhère également, englobe désormais toute l'Allemagne, à l'exception de la Prusse.

Napoléon triomphe partout, dominant un continent où l'Angleterre n'a plus d'allié. L'Angleterre qui reste l'irréductible adversaire, mais où Napoléon a perdu espoir de débarquer. C'est alors par l'arme économique que l'Empereur veut faire plier les Anglais. Le 21 novembre 1806, à Berlin, il a signé un décret proclamant que « les îles Britanniques sont en état de blocus ». La prospérité de la Grande-Bretagne repose sur ses échanges commerciaux. Lui fermer les ports européens, c'est l'asphyxier.
Cette stratégie exerce cependant des conséquences nuisibles que Napoléon ne voit pas. En premier lieu, en France et dans les pays qui adhèrent au Blocus continental, l'économie portuaire décline, suscitant des mécontentements, notamment en Belgique, en Hollande et en Russie. En deuxième lieu, l'Angleterre, restant maître des mers, compense la perte de ses marchés européens par le développement de son commerce sur le globe, acquérant des positions qui seront des atouts, plus tard, à l'heure des empires coloniaux. En troisième lieu, le Blocus ne peut être efficace, en Europe, qu'à la condition de ne pas être contourné. En conséquence, la France sera amenée à étendre sans arrêt ses conquêtes, poussant à la guerre par les armes. Ce mécanisme s'illustrera pour la première fois dans la péninsule Ibérique.

En Espagne, une guerre sans issue

En dépit du Blocus, et des protestations que Paris envoie à Lisbonne, le Portugal continue d'héberger dans ses ports des navires anglais. Pour sévir, Napoléon, qui ne possède pas les moyens d'intervenir par mer, doit donc utiliser la voie terrestre. Cela suppose de passer par l'Espagne, alliée de la France depuis 1796. Aussi l'Empereur conclut-il avec Madrid, en octobre 1807, le traité de Fontainebleau : celui-ci prévoit le partage du Portugal entre les deux pays. Junot, envoyé à la tête d'un contingent français, traverse l'Espagne, franchit la frontière portugaise

El Dos de Mayo. Peinture de Francisco de Goya (1814).

avec des troupes espagnoles en complément et entre, en novembre 1807, dans Lisbonne d'où la famille royale a fui vers le Brésil. Sous prétexte de lui prêter main-forte, Murat pénètre à son tour en Espagne, et prend ses quartiers à Madrid en mars 1808.

Le roi d'Espagne, Charles IV, et son fils, le futur Ferdinand VII, sont alors en conflit : chacun d'eux cherche l'appui des Français. Napoléon profite de la situation pour se débarrasser des Bourbons. Le 5 mai 1808, à Bayonne, Charles IV et son fils cèdent à l'Empereur leurs droits au trône d'Espagne. Le 4 juin suivant, c'est Joseph Bonaparte qui devient roi d'Espagne, lui-même cédant sa couronne de Naples à Murat, dont il faut rappeler qu'il est le mari de Caroline Bonaparte. Napoléon continue de faire et défaire les trônes, mais toujours au profit de son clan. Le 2 mai, cependant, Madrid s'est soulevée contre les Français, insurrection brutalement réprimée par Murat (300 morts). Cette journée du « *Dos de Mayo* », immortalisée par le tableau de Goya, marque le début de la guerre d'Espagne. Pour Napoléon, celle-ci sera un chemin de croix. Dans tout le pays, l'appel aux armes sonne contre l'occupant. À part une petite minorité profrançaise, l'ensemble du peuple espagnol, appelé par le clergé à la guerre sainte, participe à la lutte. Chaque village, chaque chemin, dissimule ses guérilleros, mais l'affrontement peut prendre le visage d'une bataille rangée : le 22 juillet, le général Dupont, encerclé avec 17 000 soldats à Baylen, en Andalousie, doit capituler après trois jours de combat, défaite qui fait l'effet d'un coup de tonnerre en Europe. Joseph Bonaparte, arrivé en Espagne le 9 juillet afin de prendre possession de son trône, doit abandonner Madrid. Le 1er août, Wellington débarque au Portugal et contraint Junot à capituler un mois plus tard.

Devant cette succession de désastres, Napoléon veut prendre l'affaire espagnole en main. Auparavant, toutefois, il doit rencontrer le tsar, car, à l'autre extrémité de l'Europe, l'Autriche, encouragée par Londres, est en train de réarmer. Ayant besoin du soutien d'Alexandre Ier, l'Empereur le rencontre à Erfurt, fin septembre 1808. Talleyrand est du voyage. Il n'est plus ministre des Relations extérieures depuis 1807, mais continue de prodiguer ses conseils à l'Empereur, tout en préparant l'avenir… à sa manière. Convaincu que la politique étrangère de Napoléon court à l'échec, parce qu'elle ne respecte aucun équilibre et dresse toute l'Europe contre la France, le « Diable boiteux » mène une sorte de double jeu. En secret, il informe le tsar de l'impopularité auprès des Français de l'expédition d'Espagne, met en garde le souverain contre la « folie » de conquêtes de Napoléon, et lui suggère de se rapprocher de l'Autriche.

Aussi Alexandre Ier consent-il à renouveler son alliance avec la France, mais s'engage à n'intervenir contre l'Autriche que dans le cas de figure où ce serait Vienne qui déclencherait les hostilités.

Ayant enfin rejoint l'Espagne, en novembre 1808, Napoléon s'empare de Burgos, obtient la capitulation de Madrid (4 décembre 1808) et rappelle son frère Joseph sur le trône. En janvier 1809, cependant, l'Empereur rentre à Paris, où l'attend la préparation d'une autre guerre : contre l'Autriche. Dans la péninsule Ibérique, jusqu'en 1813, la France s'épuisera dans un conflit sans issue, où elle perdra près de 400 000 hommes. Décimée par la guérilla et la résistance des Anglais, la Grande Armée perdra sa suprématie, obligeant Napoléon à se reposer sur des contingents « alliés » de plus en plus incertains.

La campagne d'Autriche se finit par un mariage

Le 8 avril 1809, l'armée autrichienne pénètre en Saxe et en Bavière, royaumes alliés à la France, et réinvestit le Tyrol, province des Habsbourg annexée par les

Portrait de l'impératrice Marie-Louise et du roi de Rome. Peinture de Joseph Franque (1812).

Bavarois en 1805. Dans ce pays de montagne, l'aubergiste Andreas Hofer déclenche une insurrection populaire contre les Franco-Bavarois et, victorieux, se nomme régent du Tyrol au nom de l'empereur d'Autriche. Le 13 avril, Napoléon, tout juste arrivé de Paris, prend la direction des opérations en Allemagne. Le 22 avril, à Éckmühl, il est vainqueur de l'archiduc Charles, frère de l'empereur François Ier. Le 13 mai, après deux jours de bombardement, il entre à nouveau dans Vienne. Du 19 au 22 mai, la Grande Armée, qui poursuit les troupes autrichiennes, ne parvient pas à franchir le Danube. Les 21 et 22 mai, à Essling (Aspern pour les Autrichiens), bataille où Lannes est tué, l'archiduc Charles prend sa revanche. Le général en chef autrichien se retranche ensuite au nord de Vienne, à Wagram, où il est battu, les 5 et 6 juillet, à l'issue d'un gigantesque affrontement d'environ 150 000 soldats dans chaque camp, la Grande Armée ayant perdu 34 000 hommes et les Autrichiens, 50 000. C'est la deuxième grande victoire de Napoléon.
Le 12 juillet, l'Autriche signe l'armistice. Le 14 octobre, la paix est conclue à Vienne. Ses conditions sont très dures pour les Habsbourg. La Pologne autrichienne

est partagée entre le grand-duché de Varsovie et la Russie. Trieste, le Frioul, la Croatie et la Carniole sont cédés à l'empire napoléonien. La Bavière s'agrandit de Salzbourg et conserve le Tyrol. Dans cette province, toutefois, les paysans d'Andreas Hofer se battront plusieurs semaines encore, et leur chef, abandonné de tous, y compris de l'empereur d'Autriche, finira fusillé par les Français en février 1810. La défaite de l'Autriche est écrasante. Le chancelier Metternich, un des grands diplomates de l'Histoire, remporte cependant une victoire en offrant une nouvelle épouse à Napoléon. L'Empereur était marié, civilement depuis 1796 et religieusement depuis le sacre de 1804, à Joséphine de Beauharnais. Tout en se trompant mutuellement, ils s'étaient vraiment aimés. Mais Joséphine ne pouvait avoir d'enfant, or Napoléon voulait un héritier pour pérenniser l'Empire. La dissolution de leur mariage ayant été prononcée en décembre 1809, l'Empereur épouse l'archiduchesse Marie-Louise, fille de François Ier, en avril 1810. En mars 1811, en la personne du roi de Rome, elle lui donnera le fils qu'il espérait.

Une France de 130 départements

Simple capitaine d'artillerie en 1793, Napoléon se retrouve maître de l'Europe et gendre de l'empereur d'Autriche dix-huit ans plus tard. « Quel roman que ma vie ! » dira-t-il un jour. En 1811, lorsque « Napoléon II » vient au monde, la France sur laquelle règne l'Empereur compte 130 départements, qui englobent la Belgique, la Hollande, Hambourg, les villes de la Hanse, Luxembourg, la rive gauche du Rhin, Genève, le Piémont, Gênes, la Toscane et Rome. Napoléon est aussi protecteur de la Confédération du Rhin, médiateur de la Confédération helvétique et roi d'Italie. Ses vassaux appartiennent à sa famille : ses frères Joseph, roi d'Espagne, et Jérôme, roi de Westphalie, ainsi que son beau-frère Murat. Il est allié à l'Autriche, à la Russie, au Danemark (auquel appartient la Norvège) et à la Suède. La Suède dont le prince héritier, depuis 1810, est son compagnon d'armes, le maréchal Bernadotte. Seules l'Angleterre, la Sicile et la Sardaigne échappent à son emprise. Pour unifier son empire, Napoléon compte sur son armée, qui mêle des hommes de toutes nationalités, sur l'administration impériale et sur le Code civil, répandu dans toute l'Europe.
Doté d'une puissance de travail incomparable et d'une mémoire infaillible, l'Empereur passe des heures à son bureau, travaille dans sa berline ou dans les palais qu'il réquisitionne quand il est en campagne. Il vise tous les actes du gouvernement, lit tout, voit tout, pense à tout et décide de tout. Même l'université,

la librairie ou les journaux sont entre les mains de l'État, qui régit l'ensemble de la société. Or l'État, c'est l'Empereur.
Ce pouvoir personnel, et même dictatorial, sera néanmoins longtemps populaire. Afin de récompenser ses fidèles, Napoléon a rétabli une noblesse en 1808. Les notables soutiennent le régime, qui préserve les conquêtes de la Révolution et garantit leur position sociale. Débarrassée de la concurrence anglaise, l'industrie française connaît une embellie. La bourgeoisie bénéficie de l'uniformisation du droit qui se traduit par le Code de procédure civile (1806), le Code de commerce (1807), le Code d'instruction criminelle (1808) ou le Code pénal (1810). Les fonctionnaires, catégorie dont le prestige devient considérable, sont un pilier de l'Empire. Les paysans aisés, parvenant à échapper à la conscription, ne sont pas mécontents de leur sort. Les ouvriers, quant à eux, bénéficient du plein emploi en raison des ponctions opérées dans la population par la conscription.

À partir des années 1809-1812, cependant, l'édifice donne des signes de faiblesse. En 1810, une crise économique provoque des faillites et du chômage. La prolongation de la guerre d'Espagne rend le poids de la conscription trop lourd. Réfractaires et déserteurs hantent la campagne, créant un climat d'insécurité. Des ministres intriguent : encore Talleyrand, mais aussi Fouché, disgracié en 1810 pour avoir négocié secrètement avec Londres. En 1812, le complot du général Malet révèle la fragilité du pouvoir impérial lorsque, à l'annonce fausse de la mort de Napoléon en Russie, personne ne songe au roi de Rome pour lui succéder.
Napoléon est en conflit avec le pape, ce qui gâche l'effet de réconciliation avec l'Église opéré par le Concordat de 1801. En 1808, selon la logique du Blocus continental, l'Empereur occupe Rome et les États pontificaux, puis les annexe en 1809. Enlevé et conduit à Savone, Pie VII réplique en excommuniant l'Empereur et en refusant d'accorder toute institution canonique, bloquant ainsi les nominations épiscopales et la vie religieuse dans la grande France impériale. En 1811, Napoléon convoque un concile national, mais les évêques refusent de se désolidariser du pape. En 1812, Pie VII est transféré à Fontainebleau où, en dépit d'un faux compromis au cours duquel l'Empereur abuse de la signature du pape, en 1813, le conflit se prolonge.
Même dans le clan Bonaparte, on observe des craquements. Louis, roi de Hollande, abdique en 1810, protestant contre le Blocus continental qui épuise son royaume. Son frère Lucien, retiré en Italie depuis 1804, quitte ostensiblement Rome, en 1810, afin de manifester son opposition à l'annexion de la ville, et s'embarque pour les États-Unis (capturé en mer par les Anglais, il restera prisonnier jusqu'en 1814). Joseph en Espagne, tout comme Murat à Naples, reçoivent des lettres

comminatoires dès qu'ils manifestent la moindre velléité d'indépendance. Blessé à la bataille d'Essling, le maréchal Lannes, à l'agonie, apostrophe son maître d'un prophétique : « Ton ambition te perdra. »

En Russie, Napoléon vaincu par le général Hiver

En Russie, dont l'économie souffre du Blocus continental, Alexandre Ier, inquiet de l'élection de Bernadotte en Suède, soucieux de reconstituer la Pologne à son profit et de conquérir Constantinople, entame des préparatifs de guerre. Fin 1810, n'ayant plus d'intérêt à l'alliance française, il rompt l'accord de Tilsitt. L'année qui suit est occupée à de grandes manœuvres diplomatiques : le tsar négocie avec l'Autriche et la Prusse, qui elle-même discute avec la France. Finalement, en décembre 1811, Napoléon propose à l'Autriche et à la Prusse de s'allier avec lui contre la Russie, offre accueillie favorablement.
En février 1812, la Grande Armée se met en route, à travers l'Allemagne, en direction de l'est. La Prusse lui fournit 20 000 soldats, et l'Autriche signe un traité d'alliance. En mai, Napoléon prend le commandement. Le 21 juin, il déclare officiellement la guerre à la Russie.

Le 24 juin 1812, ce sont 700 000 hommes, dont seulement 300 000 Français, qui franchissent le Niémen. Le 28 juin, ils s'emparent de Vilnius. Puis ils s'enfoncent dans le pays, sans parvenir à accrocher le gros des forces adverses. Non seulement Alexandre Ier a choisi une stratégie défensive, mais il a ordonné, pratiquant la tactique de la terre brûlée, de tout détruire sur le passage de l'envahisseur. Le 18 août, la Grande Armée pénètre dans Smolensk que ses habitants ont incendiée et désertée. Contre l'avis de ses maréchaux, Napoléon se résout à poursuivre vers Moscou. Le 1er septembre, des pluies torrentielles succèdent à la chaleur accablante de l'été russe. C'est le moment où Koutouzov, qui a pris le commandement de l'armée du tsar, fait face. Le 7 septembre, lors de la bataille de la Moskova, ou de Borodino, les Russes perdent 50 000 hommes, mais se retirent en bon ordre. La Grande Armée déplore 25 000 pertes, mais la route de la vieille capitale russe lui est ouverte.
Le 14 septembre 1812, Napoléon entre dans Moscou, elle aussi vidée de ses habitants. Dès le lendemain éclate un gigantesque incendie, provoqué par les Russes, brasier qui dévore la ville et détruit le ravitaillement de la Grande Armée. Le 19 octobre, sans réponse d'Alexandre Ier à ses offres de négociation, l'Empereur

HISTOIRE PASSIONNÉE DE LA FRANCE

Incendie de Moscou le 15 septembre 1812.
Peinture d'Albrecht Adam (1840).

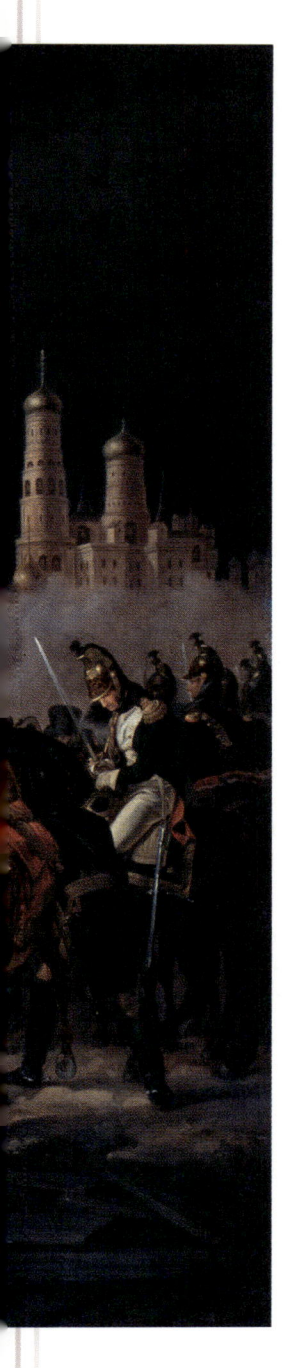

ordonne la retraite. La neige et le froid ont fait leur apparition et, Koutouzov lui barrant la route du sud-ouest, Napoléon doit emprunter le même itinéraire qu'à l'aller, dans un pays dévasté. Le 9 novembre, la Grande Armée est à Smolensk. Dix jours plus tard, elle atteint le Dniepr. Du 23 au 29 novembre, les survivants franchissent la Bérézina sur des ponts de fortune, bâtis par le Génie dans des conditions inhumaines. Dans le blizzard, par − 36 °C, et sous le harcèlement des cosaques, la retraite se transforme en débâcle. Confiant le commandement à Murat, Napoléon quitte l'immense colonne de naufragés de la neige. Le 8 décembre, la Grande Armée pille Vilnius, y abandonne 20 000 blessés et malades. Le 13 décembre 1812, ce sont moins de 30 000 hommes qui repassent le Niémen, contre 700 000 à l'aller, six mois plus tôt.

Désastre militaire sans équivalent, et tragédie humaine sans nom, la campagne de Russie se traduit par environ 200 000 morts (la moitié au combat, l'autre de froid, de faim ou de maladie), de 150 000 à 190 000 prisonniers (dont les derniers ne reverront la France qu'en 1852), et 130 000 déserteurs, dont 60 000 qui se sont réfugiés chez des Russes. La cavalerie, anéantie, ne se relèvera jamais, alors qu'elle constitue le pilier de la guerre de mouvement napoléonienne.

L'Europe napoléonienne s'effondre

Pour autant, la guerre n'est pas terminée. Voulant négocier avec le tsar, Napoléon, rentré aux Tuileries le 18 décembre 1812, sollicite la médiation de l'Autriche. Il parvient dans le même temps, avec une rapidité stupéfiante, à mobiliser 350 000 hommes en France. Ces jeunes conscrits, peu entraînés et dénués d'expérience du combat, sont appelés les Marie-Louise, en l'honneur de l'impératrice. Mais le feu les attend : dès le 22 février 1813, la Prusse rompt l'alliance française et, le 17 mars, déclare la guerre à la France. Quinze jours plus tôt, Bernadotte a engagé la Suède aux côtés de l'Angleterre.
D'urgence, Napoléon rejoint son armée à Erfurt, au cœur de l'Allemagne. Au prix de lourdes pertes, l'Empereur est vainqueur des Prussiens, alliés aux Russes, à Lützen (2 mai 1813) et à Bautzen (21 mai 1813). Mais le 15 juin, l'Angleterre, la Prusse et la Russie

s'engagent à ne pas signer de paix séparée avec Paris, et le 12 août l'Autriche déclare à son tour la guerre à Napoléon. Pour la sixième fois depuis 1792, voici l'Europe coalisée contre la France.

Les alliés disposent de 500 000 hommes, regroupés en trois armées dirigées par le Suédois Bernadotte, le Prussien Blücher et l'Autrichien Schwarzenberg. Le 27 août 1813, Napoléon est vainqueur à Dresde. C'est un répit de quelques semaines. Du 16 au 19 octobre 1813, à Leipzig, se déroule la plus grande bataille de l'histoire napoléonienne : 195 000 Français, Polonais et Italiens, du côté de l'Empire français, affrontent 333 000 Russes, Autrichiens, Prussiens, Saxons et Suédois. Au terme de cette « bataille des Nations », qui se solde par 38 000 morts ou blessés du côté napoléonien, et 60 000 chez les coalisés, l'empereur des Français est battu pour la première fois. Il réussit cependant à sauver le plus gros de son armée, et à retraiter en bon ordre ; le 2 novembre, il repasse le Rhin à Mayence. Mais la Bavière, puis le Wurtemberg s'allient avec la coalition. Jérôme Bonaparte, quant à lui, abandonne son éphémère royaume de Westphalie. Le 20 novembre 1813, la Confédération du Rhin est dissoute : c'est la fin de l'Allemagne napoléonienne. Au cours de l'été, l'armée française a évacué ses derniers points d'appui en Espagne. À l'automne, les Français évacuent par ailleurs l'Illyrie et la Hollande, et les Anglais débarquent en Toscane. Bientôt Murat, rentré à Naples, négocie avec les Autrichiens en vue de sauver son trône. C'est toute l'Europe napoléonienne qui s'effondre comme un château de cartes.

France, 1814 : la dernière campagne

En novembre 1813, certain qu'il peut encore gagner contre tout le monde, Napoléon refuse la proposition de Metternich de faire la paix sur la base des frontières naturelles, ce qui aurait laissé à la France la rive gauche du Rhin. C'est donc en deçà de ces limites qu'il faudra se battre. En décembre, les alliés mettent au point leur plan d'attaque : Schwarzenberg passera par Bâle, Blücher franchira le Rhin à Coblence, et Bernadotte marchera sur Paris par la Hollande. Le 1ᵉʳ janvier 1814, les Prussiens franchissent le Rhin ; le 3 janvier, les Autrichiens occupent Montbéliard, et les Russes sont à Haguenau. Le 19 janvier, les coalisés pénètrent dans Dijon.

Avec 50 000 hommes, Napoléon effectue une campagne éblouissante : pendant trois mois, il tient tête à la ruée des alliés. Victorieux à Saint-Dizier (27 janvier 1814), Brienne (29 janvier), Champaubert (10 février), Montmirail (11 février),

Château-Thierry (12 février), Vauchamp (14 février) et Montereau (18 février), il ne peut cependant que retarder l'avancée ennemie. Lors des négociations de Châtillon-sur-Seine, l'Empereur repousse à nouveau les conditions des alliés qui laisseraient à la France les frontières de 1792. Le 30 mars, Schwarzenberg et Blücher attaquent Pantin et Montmartre. Le gouvernement, confié à Joseph Bonaparte, quitte Paris pour Rambouillet. À 2 heures du matin, le 31 mars 1814, Marmont, responsable de la défense de la capitale, signe l'armistice. À 11 heures, le tsar Alexandre Ier, le roi de Prusse Frédéric-Guillaume III, accompagnés de Blücher et Schwarzenberg, font leur entrée dans Paris.

Talleyrand, resté sur place, convainc Alexandre Ier de se rallier au rétablissement des Bourbons. Le 3 avril 1814, le Sénat proclame la déchéance de Napoléon. Le 4 avril, à Fontainebleau, l'Empereur abdique en faveur de son fils. Deux jours plus tard, il abdique sans conditions, tandis que le Sénat appelle le comte de Provence à devenir « roi des Français » par le « vœu de la Nation ». Le 11 avril, le traité de Fontainebleau garantit à Napoléon la souveraineté de l'île d'Elbe, entre la Corse et l'Italie, et le duché de Parme pour Marie-Louise. Le 20 avril, Napoléon trouve les mots pour prendre congé de ses derniers fidèles par les adieux de Fontainebleau. Huit jours plus tard, à Fréjus, Napoléon embarque pour l'île d'Elbe. Le 3 mai 1814, Louis XVIII arrive à Paris.

Les Cent-Jours s'achèvent à Waterloo

L'Empereur reviendra moins d'un an plus tard. Pendant qu'à Vienne les alliés et Talleyrand discutaient de la réorganisation de l'Europe, Napoléon recevait, sur l'île d'Elbe, des échos de la situation en France, et s'inquiétait de son fils, emmené à Schönbrunn. L'Empereur avait 45 ans. Physiquement, son corps empâté, l'estomac projeté en avant, et son teint jaune le vieillissaient. Pourtant, il ne pouvait se satisfaire de régner sur un royaume dérisoire. Son destin l'appelait, comme à l'époque où il avait 20 ans.

Le 1er mars 1815, il débarque à Golfe-Juan ; commence alors la dernière épopée dite du « vol de l'Aigle ». Après être passé par la route des Alpes, il se dirige « de clocher en clocher jusqu'aux tours de Notre-Dame », ralliant à lui les hommes envoyés par Louis XVIII, tel Ney, afin de le combattre. Le 20 mars, de retour aux Tuileries, Napoléon forme un gouvernement. Mais, après un an de régime constitutionnel, si les hommes du Conseil d'État ou du Sénat sont prêts à l'accepter, c'est à condition qu'il exerce le pouvoir selon l'esprit de la Charte de

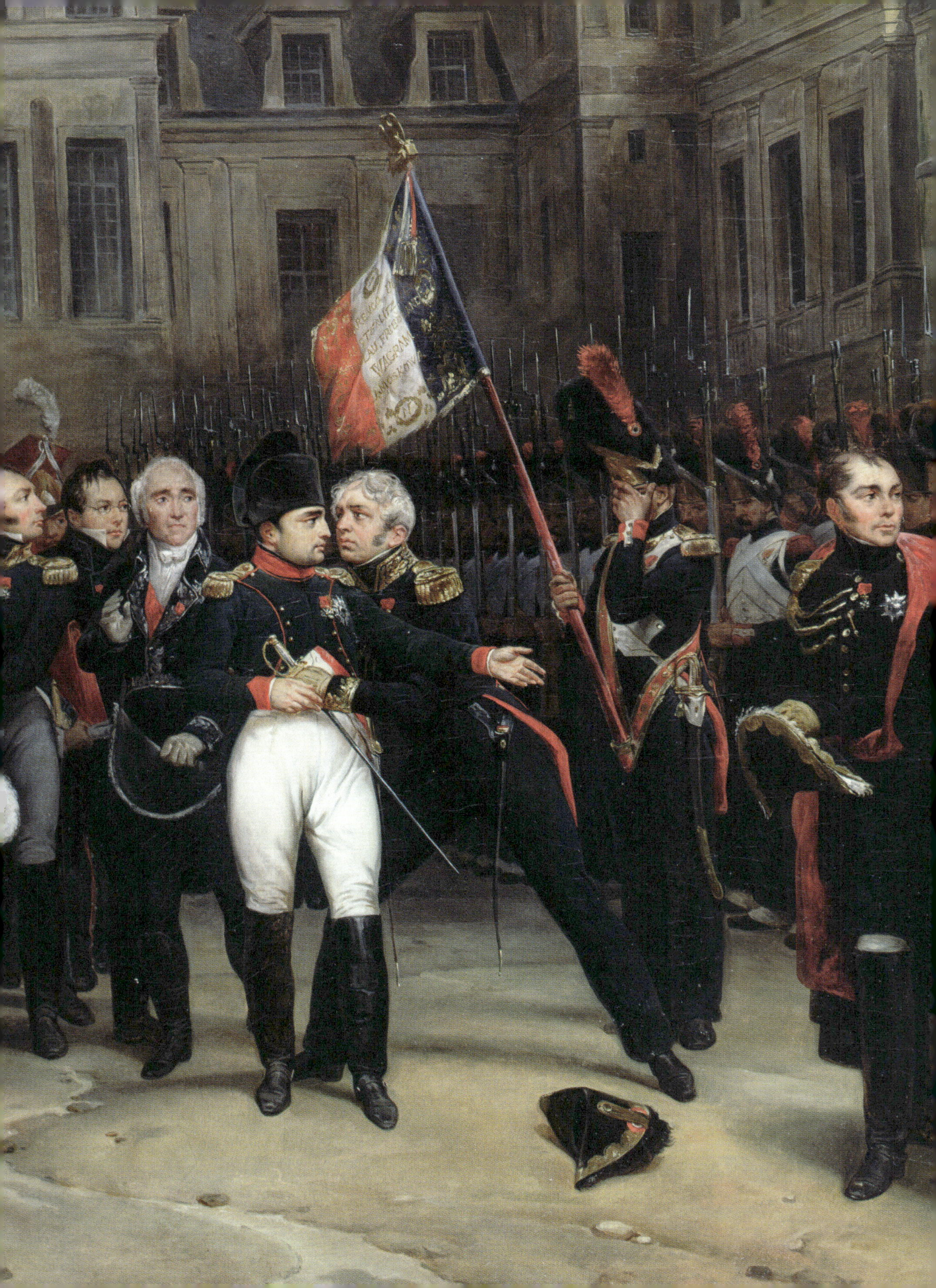

Louis XVIII. L'Empereur, lui, est aussi autoritaire qu'avant. Il publie un Acte additionnel aux Constitutions de l'Empire (22 avril 1815), mais il s'agit, à ses yeux, d'une concession momentanée.

À l'annonce de son retour, les puissances réunies au congrès de Vienne ont reformé leur coalition. Le 12 juin, Napoléon entame son ultime campagne. Ayant battu Blücher, il affronte Wellington et ses alliés sur le plateau du Mont-Saint-Jean, près de Waterloo, le 18 juin 1815. Au terme d'une journée de combat, une colonne prussienne que Grouchy n'a pas pu arrêter perce les lignes françaises, forçant l'Empereur à ordonner la retraite. Le 22 juin, tandis que Fouché prépare le second retour de Louis XVIII, Napoléon abdique une seconde fois. L'aventure a duré cent jours. Rouvrant des blessures à peine cicatrisées, et s'achevant par une catastrophe militaire, elle a fait du mal à la France.
Relégué par les Anglais à Sainte-Hélène, dans l'Atlantique sud, où il parvient le 16 octobre 1815, Napoléon s'installe dans une petite maison hâtivement construite à Longwood. Il occupe sa captivité à dicter ses Mémoires et le récit de ses campagnes, et à résister aux vexations du gouverneur britannique, Sir Hudson Lowe. Il meurt sur cette île du bout du monde, en 1821, de son cancer de l'estomac, à l'âge de 51 ans. Ses restes seront ramenés en France en 1840, sous la monarchie de Juillet.

Napoléon ou le péché de démesure

Par la volonté de puissance qu'il incarne, par son incroyable ascension sociale et le renversement de son destin, son triomphe ayant entraîné sa chute, Napoléon est un mythe universel. Du point de vue de l'histoire de France, le personnage possède de multiples facettes. Il est à la fois l'homme qui a su arrêter la Révolution, et celui qui l'a inscrite dans les institutions. Mais son œuvre intérieure, qui prolonge l'action de la Constituante, reprend le fil de l'histoire nationale, marquant, au-delà des ruptures, des continuités étonnantes, y compris chez les serviteurs de l'État : Gaudin, ministre des Finances de Napoléon de 1799 aux Cent-Jours, a commencé sa carrière comme chef de division dans l'administration fiscale de Louis XVI. Portalis, père du Code civil, passait aussi pour le premier juriste de Provence sous la monarchie.

Les Adieux de Napoléon Bonaparte à la garde impériale dans la cour du cheval blanc à Fontainebleau le 20 avril 1814. Peinture d'Antoine Montfort (XIXᵉ siècle).

HISTOIRE PASSIONNÉE DE LA FRANCE

C'est fini, Napoléon Ier à Sainte-Hélène.
Peinture d'Oscar Rex (XIXe siècle).

Napoléon : un destin, une œuvre, un mythe

Si Napoléon consacre les acquis de 1789, cela ne s'entend pas seulement pour le meilleur. Après la destruction des corps intermédiaires par la Révolution, la société napoléonienne, centralisée à l'extrême, laisse un grand vide entre l'État tout-puissant et les individus qui, privés du droit d'association, sont livrés à eux-mêmes pour se défendre.

À part chez quelques rebelles – républicains ou royalistes –, force est de constater que cette dictature a été acceptée. Elle l'a été, largement, parce que la France a été prospère et que le régime a comblé les Français de gloire militaire. Quels soldats, il faut dire, que Berthier, Murat, Jourdan, Masséna, Soult, Lannes, Ney ou Davout ! Quelles batailles que Marengo, Austerlitz, Iéna, Friedland ou Wagram ! Quel spectacle que ces régiments aux uniformes rutilants ! Mais à quel prix, humain et politique ? Des centaines de milliers de jeunes hommes morts ou blessés à vie, dans quel but et pour parvenir à quoi ? À des pays labourés par la guerre, à des populations durablement éprouvées, à la haine de la France répandue sur tout le continent. Des nations occupées au nom des idées de la Révolution ont ainsi chassé les Français également au nom des idées de la Révolution, même si ces idées ont été le paravent, en réalité, de très classiques rivalités nationales. Le résultat, en 1815, laisse une France plus petite qu'avant 1792. Mais alors que, pendant des siècles, la France avait été le seul grand État national du continent, les bouleversements de la carte européenne par Napoléon ont donné au pays des concurrents de son niveau : l'Angleterre, la Russie, l'Autriche, désormais menacée par la Prusse. Pour la France, la prépondérance a été perdue… à jamais.

« Pourvu que ça dure », aurait dit sa mère, Letizia Ramolino, lorsque l'aventure a commencé. Précisément, cela n'a pas duré, en grande partie parce que l'Empereur a été victime de sa part intérieure de folie, de sa démesure, qui fut son péché capital. Napoléon aura modernisé la France tout en l'affaiblissant : paradoxe d'un destin qui a provoqué sa chute par l'ivresse de ses victoires et suscité son propre mythe par le tragique de cette chute. Au fond, sculpteur de sa propre statue, Napoléon aimait-il la France ou s'aimait-il d'abord lui-même ?

IX. Restauration et monarchie de Juillet : l'ordre et la paix

Restauration et monarchie de Juillet : l'ordre et la paix

Louis XVIII, Charles X et Louis-Philippe : les derniers rois de l'histoire de France. Aucun d'eux n'est une figure populaire. Si l'on interrogeait les Français sur leur compte, la réponse serait sans doute un silence embarrassé. Au sortir de la Révolution et de l'aventure napoléonienne, la période qui s'étend de 1814 à 1848 constitue pourtant un moment essentiel dans la construction de la France moderne. Celui où le pays fait l'essai, par-delà la césure de 1830 et le passage du trône des Bourbons aux Orléans, d'un compromis entre le principe monarchique et le régime représentatif. Si ce compromis ne s'est pas inscrit dans la durée, il n'en a pas moins correspondu, au départ, au besoin d'une nation qui, saignée par la guerre, voulait la paix et, lasse de la dictature, aspirait à la liberté.

Talleyrand impose Louis XVIII aux Alliés

Le 31 mars 1814, les Alliés occupent Paris. Ils ont combattu Napoléon, mais peu leur importe qui le remplacera : seul compte à leurs yeux que la France ne cherche pas la première occasion pour rouvrir les hostilités. Les Alliés, d'ailleurs, ne sont pas d'accord entre eux. Les Autrichiens sont favorables à la régence que l'impératrice Marie-Louise, une Habsbourg, pourrait exercer, mais elle reste l'épouse de Napoléon[1]. Les Prussiens sont disposés à tout, du moment qu'ils tirent bénéfice de la victoire. Les Anglais feignent la neutralité ; Castlereagh, leur secrétaire aux Affaires étrangères, qui anime la coalition antinapoléonienne, souhaite néanmoins une France abaissée, et libre de toute attache avec l'Autriche ou la Russie. Les Russes pensent que Bernadotte, Beauharnais ou une République modérée feraient

---
1. Marie-Louise a reçu la régence de l'Empire au début de la campagne de 1814. Restée autrichienne de cœur, elle quitte Paris, avec le roi de Rome, lors de l'approche des coalisés, et rejoint Vienne, où elle arrive au mois de mai 1814. Devenue souveraine viagère de Parme par les traités de 1814-1815, elle abandonne son fils à la garde de son père, l'empereur François Ier d'Autriche, grand-père qui chérit l'enfant, et vit en Italie avec le comte Neipperg, qu'elle épousera morganatiquement en 1821, après la mort de Napoléon.

aussi bien l'affaire. Ce n'est donc pas « dans les fourgons de l'étranger », comme le prétendront les bonapartistes et les républicains, que les Bourbons reviennent en 1814. L'homme de la manœuvre est Talleyrand.

Dès le 31 mars, il reçoit le tsar chez lui, à Paris, et parvient à le convaincre de la nécessité de rétablir les Bourbons, à la fois comme garantie de la paix et comme affirmation du principe de légitimité, cher à l'Europe victorieuse des rois. Alexandre Ier, ensuite, obtient l'aval des autres souverains. Le 1er avril, l'ancien ministre réunit le Sénat et forme un gouvernement provisoire. Le même jour, le conseil général de la Seine proclame le rétablissement de Louis XVIII. Le 6 avril, tandis que Napoléon abdique à Fontainebleau, le Sénat adopte une loi constitutionnelle qui appelle « Louis Stanislas Xavier, frère du dernier roi » à devenir « roi des Français » par le « vœu de la nation ». Le 12 avril, le comte d'Artois, frère cadet de Louis XVI et de Louis XVIII, futur Charles X, est chargé par le Sénat de la lieutenance générale du royaume : il gouvernera jusqu'à l'arrivée de son frère. Débarqué à Boulogne le 24 avril, Louis XVIII publie à Saint-Ouen, le 2 mai 1814, une déclaration dans laquelle il s'affirme résolu à adopter une « Constitution libérale ». Tout en rejetant le projet du Sénat et en rappelant qu'aucun pouvoir ne peut lui imposer une Constitution, le roi s'engage à maintenir les libertés essentielles et à instituer un régime représentatif. Le 3 mai, il est à Paris.

Que savent les Français de ce souverain ? Et lui, que sait-il de la France qu'il a quittée vingt-trois ans auparavant ? Âgé de 59 ans, Louis XVIII en paraît beaucoup plus : au physique, c'est un homme gros, impotent, usé par la fatigue. Mais il est doté d'une rare force de caractère, grâce à laquelle il ne s'est pas abandonné au désespoir au cours de son long exil, et qui lui permet d'incarner son rang, en dépit de ses infirmités. Avant la Révolution, titré comte de Provence, il était un esprit libéral et même libertin. Émigré en 1791, il s'était proclamé régent après l'exécution de son frère, Louis XVI, en 1793, puis roi après la mort de son neveu, Louis XVII, en 1795. Un roi misérable, entouré d'une Cour dérisoire, dont les pérégrinations dépendaient de la bonne volonté des souverains qui l'accueillaient et des pressions de la diplomatie française : Vérone, Brunswick (Saxe), Mitau (Lettonie), Varsovie, de nouveau Mitau, puis l'Angleterre ponctuèrent son chemin d'errance. Plus souvent abandonné que choyé, il avait eu le temps et l'intelligence de comprendre, s'il n'avait jamais renoncé à ses droits au trône, que l'ancien monde, celui d'avant 1789, ne reviendrait jamais.

Installé aux Tuileries le 3 mai 1814, Louis XVIII forme dix jours plus tard son premier cabinet. Celui-ci mêle des royalistes de toujours avec des hommes qui ont servi la Révolution et Napoléon. Le roi a deux priorités : faire la paix avec les Alliés, et rédiger la Constitution promise.

Talleyrand est nommé ministre des Affaires étrangères. Le 23 avril, il a déjà conclu un armistice prévoyant l'échange des prisonniers et la cession des places détenues par les troupes françaises au-delà des limites du royaume en janvier 1792. Si bien que le traité de paix qui est signé à Paris, le 30 mai 1814, ne stipule ni occupation du territoire, ni paiement d'une indemnité de guerre. La France perd la Belgique, la rive gauche du Rhin et l'Italie du Nord, mais elle conserve Avignon et le Comtat Venaissin, Montbéliard, Mulhouse, Chambéry et Annecy, et retrouve une partie des colonies que l'Angleterre lui avait prises. Au final, ce traité a beau conclure une défaite militaire, il est plutôt avantageux, les frontières du pays restant plus étendues qu'avant la Révolution. Dès le 3 juin, les souverains alliés quittent la capitale, leurs armées commençant leur évacuation le lendemain.

Le compromis de la Charte

Le 4 juin 1814, la Charte est proclamée en présence de Louis XVIII et des corps constitués. Cette Constitution, inspirée de celle de 1791 et du modèle britannique, est « octroyée » par le roi : de la part de Louis XVIII, qui a surveillé de très près la rédaction du texte, il s'agit d'affirmer, dans les nouvelles institutions, la légitimité royale qui vient de l'Histoire. « Chef suprême de l'État », sa personne étant « inviolable et sacrée », le roi dispose de l'exécutif : nommant les ministres, promulguant les lois, il peut gouverner par ordonnances.
Les membres du gouvernement, ne relevant que du monarque, ne sont pas obligés de disposer d'une majorité parlementaire. Le pouvoir législatif est exercé par le roi, qui possède l'initiative des lois, et par deux Assemblées : une Chambre des pairs, que le souverain nomme à vie ou à titre héréditaire, et une Chambre des députés. Cette dernière est élue au suffrage censitaire, par les citoyens s'acquittant d'un impôt (cens) de 300 francs annuels : le corps électoral représente 120 000 personnes.

En interdisant la recherche « des opinions et des votes émis jusqu'à la restauration », la Charte décrète l'amnistie. Elle garantit par ailleurs les principaux acquis de la Révolution : l'égalité devant l'impôt et devant la loi, la liberté de culte, d'opinion et de presse, ainsi que la propriété des biens, y compris des biens confisqués aux émigrés, ainsi que celle des biens du clergé vendus comme biens nationaux. Si le catholicisme devient « religion de l'État » (au lieu de religion « de la majorité des Français »), le Concordat est maintenu.

HISTOIRE PASSIONNÉE DE LA FRANCE

Louis XVIII à son bureau des Tuileries, méditant sur la Charte.
Peinture de François Gérard, d'après Marigny (XIXᵉ siècle).

Restauration et monarchie de Juillet : l'ordre et la paix

Loin de revenir à 1789, les Bourbons consacrent donc l'œuvre administrative et sociale de la Révolution et de l'Empire. Le Code civil, la division du territoire en départements administrés par des préfets, le franc, l'Université ou la Légion d'honneur, toutes les « masses de granit » du Premier Consul, restent en place. De l'Ancien Régime, il n'est rétabli que le décor. La Charte est datée de la « dix-neuvième année » du règne, soit de 1795, année de la mort de Louis XVII. Le drapeau blanc à fleur de lys remplace le drapeau tricolore. À la Cour, installée aux Tuileries, l'ancien cérémonial est partiellement ressuscité, et des charges honorifiques sont distribuées à des émigrés tout juste revenus en France.

Tandis que les membres du Corps législatif napoléonien forment la Chambre des députés, le roi nomme les pairs : 103 d'entre eux (sur 154) sont des dignitaires de l'Empire. De même, 35 des 86 préfets conservent leur poste, la moitié des nouveaux étant d'anciens fonctionnaires impériaux. Au total, les trois quarts du personnel de l'État ne changent pas. La seule institution qui est victime des événements est l'armée. Sur 530 000 soldats, 300 000 sont mis en congé illimité, pendant que 12 000 officiers (sur 66 000) reçoivent un traitement diminué de moitié : on les appellera les demi-soldes. Circonstance psychologiquement aggravante, l'opération est réalisée par le général Dupont – le vaincu de Baylen, pendant la guerre d'Espagne – qui, de façon étrange, a été choisi comme ministre de la Guerre.
Louis XVIII gouverne par conséquent avec des hommes de la Révolution et de l'Empire, entreprenant avec habileté la fusion de l'ancienne France et de la société nouvelle. Le problème de la paix et celui de la Constitution étant résolus, le changement de régime s'effectue dans le calme. Les seules tensions qui se manifestent tiennent à la situation financière, les caisses de l'État étant vides. Les fonctionnaires qui refluent de l'ex-Empire napoléonien ne retrouvent pas tous un emploi. Quant aux soldats licenciés et aux officiers demi-soldes, ils grossissent la masse de mécontents. C'est au prétexte de répondre à leur appel que, moins d'un an après son abdication, Napoléon revient de l'île d'Elbe.

Les Cent-Jours font jouer la corde jacobine

Le 20 mars 1815, on l'a vu, l'Empereur est à Paris. Dans la nuit, Louis XVIII a pris la route du Nord et s'établit à Gand. Le gouvernement aussitôt constitué reprend d'anciens ministres impériaux : Fouché, Cambacérès, Caulaincourt. S'étant engagé à garantir les principes consacrés par la Charte de 1814, Napoléon charge l'écrivain Benjamin Constant, qui s'est rallié à lui, de préparer une nouvelle Constitution. Celle-ci, promulguée, le 22 avril, sous le nom d'Acte additionnel aux Constitutions de l'Empire, institue deux Chambres : celle des pairs, tous héréditaires, et celle des représentants, élus au suffrage censitaire.

Au mois de mai, les élections à la Chambre des représentants donnent la victoire aux libéraux, mais seulement 11 % des électeurs ont participé au scrutin. En juin, un plébiscite ratifie l'Acte additionnel, mais l'abstention, là encore, atteint un taux considérable. Devant se démarquer des Bourbons, et ne trouvant pas d'appui chez les notables, Napoléon et son gouvernement, mécaniquement, penchent vers la gauche. Ils font alors jouer la corde révolutionnaire, jacobine, antinobles et antiprêtres, au point de susciter un soulèvement royaliste en Vendée. Beaucoup, dans le pays, se demandent comment finira l'aventure. Un signe ne trompe pas : dès le mois d'avril, Fouché, ministre de toutes les intrigues, noue des contacts avec la famille royale à Gand.

Le 13 mars 1815, les Alliés, réunis dans la capitale de l'Autriche, publient une déclaration affirmant que « Napoléon Bonaparte s'est placé hors des relations civiles et sociales » et que, « comme ennemi et perturbateur du repos du monde, il s'est livré à la vindicte publique ». Depuis le 1er novembre 1814, date de son ouverture officielle, le congrès de Vienne s'attaque à la réorganisation du continent rendue nécessaire par l'effondrement de l'Empire napoléonien. Invité comme observateur, Talleyrand, avec son génie diplomatique, est parvenu à faire admettre la France à la table des négociations. En janvier 1815, afin de faire obstacle aux visées de la Prusse et de la Russie, le ministre a conclu un traité secret avec l'Autriche et l'Angleterre. Au cours des discussions, il se garde de remettre en cause le traité de Paris signé au printemps précédent, ne voulant pas ressouder la coalition contre la France. Mais le retour de Napoléon, brusquement, rend vains tous ses efforts. Le 24 mars, les Alliés annoncent leur intention de réviser le traité de Paris, tandis que la guerre se prépare dans les deux camps.

Le 12 juin, Napoléon entame son ultime campagne : à ses soldats, il déclare que « le moment est venu de vaincre ou de mourir ». Le 18 juin 1815, c'est le désastre de Waterloo. Quarante jours plus tard, l'Empereur abdique. Pendant ce temps,

Fouché prépare le second retour de Louis XVIII. Le 25 juin, le roi quitte Gand et obtient l'accord des Alliés pour se réinstaller à Paris. Le 30 juin, l'avant-garde alliée atteint la capitale ; deux jours plus tard, un armistice est signé. Le 8 juillet, Louis XVIII est de retour aux Tuileries... cent jours après les avoir quittées.

Après les Cent-Jours, une réconciliation difficile

À l'orée de cette seconde Restauration, la situation est périlleuse pour les Bourbons. En 1814, ils se sont imposés aux Alliés ; en 1815, ils paraissent imposés par les Alliés. À l'intérieur, les Cent-Jours ont ranimé des passions révolutionnaires qui, par contrecoup, ont excité les contre-révolutionnaires. Au cours de l'été 1815, à Marseille, à Bordeaux, à Toulouse ou à Nîmes, les royalistes se vengent des bonapartistes et des Jacobins. Localement, les troubles peuvent être très violents (50 morts à Marseille). La mémoire républicaine, au XIXe siècle, s'emparera de ces faits, bien réels, pour dénoncer la « Terreur blanche », formule fallacieuse s'il s'agit d'établir une comparaison entre ces excès, condamnés par Louis XVIII, et les dizaines de milliers de morts de la Terreur de 1793-1794.

Dans un registre analogue, l'anticléricalisme réveillé par les Cent-Jours suscitera par contrecoup une forte réaction catholique, pouvant laisser croire à une connivence entre l'Église et la royauté. Or le cadre institutionnel dans lequel évoluait le catholicisme restait celui du Concordat, pendant que les milieux dirigeants de la Restauration, souvent issus, comme on l'a vu, de la Révolution et de l'Empire, étaient fort peu cléricaux. Mais les diatribes contre l'« alliance du Trône et de l'Autel », alliance qui est un mythe, deviendront un leitmotiv de la propagande républicaine. À tous égards, les Cent-Jours ont rendu plus difficile la réconciliation des Français, divisés en deux camps hostiles.

Le pays est occupé. Mais, cette fois-ci, les Alliés sont moins enclins à l'indulgence qu'en 1814. L'acte final du congrès de Vienne, signé le 9 juin 1815, annonce, en dépit de tout le talent déployé par Talleyrand, un abaissement de la France, dont le sort sera réglé par un nouveau traité signé à Paris. Il ne faut pas confondre, de ce point de vue, trois actes différents. Le 26 septembre 1815, le tsar Alexandre Ier, l'empereur d'Autriche François Ier et le roi de Prusse Frédéric-Guillaume III concluent, à l'initiative du tsar, la Sainte-Alliance, qui est une sorte de pacte mystique entre trois souverains chrétiens – un orthodoxe, un catholique et un protestant – manifestant leur volonté que leur gouvernement soit inspiré par la foi. Louis XVIII adhérera deux mois plus tard à la Sainte-Alliance.

Article douze

Le présent traité, avec les conventions qui y sont jointes, sera ratifié en un seul acte, et les ratifications en seront échangées dans le terme de deux mois ou plutôt si faire se peut.

En foi de quoi, les Plénipotentiaires respectifs l'ont signé et y ont apposé le cachet de leurs armes.

Fait à Paris le Vingt Novembre l'an de grâce mil huit cent quinze.

[signatures and wax seals]

Richelieu

Restauration et monarchie de Juillet : l'ordre et la paix

Mais par ailleurs, le 20 novembre 1815, la Quadruple-Alliance renouvelle le pacte de Chaumont conclu en 1814 entre la Russie, l'Autriche, la Prusse et l'Angleterre, pacte qui est destiné à prémunir les Alliés contre de nouvelles entreprises guerrières de la France. Et le second traité de Paris, signé en même temps que la Quadruple-Alliance, le 20 novembre 1815, apporte des conditions plus dures pour la France que le précédent de 1814. Le pays est astreint au paiement d'une indemnité de guerre de 700 millions et doit subir une occupation théorique de sept ans. Amputée de 5 000 km² et de 500 000 habitants, la France perd toutes les forteresses qui protègent ses frontières du nord et de l'est, ainsi que la Savoie. Pour négocier avec les Alliés, Louis XVIII a dû sacrifier Talleyrand – ce qui ne lui a pas été trop difficile, car il déteste l'ancien évêque d'Autun – et confier le ministère à un ami du tsar, le duc de Richelieu. Ce dernier saura rembourser en trois ans l'indemnité de guerre exigée par les Alliés, et obtenir, avec deux ans d'avance, l'évacuation de leurs troupes. Remarquable succès diplomatique, la France rentrera dans le concert européen au congrès d'Aix-la-Chapelle, en octobre-novembre 1818.

Ultras, modérés et libéraux

De nouvelles élections législatives ont lieu en août 1815. Les neuf dixièmes des élus sont des royalistes purs et durs, hostiles à l'héritage révolutionnaire et impérial. Louis XVIII, qui n'escomptait pas un tel résultat, qualifie cette Assemblée de « Chambre introuvable ». Pour lui, la nouvelle n'est pas bonne : les ultras, plus royalistes que le roi, constitueront une force d'opposition à sa politique « d'union et d'oubli ». Toujours soucieux de réconcilier les Français, le monarque veille à limiter l'épuration après les Cent-Jours. Une exception, spectaculaire, est fournie par le cas du maréchal Ney. Ce grand soldat avait promis au roi de ramener Napoléon « dans une cage ». Mais, confronté à l'Empereur, il s'était montré incapable de l'arrêter, et s'était rallié à lui. En décembre 1815, ce parjure lui vaut, au terme d'un procès conduit devant la Chambre des pairs, d'être condamné à mort et fusillé. En septembre 1816, la Chambre à majorité ultra, élue un an plus tôt, s'obstine à combattre le gouvernement. Louis XVIII prononce alors la dissolution de l'Assemblée. Dans *La Monarchie selon la Charte*, Chateaubriand, pourtant ardent royaliste, critique cette décision, plaidant pour un régime parlementaire intégral, qui accorderait aux Chambres le droit de renverser les ministres. L'ultracisme, paradoxalement, ouvre la voie à des convergences avec les partis avancés, ce qui

Page du second traité de Paris
signé le 20 novembre 1815.

L'Exécution du maréchal Michel Ney à 9 heures du matin le 7 décembre 1815.
Peinture de Jean-Léon Gérôme (1868).

conduit le roi à s'en méfier de plus en plus. Mais, en octobre 1816, les élections voient la défaite des ultras, et la victoire des royalistes modérés.

Dorénavant, ultras, modérés et libéraux se disputent la majorité ou au moins une position dominante à la Chambre. Pétitions, amendements, interpellations du gouvernement : la France découvre les joutes parlementaires. S'inspirant de l'exemple anglais, Louis XVIII prend l'habitude de choisir ses ministres au sein des Assemblées. Mais, si le gouvernement n'est responsable que devant le roi, c'est le président du Conseil des ministres[2], dans la pratique, qui exerce le pouvoir. La Restauration, de ce point de vue, a vu l'émergence d'hommes politiques de valeur. Richelieu, officier dans l'armée russe pendant la Révolution, puis gouverneur d'Odessa, rentre en France en 1814. Président du Conseil et ministre des Affaires étrangères de septembre 1815 à décembre 1818, ce modéré à poigne obtient la libération du territoire et réalise une œuvre législative importante. Le baron Louis, ministre des Finances (1814-1815 et 1818-1819), accomplit un remarquable redressement des comptes de l'État. Decazes, ancien conseiller de Louis

---

2. La fonction a été créée pour Talleyrand en 1815.

Bonaparte, rallié aux Bourbons en 1814, ministre de la Police, de l'Intérieur, puis président du Conseil (1819-1820), sait conquérir l'affection du roi, qui en fait son favori ; adversaire des ultras, il affirme vouloir « royaliser la nation et nationaliser la royauté ».

En février 1820, le duc de Berry, second fils du comte d'Artois, est mortellement poignardé, à la sortie de l'Opéra, par Louvel, un ouvrier révolutionnaire. Louis XVIII n'a pas d'enfant, et le fils aîné du comte d'Artois, le duc d'Angoulême, qui avait épousé sa cousine Marie-Thérèse, fille de Louis XVI et de Marie-Antoinette, n'a pas non plus de descendance. L'avenir de la dynastie, dans tous les cas, passait par le duc de Berry. Heureuse surprise pour les Bourbons, la femme du défunt, Marie-Caroline, duchesse de Berry, met au monde, en septembre 1820, un fils, qui est baptisé Henri-Dieudonné. Surnommé l'« enfant du miracle », parce qu'il voit le jour sept mois après la mort de son père, titré duc de Bordeaux, ce prince deviendra le comte de Chambord, prétendant légitimiste au trône de France sous le Second Empire et au début de la IIIe République.

L'assassinat du duc de Berry précipite la chute de Decazes, car la droite de la Chambre accuse sa modération d'être à l'origine de l'attentat. Cédant à la colère de son frère, Louis XVIII se résout à sacrifier son ministre. Rappelé à la direction des affaires, Richelieu entame un rapprochement avec les Alliés, ce qui lui vaut d'affronter les libéraux, sans rallier à lui les royalistes durs (février 1820-décembre 1821). Villèle lui succède à la tête du gouvernement (décembre 1821-janvier 1828). Nommé maire de Toulouse lors de la seconde Restauration, député à la Chambre introuvable de 1815, il est classé parmi les ultras, s'étant opposé à Decazes comme à Richelieu. Pourtant, une fois au pouvoir, cet administrateur de premier ordre apprend à résister aux extrémistes de son propre camp.

En 1822, l'Europe s'interroge pour savoir si elle doit venir au secours du roi d'Espagne, Ferdinand VII, dont le trône est menacé par une insurrection libérale. En dépit de la circonspection de Louis XVIII et de la prudence de Villèle, la France, poussée par Chateaubriand, qui devient alors ministre des Affaires étrangères, envoie 100 000 hommes au-delà des Pyrénées, sous le commandement du duc d'Angoulême. L'expédition, dont la prise du fort de Trocadéro, qui défendait Cadix (septembre 1823), restera le symbole, s'achève par l'écrasement des libéraux espagnols, à la grande fureur de l'opposition en France.

Charles X, homme de l'ancien temps

À la mort de Louis XVIII, en 1824, le comte d'Artois a 67 ans. Nouveau roi, Charles X est un homme de l'ancien temps : il avait déjà 32 ans quand la Révolution a éclaté, en 1789, année où il a pris le chemin de l'exil. Depuis le second retour de Louis XVIII, en 1815, il s'est tenu à l'écart, tout en manœuvrant dans la coulisse. Ses sympathies ultras ne sont un mystère pour personne. Il ne faut pourtant pas caricaturer Charles X. Avant de régner, il lui est arrivé d'être favorable à des mesures libérales, parfois plus que son frère. Devenu roi, il s'engage à maintenir la Charte. Un de ses premiers actes de gouvernement est, contre l'avis de Villèle, qui reste président du Conseil, de rétablir la liberté de la presse, ainsi que de décréter une amnistie pour les détenus politiques. Mais c'est une direction dans laquelle il ne persévérera pas.

En mai 1825, le roi est sacré à Reims. Nul ne sait alors que ce sera le dernier sacre de la longue histoire de la monarchie française. Le rituel a été modifié afin d'être plus conforme à l'esprit du temps, notamment par l'ajout d'un serment de fidélité à la Charte. Sur le moment, nul ne s'insurge contre cette cérémonie que Lamartine et Victor Hugo exaltent en vers. C'est plus tard que l'opposition libérale, utilisant la chanson du poète Béranger *Le Sacre de Charles le Simple*, fera de l'événement un argument contre le régime.

La diversité de l'éventail politique et le régime de liberté dont bénéficie la presse se conjuguent alors pour multiplier les journaux. De gauche comme de droite, libellistes et polémistes ferraillent contre le gouvernement. Or, dans la bataille de l'opinion, Villèle ne sait pas se défendre. La loi indemnisant les émigrés dont les biens ont été confisqués sous la Révolution, loi qu'il fait adopter en 1825, vise à clore le dossier une fois pour toutes, et à rassurer les acheteurs de biens nationaux. Cependant, caricaturée comme un cadeau fait aux nostalgiques de l'Ancien Régime (le « milliard des émigrés »), elle n'est pas comprise et se transforme en chef d'accusation contre le pouvoir. Il en est de même, en 1825, de la loi punissant le sacrilège, texte voté mais jamais appliqué, ou de la loi que l'opposition, en 1826, présente comme le rétablissement du droit d'aînesse, alors qu'elle aspirait, dans des cas bien déterminés, à empêcher le morcellement des grandes propriétés foncières, et ne concernait nullement toutes les familles. En 1827, la dissolution de la Garde nationale, à la suite d'une manifestation hostile, aggrave l'impopularité de Villèle chez les libéraux, tandis que, dans son propre camp, critiques et défections se multiplient. Pour reprendre la main, le président du Conseil des ministres obtient du monarque une dissolution qui se retourne

Portrait de Charles X en costume de sacre.
Peinture de François Gérard (XIXe siècle).

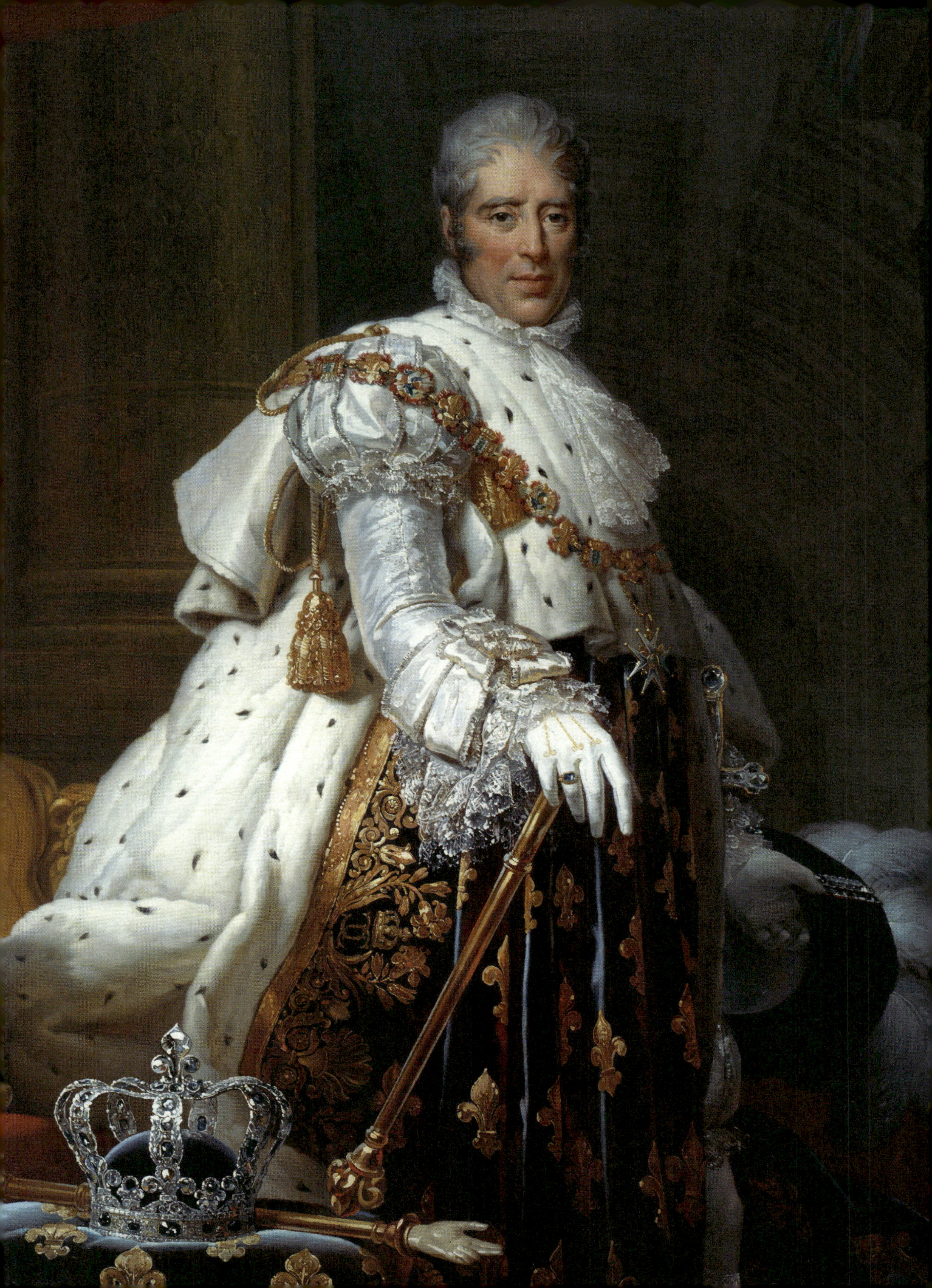

Entrée de l'armée française à Alger le 5 juillet 1830.
Peinture d'Eugène Napoléon Flandin (1838).

contre lui, puisqu'il perd les élections, gagnées par les libéraux, ce qui le contraint à la démission.
Après Villèle, Charles X confie le ministère à Martignac (janvier 1828-août 1829), un royaliste modéré, qui s'attache à réconcilier les Bourbons et la bourgeoisie libérale, mais qui se heurte à nouveau, à la Chambre, à l'obstruction conjointe de la droite et de la gauche. Lui succède Polignac, ancien ambassadeur à Londres et ami personnel du monarque, un ultra, particulièrement impopulaire et à qui il appartiendra d'être le dernier chef de gouvernement de la Restauration.
En Europe, Charles X poursuit la politique de paix que son frère avait inaugurée. C'est sous la pression de l'opinion que Villèle accepte de défendre, en 1827, une cause chère à tous les libéraux et romantiques du continent : celle de la Grèce qui cherche à se libérer de la sujétion ottomane. Une expédition navale française, menée aux côtés des Anglais et des Russes, aboutit à la victoire de Navarin, au large du Péloponnèse, contre la flotte turco-égyptienne (20 octobre 1827), prélude à l'indépendance de la Grèce, acquise en 1830.

L'autre intervention extérieure du règne, due presque au hasard, va peser sur cent trente ans d'histoire de France : la prise d'Alger. En avril 1827, à la suite d'une obscure querelle au sujet d'une créance impayée, le dey d'Alger donne trois coups d'éventail au consul de France, ce qui provoque la rupture diplomatique entre la France et la Régence d'Alger, qui est théoriquement vassale de l'Empire ottoman. Mais c'est plus pour des raisons de politique intérieure, dans le but de rehausser le prestige du gouvernement alors en difficulté, que Polignac prépare une expédition contre Alger au printemps 1830. Celle-ci est confiée à Bourmont, dont les troupes débarquent à Sidi-Ferruch, entre le 14 et le 18 juin, et obtiennent la capitulation d'Alger, le 5 juillet 1830, alors que la France, à ce moment-là, traverse une grave crise politique.

1830 et le mythe des Trois Glorieuses

Le 16 mars 1830, 221 députés (contre 181) adressent au gouvernement une motion de défiance, où ils demandent que le roi renvoie le ministère. Au mois de mai, le blocage perdurant, Charles X prononce la dissolution de l'Assemblée. C'est alors que l'expédition d'Alger est lancée. Cependant, les élections qui ont lieu en juin et juillet amènent 274 députés d'opposition à la Chambre, contre 143 gouvernementaux. Dans ces jours-là, la prise d'Alger a rendu le roi euphorique, le persuadant que ce succès lui valait le soutien populaire contre la fronde parlementaire. Grave erreur d'appréciation, qui pousse Charles X et Polignac, comme l'article 14 de la Charte les y autorise, à gouverner par ordonnances.

Quatre ordonnances, signées le 25 juillet 1830, sont donc publiées le lendemain. La première suspend le régime libéral de la presse. La deuxième dissout la nouvelle Chambre qui, tout juste élue, ne s'est même pas réunie. La troisième convoque de nouvelles élections pour le mois de septembre. Et la quatrième modifie la loi électorale dans un sens restreignant le collège des électeurs.

Même si la décision du roi est légale, elle constitue une sorte de coup d'État contre le Parlement. Charles X présume de ses forces, et du soutien dont il bénéficie. Dès le 27 juillet, les premiers troubles éclatent dans Paris. Le 28, des barricades se dressent dans la ville, placée en état de siège. Le 29, les émeutiers attaquent le Louvre et les Tuileries, qui sont abandonnés par leurs défenseurs. Le maréchal Marmont, qui dirige les troupes royales, doit quitter la capitale avec ses hommes. Pour assurer l'ordre, les députés reconstituent alors la Garde nationale, dissoute en 1827, et en confient le commandement à La Fayette.

Le 30 juillet, Charles X retire ses ordonnances. Trop tard : l'insurrection a triomphé. À l'Hôtel de Ville, La Fayette fait hisser le drapeau tricolore. Certains réclament l'instauration de la République mais, dans la nuit, les chefs de l'opposition libérale – Laffitte, Casimir Perier, Thiers – ont fait afficher sur les murs de Paris un placard affirmant que « la République nous exposerait à d'affreuses divisions, et nous brouillerait avec l'Europe ». L'affiche conclut par un appel au duc d'Orléans.

La grande masse du pays est restée étrangère aux événements. Les « Trois Glorieuses » (27, 28, 29 juillet 1830), néanmoins, sont à l'origine d'un mythe puissant, lié à des symboles républicains : le drapeau tricolore, les barricades, l'hôtel de ville de Paris, la colonne de la Bastille. Ce mythe, glorifié par le tableau de Delacroix *La Liberté guidant le peuple*, considère la capitale comme l'avant-garde de la France, dont la mission serait de porter la liberté à toutes les nations. Pour cent ans et plus, ce mythe fera partie de l'imaginaire politique de la gauche française. Le 31 juillet 1830, Louis-Philippe, duc d'Orléans, accepte le titre de lieutenant général du royaume. Le 1er août, Charles X le confirme dans cette fonction. Le lendemain, réfugié à Rambouillet, le roi abdique au profit de son petit-fils, le duc de Bordeaux, en même temps que son fils, le duc d'Angoulême, renonce à ses droits au trône. Charles X confie par ailleurs le soin à Louis-Philippe de proclamer l'avènement d'Henri V.
Le 3 août, le vieux monarque reprend le chemin de l'exil. À Cherbourg, il embarque pour l'Angleterre. Il vivra deux ans en Écosse, puis à Prague, et mourra en 1836 dans l'Empire d'Autriche, à Goritz[3]. Le roi emportait les regrets de ses fidèles, mais plus pour le principe qu'il incarnait que pour sa personne. Pas plus que Louis XVIII, Charles X n'était parvenu à renouer, dans les profondeurs du pays, le fil que la Révolution et plus de vingt ans d'absence avaient rompu entre la monarchie et les Français. En dépit de ses attaches libérales, son successeur n'y parviendra pas davantage.

---

3. Goritz (Görz en allemand, Gorizia en italien, Gorica en slovène) se situe aujourd'hui à la frontière de l'Italie et de la Slovénie.

Restauration et monarchie de Juillet : l'ordre et la paix

La Liberté guidant le peuple.
Peinture d'Eugène Delacroix (1830).

Louis-Philippe, le roi bourgeois

Louis-Philippe a 57 ans. Fils de Philippe, duc d'Orléans, et de Louise de Bourbon-Penthièvre, il descend deux fois de Louis XIII et quatre fois de Louis XIV, auquel il ressemble beaucoup : il est pleinement un Bourbon. En 1789, à l'instar de son père, il a cependant accueilli la Révolution avec sympathie. Après avoir servi dans la Garde nationale, il a combattu dans les armées de la République, sous le surnom de « général Égalité », à Valmy, Jemmapes et Neerwinden. En 1793, après avoir incité en vain son père, Philippe Égalité, à partir et avoir tenté de le dissuader de voter la mort du roi, il a évité l'arrestation en passant la frontière avec Dumouriez. Mal accepté par les émigrés, il a fait le tour de l'Europe, puis a séjourné en Amérique. De retour en Europe, il a résidé en Angleterre puis en Sicile, après son mariage, en 1809, avec la fille du roi de Naples, Marie-Amélie. Lors de la Restauration, il a repris possession des biens de sa famille, partageant son temps entre le Palais-Royal et Neuilly, adoptant un style de vie bourgeois et veillant personnellement à l'éducation de ses fils, élèves au lycée Henri-IV. Tenu à l'écart par Louis XVIII, qui le détestait, et Charles X, il recevait chez lui des hommes d'affaires, des libéraux et des bonapartistes. Entre légitimité et Révolution, l'ambiguïté de son statut était parfaitement résumée par Mme de Rémusat, qui écrivait à son sujet : « Il est du sang des Bourbons et il en est couvert. »

Le 3 août 1830, trois jours après avoir accepté le titre de lieutenant général du royaume, Louis-Philippe annonce devant les députés l'abdication de Charles X, mais en omettant de faire allusion au duc de Bordeaux. Le 7 août, la Chambre déclare le trône vacant, et y appelle Louis-Philippe. Deux jours plus tard, celui-ci prend le titre de Louis-Philippe Ier, roi des Français. « Nous sommes les derniers rois possibles en France », dit-il à sa femme.

La Charte a été révisée par la Chambre dans un sens plus parlementaire, accentuant le principe de la souveraineté nationale par rapport à l'autorité royale. Le catholicisme cesse d'être la religion de l'État pour redevenir la religion « de la majorité des Français », formule du Concordat de 1801. Et le drapeau tricolore détrône le drapeau blanc. Orléans contre Bourbons ? Sur le plan dynastique et symbolique, à coup sûr, la branche cadette de la famille royale, de tendance libérale, remplace le traditionaliste Charles X. Mais, dans la réalité du fonctionnement des institutions, il n'existe pas de différence radicale entre la Restauration et la monarchie de Juillet.

Le premier gouvernement de Louis-Philippe rassemble des hommes qui représentent deux tendances contradictoires. Pour Guizot et Casimir Perier, deux libéraux conservateurs, le changement intervenu au sommet de l'État a pour but d'accomplir la Révolution de 1789, au sens de la terminer, de l'achever. Pour La Fayette et Dupont de l'Eure, au contraire, le mouvement de juillet n'est qu'un commencement. Mais cette seconde tendance est vite éliminée. Perier succède au banquier Laffitte, en 1831, à la tête du ministère, mais meurt prématurément du choléra, en 1832, non sans avoir fixé une ligne qui sera maintenue par tous les présidents du Conseil jusqu'à la fin du régime : l'ordre à l'intérieur, la paix à l'extérieur.

Conspirations et révoltes

Quand il s'agit de faire régner l'ordre, Thiers, le ministre de l'Intérieur, est impitoyable. En 1832, la dernière insurrection royaliste de Vendée, tentative romanesque et sans issue menée avec panache par la duchesse de Berry au nom des droits au trône de son fils, le comte de Chambord, est réprimée sans pitié. Après avoir frappé à droite, le gouvernement porte le fer à gauche. En juin 1832, les obsèques du général Lamarque, un républicain (mort du choléra deux semaines après Casimir Perier), sont l'occasion de déclencher une insurrection que les sociétés révolutionnaires secrètes préparaient depuis longtemps. Des combats meurtriers se déroulent dans le quartier Saint-Merri, laissant 800 tués ou blessés dans les deux camps, mais force est restée à la loi.

En novembre 1831, les républicains ont tenté de récupérer la révolte des ouvriers tisserands de Lyon, les canuts. En vain, car ceux-ci, dont l'esprit corporatif était tout le contraire de l'esprit révolutionnaire et dont le meneur, Pierre Charnier, était d'ailleurs un catholique légitimiste, avaient des revendications purement professionnelles. Le conflit, au demeurant, avait trouvé sa solution par la négociation, sans effusion de sang.

Mais, le 9 avril 1834, une nouvelle insurrection des canuts s'étend à d'autres catégories populaires de Lyon. Thiers commence par abandonner la ville aux insurgés, avant de mater la révolte dans le sang, au prix de 600 victimes. Le 13 avril, les républicains de Paris prennent le relais, édifiant des barricades dans l'actuel quartier Beaubourg. La répression s'achève, le lendemain, par le massacre des habitants d'une maison de la rue Transnonain (aujourd'hui rue Beaubourg), épisode que le républicain Daumier immortalisera dans une lithographie.

Le roi Louis-Philippe Ier prête serment de maintenir la charte de 1830 en présence des chambres réunies dans la salle provisoire du Palais-Bourbon le 9 août 1830. Peinture d'Eugène Devéria (1836).

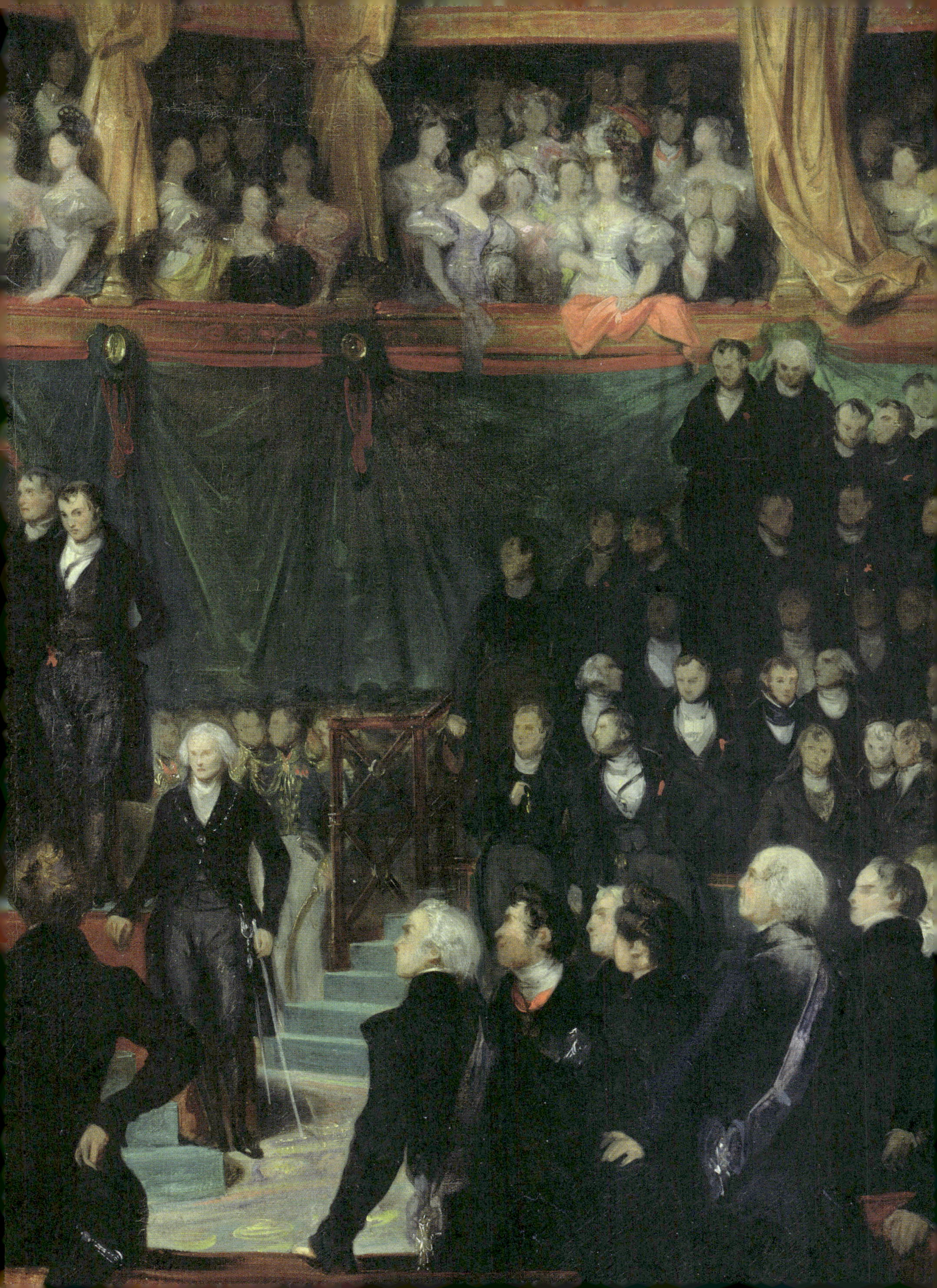

En 1835, un conspirateur d'origine corse, Fieschi, met au point une « machine infernale », constituée par 25 fusils collés les uns aux autres, dans le but de tuer le roi et son fils. L'attentat rate son but, mais coûte la vie à 18 personnes et provoque le retournement de l'opinion contre les républicains.

Le roi sauve la paix

Broglie, Thiers, Molé, Soult… Les ministères se succèdent, et les coalitions se font et se défont au Parlement. Le pays prospère, semblant obéir à la consigne de Guizot : « Enrichissez-vous par le travail et par l'épargne. » Si la France ne parvient pas à rattraper son retard économique avec l'Angleterre, elle entre dans l'ère industrielle. L'expansion du chemin de fer commence en 1842. Entre 1830 et 1848, le nombre de valeurs cotées en Bourse est multiplié par cinq, celui des livrets de caisse d'épargne par sept. La condition ouvrière est effroyable, mais le phénomène ne perturbe guère les classes dirigeantes. À cette misère, qui n'est pas particulière à la France, des hommes et des petits groupes isolés cherchent des remèdes : les catholiques sociaux et les premiers socialistes.

À l'extérieur, la monarchie de Juillet se signale par son pacifisme : Louis-Philippe en personne, poursuivant la politique des Bourbons, veille à n'engager aucune aventure. En 1840, à Londres, l'Angleterre, la Prusse, l'Autriche et la Russie, écartant la France, se mettent d'accord pour freiner les ambitions du sultan d'Égypte, Mehemet-Ali, dans la perspective de protéger l'Empire ottoman, considéré comme un élément d'équilibre aux portes de l'Europe. Chateaubriand dénonce un « Waterloo diplomatique », et l'opinion avancée s'enflamme encore une fois contre les Turcs, oppresseurs de la liberté. Admirateur de Napoléon, dont il favorisera le culte croissant en obtenant le retour des cendres, Thiers est au bord de céder, prenant le risque d'une guerre entre la France et l'Angleterre. Mais c'est Louis-Philippe qui dénoue la crise en forçant le chef du gouvernement à démissionner, essuyant les quolibets de l'opposition pour sa pusillanimité.
En Algérie, la conquête continue, parce qu'on ne sait pas quoi faire de ce territoire, et parce que la guerre apparaît comme un dérivatif pour une armée qui reste hantée par le mythe impérial. Au terme de quinze ans de campagne, Abd el-Kader se rend au duc d'Aumale, en 1847.
En 1842, le fils aîné de Louis-Philippe, le duc Ferdinand d'Orléans, se tue accidentellement. L'héritier du trône était un prince libéral qui, par ses relations étendues,

donnait à la dynastie une ouverture vers des milieux antigouvernementaux. Son fils, Henri, comte de Paris, est un enfant : né en 1838, il ne sera majeur qu'en 1859, ce qui, au regard de l'âge de Louis-Philippe, rend une régence inéluctable. Cet avenir incertain affaiblit le trône des Orléans.

Si le cens qui confère le droit de vote est abaissé, il demeure : on compte 170 000 électeurs en 1832, 250 000 en 1845. Napoléon s'était appuyé sur la gloire et la pratique du plébiscite, Louis XVIII et Charles X sur le principe de légitimité : Louis-Philippe ne bénéficie d'aucune de ces ressources. Si sa diplomatie pacifique mécontente les nostalgiques de l'épopée impériale, elle satisfait les paisibles masses rurales et la moyenne bourgeoisie, mais celles-ci ne votent pas. Et la Garde nationale, troupe de maintien de l'ordre, recrute des hommes qui ne votent pas non plus. En d'autres termes, les défenseurs potentiels du régime ne sont pas des électeurs, alors que les électeurs sont nombreux à être des adversaires du régime.

La monarchie de Juillet repose donc sur des bases fragiles, d'autant que les légitimistes ne sont pas près de se réconcilier avec les Orléans. Chansonniers et

La soumission d'Abd el-Kader au duc d'Aumale en 1847.
Peinture de Régis Augustin (XIXe siècle).

caricaturistes s'acharnent contre le souverain, que Daumier caricature en poire trop mûre, raillant son embonpoint ou son allure bourgeoise. En dépit de sa bonne volonté, qui est sincère, Louis-Philippe ne parviendra jamais à être un roi populaire.

1848 : barricades et drapeau tricolore

En juillet 1847, l'opposition dynastique[4] associe l'opposition républicaine à une campagne en faveur de la réforme du régime électoral, réforme à laquelle Guizot, le président du Conseil, est hostile. La liberté de réunion n'existant pas, cette campagne se tient sous la forme de banquets. Au mois de novembre, l'opposition dynastique refuse toutefois de participer à celui de Lille, où Ledru-Rollin réclame le suffrage universel. Dorénavant, monarchistes et républicains organisent des banquets séparés. À la fin du mois de décembre 1847, Louis-Philippe se prononce à son tour contre toute idée de réforme électorale. Fondée sur la liberté, la monarchie de Juillet s'enferme dans le conservatisme, alors qu'une crise économique frappe le pays et que plusieurs scandales éclaboussent le régime.

Le 14 janvier 1848, le préfet de police interdit le banquet du XIIe arrondissement. Le 13 février, une centaine de députés du centre gauche (Thiers) et de l'opposition dynastique (Odilon Barrot) décident de participer à celui organisé le 22 février aux Champs-Élysées, les républicains prévoyant une manifestation parallèle ce jour-là. Auprès du gouvernement, qui est inquiet, Barrot s'engage à disperser les convives du banquet dès qu'ils auront été réunis. De leur côté, les journaux avancés appellent à la manifestation. À la veille du jour dit, le préfet de police interdit cette dernière et le banquet du lendemain. Mais le 22, alors que la Chambre rejette une demande de mise en accusation du gouvernement Guizot déposée par Odilon Barrot, la manifestation interdite se déroule de la Madeleine au Palais-Bourbon. En fin d'après-midi, les premiers heurts éclatent.

Le 23 février, la Garde nationale, que le gouvernement a mobilisée pour maintenir l'ordre, pactise avec la foule. Une partie de l'armée reste passive, mais des troupes fidèles tirent, faisant 52 victimes dans les rangs des manifestants. Les corps, chargés sur une voiture, sont promenés dans Paris toute la nuit, à la lumière

---

4. Elle regroupe les partisans d'Odilon Barrot, chef des libéraux proches du mouvement, en opposition avec les conservateurs au pouvoir sous l'égide de Guizot depuis 1840.

des torches, excitant la population. Dès lors, la crise politique, devenue émeute, se transforme en révolution. En fin de journée, Guizot remet sa démission et le roi charge Thiers de former le gouvernement.

Le 24 février au matin, un millier de barricades se dressent dans Paris. Louis-Philippe dissout la Chambre. Quand il passe en revue les gardes nationaux réunis aux Tuileries, le roi essuie des cris hostiles. Puis Thiers renonce à former le ministère. Alors, à midi, « comme Charles X » selon ses propres termes, Louis-Philippe abdique en faveur de son petit-fils, le comte de Paris, puis quitte Paris pour Dreux, tandis que les Tuileries et le Palais-Royal sont mis à sac. Avec courage, la duchesse d'Orléans, belle-fille du roi, tente une dernière manœuvre, dans l'après-midi, afin de sauver la dynastie : elle se rend à la Chambre, dans l'espoir de se faire attribuer la régence. Mais les chefs du parti républicain font envahir la salle du Palais-Bourbon par les émeutiers. Sur proposition de Lamartine, Ledru-Rollin et Dupont de l'Eure, un gouvernement provisoire est nommé par acclamations, et s'adjoint ensuite les membres d'un autre gouvernement formé à l'Hôtel de Ville.

Dans la soirée du 24 février 1848, Lamartine proclame la République, tandis que le dernier roi prend la route de l'Angleterre[5]. À nouveau les événements ont cristallisé un épisode parisien, provoqué par un coup de force de la rue. À aucun moment la France n'a été consultée : voulait-elle la révolution ? La monarchie de Juillet, de même que la Restauration, a eu peur du suffrage universel. Si elle avait élargi sa base électorale, elle aurait pu durer. Car le peuple, on le verra au long du XIXe siècle, peut aussi être conservateur.

---

5. Louis-Philippe mourra en exil au château de Claremont, dans le Surrey, en 1850.

X. Vraies et fausses gloires du Second Empire

Vraies et fausses gloires du Second Empire

En finir avec les rois, rendre le pouvoir au peuple, tel était le but des émeutiers qui ont renversé le trône de Louis-Philippe. Tel était aussi l'objectif des têtes pensantes de la révolution. Des hommes comme Lamartine ou Arago étaient des bourgeois, mais ils avaient instauré la République dans l'espoir de donner la parole à ceux qui ne la détiennent jamais. Il existe tout un climat, un état d'esprit de 1848, qu'on retrouve dans toute l'Europe, puisque l'Allemagne, l'Autriche et l'Italie ont connu, elles aussi, leur printemps des peuples. L'idéalisme façon 1789, la croyance en la nation comme forme politique la plus achevée, le romantisme et le christianisme évangélique se conjuguaient alors pour donner à ce mouvement une coloration très particulière.

En France, néanmoins, la révolution de 1848, qui plantait des arbres de la Liberté, débouchera paradoxalement sur un nouveau césarisme. Peu de gens savent que Napoléon III, avant d'être empereur, a été durant quatre ans le premier président de la République française, une République née sur les barricades de 1848.

Après la révolution de 1848, une réaction conservatrice

Le 24 février 1848, tandis que Louis-Philippe prend le chemin de l'exil, la République est proclamée à Paris. Le gouvernement provisoire, installé à l'Hôtel de Ville, siège alors que la foule, qui campe devant l'édifice, présente ses exigences. Si Lamartine parvient à imposer le maintien du drapeau tricolore à ceux qui veulent le drapeau rouge, les vannes de l'utopie ou des revendications tous azimuts sont ouvertes. La totalité des préfets sont révoqués, la Chambre des députés est dissoute, la Chambre des pairs dispersée. Après avoir publié un décret affirmant le « droit au travail », le gouvernement, le 27 février, crée les Ateliers nationaux. Le socialiste Louis Blanc, membre du gouvernement provisoire, voulait en faire

HISTOIRE PASSIONNÉE DE LA FRANCE

La proclamation de la IIe République au pied de la colonne de Juillet.
Lithographie du XIXe siècle.

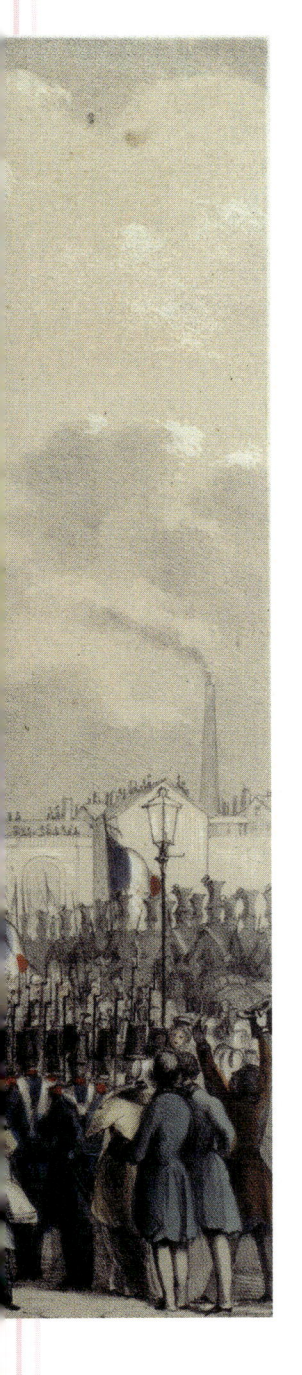

des ateliers sociaux, organisés sur le principe de la coopération ouvrière et placés sous la tutelle de l'État, qui auraient peu à peu entraîné la disparition des entreprises privées. Les Ateliers nationaux, en fait, sont des « ateliers de charité » qui visent à occuper les chômeurs que l'on affecte à des travaux de terrassement, en échange de quelques francs. Très vite, toutefois, l'afflux est tel que les modiques salaires doivent être diminués. D'emblée, la nouvelle République n'a pas les moyens économiques de sa politique sociale.

La liberté de la presse est instaurée sans restriction, favorisant la création de journaux populaires à bon marché. La liberté de réunion est étendue sans limites, suscitant, à Paris, une floraison de clubs qui imitent ceux de la grande Révolution. La peine de mort en matière politique est abolie (elle l'était en pratique depuis 1822), tout comme l'esclavage aux colonies : cette mesure symbolique, prise à l'initiative de Victor Schœlcher, le sous-secrétaire d'État à la Marine et aux Colonies, couronne un processus déjà engagé, en réalité, par la monarchie de Juillet.

Changement majeur, alors que la Révolution, l'Empire, la Restauration et la monarchie de Juillet avaient maintenu le suffrage censitaire, sauf pour quelques scrutins, la IIe République établit de manière définitive le suffrage universel masculin. Cette décision inquiète les plus radicaux : que faire, en effet, si les électeurs donnent la victoire à la réaction ? Le 17 mars, l'extrême gauche (Barbès, Blanqui, Ledru-Rollin, Louis Blanc), prônant la « dictature du progrès », réclame par conséquent, mais en vain, l'ajournement du scrutin qui a été convoqué pour élire une Assemblée constituante. Les 23 et 24 avril 1848, 84 % des 9,4 millions de Français inscrits sur les listes électorales se déplacent pour aller voter. Les résultats consacrent une victoire écrasante des modérés républicains, qui raflent 500 sièges. Les royalistes, orléanistes ou légitimistes, en ont 300, et les républicains de gauche et les socialistes, moins de 100. Stupéfiante révélation : le suffrage universel est conservateur.

Cela ne convient pas aux extrémistes, qui tentent de soulever Rouen, Limoges, Nîmes et Nantes, et organisent une insurrection à Paris, le 15 mai 1848. Ce jour-là, à l'issue d'une manifestation de soutien à la Pologne insurgée[1], des émeutiers envahissent le Palais-Bourbon, proclament la dissolution de l'Assemblée, et prennent l'Hôtel de Ville, dans l'intention d'y former un nouveau gouvernement. La Garde nationale reprend finalement le contrôle de la situation, pendant que les leaders (Barbès, Blanqui, Raspail) sont arrêtés. Mais cet échec des révolutionnaires n'apporte qu'un répit.

Le 21 juin, l'Assemblée décide la fermeture des Ateliers nationaux, qui n'ont donné de travail à personne et sont devenus, en revanche, des foyers d'agitation. Les chômeurs sont invités à s'enrôler dans l'armée ou à partir pour la Sologne, où des chantiers les attendent. Dès le lendemain, la nouvelle provoque des attroupements spontanés dans les quartiers populaires de la capitale. Le 22 juin, des barricades s'édifient dans les quartiers du centre et de l'est : les insurgés réclament « du travail et du pain ».
Le général Cavaignac, nommé gouverneur de l'Algérie après la chute de Louis-Philippe, revenu à Paris parce qu'il a été élu à l'Assemblée constituante, est chargé de rétablir l'ordre. Investi des pleins pouvoirs, il fait venir des renforts de province, avec lesquels trois jours lui sont nécessaires pour mater l'insurrection. Le 25 juin, l'archevêque de Paris, Mgr Affre, prélat républicain, est tué, place de la Bastille, en tentant de s'interposer entre les deux camps. Le bilan de la répression est lourd : 4 000 tués parmi les insurgés et 1 600 parmi les forces de l'ordre, auxquels s'ajoutent 1 500 insurgés abattus sans jugement après la fin des combats, et 25 000 arrestations, dont 11 000 se solderont par des condamnations à des peines de prison ou à la déportation en Algérie. Le 28 juin, le danger écarté, Cavaignac, républicain scrupuleux, dépose les pleins pouvoirs qui lui ont été remis. « La République a de la chance, elle peut tirer sur le peuple », ironisera tristement Louis-Philippe en exil.

C'est la fin des illusions nées de la révolution de février. Cavaignac, nommé président du Conseil, forme un ministère à son image. Tandis que l'état de siège est maintenu, les chefs socialistes sont poursuivis, même s'ils n'ont pas pris part à l'insurrection (Louis Blanc part alors pour l'Angleterre), les clubs sont interdits, et la liberté de la presse est limitée. Aux élections locales qui se déroulent au cours de l'été 1848, la province vote massivement à droite : dans les conseils

---

1. En 1815, au congrès de Vienne, la Pologne a été partagée entre la Russie, la Prusse et l'Autriche. La Pologne russe s'est soulevée en 1830, à la faveur de la révolution parisienne, révolte écrasée par les armées du tsar. En 1848, un début de soulèvement a lieu dans la Pologne prussienne, qui réclame l'indépendance et la réunification de la Pologne. En France, où le musicien Chopin et le poète Mickiewicz ont vécu en exil, le soutien aux Polonais est un mot d'ordre des romantiques et des républicains pendant tout le XIXe siècle. « Vive la Pologne, Monsieur ! » lancera en défi l'avocat Charles Floquet, en 1867, au tsar Alexandre II en visite à Paris.

municipaux et généraux, elle envoie des notables de la monarchie de Juillet, qui font leur retour en politique.

Louis-Napoléon Bonaparte, premier président de la République

En novembre 1848, après trois mois de débats à l'Assemblée, la nouvelle Constitution est promulguée. Elle sépare nettement le pouvoir législatif, confié à une Assemblée unique de 750 membres, élus pour trois ans, et le pouvoir exécutif, délégué à un président de la République, élu pour quatre ans au suffrage universel, et qui ne peut être réélu qu'après un intervalle de quatre ans. Renouvelant l'erreur du Directoire, la Constitution ne prévoit rien en cas de conflit entre les deux pouvoirs. Elle proclame, par ailleurs, la liberté de culte et toutes les grandes libertés publiques : liberté d'association et de pétition, liberté de la presse.
Sept candidats se présentent à l'élection présidentielle qui est fixée au mois de décembre. Cavaignac, soutenu par les modérés et les ralliés au régime, apparaît comme le favori des notables. Ledru-Rollin, ancien ministre de l'Intérieur du gouvernement provisoire, espère les voix radicales, en concurrence avec Raspail, le médecin des pauvres, qui se situe encore plus à gauche. Lamartine, héros de la révolution de février, tente le sort des urnes, de même que Changarnier, le commandant de la Garde nationale. Le septième candidat s'appelle Bonaparte. Âgé de 40 ans en 1848, Louis-Napoléon est le fils de Louis Bonaparte, l'ancien roi de Hollande, et d'Hortense de Beauharnais. Élevé en Suisse par sa mère, il a été confié à des précepteurs aux idées révolutionnaires. En 1831, voyageant dans la péninsule, il fréquente les milieux carbonari avec lesquels il voudrait rétablir son cousin, le duc de Reichstadt, sur le trône d'Italie. Mais la mort de l'Aiglon, l'année suivante, fait de lui l'aîné dynastique des Bonaparte, et le prétendant impérial. Le cœur de ce prince, nonobstant, bat pour la gauche. En octobre 1836, il essaie de soulever la garnison de Strasbourg, espérant la faire marcher contre Louis-Philippe. L'entreprise, qui s'avère un échec total, le contraint à l'exil en Amérique. Apprenant que sa mère est malade, Louis-Napoléon gagne ensuite l'Angleterre, puis la Suisse, où il assiste à la mort de la reine Hortense.
À Londres, où il retourne, il écrit un livre exposant ses idées politiques (*Des idées napoléoniennes*) et prépare un nouveau coup de force. L'opération se déroule à Boulogne en 1840. C'est un nouvel échec. Arrêté, condamné à la prison à vie, Louis-Napoléon est incarcéré au fort de Ham, dans la Somme. En 1844, il publie

Photographie du prince-président Louis-Napoléon Bonaparte.

Extinction du paupérisme, une brochure de 32 pages dans laquelle, mélangeant des idées de Louis Blanc et du socialiste utopique Saint-Simon, il propose des solutions à la question ouvrière qui balancent entre les bons sentiments et la démagogie.

En 1846, il réussit à s'évader du fort de Ham sous l'habit d'un maçon surnommé Badinguet, sobriquet que lui donnera l'opposition sous l'Empire, et se réfugie encore une fois à Londres. Lors des élections complémentaires de juin 1848, qui se déroulent avant les journées insurrectionnelles de Paris et alors qu'il se trouve toujours en Angleterre, il est élu, à la surprise générale, dans quatre départements, mais il résilie son mandat de député. En septembre, à la faveur de nouvelles législatives partielles, il est de nouveau élu dans cinq départements[2]. À l'annonce des résultats, des manifestants arpentent les boulevards aux cris de

---

2. Le système des candidatures multiples aux élections législatives, un candidat pouvant se présenter dans plusieurs circonscriptions de départements différents, a été fréquemment utilisé au XIXe siècle.

« Vive l'Empereur ! », témoignant que le nom de Bonaparte fait toujours rêver. En octobre, la loi d'exil de 1816 frappant les membres de la famille impériale est abrogée, permettant à Louis-Napoléon de se déclarer candidat à l'élection présidentielle.

Le 10 décembre 1848, son triomphe est écrasant : Louis-Napoléon est élu au premier tour président de la République avec 5,5 millions de voix, soit 74 % des suffrages exprimés, contre 19 % à Cavaignac, qui partait favori, 5 % à Ledru-Rollin, 0,5 % à Raspail et… 0,1 % à Lamartine. Les paysans conservateurs, les citadins libéraux comme les ouvriers révolutionnaires ou les nostalgiques de l'épopée impériale ont voté pour Bonaparte : son nom a servi d'attrape-tout. L'homme n'est ni beau ni grand, mais il a du charme et sait séduire. De son exil en Suisse, il a conservé un léger accent qui fera rire ses opposants. Intelligent, mais secret et mystérieux, il paraît souvent perdu dans ses pensées. « Ce fut sa folie plus que sa raison, écrira Tocqueville dans ses *Souvenirs*, qui, grâce aux circonstances, fit son succès et sa force. »

En 1849, une nouvelle poussée conservatrice

Au cours des premiers mois de sa présidence, Louis-Napoléon gouverne en s'appuyant sur le parti de l'Ordre, qui rassemble des monarchistes, légitimistes ou orléanistes, et des catholiques hostiles à l'esprit de 1848. Président du Conseil, l'orléaniste Odilon Barrot adopte une politique de fermeté, tant intérieure qu'extérieure. Pie IX ayant été chassé de Rome, en novembre 1848, par une insurrection républicaine, la France envoie le général Oudinot et 12 000 hommes, en avril 1849, afin de voler au secours du pape, dont le pouvoir temporel est rétabli. Le 13 mai 1849, les élections à l'Assemblée législative sont gagnées par la droite. Le parti de l'Ordre, qui a fait campagne contre les « partageux » et les « rouges » sous la devise « Ordre, propriété, religion », remporte 64 % des élus (contre 34 % dans l'Assemblée précédente), les républicains modérés étant les grands perdants du scrutin, puisqu'ils passent de 55 % des sièges à 11 %. La surprise vient de l'extrême gauche, les démocrates-socialistes, qui obtiennent 25 % des sièges.
Une nouvelle fois, les révolutionnaires n'acceptent pas le verdict des urnes qui ont envoyé une majorité conservatrice au Palais-Bourbon. Le 13 juin 1849, l'extrême gauche, mobilisée par Ledru-Rollin, appelle les citoyens à prendre les armes pour défendre la République menacée, selon elle, par le gouvernement et la majorité

parlementaire. Une manifestation se forme et se dirige vers l'Assemblée, mais elle est plus maigre que prévu : les masses, qui gardent le souvenir cuisant de la répression des journées de juin 1848, ne suivent pas. Enfermés dans les locaux du Conservatoire des arts et métiers, une vingtaine de députés de la Montagne (l'expression révolutionnaire est revenue) sont arrêtés. Ledru-Rollin se réfugie à Londres, d'où il ne reviendra qu'en 1871.

En octobre 1849, le prince-président sort du bois, ne supportant plus le rôle effacé auquel il s'est plié depuis son élection. Demandant sa démission au président du Conseil, Odilon Barrot, il annonce la formation d'un ministère qui ne sera responsable que devant lui. Le général d'Hautpoul reçoit le titre de vice-président du Conseil, et non celui de président du Conseil, qui ne sera plus attribué. Ce militaire sans grande envergure, qui a servi en Algérie, est placé à la tête d'un cabinet dont la plupart des membres ne sont pas députés : ces techniciens compétents, mais souvent obscurs, sont entièrement aux ordres de Louis-Napoléon Bonaparte. Le « crétin que l'on mènera », que Thiers brocardait ainsi un an plus tôt, prend donc la direction des affaires.
Cantonnant l'Assemblée à ses attributions, le chef de l'État laisse le plus souvent la majorité légiférer comme elle l'entend. Ainsi n'oppose-t-il aucune objection à la loi présentée par Falloux, le ministre de l'Instruction publique, qui est adoptée le 15 mars 1850. Celle-ci satisfait à toutes les revendications des partisans de la liberté d'enseignement, en favorisant l'accès du clergé et des membres des congrégations religieuses aux fonctions d'instituteur, de professeur ou de directeur d'école. Brisant le monopole d'État de l'Université napoléonienne, cette disposition multipliera les écoles confessionnelles.
La loi Falloux concorde avec une évolution générale du catholicisme français, où s'efface l'esprit libéral des abbés démocrates de février 1848. Traditionnellement gallicans, les membres du clergé et les fidèles se montrent de plus en plus ultramontains, marquant pour Pie IX des sentiments de révérence accrus depuis que le pape a été victime des idées républicaines. C'est l'époque où un simple prêtre de campagne dont on vante l'extraordinaire charisme, l'abbé Jean-Marie Vianney, curé du village d'Ars, dans l'Ain, depuis 1817, déplace les foules (il mourra en 1859). Les vocations affluent dans l'Église : on comptait 36 000 prêtres en 1814, ils sont 44 000 en 1848, et seront 56 000 en 1870. Les congrégations religieuses, quant à elles, connaissent une croissance encore supérieure : les 66 000 religieuses de 1850, dont les deux tiers se consacrent à l'enseignement, seront 104 000 en 1861 et 130 000 en 1878 !

Vraies et fausses gloires du Second Empire

1851 : une dictature approuvée par le peuple

Au cours de l'été 1850, alors que la droite parlementaire, réitérant l'erreur de la Restauration et de la monarchie de Juillet, a voté, au printemps précédent, une loi restreignant le nombre d'électeurs, le prince-président, pour le coup, fait savoir son hostilité à cette mesure. Entreprenant un tour de France qui le conduit à Dijon, Lyon, Strasbourg et en Normandie, Louis-Napoléon se présente comme l'élu du suffrage universel, et lance une campagne d'opinion en faveur d'une révision de la Constitution qui l'autoriserait à renouveler son mandat présidentiel pour une période de dix ans.

L'année suivante, les passes d'armes se multiplient entre le chef de l'État et l'Assemblée. Le 19 juillet 1851, la majorité du parti de l'Ordre finit par se résoudre à la révision constitutionnelle réclamée par le prince-président, mais le projet est quand même repoussé, parce qu'il n'a pas obtenu la majorité des trois quarts exigée par la Constitution. Ce refus d'obtempérer pousse Louis-Napoléon dans ses retranchements. Au mois d'août, il arrête sa décision : il perpétrera un coup de force contre l'Assemblée, mais en restaurant le suffrage universel, restreint par la loi du 31 mai 1850.

Le 4 novembre 1851, le prince-président somme l'Assemblée de s'exécuter. Neuf jours plus tard, un vote des députés lui oppose de nouveau un refus. Le 2 décembre suivant, Louis-Napoléon déclenche un coup d'État : la date retenue, symboliquement, est celle de l'anniversaire du sacre de Napoléon et de la bataille d'Austerlitz. 50 000 soldats sont déployés dans Paris et occupent le Palais-Bourbon. Après l'arrestation de 230 députés royalistes ou républicains, l'Assemblée est dissoute, tandis qu'une proclamation affichée dans la ville annonce que les Français seront convoqués devant les urnes, avant la fin du mois, pour approuver au suffrage universel une nouvelle Constitution.

Le 3 décembre, des barricades s'élèvent dans Paris. La troupe rétablit rapidement l'ordre, non sans avoir tiré sur la foule, provoquant 400 morts et 500 blessés. En province, la réaction se limite à quelques régions, mais permet au pouvoir, 32 départements étant placés en état de siège, d'étendre la répression contre tous les opposants. À la date du 10 décembre, huit jours après le coup d'État, on dénombre 26 000 arrestations, qui aboutiront à 10 000 déportations en Algérie. Le plébiscite a lieu les 21 et 22 décembre 1851 : 7,4 millions de suffrages, soit 92 % des électeurs, approuvent « le maintien de l'autorité de Louis-Napoléon Bonaparte » et lui donnent carte blanche pour promulguer une Constitution qui inscrira son pouvoir dans la durée. Paradoxale IIe République : née d'une révolution parisienne contre la monarchie parlementaire, dotée par la province

Alphonse Baudin sur la barricade du faubourg Saint-Antoine le 3 décembre 1851.
Peinture d'Ernest Pichio (1851).

d'une Assemblée aux trois quarts royaliste, elle se termine par un coup d'État qui profite à un dictateur, avec le consentement du pays. En apparence, l'histoire bégaie : le coup d'État du 2 Décembre répète Brumaire, comme 1848 a singé 1789. Sauf que la question sociale a pris le pas sur la fracture politique entre noblesse et bourgeoisie, chère à Guizot. En résumé, Marx, qui publie son *Manifeste du parti communiste* avec Engels, a remplacé Robespierre. Le clivage gauche-droite s'en trouve durablement bouleversé.

Napoléon III détient tous les pouvoirs

Depuis 1848, Louis-Napoléon était installé au palais de l'Élysée, résidence du président de la République. Le 1er janvier 1852, il emménage aux Tuileries. Le même jour, à Notre-Dame de Paris, un *Te Deum* célèbre les résultats du plébiscite. Le modèle suivi par le chef de l'État, à maints égards, épouse celui de son oncle, quand il était Premier Consul. Le 14 janvier 1852, la nouvelle Constitution confie le pouvoir exécutif au président de la République. Élu au suffrage universel pour dix ans, pouvant en appeler directement au peuple par le biais du plébiscite, celui-ci nomme et révoque les ministres, qui n'ont aucun rapport direct avec les assemblées : le Corps législatif, qui est élu, et le Conseil d'État et le Sénat, dont les membres sont nommés.

La presse est muselée, et l'opposition éliminée. Une soixantaine de députés, de gauche comme de droite, considérés comme dangereux pour la « sûreté générale », sont expulsés du territoire français. À droite, les royalistes ont perdu une grande partie de leurs fidèles, du fait du soutien apporté au prince-président par le clergé. En dépit de la mort de Louis-Philippe, en 1850, les monarchistes restent paralysés par la division entre légitimistes et orléanistes, d'autant que le comte de Chambord, le prétendant Bourbon, qui est plus traditionaliste que n'était son grand-oncle Louis XVIII, n'est guère enclin à transiger avec ses principes. Le coup d'État a interrompu la carrière parlementaire de Berryer, le grand avocat légitimiste, dont l'élection à l'Académie française, en février 1852, fait figure de défi au régime de Louis-Napoléon.

À gauche, les responsables du parti républicain sont sous les verrous, ou en exil. Neuf jours après le coup d'État, Victor Hugo est parti pour la Belgique. Élu député en 1848, l'écrivain a d'abord soutenu la candidature de Louis-Napoléon à la présidence de la République. Réélu en 1849, il s'est retourné contre lui lors de l'expédition de Rome et du débat sur la révision constitutionnelle, lançant à l'Assemblée une formule passée à la postérité : « Après Auguste, Augustule ! Parce que nous avons eu Napoléon le Grand, il faut que nous ayons Napoléon le Petit ! » Hugo s'installera ensuite à Jersey, puis à Guernesey, passant près de vingt années en exil.

Tous les rouages du pouvoir sont donc contrôlés par le chef de l'État, qui nomme les préfets et les maires. Les préfets, dont les compétences sont accrues, jouent un rôle cardinal en veillant aux candidatures officielles aux élections, pratique qui permet d'écarter les indésirables et d'éviter les mauvaises surprises. Le 29 février 1852, lors de l'élection des 261 membres du Corps législatif, seulement 8 opposants, dont 5 légitimistes et 3 républicains, sont élus. Les fonctionnaires, surveillés par la police secrète, ont l'obligation de prêter un serment de fidélité au chef de l'État.

Peut-être le prince-président, incertain du soutien de l'opinion, a-t-il hésité avant de rétablir l'Empire. Mais en septembre et octobre 1852, un voyage triomphal dans les départements du Midi, de Marseille à Bordeaux, lui confirme sa popularité. À Bourges, le chef de l'État a été accueilli aux cris de « Vive l'Empereur ! ». À Bordeaux, le 9 octobre, il se déclare enfin, exposant ce que serait le programme de l'Empire : « … des routes à ouvrir, des ports à creuser, des rivières à rendre

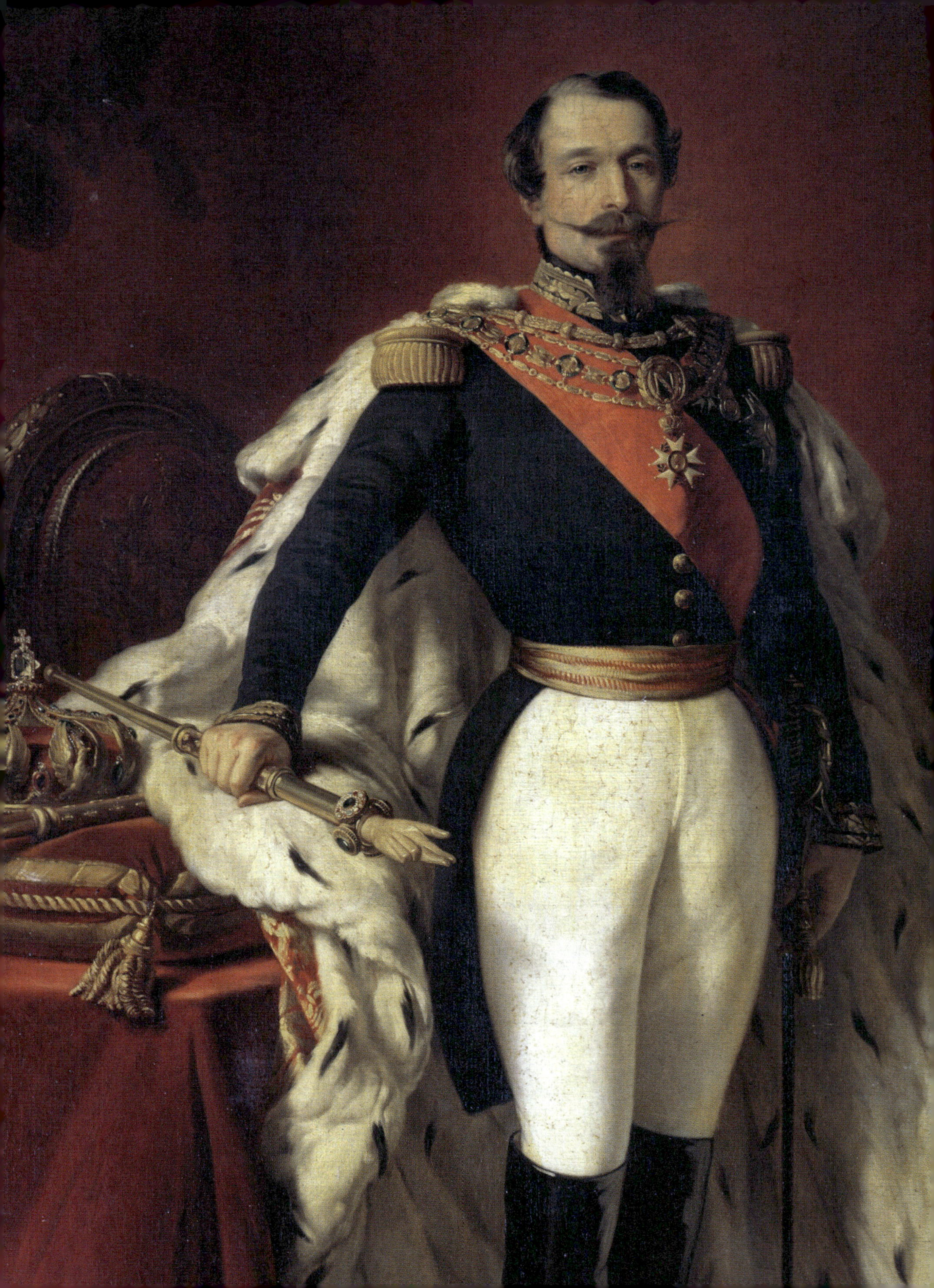

navigables, des canaux à terminer, notre réseau de chemins de fer à compléter… ». Une semaine plus tard, quand il rentre à Paris, l'entrée du jardin des Tuileries est surmontée d'un arc de triomphe portant l'inscription : « À Napoléon III empereur, sauveur de la civilisation moderne, les ouvriers reconnaissants. »

Le 7 novembre, le Sénat propose le « rétablissement de la dignité impériale en la personne de Louis-Napoléon Bonaparte avec hérédité dans sa descendance directe légitime et adoptive ». Cette clause est la seule modification, mais de taille, de la Constitution du 14 janvier précédent. Appelés aux urnes pour ratifier le nouveau régime, le 21 novembre, 7,8 millions de Français disent « oui » à l'Empire, contre 250 000 « non ». Il est à noter, tout de même, que 2 millions d'électeurs se sont abstenus. Le 2 décembre 1852, Louis-Napoléon est proclamé empereur sous le nom de Napoléon III.

Il reste le problème de la succession dynastique. Faute d'héritier direct, le trône impérial doit revenir à Jérôme Napoléon, un cousin surnommé « Plonplon », prince anticlérical et d'extrême gauche. En 1853, l'Empereur épouse une ravissante Espagnole, Eugénie de Montijo. Pieuse, mais non dénuée d'ambition politique, l'impératrice donnera à son mari, en 1856, un unique héritier, Eugène Louis Napoléon, le prince impérial.

Un régime de plus en plus autoritaire

À partir de 1853, Napoléon III exerce le pouvoir sur les mêmes bases institutionnelles qu'auparavant. Empereur, il est aussi le véritable chef du gouvernement, si bien que l'Histoire peine à retenir le nom d'un ministre important qui ait marqué son règne.

Son demi-frère, le duc de Morny[3], qui l'a encouragé lors du coup d'État, est ministre de l'Intérieur jusqu'en janvier 1852, mais démissionne alors, en désaccord avec la décision du prince-président de confisquer les biens personnels de la famille d'Orléans. Sous l'Empire, réélu au Corps législatif, il en devient le président de 1854 à 1865. Eugène Rouher, presque constamment ministre de 1849 à 1869 (Justice, Agriculture, présidant le Conseil d'État, Finances) et faisant quasiment fonction de président du Conseil sans en avoir le titre – on parlera de « rouhernement » –, est un homme de dossiers, d'une puissance de travail exceptionnelle. Mais ce bon serviteur de l'État est tout entier soumis à son maître, dont il

---

3. Morny, né en 1811, trois ans après Napoléon III, est le fils naturel de la reine Hortense, la mère de l'Empereur, et du général de Flahaut.

Portrait en pied de Napoléon III, empereur des Français représenté devant le palais des Tuileries. Peinture d'après Franz Xaver Winterhalter (1855).

épouse sans états d'âme (sauf dans le cas, lui aussi, de la nationalisation des biens des Orléans) les fluctuations politiques : il est autoritaire quand Napoléon III l'est, avant d'épouser les inflexions libérales de son mentor. Un dernier mot sur Persigny, fidèle entre les fidèles – il a participé au complot de 1836 –, qui dirigera notamment l'Intérieur jusqu'à son éviction en 1863. On cite à son sujet un bon mot de Napoléon III : « L'impératrice est légitimiste, Morny est orléaniste, le Prince Napoléon (Plon-Plon) est républicain et je suis moi-même socialiste. Il n'y a qu'un seul bonapartiste, Persigny, et il est fou. »

Le 14 janvier 1858, trois bombes sont lancées contre le carrosse du couple impérial. Napoléon III et l'impératrice sont indemnes, mais l'explosion a fait 8 morts et 150 blessés. Les coupables, Orsini et ses complices, sont des républicains italiens réfugiés en France. Rapidement arrêtés, ils sont condamnés à mort et exécutés. Après cet attentat, l'autoritarisme du régime se renforce : la loi de sûreté générale, adoptée le 19 février 1858 par les députés et sénateurs, permet d'interner ou d'expulser du territoire tout individu considéré comme dangereux pour la sûreté publique, concept dont la définition est en l'occurrence extensive.

Une période d'expansion économique

La grande réussite du régime se situe sur le plan économique. De 1850 à 1870, la France, servie par une conjoncture mondiale favorable, connaît deux décennies de croissance et de modernisation de son outil industriel et financier. Le souverain, marqué par les idées saint-simoniennes, considère que l'État possède une mission déterminante dans le développement économique, devant financer les grands travaux et soutenir l'appareil productif à travers ses dépenses.

Ce sont les années où le pays se dote d'un système bancaire moderne, et où sont fondés des établissements financiers restés célèbres : Crédit industriel et commercial (1859), Crédit lyonnais (1863), Société générale (1864). Le réseau des chemins de fer passe de 3 000 km à 16 000 km, et les transports maritimes connaissent une expansion sans précédent, accrue par le traité de libre-échange signé en 1860 entre la France et l'Angleterre. Le savoir-faire français et les investissements des particuliers permettent à Ferdinand de Lesseps d'entreprendre le percement du canal de Suez (1859-1869).

Le Second Empire, c'est encore la révolution de l'urbanisme. En 1853, une épidémie de choléra, conséquence de l'utilisation d'eaux usées, provoque près de 6 000 victimes dans la capitale. Napoléon III décide d'en finir et nomme à la

Le percement de l'avenue de l'Opéra en 1877. Photographie de Charles Marville.

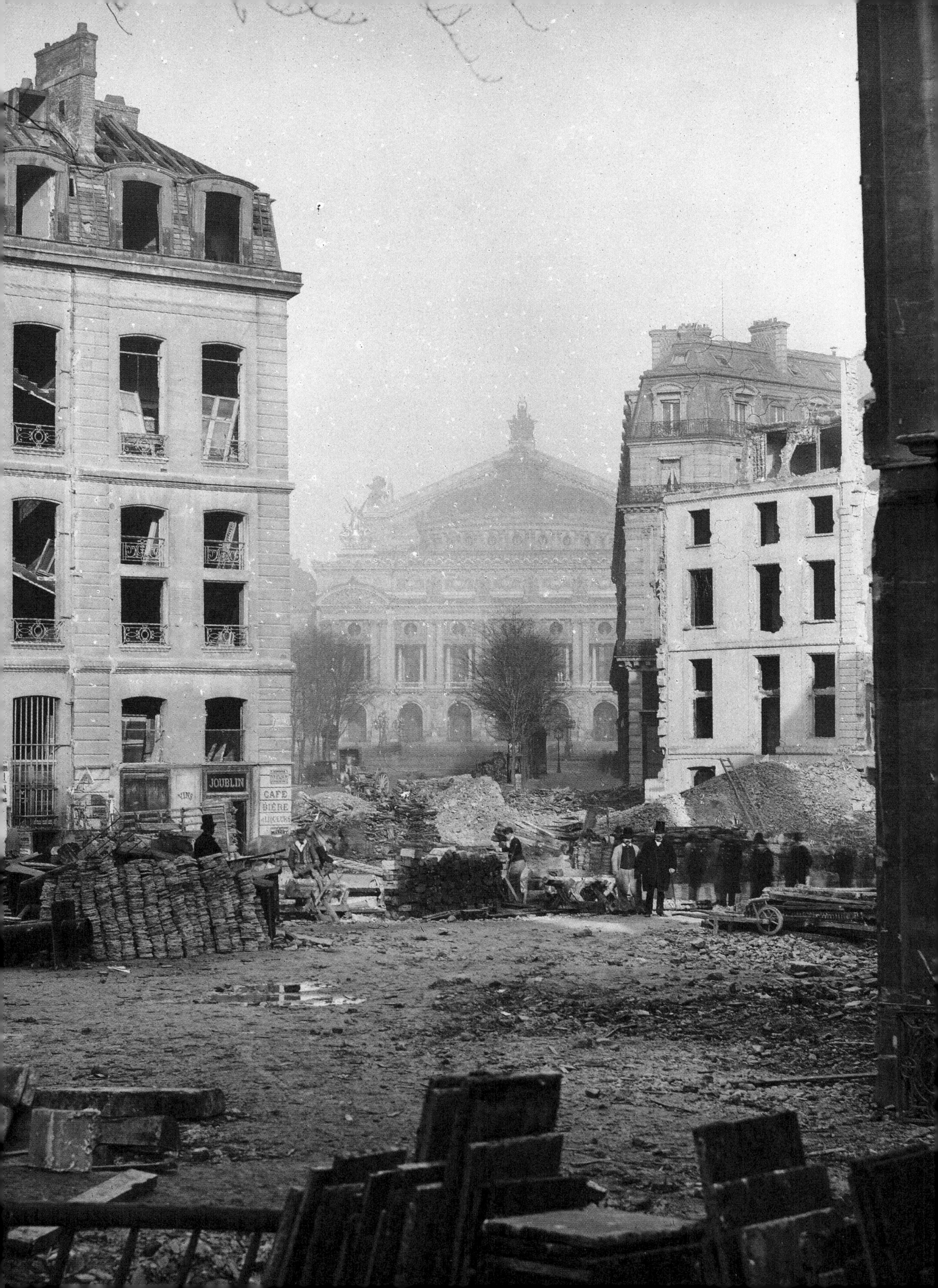
JOUBLIN
CAFE
BIÈRE
VINS

préfecture de la Seine un homme intègre et expérimenté, Eugène Haussmann, qui lui a présenté un projet visant à faire de Paris une métropole moderne. Ayant carte blanche, mais travaillant en étroite coopération avec l'Empereur, le haut fonctionnaire, qui conservera son poste pendant seize ans, dirige un gigantesque chantier. Dans le sous-sol, il installe un réseau d'égouts, un système d'adduction d'eau potable et des canalisations de gaz. En surface, il rase les quartiers insalubres, dont les immeubles sont reconstruits. Dans le centre de la ville, il trace de grandes avenues, dégage les abords des monuments, en construit de nouveaux (l'Opéra, les Halles) et aménage des espaces verts. En 1855, la Compagnie générale des omnibus transporte 36 millions de voyageurs dans la capitale. En province, Marseille, Lyon et Bordeaux se transforment également à cette époque.

La France compte 35 millions d'habitants en 1851. Si 70 % d'entre eux sont des ruraux, principalement des paysans, cette proportion décroît : en 1870, près du tiers des Français sont des citadins. Symboles de l'élévation du niveau de vie, les grands magasins, « cathédrales du commerce moderne » selon Zola, sont fondés dans ces années-là : le Bon Marché (1852), Au Louvre (1855), le Bazar de l'Hôtel de Ville (1857), le Grand Bazar de Lyon (1857), Au Printemps (1864), la Samaritaine (1869).

En une vingtaine d'années, le Second Empire imprime donc à la société française un élan économique dont les effets se feront sentir jusqu'au XXe siècle. Cependant ni le Premier Empire, ni la Restauration, ni la monarchie de Juillet n'ont rétabli le droit de former des associations professionnelles qui avait été supprimé, en 1791, par la loi Le Chapelier. La contrepartie du régime de libre concurrence est donc l'extrême précarité sociale des ouvriers et des employés, qui ne peuvent s'organiser pour se défendre. Quelques mesures ont été prises sous la Restauration et sous la monarchie de Juillet, en matière de droit du travail, mais la journée de labeur, sous le Second Empire, reste, légalement, de onze heures à Paris et de douze heures en province, durée qui est souvent dépassée. Familles misérables, logements insalubres, enfants exploités, alcoolisme : le monde de Zola n'est pas le fruit de son imagination.

La question tient personnellement à cœur à Napoléon III qui, en 1862, envoie une délégation ouvrière à l'Exposition universelle de Londres. Menant une politique audacieuse pour son temps, le souverain invite les préfets à jouer les conciliateurs dans les conflits du travail et à pousser les patrons à accepter les augmentations salariales. Se considérant comme l'« empereur des ouvriers et des paysans », le chef de l'État multiplie les sociétés de secours mutuel, les hôpitaux, les asiles de convalescence, les foyers pour les indigents, et stabilise le prix du pain, élément de base de l'alimentation populaire.

En 1864, le droit de grève est reconnu par la loi, entraînant une tolérance du droit de réunion. En 1867, les coopératives ouvrières sont autorisées, prélude à la reconnaissance du droit syndical qui interviendra sous la IIIᵉ République (1884). L'assurance sur la vie, l'assurance sur les accidents du travail, les caisses de retraite ou l'inspection du travail s'ébauchent également sous le Second Empire.

Des guerres où la France ne trouve pas son compte

Le discours dans lequel le prince-président avait annoncé, le 9 octobre 1852, à Bordeaux, sa décision de rétablir le trône impérial contenait une promesse : « L'Empire c'est la paix. » La formule, dictée par le souci de rassurer l'opinion française comme les puissances européennes craignant la remise en cause des traités de 1815, s'avérera mensongère. Contrastant avec la politique de paix de Louis-Philippe, Napoléon III fera beaucoup la guerre, sans que l'intérêt du pays y trouve forcément son compte.

En 1854, la France se bat en Crimée. L'affaire est compliquée, et mérite une explication. L'année précédente, le tsar Nicolas Iᵉʳ exige l'établissement d'un protectorat russe sur les orthodoxes vivant dans l'Empire ottoman, demande à laquelle le Sultan oppose un refus. La Russie réplique en envahissant les principautés moldo-valaques (dont le territoire correspond à la Roumanie actuelle), qui sont sous souveraineté turque mais qui, géographiquement, se situent à la lisière de l'empire d'Autriche. Vienne s'inquiète donc de l'intrusion russe à l'embouchure du Danube. Par ailleurs, la marine du tsar coule la flotte ottomane, ce qui a pour résultat que la mer Noire devient un lac russe. Cet élément-là, lui, inquiète Londres, car les Anglais entendent limiter au maximum l'accès des Russes aux mers chaudes.

Napoléon III, qui n'a rien à voir avec ce conflit, imagine dès lors une partie de billard visant à casser l'entente nouée en 1815 par les puissances européennes (Angleterre, Autriche, Russie) contre la France. Le souverain offre son alliance à Londres, offre aussitôt acceptée. L'objectif est de faire obstacle, avec les Anglais, à la menace russe dans les Détroits et la mer Noire, afin de garder la liberté des mers en Orient, d'une part, et de préserver le rôle historique de la France de protecteur des chrétiens d'Orient[4], d'autre part, même si les Capitulations toujours en

---

4. C'est au nom de ce droit, et mandatée par une conférence internationale réunie à Londres, que la France envoie un corps expéditionnaire au Liban, en 1860, afin de secourir les chrétiens maronites victimes de massacres commis par les Druzes.

vigueur avec la Sublime Porte concernent essentiellement les catholiques établis dans l'Empire ottoman. En dernier lieu, Napoléon III veut attiser la méfiance de l'Autriche pour la Russie, en les dressant l'une contre l'autre.

En mars 1854, la France et l'Angleterre déclenchent donc les hostilités contre la Russie, en s'assurant du soutien tacite de l'Autriche. Les batailles sanglantes qui se dérouleront durant dix-neuf mois en Crimée ont légué des noms familiers aux Parisiens : Sébastopol, l'Alma, Malakoff. Les Russes vaincus, le traité de paix est signé à Paris le 30 mars 1856. En position d'arbitre européen, la France paraît triompher. En réalité, les Anglais ont tiré un bénéfice important et immédiat de la participation française au conflit, tandis que la France, dont l'engagement militaire a été plus important, recueille des avantages mineurs de la victoire.

En juillet 1858, à Plombières, dans les Vosges, Napoléon III rencontre Cavour, le chef du gouvernement du royaume de Piémont-Sardaigne. Celui-ci a entrepris de réaliser l'unité italienne autour de son pays, projet qui rencontre l'assentiment de l'Empereur, partisan du principe des nationalités et, on l'a dit, ancien carbonaro. Les deux hommes s'accordent pour expulser l'Autriche de la péninsule. La France recevra Nice et la Savoie, et le royaume sarde annexera la Lombardie, la Vénétie et les duchés de Modène et de Parme. L'ensemble des États italiens formeront une Confédération italienne, qui respectera la souveraineté temporelle du pape à Rome – clause exigée par Napoléon III, qui ne veut pas déplaire aux catholiques (ni à sa femme) et qui a maintenu une garnison française dans la Ville Éternelle depuis l'expédition d'Oudinot en 1849.

Le 3 mai 1859, la guerre éclate avec l'Autriche. Elle est brève. À Magenta, en Lombardie, la victoire française contre les Autrichiens, le 4 juin, permet à Napoléon III d'entrer dans Milan. À Solferino, au sud du lac de Garde, le 24 juin 1859, l'empereur des Français et l'empereur d'Autriche, François-Joseph, se font face. Les Français arrachent une difficile victoire, mais les pertes sont lourdes dans les deux camps : outre les morts, 20 00 blessés français, italiens ou autrichiens sont abandonnés sur le champ de bataille. Tant de détresse donnera idée au Suisse Henri Dunant, qui était sur place, de fonder la Croix-Rouge.

Un armistice a été signé, suivi de la paix de Villafranca (11 juillet 1859). Nice et la Savoie, en avril 1860, approuveront par référendum leur rattachement à la France. L'Autriche cède la Lombardie, mais conserve la Vénétie. Estimant que Napoléon III n'a pas tenu ses engagements, Cavour démissionne, tout en continuant d'agir en sous-main, puis revient au pouvoir au bout de quelques mois, poussant à une série d'annexions (Parme, Modène, Romagne) qui posent le problème de la puissance temporelle du pape.

Vraies et fausses gloires du Second Empire

Confronté à la question romaine, Napoléon III sera tiraillé, pendant tout son règne, entre les exigences contradictoires de son soutien de principe à l'unité italienne et de sa volonté de soutenir le pape pour ne pas s'aliéner les catholiques. En 1860, il laisse les troupes de Cavour traverser les États pontificaux afin de barrer la route à Garibaldi qui aspire à proclamer un État révolutionnaire à Naples. Pour défendre Rome, Pie IX fait appel au général Lamoricière, un proscrit du coup d'État de 1851, resté un adversaire farouche de Napoléon III, qui recrute un corps de volontaires internationaux, les Zouaves pontificaux, où les Français sont les plus nombreux. Mais les troupes de Lamoricière sont battues par les Piémontais à Castelfidardo (18 septembre 1860).

L'année suivante, Victor-Emmanuel II, le roi de Piémont-Sardaigne, est proclamé roi d'Italie : Cavour a atteint son objectif, mais il meurt trois mois après. En 1864, Napoléon III conclut avec le roi Victor-Emmanuel une convention par laquelle il s'engage à évacuer Rome dans un délai de deux ans, à condition que l'Italie renonce à occuper la Ville Éternelle. Lorsque les troupes françaises

L'exécution de l'empereur Maximilien Ier du Mexique le 19 juin 1867.
Peinture d'Édouard Manet (1868).

quittent Rome, en 1866, Garibaldi, secrètement soutenu, ce coup-ci, par le gouvernement italien, veut envahir les États pontificaux avec ses volontaires, mais Napoléon III renvoie à Rome deux divisions qui arrêtent les garibaldiens à Mentana (3 novembre 1867). La garnison française n'abandonnera Rome qu'au début de la guerre franco-allemande de 1870, laissant l'armée italienne occuper la ville, le 20 septembre 1870[5].

En 1863, Napoléon III engage la France au Mexique, dans une expédition politiquement absurde et militairement perdue d'avance. L'objectif, soutenu avec force par l'impératrice Eugénie, est de fonder un empire catholique dont la couronne est offerte à l'archiduc Maximilien d'Autriche, frère de François-Joseph. Sur place, l'entreprise vire au fiasco. En 1865, la victoire du Nord sur le Sud aux États-Unis met un terme à la guerre de Sécession, plaçant nos troupes sous la menace d'une intervention américaine. En 1866, le contingent français est rapatrié, abandonnant le malheureux Maximilien, empereur qui, l'année suivante, meurt fusillé par des sujets qui ne l'ont jamais reconnu. De cette honteuse affaire ne subsiste, pour la gloire de la France, que le combat de Camerone (30 avril 1863), héroïque défaite dont la Légion étrangère fera un de ses mythes fondateurs.

Critiqué à droite, Napoléon III cherche des appuis chez les libéraux

La guerre en Italie et les tensions avec le pape, en 1859, ont provoqué le mécontentement des catholiques. Le traité de libre-échange franco-anglais de 1860, en outre, suscite des récriminations de la part des industriels éprouvés par la concurrence britannique. Afin de compenser la fronde qui survient dans des milieux où il a traditionnellement trouvé un soutien, Napoléon III cherche des appuis ailleurs. En l'occurrence du côté des libéraux. Ainsi s'explique le tournant qui, en 1860, inaugure la période libérale du Second Empire.

En novembre 1860, l'Empereur donne au Corps législatif le droit d'adresser publiquement au chef de l'État, à l'occasion de la rentrée parlementaire, ses réflexions sur la conduite du gouvernement, et autorise la publication des débats

---

5. Le pape, qui n'acceptera jamais cette annexion de la Ville Éternelle par l'Italie, se considérera désormais comme prisonnier dans Rome. La question romaine perdurera jusqu'à ce que les accords du Latran, signés en 1929 entre le Saint-Siège et l'Italie, créent l'État du Vatican.

parlementaires. En 1861, un sénatus-consulte[6] renforce les attributions du Corps législatif en matière budgétaire. Ces mesures ne modifient pas la nature du régime, mais suscitent un réveil de la vie politique qui se traduit, aux élections de 1863, par l'entrée au Corps législatif de 32 députés de l'opposition (17 républicains, 15 royalistes). Parmi eux figure Émile Ollivier, député républicain de Paris, déjà élu en 1857. Entre 1863 et 1866, celui-ci prend peu à peu la tête du Tiers Parti qui regroupe d'anciens opposants prêts à collaborer avec l'Empire, dès lors qu'il se libéralise.

En 1866 survient une nouvelle séquence désastreuse pour la France en matière de politique étrangère. Fidèle au principe des nationalités qui le guide, Napoléon III se montre favorable à l'unité allemande, dont Bismarck a entrepris la réalisation. Rencontrant le chancelier de Prusse à Biarritz, en octobre 1865, l'Empereur lui confirme la neutralité de la France en cas de conflit austro-prussien. L'année suivante, lorsque les hostilités éclatent entre Berlin et Vienne, Napoléon III, sourd aux appels de François-Joseph, laisse l'armée prussienne défaire les troupes autrichiennes et leurs alliées saxonnes à Sadowa[7] (3 juillet 1866). L'Empereur ne bouge pas plus quand Bismarck, chassant politiquement les Habsbourg de l'Allemagne, réorganise cette dernière au profit de la Prusse, avançant à grands pas vers l'unité allemande qui sera ratifiée en 1871. Napoléon III se déconsidère ensuite en tentant de se faire payer sa neutralité par des « pourboires », demandant successivement la rive gauche du Rhin, le Luxembourg et même la Belgique, qui lui sont refusés avec mépris par Bismarck. Le chancelier de fer, qui veut l'Alsace et la Lorraine autour de Metz, prépare déjà sa prochaine guerre : contre la France. À partir de ces années-là, Napoléon III, fatigué, miné par la maladie de la pierre, sollicité dans des directions contraires par les multiples tendances de son entourage, est de plus en plus le jouet des événements. Cet affaiblissement le porte de nouveau aux concessions. En 1867, le droit d'interpellation du gouvernement est rétabli au Corps législatif, la liberté de la presse et la liberté de réunion sont partiellement restaurées. Des mesures dont profite la nouvelle génération d'opposants, plus radicale, qui a pris Léon Gambetta pour chef de file.

Les élections de mai 1869 font entrer 41 légitimistes, 120 bonapartistes libéraux et 30 républicains au Palais-Bourbon, contre seulement 92 bonapartistes autoritaires : c'est par conséquent une victoire de l'opposition. En juillet, cette dernière pousse

---

6. Sous le Second Empire, comme sous le Consulat et le Premier Empire, un sénatus-consulte est un texte voté par le Sénat et ayant valeur de loi.
7. Les Autrichiens appellent la bataille de Sadowa la bataille de Königgrätz (Hradec Králové en tchèque). Cette ville se situe aujourd'hui en République tchèque.

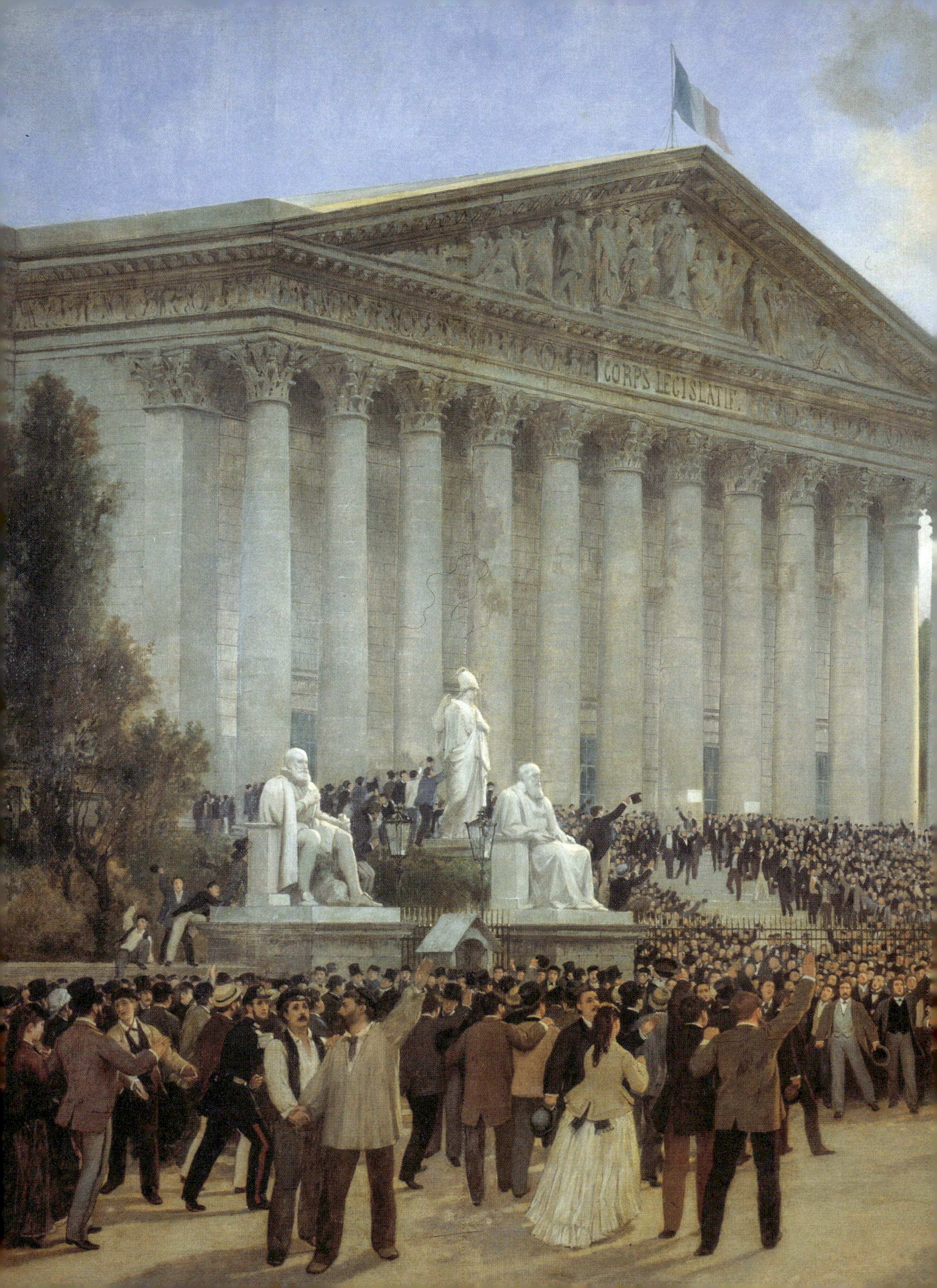
CORPS LEGISLATIF

*Le Palais du Corps législatif après sa dernière séance,
proclamation de la déchéance de l'Empire le 4 septembre 1870.
Peinture de Jules Didier et Jacques Guiaud (1870).*

son avantage : à l'initiative d'Émile Ollivier, 116 députés exigent que le pays soit associé à la direction des affaires, au moyen de « la constitution d'un gouvernement responsable devant l'Empereur et la Chambre ». À nouveau, Napoléon III lâche du lest : le sénatus-consulte de septembre 1869 redonne au Corps législatif les attributions normales d'une assemblée, les ministres étant responsables devant le Corps législatif et devant l'Empereur. Et le 2 janvier 1870, Émile Ollivier devient chef du gouvernement, même s'il n'en porte officiellement pas le titre.
En avril 1870, un sénatus-consulte instaure l'Empire libéral. Le Sénat devient une deuxième Chambre, et Napoléon III annonce que ces réformes seront soumises à l'approbation du peuple français. Au plébiscite du 8 mai 1870, 69 % des voix disent « oui » à la politique de l'Empereur, contre 14 % de suffrages négatifs. En dépit des 16 % d'abstentions, et sauf à Paris où le « non » a été majoritaire, c'est un triomphe pour l'Empire, qui semble refondé. Et pourtant, trois mois plus tard, le régime s'écroulera.

Le Second Empire s'effondre à Sedan

Au début du mois de juillet 1870, des négociations se déroulent à Ems, en Allemagne, entre l'ambassadeur de France et le roi de Prusse, Guillaume Ier, au sujet de la candidature du prince de Hohenzollern-Sigmaringen au trône d'Espagne, hypothèse à laquelle Napoléon III s'oppose car elle menace la France d'encerclement. Le roi de Prusse fait montre de bonne volonté en annulant la candidature de son cousin, mais Napoléon III insiste en exigeant de son ambassadeur des garanties nouvelles de la part des Allemands, demande que le roi Guillaume refuse en termes courtois, le 13 juillet. C'est au soir de ce même jour que Bismarck, désolé par la trop grande patience de son souverain et qui cherche l'affrontement, communique à la presse une dépêche (la fameuse « dépêche d'Ems ») qui résume l'affaire sur un ton agressif et à dessein insultant pour les Français.
À Paris, l'opinion s'enflamme. Malgré l'opposition de Thiers, qui sait que notre armée n'est pas prête, le Corps législatif accepte l'engagement contre la Prusse. Le 19 juillet, sûre de sa force, la France déclare la guerre à Berlin. Devant les députés, Émile Ollivier annonce qu'il prend cette responsabilité « d'un cœur léger ». « L'armée prussienne n'existe pas », plastronne le ministre de la Guerre, le maréchal Lebœuf. Trois armées ennemies pénètrent en Alsace et en Lorraine. Dès le 12 août, la bataille des frontières est perdue : Strasbourg a été occupée le 9 août, Nancy le sera cinq jours plus tard. Le maréchal Bazaine s'enferme dans

Metz avec 177 000 hommes. Au camp de Châlons, l'Empereur et le maréchal de Mac-Mahon reconstituent une force de 130 000 hommes, qui tente de débloquer Metz. Mais cette armée est repoussée vers Sedan, où Napoléon III capitule le 2 septembre.

La nouvelle du désastre parvient à Paris le lendemain. Le surlendemain, une foule de 100 000 personnes rassemblée à la Concorde déborde la troupe, entoure le Palais-Bourbon et envahit la Chambre. Devant un hémicycle rempli d'émeutiers, Léon Gambetta prononce la déchéance de l'empereur. Sur proposition de Jules Favre, les chefs de la gauche se rendent à l'Hôtel de Ville, cerné lui aussi par les manifestants. C'est là, symboliquement, que la République est proclamée, en ce 4 septembre 1870. Sous la présidence du général Trochu, un gouvernement provisoire de la Défense nationale est constitué. Un de ses premiers décrets abolit le Sénat et prononce la dissolution du Corps législatif.

Contrairement à d'autres journées révolutionnaires, le 4 Septembre n'a pas fait couler une goutte de sang. Mais à l'instar du régime créé de toutes pièces par Napoléon Ier, celui de Napoléon III s'effondre comme un château de cartes, sans que personne ait songé sérieusement à la régence de l'impératrice Eugénie et au prince impérial, alors âgé de 14 ans. Exilé en Angleterre, le second empereur des Français mourra dans le Kent, en 1873. Le prince impérial, officier dans l'armée britannique, sera tué par les Zoulous, en 1879. L'impératrice Eugénie chassera son chagrin en voyageant à travers l'Europe. Elle mourra à Madrid, en 1920, fantôme d'un autre siècle.

Après les Bourbons (Restauration) et la monarchie constitutionnelle influencée par l'Angleterre (monarchie de Juillet), c'est au tour du césarisme héréditaire de rejoindre le cimetière des légitimités défuntes. L'ère des royautés s'achève, avec pour corollaire une méfiance durable du parti républicain envers un exécutif fort. La postérité n'a guère été indulgente avec Napoléon III. Les républicains, autrefois, lui refaisaient sans cesse le procès du coup d'État du 2 Décembre, et les nationalistes de la défaite de Sedan. Ces tristes épisodes, bien réels, n'épuisent pas l'histoire d'un personnage et d'une société qui ont eu aussi leurs grandeurs. Dans bien des domaines – économique, social, technique et artistique –, à l'époque du Second Empire, la France s'est hissée au premier rang européen.

XI. La IIIe République de Jules Ferry : sectarisme et libertés

La IIIe République de Jules Ferry : sectarisme et libertés

L'effondrement du Second Empire a libéré des antagonismes mis sous le boisseau pendant vingt ans. Monarchistes contre républicains, conservateurs contre libéraux, catholiques contre anticléricaux : les clivages qui resurgissent après 1870 procèdent de la Révolution française. Celle-ci est-elle terminée ? Faut-il la continuer, l'interrompre, l'achever ? Les régimes postérieurs à la Révolution – Consulat, Empire, Restauration et monarchie de Juillet – ont tous accepté son héritage, tout en conservant une part de l'ancienne France. Il appartiendra à la IIIe République, jusqu'à la Première Guerre mondiale, de clore ce cycle en liquidant dans les institutions et la société ce qui subsistait de l'Ancien Régime. Le grand choc de 1914, ensuite, rebattra les cartes, donnant naissance à un monde nouveau.

En 1871, la France élit une Assemblée royaliste

Le 4 septembre 1870, Napoléon III étant prisonnier des Prussiens, les chefs de l'opposition républicaine – Jules Favre, Jules Simon, Jules Ferry, Léon Gambetta – constituent un gouvernement provisoire, qui prend le nom de gouvernement de la Défense nationale. Présidé par le général Trochu, le cabinet ne forme pas un front uni. Favre, le ministre des Affaires étrangères, est un modéré, occupé à éviter tout débordement révolutionnaire et désireux de conclure la paix avec les Allemands dans les meilleures conditions possibles. Gambetta, le ministre de l'Intérieur, est au contraire un républicain avancé, tenant de la lutte à outrance avec l'ennemi. Des négociations immédiatement conduites avec Bismarck échouent. La plus grande part de l'armée étant prisonnière, le gouvernement poursuit la lutte avec des moyens improvisés. Le 19 septembre, Paris est encerclé. Ne voulant pas risquer un assaut coûteux en hommes, Bismarck se contente d'assiéger la ville, dans l'intention de l'affamer. Le 7 octobre, Gambetta s'envole en ballon et installe

HISTOIRE PASSIONNÉE DE LA FRANCE

Léon Gambetta quitte Montmartre pour Tours, le 7 octobre 1870.
Peinture de Jules Didier et Jacques Guiaud (1870).

La IIIe République de Jules Ferry : sectarisme et libertés

une délégation du gouvernement à Tours. De là, il parvient, ce qui stupéfiera les Allemands, à mobiliser 600 000 hommes.

Pétri de réminiscences jacobines – salut public, levée en masse, invincibilité du peuple en armes –, Gambetta excite malheureusement une propagande qui rendra la défaite finale plus amère. L'idéologie le conduit d'ailleurs à laisser sans emploi et sans ravitaillement une armée de Bretons, condamnés à mourir de faim et de maladie au camp de Conlie, près du Mans, parce que ces volontaires sont soupçonnés de sympathies royalistes.

Durant l'hiver enneigé de 1870-1871, l'Armée de la Loire est battue à Beaune-la-Rolande (28 novembre) et à Orléans (3-4 décembre), la IIe armée de la Loire au Mans (11-12 janvier) et l'Armée du nord à Saint-Quentin (19 janvier 1871). L'Armée de l'est, après avoir repris Dijon, est défaite à Belfort (17 janvier) et trouve refuge en Suisse (1er février).

Le 18 janvier 1871, l'empire d'Allemagne est proclamé à Versailles, dans la galerie des Glaces : *vae victis*. L'unité allemande réalisée autour de la Prusse, Bismarck a atteint son but. À Paris, Trochu dirige une sortie afin de forcer le blocus ennemi : l'expédition s'achève à Saint-Cloud et à Buzenval, laissant 5 000 morts sur le terrain. Depuis deux mois, la capitale vit sous les bombardements. Elle meurt de froid, n'ayant plus de charbon, et de faim, mangeant du chien, du rat, et même les animaux du Jardin des Plantes.

Le 28 janvier, Paris capitule. Le même jour, à Versailles, Jules Favre signe un cessez-le-feu avec les plénipotentiaires du Reich. L'armistice est décrété pour vingt et un jours, délai convenu pour organiser l'élection d'une Assemblée nationale, scrutin qui doit avoir lieu sur l'ensemble du territoire, y compris les départements occupés. Le 6 février, en signe de désaccord avec le cessez-le-feu, Gambetta démissionne du gouvernement.

Le 8 février 1871, le scrutin législatif se déroule dans l'ordre. Dans une proportion écrasante, la majorité de l'Assemblée, élue au suffrage universel, est monarchiste : 200 légitimistes, 200 orléanistes et 30 bonapartistes font face à 200 républicains modérés et à 20 représentants de la gauche extrême. Les députés les plus radicaux, partisans de la poursuite de la guerre (Louis Blanc, Gambetta, Victor Hugo), ont tous été élus par la capitale. La province, en revanche, a massivement voté pour la paix, et contre la révolution parisienne du 4 Septembre.

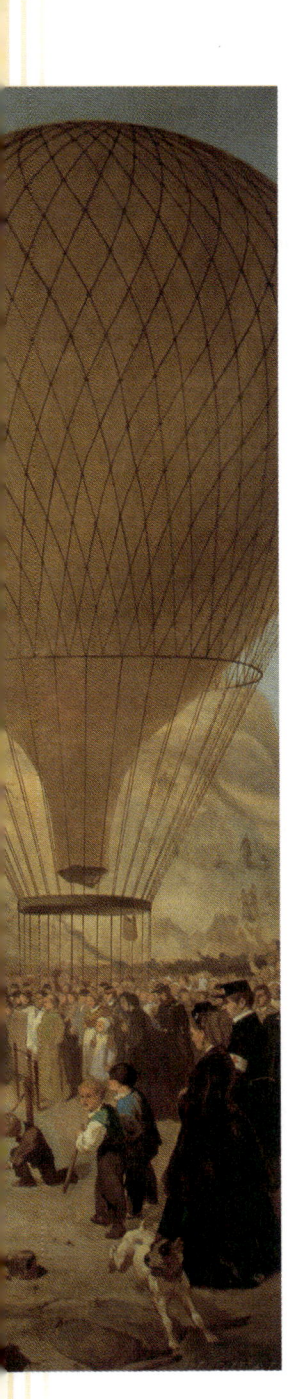

« Majorité de ruraux, honte de la France », s'exclame le républicain Crémieux. Les conservateurs se réjouissent. Ils ne peuvent pas se douter que, dès l'été suivant, sur 113 élections partielles, 99 seront remportées par les républicains.

Thiers, partisan de la République, négocie la paix

L'Assemblée siège à Bordeaux. Élu par 26 départements, Adolphe Thiers dispose d'une forte assise. Âgé de 73 ans, avocat, journaliste, historien, opposant libéral sous la Restauration, ministre, puis président du Conseil sous la monarchie de Juillet, chef du parti de l'Ordre sous la IIe République, puis de l'Union libérale sous le Second Empire, ce notable est au faîte de sa puissance. D'une taille inversement proportionnelle à son intelligence (on le surnomme « Mirabeau-Mouche »), cet orateur et écrivain-né, énorme travailleur, est respecté, même s'il n'est pas aimé à l'image de son premier mentor, Talleyrand, qui avait commenté son ascension d'un de ses fameux traits d'esprit : « Il n'est pas parvenu, il est arrivé ».
Depuis longtemps rallié à la République (« le régime qui nous divise le moins », a-t-il dit dès 1850), Thiers a été chargé par le gouvernement provisoire, en septembre 1870, de faire la tournée des capitales européennes afin de trouver un appui pour la France, entreprise vaine mais qui a prouvé sa connaissance des dossiers. Le 17 février 1871, l'Assemblée l'élit « chef du pouvoir exécutif de la République française ». La majorité royaliste a toutefois pris soin d'ajouter cette précision : « en attendant qu'il soit statué sur les institutions de la France ».
Profitant de l'armistice, Thiers hâte les négociations avec les Allemands. La France devra leur céder l'Alsace (en conservant Belfort) et la Lorraine mosellane, avec Metz, et leur payer une indemnité de 5 milliards de francs-or, les troupes d'occupation restant sur le territoire national jusqu'à l'acquittement complet de cette dette. Le 26 février, les préliminaires de paix sont signés à Versailles. Trois jours plus tard, l'Assemblée ratifie ces conditions, mais 107 voix de gauche, dont tous les députés de Paris, ont voté contre cette paix qu'ils estiment honteuse. Le 10 mai 1871, Jules Favre ira signer le traité officiel à Francfort.
Le 10 mars, à Bordeaux, l'Assemblée conclut un pacte par lequel tous les partis s'accordent à donner la priorité à la remise en route du pays, en reportant la discussion sur la forme définitive du régime. Thiers y voit son intérêt, mais également les royalistes, toujours divisés par la question dynastique entre les Bourbons et les Orléans. Cinq jours plus tard, le chef du pouvoir exécutif est de retour à Paris. S'il s'installe au ministère des Affaires étrangères, quai d'Orsay, ce fin politique,

La IIIᵉ République de Jules Ferry : sectarisme et libertés

Portrait d'Adolphe Thiers.

sentant monter le bouillonnement de la capitale, a demandé à l'Assemblée de prendre ses quartiers à Versailles.

La capitale est en effet en ébullition. Ayant voté plus à gauche que le pays et contre la paix, elle s'exalte dans le souvenir de 1792, phénomène accru par l'exode de nombreux bourgeois avant l'encerclement par les Prussiens. Les gardes nationaux ont formé une Fédération républicaine de la Garde nationale (d'où leur nom de fédérés), intitulé qui est un manifeste politique, mais pas forcément une preuve de patriotisme : parmi les gardes nationaux, rares sont les volontaires pour aller se battre contre les Allemands.
Le 1ᵉʳ mars, lorsque les troupes ennemies sont entrées dans la capitale, le temps de défiler, selon l'exigence de Bismarck, sur les Champs-Élysées, les Parisiens y ont vu une trahison de la part de Thiers. Le transfert à Versailles d'une Assemblée

conservatrice, dans laquelle les éléments avancés ne se reconnaissent pas, accroît leur sentiment de défiance. Tout est en place, en vérité, pour une explosion générale.

Le drapeau rouge flotte sur Paris

Le 18 mars, les soldats du gouvernement gagnent Montmartre afin de récupérer les canons de la Garde nationale, qui ont été mis à l'abri de la convoitise des Allemands. L'opération déclenche l'hostilité de la foule, qui fait prisonniers les officiers dirigeant l'opération, pendant que leurs hommes, encouragés par l'anarchiste Louise Michel, fraternisent. En fin de journée, deux généraux sont lynchés dans leur cellule : le premier sang a coulé. À minuit, les bâtiments officiels étant contrôlés par les gardes nationaux, le drapeau rouge flotte sur l'Hôtel de Ville. Les troupes loyales évacuent Paris, escortant Thiers et ses ministres jusqu'à Versailles. Le chef du pouvoir exécutif applique à la capitale la stratégie qu'il avait mise en œuvre pour mater l'insurrection de Lyon en 1834 : laisser l'émeute s'étendre, pour mieux l'écraser.
Le 26 mars, les fédérés organisent des élections municipales où, plus de la moitié des Parisiens n'ayant pas voté, la gauche remporte une victoire facile. Dans l'assemblée municipale qui s'érige en Commune de Paris, les éléments modérés sont vite marginalisés. Le calendrier de 1793 rétabli, des clubs révolutionnaires sont fondés, les journaux hostiles à la Commune sont interdits. Afin de traquer les traîtres, un Comité de salut public est même ressuscité. Mgr Darboy, l'archevêque de Paris, est arrêté avec 200 prêtres. La majorité de la population, terrorisée, se terre chez elle.
Le 7 avril, Thiers charge le maréchal de Mac-Mahon de reprendre la ville. Les insurgés ne possédant pas de chefs militaires dignes de ce nom, leurs affrontements avec les « Versaillais » tournent à la déroute. Le 21 mai, début de la « Semaine sanglante », l'armée pénètre dans la capitale par la porte de Saint-Cloud. Le centre et l'est de la ville sont hérissés de barricades, qui sont prises une à une : les assaillants ne font pas de quartier. Le 23 mai, les communards incendient les Tuileries, le ministère des Finances, la Cour des comptes et le Conseil d'État. Le lendemain, l'Hôtel de Ville, le Palais-Royal et le Palais de justice. Des dizaines d'otages sont fusillés, dont Mgr Darboy. Le 28 mai, à Belleville, la dernière barricade tombe. Les survivants des ultimes affrontements sont alignés contre l'enceinte du cimetière du Père-Lachaise, emplacement qui deviendra le légendaire mur des Fédérés.

La IIIᵉ République de Jules Ferry : sectarisme et libertés

Le bilan humain de la Semaine sanglante est terriblement lourd : un millier de morts dans les forces gouvernementales, 3 000 à 4 000 insurgés tués au combat, 17 000 autres pris les armes à la main et fusillés sans jugement. 43 000 personnes ont été arrêtées : 27 000 seront relâchées ou bénéficieront d'un non-lieu, mais 11 000 seront condamnées à une peine de prison, 4 500 à la déportation en Nouvelle-Calédonie et une centaine à la peine capitale.

À gauche, un mythe est né, relayant l'imaginaire des révolutions de 1830 et de 1848, mythe fécondé par un martyrologe qui, commémoré chaque année au mur des Fédérés, nourrira pendant un siècle le romantisme révolutionnaire. *Le Temps des cerises*, un refrain composé cinq ans avant l'événement par Jean-Baptiste Clément, un chansonnier montmartrois qui fera le coup de feu pendant la Semaine sanglante, achève de donner sa touche sentimentale à la mémoire de la Commune : « C'est de ce temps-là que je garde au cœur une plaie ouverte… »

En l'occurrence, Thiers s'est réellement montré sans pitié. Aux yeux de certains, son action passe pour un crime contre la démocratie. Or c'est l'inverse qui est vrai : la répression de la Commune a permis d'instituer la République en France en la dissociant de la Révolution. En rétablissant l'ordre, le nouveau régime a rassuré les conservateurs en général et la France rurale en particulier. En comparaison des extrémistes, les notables républicains – non seulement Thiers, mais aussi Jules Ferry, Jules Favre, Jules Simon ou Léon Gambetta – sont apparus comme des modérés.

Signe qui ne trompe pas, les possédants manifestent leur confiance dans le régime instauré sur les décombres de la Commune en souscrivant massivement à l'emprunt nécessaire au recouvrement des 5 milliards dus à l'Allemagne : à la surprise de Bismarck, ce montant est couvert près de dix fois, révélant une richesse qui est le fruit d'une épargne accumulée pendant le Second Empire. Les dernières troupes d'occupation évacueront le pays dès septembre 1873, Thiers y gagnant le surnom de « Libérateur du territoire ».

1873 : la République des ducs

Républicain de fait, le régime n'en porte pas l'appellation, alors que la majorité de l'Assemblée est royaliste. Le basculement vers la République s'opérera en plusieurs phases. En août 1871, Thiers parvient à se faire nommer président de la République, responsable, devant l'Assemblée, d'un régime « provisoire ». En 1872, il se prononce ouvertement pour une « République conservatrice ». Dès lors,

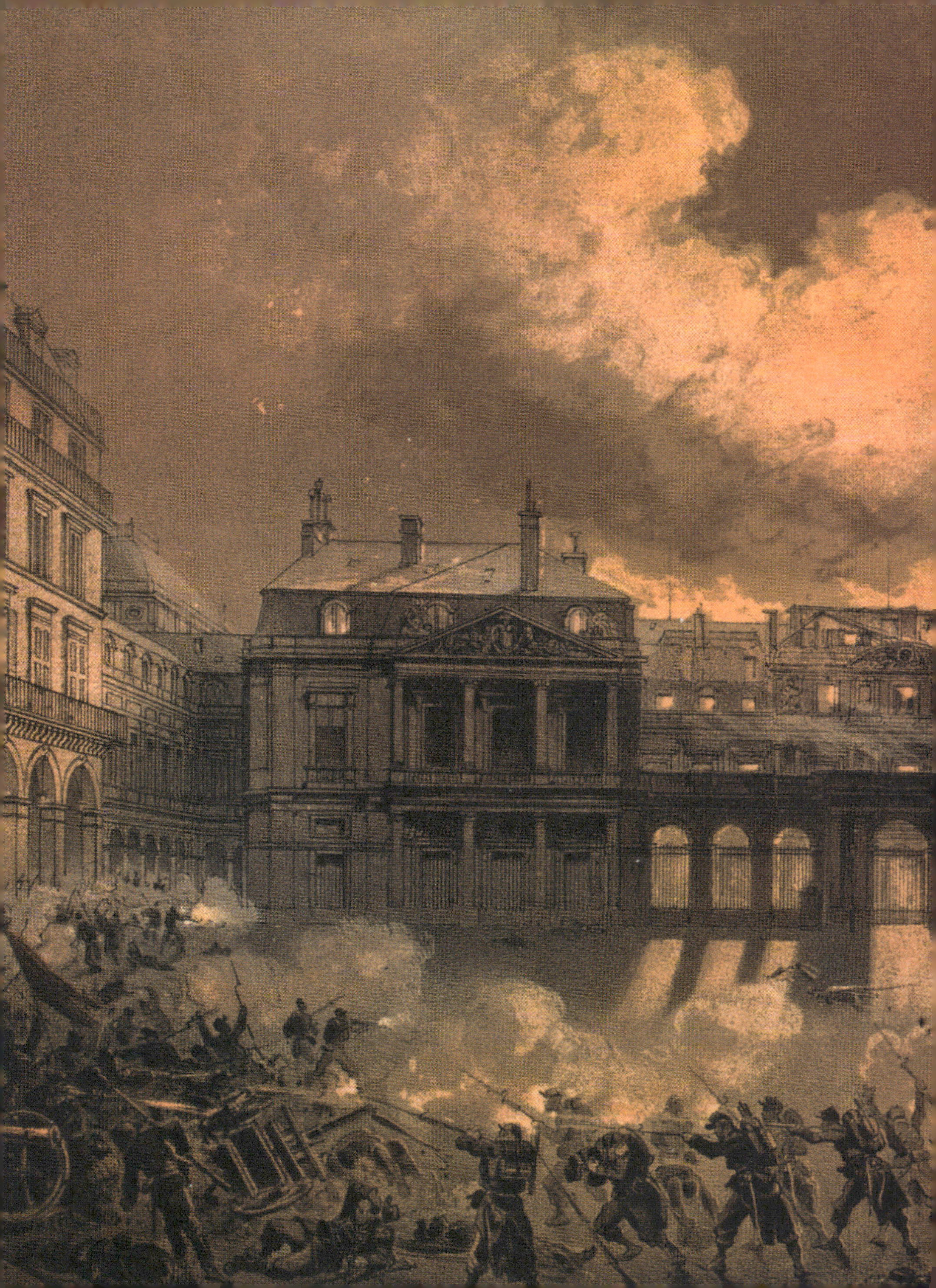

L'incendie du Palais-Royal lors de la Commune de Paris en mai 1871.

les incidents se multiplient entre l'Assemblée et le président. L'année suivante, le duc de Broglie, un catholique libéral, leader de la droite conservatrice, déclenche l'offensive parlementaire contre lui. Dans un message à l'Assemblée, Thiers redit sa foi dans la République, écartant explicitement toute possibilité de restauration monarchique. Le 24 mai 1873, toutefois, mis en minorité par les royalistes, il doit démissionner. Élu président de la République, Mac-Mahon nomme Broglie à la tête du ministère (avec le titre de vice-président du Conseil), et quelques jours plus tard s'engage à rétablir l'« ordre moral », en promettant un gouvernement « énergiquement et résolument conservateur ».

Si le maréchal de Mac-Mahon, duc de Magenta, le nouveau chef de l'État, est d'inclination légitimiste, le duc de Broglie, chef du gouvernement, est de tradition orléaniste. Tous deux, cependant, se moulent dans les institutions en place. C'est que la question dynastique se trouve dans une impasse. En août 1873, le comte de Paris, petit-fils de Louis-Philippe, rencontre dans sa résidence de Frohsdorf, en Autriche, le comte de Chambord, petit-fils de Charles X, saluant en lui « le représentant du principe monarchique en France ». Pour le comte de Paris, l'entrevue revient à reconnaître les droits de la branche aînée, tout en posant les Orléans comme les successeurs du comte de Chambord, ce dernier n'ayant pas d'enfant. Le comte de Chambord est un prince capable d'être attentif à son temps, comme l'ont prouvé sa *Lettre sur la décentralisation* (1862) et sa *Lettre sur les ouvriers* (1865). Dès la chute du Second Empire, il fait acte d'héritier des Bourbons par plusieurs manifestes. Mais cet homme de 53 ans, qui vit en exil depuis l'enfance, a fini par avoir une perception de la réalité qui est déformée par l'éloignement et par la petite société étriquée qui lui sert de Cour. Ne voulant pas céder un pouce de ses principes, il fait savoir, en octobre 1873, qu'il ne renoncera jamais au drapeau blanc. Au-delà de cet emblème, il s'agit, dans son esprit, d'écarter la perspective d'avoir à régner en étant confronté à une autre source de légitimité que la sienne, celle de la représentation nationale en l'occurrence. Ce choix politique – impolitique par son irréalisme – condamne dès lors toute possibilité de restauration[1].

Faute de roi, la « République des ducs » s'installe. En novembre 1873, Broglie fait voter la prorogation des pouvoirs de Mac-Mahon pour sept ans. Le temps passant, la majorité monarchiste de l'Assemblée se disloque, nombre d'orléanistes devenant des conservateurs républicains. Des projets de Constitution sont élaborés, discutés. Le 30 janvier 1875, l'amendement Wallon est adopté à une voix

---

1. Le comte de Chambord mourra à Frohsdorf en 1883.

de majorité. Il prévoit que le président de la République sera élu par l'Assemblée nationale pour un septennat renouvelable, l'Assemblée se composant de deux Chambres, la Chambre des députés et le Sénat. Désormais, la République est établie de fait.

Au cours des mois suivants, des lois constitutionnelles précisent les contours du régime. La responsabilité ministérielle devant l'Assemblée est affirmée, mais le président dispose de l'arme de la dissolution de la Chambre. Celle-ci est élue au suffrage universel direct, tandis que le Sénat est choisi au suffrage indirect. Si certains sénateurs sont inamovibles, les radicaux aboliront cette disposition en 1884, la jugeant contraire à l'esprit républicain. À part quelques modifications mineures, cette charpente constitutionnelle restera en place jusqu'en 1940.

1879 : la République des républicains

Les premières élections à la nouvelle Assemblée ont lieu en 1876. Au Sénat, conservateurs et libéraux disposent d'une courte majorité. À la Chambre des députés, les républicains obtiennent au contraire une confortable majorité, disposant de 340 sièges contre 160 aux conservateurs. Par rapport à l'Assemblée élue en 1871, le changement est considérable. À la fin de l'année 1876, Mac-Mahon, contraint de former un gouvernement conforme à la majorité parlementaire, charge Jules Simon de constituer le cabinet. Proche ami de Thiers, élu d'opposition sous le Second Empire, cinq fois ministre depuis 1870, Simon est un républicain authentique, libre penseur et franc-maçon. Entre le président de la République, qui est un conservateur, et lui, les relations sont tendues.

Le 16 mai 1877, Mac-Mahon saisit un prétexte banal[2] pour adresser à Jules Simon une lettre blessante, qui le pousse à la démission. Puis le chef de l'État confie au duc de Broglie le soin de former le nouveau gouvernement. Cette nomination provoque la rébellion de la Chambre à majorité républicaine, qui refuse de voter la confiance au ministère. En juin, le chef de l'État réplique en obtenant du Sénat l'autorisation de dissoudre la Chambre. Mais en octobre, les élections législatives redonnent la majorité aux républicains : la situation est bloquée, rappelant la crise de 1830 dans sa structure et son déroulement.

Sommé par Gambetta de « se soumettre ou se démettre », Mac-Mahon se résout à se soumettre. En décembre 1877, il adresse à la Chambre un message dans

---

2. Le 15 mai, les députés, contre l'avis de Jules Simon, avaient abrogé une loi de 1875 sur les délits de presse, mesure avec laquelle Mac-Mahon n'était pas d'accord.

lequel il reconnaît la prééminence de celle-ci sur le pouvoir exécutif. Sous la IIIe République, le chef de l'État n'usera plus jamais de son droit constitutionnel de dissolution de la Chambre, prérogative suspectée d'être un acte de pouvoir personnel : le régime est définitivement parlementaire.
Un an plus tard a lieu la dernière phase de liquidation de la République conservatrice. Le 30 janvier 1879, Mac-Mahon souscrit à la deuxième injonction de Gambetta en démissionnant. Jules Grévy, qui fut président de la Chambre de 1873 à 1877 et qui fait figure de chef de file des républicains depuis la mort de Thiers, deux ans plus tôt, est élu président de la République. Début janvier, la majorité sénatoriale a également basculé, donnant la victoire à la gauche. La présidence de la République, le Sénat, la Chambre des députés et le gouvernement sont désormais aux mains des républicains de conviction : tout le système politique a glissé à gauche.

Sur le plan institutionnel, le président de la République, réduit à un rôle mineur, a quand même pour mission de nommer le président du Conseil. La fonction de ce dernier est paradoxale puisqu'elle n'existe pas dans la Constitution et qu'il faudra attendre 1934 pour qu'un budget et une résidence (l'hôtel Matignon) lui soient alloués. À l'origine, le président du Conseil n'est qu'un des ministres qui, outre son portefeuille propre (souvent les Affaires étrangères ou l'Intérieur), est chargé de présider les réunions du cabinet. Plus de la moitié des présidents du Conseil de la IIIe République seront des avocats.
Les majorités parlementaires durables étant rares ou inexistantes en raison de la volatilité des alliances et des modes de scrutin, l'instabilité ministérielle devient endémique : on comptera 52 gouvernements de 1875 à 1914, la durée moyenne d'un cabinet étant de deux cent trente jours. Cette fragilité est compensée par la permanence du personnel politique, les mêmes figures revenant au pouvoir avec quelques mois ou quelques années d'intervalle. Freycinet sera ainsi membre de dix gouvernements et Briand en dirigera onze (ayant été plus de vingt fois ministre). Ajoutons que la haute fonction publique, souvent exercée par des hommes intègres et compétents, assure la continuité de l'État : au début du régime, certains chefs de départements administratifs ont commencé leur carrière sous Louis-Philippe. La continuité de l'administration ne garantit sans doute pas la continuité d'une politique, mais elle tempère les erreurs éventuellement commises par les ministres.
Les partis n'existant pas encore, les loges maçonniques, chez les républicains, sont un creuset où se distinguent ceux qui accéderont demain aux affaires. Cela ne signifie pas que la franc-maçonnerie soit un gouvernement occulte, comme l'en

La IIIᵉ République de Jules Ferry : sectarisme et libertés

Portrait du président Jules Grévy.

Portrait de Jules Ferry.

accusent ses adversaires : de Clemenceau à Jaurès, les leaders républicains d'avant 1914 qui n'auront pas été initiés en loge seront d'ailleurs nombreux.

La « République des républicains » qui s'affirme à l'orée des années 1880 obéit à la tactique des « opportunistes » qui, à l'image de Grévy et Ferry, entendent réaliser le programme républicain par étapes, à la différence des « radicaux », partisans de réformes immédiates, dans le sillage de Clemenceau. Leur pragmatisme leur permet de gagner peu à peu des appuis dans la société française : dirigeants économiques, commerçants, fonctionnaires, avocats, médecins, pharmaciens, professeurs, instituteurs, petits propriétaires ruraux. Signifiant l'arrivée au pouvoir des classes moyennes, ces « couches nouvelles » chères à Gambetta, cette révolution politique est aussi une révolution sociologique.

Dans ce domaine, l'immobilisme des milieux conservateurs facilite la tâche du parti républicain. Les dirigeants politiques de la droite, à l'époque, restent en effet issus de la noblesse ou de la haute bourgeoisie, alors que l'Église catholique, elle, pratique en son sein la promotion des talents : beaucoup d'évêques sont d'extraction populaire, comme Mgr Pie, l'évêque de Poitiers, créé cardinal en 1879, qui est fils de cordonnier. En abandonnant, en politique, les idéaux d'égalité et de promotion sociale à la gauche, les conservateurs fournissent des armes à leurs adversaires.

En 1882, Jules Ferry lance la révolution laïque

Successivement ministre de l'Instruction publique, président du Conseil et ministre de l'Instruction publique, puis président du Conseil et ministre des Affaires étrangères, Jules Ferry domine la période 1879-1885. Avocat à Paris sous le Second Empire, député d'opposition en 1869, membre du gouvernement de la Défense nationale et préfet de la Seine en 1870, maire de Paris (chassé par la Commune) et député des Vosges en 1871, il a été associé à tous les événements fondateurs du régime.

Ambassadeur en Grèce en 1872-1873, il revient en France sous la présidence de Mac-Mahon, reprend son siège et devient chef de file des républicains modérés, hostiles au radicalisme de Gambetta. Réélu député des Vosges en 1876 (il sera constamment réélu jusqu'en 1889), ce grand bourgeois est franc-maçon, au moment où le Grand Orient a rayé de sa constitution, en 1877, toute référence spiritualiste, transformant la principale obédience maçonnique en association rationaliste et anticléricale, pour qui la laïcité est une arme contre le trône et l'autel. À la Chambre, Ferry mène une double bataille : contre l'Église et la droite, qui sont ses adversaires, mais aussi pour la banque et l'industrie, qui sont ses alliées. Les grandes libertés modernes sont contemporaines de ses années de gouvernement : liberté de réunion (1881), liberté de la presse (1881), liberté d'élire les maires au sein des conseils municipaux[3] (1882), liberté syndicale (1884). Dans la mémoire républicaine, les lois de Jules Ferry sur l'école – celle de 1881 instaurant la gratuité de l'enseignement primaire et celle de 1882 décrétant l'obligation de l'enseignement et la laïcité de l'école publique – ont valeur de textes sacrés. Elles sont toutefois à considérer dans une perspective plus large.

Ce n'est pas Ferry qui a inventé la gratuité de l'école : les petites écoles fondées sous l'Ancien Régime n'étaient déjà pas payantes. En 1786, elles alphabétisaient 47 % des garçons et 26 % des filles ; en 1816, ce taux était respectivement de 54 % et de 34 %. En 1833, sous la monarchie de Juillet, la loi Guizot a fondé l'école primaire publique, chaque commune devant se doter d'une école, gratuite pour les familles indigentes, les écoles confessionnelles pouvant tenir lieu d'école

---

3. Sous le Second Empire, les conseils municipaux étaient élus au suffrage universel, mais le maire et ses adjoints étaient nommés par le pouvoir central, qui se réservait le droit de les choisir hors du conseil municipal. La loi de 1882, qui institue l'élection des maires par les conseillers municipaux, fait exception pour Paris : la capitale, placée sous la tutelle du préfet de police et du préfet de la Seine, est dotée de maires d'arrondissement et d'un président du conseil municipal, dont les fonctions sont représentatives. Il en sera ainsi jusqu'à la loi de 1975 recréant la charge de maire de Paris ; Jacques Chirac, élu en 1977, inaugurera la fonction.

communale. En 1867, sous le Second Empire, une loi de Victor Duruy a autorisé les communes à instaurer la gratuité totale de l'enseignement primaire, et prévu la création d'écoles de filles dans les communes de plus de 500 habitants (autant dire partout), l'enseignement primaire féminin étant jusqu'alors dispensé exclusivement par les écoles religieuses. En 1872, 80 % des enfants sont scolarisés : 3,8 millions dans les écoles publiques, et 1 million dans les écoles confessionnelles, sachant qu'une école publique sur dix et plus de la moitié des écoles de filles sont alors administrées par des congrégations religieuses.

En 1880, Paul Bert, une personnalité marquante du parti républicain, reconnaît que 85 % des enfants en âge de fréquenter l'enseignement primaire sont scolarisés. Mais mal scolarisés, car ils le sont par des gens d'Église… En 1911, le taux de Français ne sachant ni lire ni écrire sera tombé à 11 %. Si ce résultat doit quelque chose à l'école de Jules Ferry, il est à relativiser au regard des chiffres précédents. Du strict point de vue de l'apprentissage des savoirs fondamentaux (lire, écrire, compter), l'école publique, à partir de 1881-1882, n'a fait que s'inscrire dans un mouvement né avant 1789, même si c'est en le systématisant.

Dans la trilogie de Jules Ferry – gratuité, obligation, laïcité –, l'essentiel repose sur le troisième terme : la laïcité, c'est-à-dire la séparation de l'Église et de l'école. En rendant l'école gratuite et obligatoire, le ministre veut avant tout attirer les enfants à l'école laïque. En confiant à l'État la tâche de l'éducation, le chef de gouvernement – qui aspire, selon ses mots, à « désenténébrer les esprits du dogme » – assigne un but idéologique à l'institution scolaire : arracher les Français à l'influence de l'Église, former des citoyens pénétrés des principes de la Révolution. Car la laïcité, chez les républicains de 1880, loin d'être l'expression de la neutralité de l'État, est bien une philosophie de combat contre le catholicisme.

L'anticléricalisme, trait d'union des républicains

« Le cléricalisme, voilà l'ennemi », lançait Gambetta à la Chambre, en 1877, reprenant une expression du journaliste Alphonse Peyrat. La bonne entente du clergé avec le Second Empire (la question romaine mise à part), puis sa complicité avec les gouvernements de l'ordre moral ont attisé un ressentiment contre l'Église, jetant aux oubliettes la connivence de 1848 entre les prêtres démocrates et la gauche. Désormais, un anticléricalisme virulent sert de trait d'union aux différents courants républicains, modérés, radicaux et bientôt socialistes.

L'animosité est d'autant plus vive que le catholicisme français est florissant : en 1870, le pays compte 56 000 prêtres, 20 000 religieux et 100 000 religieuses, les congrégations entretenant 13 000 écoles, 124 collèges, deux universités, 304 orphelinats et des dizaines d'hôpitaux. En 1877, les établissements religieux d'enseignement secondaire scolarisent 70 000 élèves, chiffre avoisinant les 79 000 lycéens de l'enseignement public. L'Église, de plus, a le monopole de fait de l'enseignement des filles et de l'enseignement professionnel et technique. Si le clergé diocésain reste soumis au Concordat de 1801, donc au pouvoir de l'État, les congrégations, ne relevant que de Rome, suscitent particulièrement la vindicte des anticléricaux. Au premier chef les jésuites, cible du parti du progrès depuis le siècle des Lumières et que toutes sortes de pamphlets suspectent de participer à une internationale hostile à la République : le mythe du complot jésuite, à gauche, est le pendant du mythe du complot maçonnique répandu à droite.

En 1880, Jules Ferry restreint la liberté d'enseignement en soumettant les congrégations religieuses enseignantes à une autorisation préalable. Malgré les protestations du pape, l'opposition des catholiques et la démission de plusieurs centaines de magistrats et d'officiers, le ministre fait expulser de leurs couvents, *manu militari*, les jésuites et les membres d'autres ordres, soit près de 6 000 religieux, contraints de quitter la France. En 1886, Ferry n'étant plus au pouvoir, la loi Goblet laïcise le personnel des écoles primaires publiques : 3 000 frères des écoles chrétiennes et 15 000 religieuses sont interdits d'enseignement.
Fondement de l'école républicaine, les lois Ferry et Goblet, considérées comme les « lois intangibles », contraindront les catholiques, organisant la riposte dans la longue durée, à tisser à travers le pays le réseau d'écoles libres que nous connaissons. Jules Ferry veut « organiser l'humanité sans rois et sans Dieu » (« mais non sans patrons », lui répondra malicieusement Jaurès). Sa conception de la liberté exclut donc ceux qui ne partagent pas sa vision du monde. Rayant Dieu des manuels de morale, sortant les ecclésiastiques de l'école, dispensant les militaires de l'assistance aux cérémonies religieuses, supprimant les prières publiques à l'Assemblée, retirant leur emploi dans l'armée aux princes d'Orléans, le ministre agit en sectaire. En 1884, le rétablissement du divorce, qui avait été autorisé en 1792, partiellement supprimé par le Code civil en 1804 et définitivement interdit en 1816, appartient de même aux mesures législatives adoptées dans le cadre du bras de fer entre le régime et l'Église.

La IIIᵉ République de Jules Ferry : sectarisme et libertés

Colonisation, affairisme et idéologie républicaine

Outre-mer, Jules Ferry mène une politique coloniale audacieuse. Avec lui, la République intègre l'esprit de conquête, pourtant d'essence bonapartiste, dans son répertoire. Il fait occuper la Tunisie, qui devient un protectorat français (1881), prend pied à Madagascar (1883), implante définitivement la France au Congo (1884) et lance la conquête du Tonkin (1884). Ayant envoyé des renforts en Indochine sans avertir la Chambre, le président du Conseil subit toutefois une fronde parlementaire, en avril 1885, quand parvient à Paris la nouvelle de la défaite française face aux Chinois, à Lang Son. « Ferry le Tonkinois » est alors contraint à la démission.

Devant les députés, le 28 juillet suivant, il justifie la politique coloniale au nom de trois impératifs. Le premier est politique : coloniser, c'est servir la grandeur de la France. Le deuxième est économique : une puissance industrielle a besoin d'un accès aux matières premières et de débouchés pour ses produits manufacturés. Le troisième est d'ordre moral : les « races supérieures » ont « le devoir de civiliser les races inférieures ». Si le mot « race », dans la bouche de Ferry, est pris dans son acception ancienne, synonyme de « peuple », cette justification du colonialisme lui vaut l'hostilité de la gauche radicale. Le 31 juillet 1885, à la Chambre, Clemenceau réplique au discours prononcé trois jours plus tôt en démontant l'argumentation de l'ancien chef de gouvernement (« J'y regarde à deux fois, explique le député, avant de me retourner vers un homme et vers une civilisation, et de prononcer : homme ou civilisation inférieurs ») et en dénonçant une thèse « qui n'est pas autre chose que la proclamation de la primauté de la force sur le droit ».

À l'époque, la France est un pays riche, d'où l'on émigre peu : les volontaires pour les colonies sont donc rares. Les hommes d'affaires, en outre, se montrent réticents envers les expéditions coloniales, jugeant leur rentabilité trop faible. Quant à la droite, conservatrice ou nationaliste, elle est tout aussi réservée, étant plus préoccupée par la revanche sur l'Allemagne, selon le principe « y penser toujours, n'en parler jamais » (formule dont la paternité appartient d'ailleurs au républicain Gambetta).

C'est beaucoup plus tard, dans l'entre-deux-guerres, notamment au moment de l'Exposition coloniale de 1931, que les possessions françaises d'Afrique ou d'Asie susciteront un engouement populaire. Dans le dernier tiers du XIXᵉ siècle, le « parti colonial », qui est un lobby, recrute majoritairement dans le camp républicain modéré, mêlant avec bonne conscience des ambitions économiques et stratégiques nationales, des considérations philanthropiques (lutter contre l'esclavagisme indigène ou contre les maladies tropicales) et l'exigence de la France républicaine de porter les idéaux de 1789 aux peuples colonisés. Contrairement à une idée reçue, les œuvres missionnaires catholiques ne se confondent pas avec l'œuvre coloniale, lui étant antérieures et ne dépendant pas des ordres de Paris, même si l'administration républicaine saura les utiliser, oubliant outre-mer son anticléricalisme.

Le boulangisme, un syndicat des mécontents

La chute de Ferry, au printemps 1885, marque une césure entre deux époques : l'instabilité ministérielle s'accélère, et les fondateurs du régime s'éloignent de la scène (Gambetta est mort prématurément en 1882 ; Ferry, devenu président du Sénat, mourra en 1893). Leurs héritiers sont divisés : les opportunistes sont soumis à la concurrence des radicaux, qui sont débordés par les socialistes, ces derniers étant dépassés, aux marges de la politique, par les anarchistes, activistes qui se manifestent par une vague d'attentats dans les années 1890-1893.
À la Chambre, Clemenceau, entraînant près du tiers des députés, est en position d'arbitre. En janvier 1886, alors que se constitue le troisième ministère Freycinet, il fait attribuer le portefeuille de la Guerre à l'un de ses protégés, le général Boulanger. Dans l'exercice de sa fonction, celui-ci satisfait des milieux très différents. Les officiers, dont il améliore la condition ; les conscrits, en réduisant le service militaire de cinq à trois ans ; les républicains, en rayant définitivement des cadres de l'armée les princes d'Orléans que Ferry avait déjà mis en disponibilité ; les nationalistes, en montrant une attitude très ferme vis-à-vis de l'Allemagne, ce qui lui vaut la réputation de « général Revanche ». En mai 1887, cependant, le cabinet Freycinet tombe, et Rouvier, le nouveau président du Conseil, prend un autre ministre de la Guerre.
Nommé à Clermont-Ferrand trois mois plus tard, Boulanger est l'objet, dans le pays, d'un incroyable culte. Autour de sa personne, dans un climat d'antiparlementarisme avivé par le scandale des décorations[4] qui survient à la fin de l'année 1887, se cristallisent les attentes disparates de ceux qui souhaitent un État fort, des partisans de la revanche sur l'Allemagne, qu'ils soient radicaux, nationalistes ou bonapartistes, et même des monarchistes, derrière la duchesse d'Uzès. Le « boulangisme » devient le syndicat des mécontents. Mis à la retraite de l'armée,

---

4. En octobre 1887, on découvre que le général Caffarel, sous-chef d'état-major général, vend des décorations avec la complicité du député d'Indre-et-Loire Daniel Wilson, gendre de Jules Grévy, le président de la République. Le 2 décembre suivant, l'affaire provoque la démission du chef de l'État.

La IIIe République de Jules Ferry : sectarisme et libertés

Portrait équestre
du général Boulanger.
Peinture de Daniel Alexander
Williamson (XIXe siècle).

Boulanger se lance en politique. Élu député en 1888, il décide de se présenter dans tous les départements où un siège serait vacant. Ainsi élu par quatre départements et enfin par Paris, le 27 janvier 1889, il refuse de marcher sur l'Élysée, comme l'y invite la foule de ses partisans conduite par le nationaliste Déroulède. Pour beaucoup, il a laissé passer sa chance. Menacé d'arrestation, le général s'enfuit à Bruxelles avec sa maîtresse, qui est malade. En septembre 1891, deux mois après la mort de celle-ci, il se suicide sur sa tombe, dans la capitale belge, ce qui arrache à Clemenceau, qui n'en était pas avare, ce mot cruel : « Il est mort comme il a vécu, en sous-lieutenant. »

Révélateur de la faiblesse du régime, le boulangisme renforce paradoxalement ce dernier par son échec : après la crise, les radicaux se recentrent, et les républicains autoritaires n'osent plus faire entendre leur voix. Les monarchistes sont également déçus. Certains d'entre eux s'engagent sur la voie du ralliement à la République à laquelle les invite Mgr Lavigerie, archevêque d'Alger, en novembre 1890, à l'instigation de Léon XIII. En février 1892, le pape publie l'encyclique *Au milieu des sollicitudes*, dans laquelle il prône la reconnaissance du régime, en France, en opérant la distinction entre les institutions républicaines (légitimes) et la législation républicaine (mauvaise, quand elle est contraire à la doctrine de l'Église). Cette prise de position cause un grand émoi chez les catholiques, moins par nostalgie monarchiste qu'en raison de l'anticléricalisme tenace du personnel républicain. Le Ralliement n'a donc pas ou peu d'effet immédiat, mais ouvre une perspective qui ira en s'élargissant au fur et à mesure de l'improbabilité d'une restauration monarchique. En 1886, une loi frappant d'exil les descendants des familles ayant régné sur la France a contraint le comte de Paris à quitter le pays. Sans espoir politique et sans assise populaire, à l'exception de certains arrondissements de l'Ouest ou du Midi, le royalisme s'étiole.

Le scandale de Panama secoue la République

En 1892, Édouard Drumont fonde *La Libre Parole*, un quotidien antisémite dont les ventes monteront jusqu'à 100 000 exemplaires. Six ans plus tôt, il a publié La *France juive*, un gros livre confus dans lequel il prétend écrire l'histoire des juifs en France en dépeignant ceux-ci comme des agents de décomposition sociale. L'ouvrage, qui interprète les faits de façon à les faire concorder avec la thèse de l'auteur et qui écarte ceux qui la contredisent, mêle les emprunts aux théories raciales de Gobineau à des considérations liées à des affaires récentes, comme le krach de la banque catholique de l'Union générale (1882). Drumont est issu de la gauche républicaine, mais il s'est converti au catholicisme vers 1880. Devenu une célébrité, il joue sur le climat délétère de cette période où l'antisémitisme explose comme une mauvaise passion collective, dans un pays où les juifs sont peu nombreux mais où l'engagement de beaucoup d'entre eux dans le camp républicain les expose à l'hostilité des catholiques et des conservateurs.
En septembre 1892, six mois après sa fondation, *La Libre Parole* publie les premières révélations sur le scandale de Panama, informations que La Cocarde, organe boulangiste, complète peu après. En 1881, Ferdinand de Lesseps, fort du succès du canal de Suez, a entrepris de lancer le percement de l'isthme de Panama, et a créé à cet effet une société qui a vite rencontré des difficultés, le chantier s'étant avéré techniquement plus difficile que prévu et donc plus coûteux. Il a

fallu recapitaliser la Compagnie du canal de Panama, d'une part en faisant appel à l'épargne privée, d'autre part en obtenant le vote d'une loi autorisant l'opération. Cela n'a pas suffi, car la Compagnie a dû être mise en faillite, interrompant le chantier[5] et ruinant les investisseurs. Mais les révélations de 1892 montrent que le vote de la loi a été obtenu par le paiement de pots de vin à 140 députés et ministres, que de nombreux journaux ont accepté de l'argent pour publier des articles à la gloire de la Compagnie de Panama, et que celle-ci a procédé à des montages financiers illégaux par le canal d'intermédiaires douteux : Jacques Reinach, Cornélius Herz, Lévy-Crémieux.

Les suites de l'affaire sont tragi-comiques : Jacques Reinach retrouvé mort à son domicile (suicide ou meurtre ?), Cornélius Herz enfui en Angleterre, des dizaines d'hommes politiques de premier plan impliqués (dont Rouvier, Clemenceau et Floquet), deux ministères tombant tour à tour, un procès en correctionnelle condamnant Ferdinand de Lesseps et l'entrepreneur Gustave Eiffel à une peine de prison, un autre procès où les parlementaires inculpés sont tous acquittés…

Les conséquences politiques seront importantes : le scandale de Panama nourrit l'antiparlementarisme et l'antisémitisme, les principaux financiers coupables étant juifs. Aux législatives de 1893, Clemenceau n'est pas réélu, et les radicaux perdent des sièges au profit des socialistes ou des modérés. Une nouvelle génération d'hommes politiques fait alors son apparition – Poincaré, Deschanel, Barthou ou Delcassé – dessinant une droite républicaine modérée qui accepte de coopérer ponctuellement avec les catholiques ralliés (mais pas au point de les faire entrer dans un gouvernement). Sous le cabinet Méline (1896-1898), qui est plébiscité par la bourgeoisie comme par la paysannerie, ce recentrage permet de faire retomber la fièvre du pays. Apaisement provisoire, car une nouvelle crise s'annonce.

L'affaire Dreyfus : une guerre civile froide

À peine les derniers remous du scandale de Panama sont-ils calmés qu'éclate une affaire qui, à partir d'un dossier judiciaire d'une rare complexité, va dresser les Français les uns contre les autres, dans une guerre civile froide dont les effets se feront sentir au moins jusqu'en 1914.

Le 15 octobre 1894, le capitaine Alfred Dreyfus, un officier d'état-major, polytechnicien, issu d'une famille juive originaire d'Alsace, est arrêté, convaincu

---

5. Les États-Unis reprendront les travaux après avoir organisé la sécession du territoire colombien de Panama. Le canal sera percé entre 1903 et 1914.

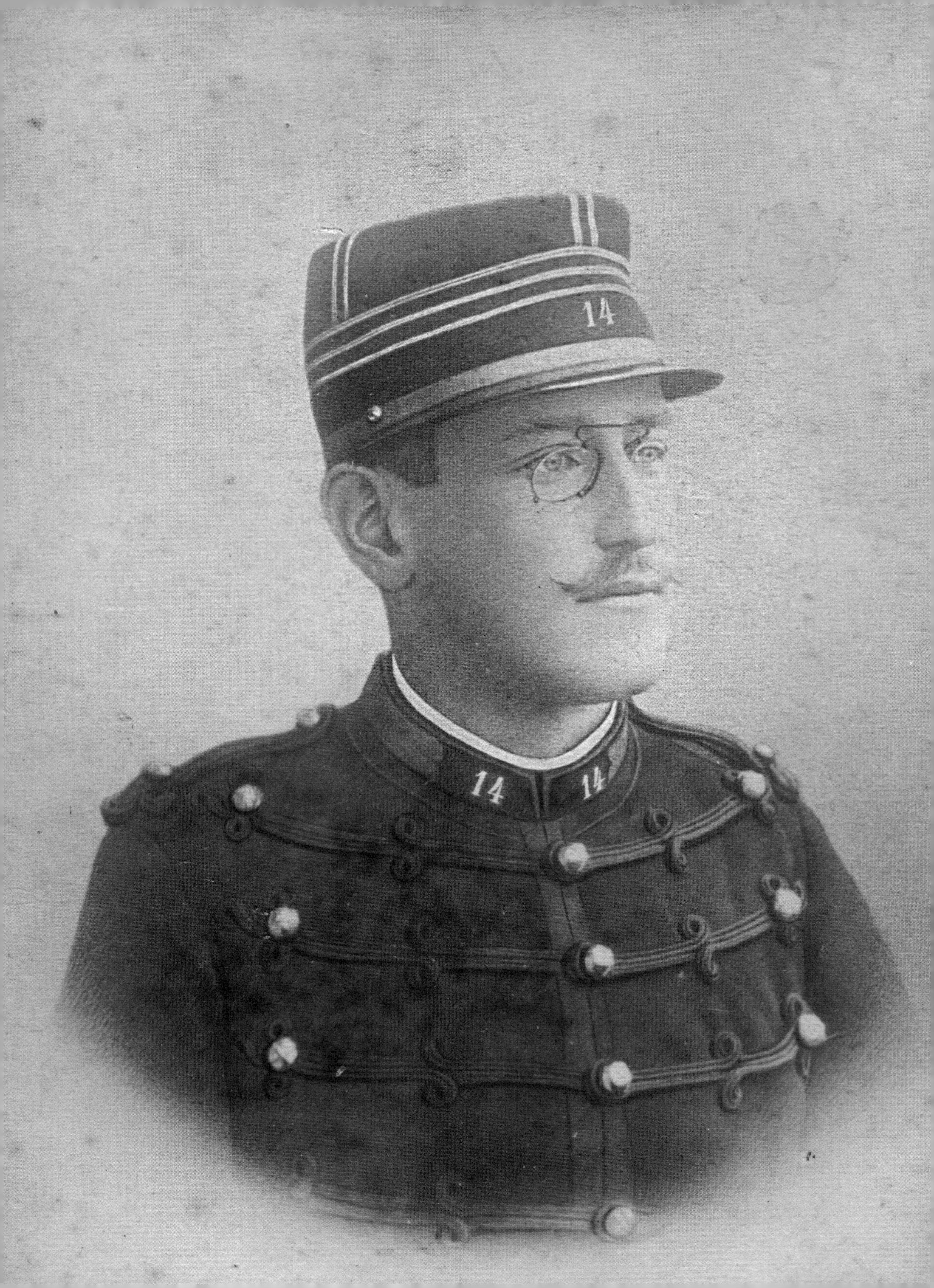
14
14
14

La IIIᵉ République de Jules Ferry : sectarisme et libertés

d'avoir livré des documents confidentiels à l'Allemagne. Une femme de ménage travaillant pour le contre-espionnage français a déniché la preuve de sa trahison dans une corbeille à papier de l'ambassade du Reich à Paris : un document (le « bordereau ») rédigé d'une écriture qu'on lui attribue, en dépit d'analyses graphologiques contradictoires. Dès le 29 octobre, *La Libre Parole* s'empare du sujet, insistant sur les origines juives de l'accusé. Dans un entretien au *Figaro*, quelques semaines plus tard, le général Mercier, ministre de la Guerre, assure que Dreyfus est coupable. Tout au long de cette histoire qui ne fait que commencer, la presse (dont la diffusion s'accroît grâce à l'apparition de journaux populaires comme *Le Petit Journal* et au développement de quotidiens régionaux à succès) jouera un rôle essentiel, puisque l'opinion sera sans cesse prise à témoin, à charge ou à décharge. Au mois de décembre, l'officier, qui ne cesse de proclamer son innocence, est traduit devant le conseil de guerre, condamné à la dégradation militaire et à la déportation. Dégradé dans la cour de l'École militaire, le 5 janvier 1895, il est envoyé, au mois de février, à l'île du Diable, en Guyane.

À ce stade, l'affaire semble classée, car personne ne conteste le jugement qui a frappé le capitaine. Sauf son frère, Mathieu Dreyfus. Avec l'aide du journaliste Bernard Lazare, celui-ci entame une campagne d'opinion visant à démontrer l'innocence du condamné. À l'été 1897, le vice-président du Sénat, Scheurer-Kestner, qui a acquis la certitude que des faux ont été produits auprès des juges militaires lors de l'instruction du dossier, prend la tête du mouvement réclamant la révision du procès. « Révisionnistes[6] » contre défenseurs de la justice militaire et de la raison d'État : la France est divisée.

Les péripéties touchant au volet judiciaire du dossier sont impossibles à résumer en quelques lignes : découverte, à l'ambassade d'Allemagne, de nouveaux documents rédigés de la même écriture que le bordereau, mais de la main d'un autre officier, le commandant Esterhazy, qui est à son tour traduit devant le conseil de guerre, et toutefois acquitté ; révélation de l'existence d'un dossier secret qui avait été communiqué aux juges de Dreyfus et qui contenait des preuves trafiquées ; plus tard confession du commandant Henry, officier qui a fabriqué un faux, retrouvé mort après cet aveu... Autant de révélations qui alimentent la polémique.

Le 13 janvier 1898, Zola publie dans *L'Aurore*, le quotidien de Clemenceau, une lettre au président de la République, Félix Faure, dans laquelle, dénonçant les irrégularités du procès (« J'accuse »), il incrimine la responsabilité de l'état-major et accuse le conseil de guerre d'avoir acquitté Esterhazy « par ordre ». Ce

---

6. Le terme est d'époque et n'a pas le sens qu'il revêt aujourd'hui.

Portrait du capitaine
Alfred Dreyfus (1894).

manifeste, qui marque la naissance de l'intellectuel engagé, constitue un degré supplémentaire dans la bataille. De judiciaire, l'affaire devient politique, mettant en duel, dans une dialectique irréconciliable, deux philosophies : celle qui, à partir d'une erreur judiciaire présumée, privilégie les droits de l'individu, et celle qui, à partir de l'intérêt supérieur de l'armée, privilégie les droits de la société au nom de la raison d'État.

Dreyfusards contre antidreyfusards, Ligue des droits de l'homme contre Ligue des patriotes, France jacobine contre vieille France : le pays n'est plus seulement divisé, il est coupé en deux, déchiré par ce que tout le monde appelle « l'Affaire », chaque camp possédant ses extrêmes qui exacerbent les désaccords et les haines, antimilitarisme et anticléricalisme à gauche, antisémitisme à droite, et pour lesquels le sort de l'officier déporté à l'île du Diable n'est souvent plus qu'un prétexte. En octobre 1898, le gouvernement se résout à demander la réouverture du dossier. Le 23 février 1899, pendant les obsèques de Félix Faure, disparu dans des conditions scabreuses[7], Déroulède, le chef de la Ligue des patriotes, tente d'entraîner la troupe sur l'Élysée. L'entreprise échoue piteusement, et porte un coup au camp nationaliste, préludant à la fin de l'Affaire sur le plan judiciaire.
En août 1899, après que la Cour de cassation a annulé le jugement de 1894, Dreyfus subit un deuxième procès devant le conseil de guerre de Rennes. Le 9 septembre, l'officier est de nouveau reconnu coupable de haute trahison, mais avec « circonstances atténuantes », et condamné à dix ans de détention. Ce verdict traduit le refus de la justice militaire de se déjuger sous la pression de l'opinion. Afin d'apaiser les esprits, Loubet, le nouveau président de la République, signe la grâce de Dreyfus. Pleinement réhabilité en 1906, celui-ci sera réintégré dans l'armée avec le grade de commandant.

Les conséquences de la « révolution dreyfusienne »

Si l'innocence de Dreyfus est acquise, l'identité du véritable coupable de la trahison de 1894 reste controversée : l'Affaire garde sa part d'ombre, qui agite périodiquement les historiens. Sur le plan politique, cette secousse a marqué un nouveau glissement à gauche de toute la société française : une institution aussi conservatrice que l'était l'armée, institution où les républicains étaient minoritaires

---
7. Félix Faure est mort à l'Élysée, brusquement, alors qu'il était enfermé avec sa maîtresse.

La IIIᵉ République de Jules Ferry : sectarisme et libertés

et qui formait une sorte d'État dans l'État, a été ouvertement contestée, son autorité battue en brèche. En ce sens, il existe bien, selon la formule de Georges Sorel, une « révolution dreyfusienne ».

En juin 1899, un gouvernement de défense républicaine a été constitué en réponse au « coup d'État » de Déroulède. Présidé par Pierre Waldeck-Rousseau, qui sera président du Conseil et ministre de l'Intérieur jusqu'en 1902 (près de trois ans, le plus long ministère de la IIIᵉ République), ce cabinet réunit le général Galliffet, fusilleur de la Commune, qui a le portefeuille de la Guerre, comme le socialiste Alexandre Millerand, ministre du Commerce et de l'Industrie.

Cette participation d'un socialiste à un gouvernement « bourgeois » illustre la recomposition des forces politiques qui est à l'œuvre au début du XXᵉ siècle. Celle-ci se manifeste notamment par la constitution des premiers partis politiques. En 1901 est fondé le Parti radical et radical-socialiste, le Parti socialiste de France (dirigé par Guesde et Vaillant), l'Alliance républicaine démocratique (qui regroupe des républicains de gauche, héritiers de Ferry et de Gambetta), l'Action libérale populaire (dirigée par Jacques Piou et Albert de Mun et qui réunit les catholiques ralliés et forme le principal groupe parlementaire de droite jusqu'en 1914), en 1902 le Parti socialiste français (dont Jaurès est le leader), en 1903 la Fédération républicaine (centre droit). En 1905, les deux partis socialistes (celui de Guesde et Vaillant et celui de Jaurès) fusionnent pour former la SFIO (Section française de l'Internationale ouvrière).

C'est plutôt à gauche que s'éprouve le militantisme politique, les formations de droite regroupant principalement des notables. Exception faite pour l'Action française, fondée en 1905 et dotée en 1908 d'un journal quotidien portant le même nom. Étant royaliste, ce mouvement se situe à part et ne représentera jamais une force populaire, même si ses adhérents de choc, les Camelots du roi, seront des agitateurs de rue. Synthèse de la tradition contre-révolutionnaire et du courant nationaliste, la pensée de Maurras, journaliste, écrivain et poète entouré de talents littéraires comme ceux de Bainville et Daudet, exercera une forte séduction chez les étudiants du Quartier latin et influencera plusieurs générations de la droite patriotique, jusqu'à la Seconde Guerre et au-delà.

Conséquence du glissement général vers la gauche, les républicains, aux élections municipales de 1900, remportent 25 000 municipalités, contre 8 000 aux conservateurs. Une orientation politique qui se confirme aux législatives de 1902, mais en partie grâce à l'effet amplificateur du scrutin majoritaire à deux tours : le Bloc des gauches y obtient 350 députés (dont 220 radicaux et radicaux-socialistes et 45 socialistes) contre 250 élus de droite. Or les radicaux de la Belle Époque n'ont pas l'image bonhomme qu'on leur prête aujourd'hui. Ce sont des propagandistes qui se donnent pour mission d'aboutir, comme leur nom l'indique, à une transformation radicale du pays. La crise, née de l'affaire Dreyfus, leur donne leur première victoire qu'ils vont s'empresser d'exploiter.

Émile Combes ou l'anticléricalisme d'État

Le 7 juin 1902, le sénateur radical Émile Combes forme le nouveau cabinet. Cinq jours plus tard, lors de sa déclaration de politique générale, il souligne que le ministère réprimera tout empiétement du clergé dans les affaires de l'État et toute insubordination dans l'armée. Le ton est donné : c'est la vieille France que le président du Conseil a dans le collimateur. Ancien séminariste (et pour cela surnommé le Petit Père Combes), médecin, il a transféré sa foi de jeunesse vers la République, dont il dresse les valeurs, accusera Péguy, en « métaphysique d'État ». Son gouvernement, jusqu'en janvier 1905, se résume à une obsession : réduire la puissance de la religion catholique en France.

En 1900, Waldeck-Rousseau a prononcé la dissolution des assomptionnistes, congrégation propriétaire de *La Croix*, journal violemment antidreyfusard. Le 1er juillet 1901 a suivi la promulgation de la loi sur les associations, loi libérale pour les associations ordinaires, mais loi d'exception pour les religieux, désormais contraints de demander l'autorisation pour leurs congrégations et leurs établissements d'enseignement. À peine arrivé au pouvoir, Combes poursuit l'offensive : il fait fermer 3 000 écoles catholiques qui, ouvertes avant 1901, croyaient ne pas avoir besoin d'autorisation, puis fait opposer par le Parlement une réponse négative à toutes les congrégations qui, en vertu de la loi de 1901, ont déposé une demande d'autorisation. Plus de 400 d'entre elles sont interdites : moines et religieuses sont chassés de leurs couvents, encadrés par les forces de l'ordre, comme à la Grande Chartreuse le 29 avril 1903. En juillet 1904, l'interdiction d'enseigner est étendue à toutes les congrégations. Au total, entre 1901 et 1904, de 30 000 à 60 000 religieux et religieuses doivent quitter la France, et 17 000 de leurs maisons – écoles, dispensaires, maisons de charité – ferment leurs portes.

La IIIe République de Jules Ferry : sectarisme et libertés

Expulsion des moines de la Grande Chartreuse le 29 avril 1903.

Républicain et libre-penseur, le général André, ministre de la Guerre de 1900 à 1904, veut « décatholiciser l'armée ». À partir de 1901, chaque officier est observé, au moyen d'une fiche consignant ses compétences, mais aussi ses idées politiques et son comportement religieux. Les fiches, rédigées à partir des indications procurées par les loges du Grand-Orient, avec lequel André s'est entendu, sont transmises au ministère et permettent de classer les officiers en deux catégories : ceux qui sont à écarter, ceux qui doivent être promus. Pendant quatre ans, la filière fonctionne discrètement jusqu'à ce qu'un député modéré, Jean de Villeneuve, dévoile la combine, en octobre 1904, à la Chambre. Le général André nie d'abord avoir été au courant, mais un nouveau débat révèle que Combes avait été averti du fichage des officiers par Waldeck-Rousseau, son prédécesseur. Le scandale est immense. En novembre, le général André est acculé à la démission, et en janvier 1905, c'est le gouvernement d'Émile Combes qui tombe, victime de cette affaire des fiches.

Il reste à procéder à la séparation de l'Église et de l'État pour que le programme anticlérical exposé par Gambetta, dans un discours prononcé à Belleville, en vue des élections législatives de 1869, discours longtemps resté comme la charte des idées républicaines, soit réalisé. La liquidation du Concordat de 1801 ne sera pas négociée avec le pape, puisque Combes, en 1904, a rompu les relations diplomatiques avec le Saint-Siège. Après un débat parlementaire passionné, le projet, porté à la Chambre par Aristide Briand, aboutit sous le gouvernement de Maurice Rouvier, le 9 décembre 1905. Par cette loi qui concerne aussi le protestantisme et le judaïsme, la République française « ne reconnaît ni ne salarie aucun culte[8] ». Aux élections législatives de 1906, la droite perd 60 sièges, radicaux et radicaux-socialistes disposant désormais d'une majorité accrue. Ni l'expulsion des congrégations, ni l'affaire des fiches, ni la séparation de l'Église et de l'État n'ont infléchi l'opinion. Par une alchimie complexe où se mêlent l'esprit gallican et l'héritage de la Révolution, l'anticléricalisme fait recette. Du point de vue de l'histoire longue, la sécularisation de la France, interrompue par l'essor religieux du XIXe siècle, reprend son cours. À court terme, sur le plan matériel, l'Église paie cher la loi de Séparation, le budget des Cultes étant supprimé. Sur le long terme, toutefois, la

---

8. Condamnée par le pape Pie X, la loi de Séparation ne pourra pas être appliquée, faute de constitution, par les catholiques, des associations cultuelles auxquelles devait être confiée la gestion des biens de l'Église dont la puissance publique – État et communes – était propriétaire depuis la Révolution. Il faudra ce blocage et la crise des Inventaires en 1906 (dans chaque église, le mobilier et les objets du culte, devenus eux aussi propriété publique, devaient être inventoriés, mesure qui donnera lieu à des dizaines d'incidents violents en 1906) pour que la République se résolve à des compromis juridiques : en 1907, le clergé est reconnu comme un « occupant sans titre juridique » dans les lieux de culte catholiques. En 1924, Pie XI autorisera la constitution d'associations diocésaines, reconnues par le droit français, afin de gérer les biens ecclésiastiques.

fin du statut concordataire donne aux catholiques une liberté de parole et d'action qu'ils n'avaient pas auparavant.

Clemenceau le briseur de grèves

Vingt-cinq ans durant, l'anticléricalisme a réuni la gauche. Après la séparation de l'Église et de l'État, le ciment anticlérical ne jouant plus son rôle, des lignes de fracture nouvelles apparaissent. Les radicaux, qui sont des bourgeois, et les socialistes, qui sont censés parler au nom des plus défavorisés, n'utilisent plus le même langage. Peu à peu, le Bloc des gauches se désagrège.
Georges Clemenceau a 65 ans quand il entre pour la première fois au gouvernement. Ce républicain de Vendée est un personnage. Maire du XVIIIe arrondissement de Paris sous la Commune, député radical de 1876 à 1902, orateur redoutable et redouté, surnommé le « tombeur de ministères », sénateur du Var depuis 1902, journaliste, enterré par sa compromission dans le scandale de Panama, puis revenu au premier plan à l'occasion de l'affaire Dreyfus, il devient ministre de l'Intérieur dans le gouvernement du radical Sarrien (dont il se moque en l'appelant « Ça… rien »). Mais par sa personnalité et son poids politique, il éclipse le président du Conseil. Aussi le remplace-t-il, en octobre 1906, tout en conservant le portefeuille de l'Intérieur. Clemenceau exercera cette double responsabilité jusqu'en juillet 1909 – presque trois ans, encore une longévité exceptionnelle pour un gouvernement de la IIIe République.
Place Beauvau, il a l'occasion de faire preuve de fermeté. À l'époque, faute d'unités de gendarmerie mobile ou d'un corps de police équivalant à nos CRS, l'armée est la seule force de maintien de l'ordre. Dès mars 1906, venant de prendre ses fonctions, Clemenceau envoie la troupe dans le Pas-de-Calais où une grève des mineurs a éclaté, à la suite d'une catastrophe qui a fait un millier de victimes. À Lens, Liévin et Denain éclatent de violents incidents entre grévistes et soldats. Président du Conseil et toujours ministre de l'Intérieur, Clemenceau brise la grève des viticulteurs du Midi, en 1907, en faisant à nouveau intervenir la troupe à Narbonne et à Montpellier (où l'évêque du lieu, le très royaliste Mgr de Cabrières, ouvre sa cathédrale aux grévistes). En 1908, il fait encore tirer sur les grévistes à Draveil-Vigneux et à Villeneuve-Saint-Georges. Il inaugure même la tactique consistant à susciter la violence en infiltrant des agents provocateurs parmi les manifestants, ce qui lui permet de justifier ensuite la rigueur de la répression : une technique qui fera des émules parmi ses successeurs… « Premier flic de France »,

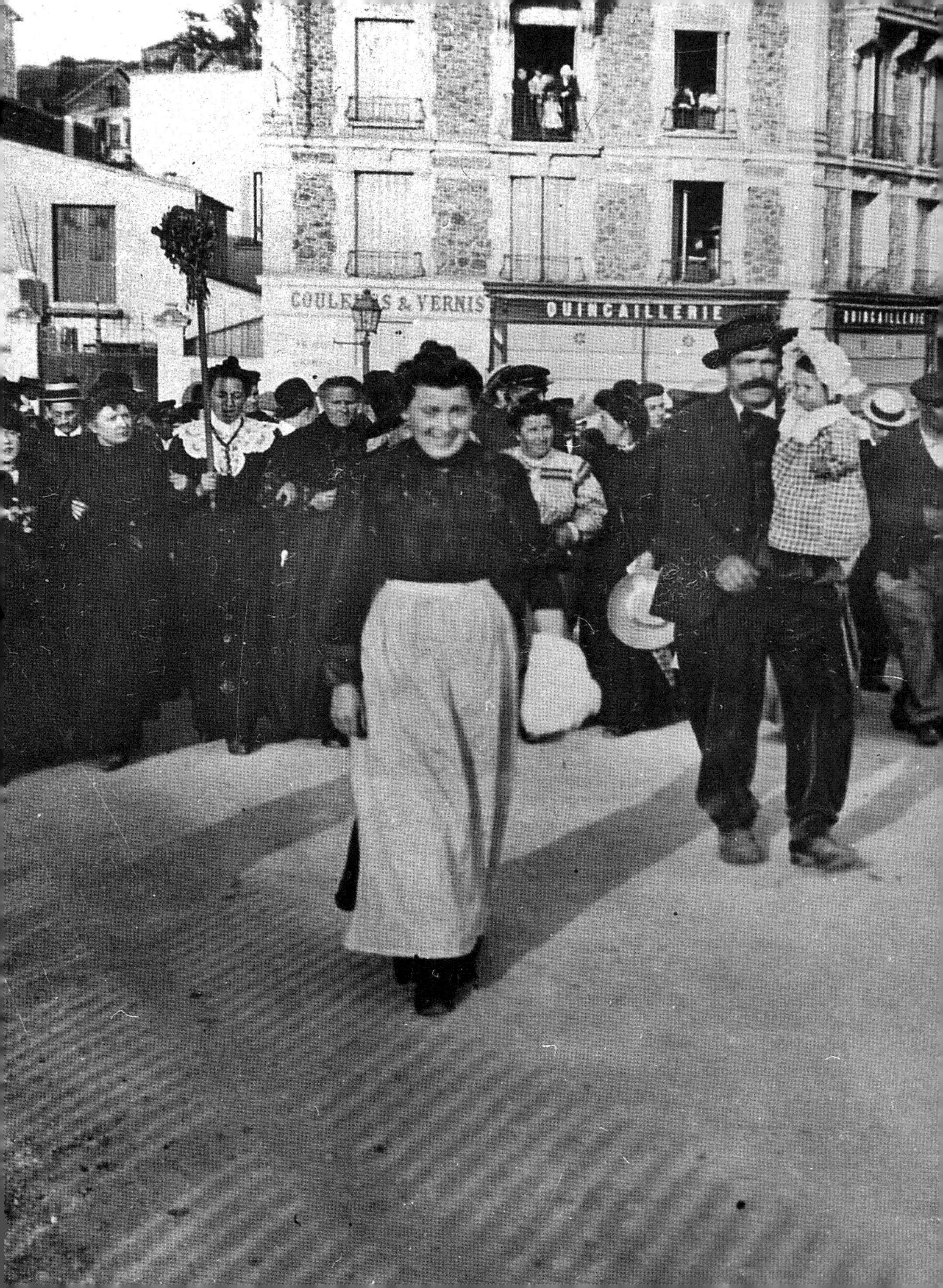
QUINCAILLERIE
QUINCAILLERIE

La IIIᵉ République de Jules Ferry : sectarisme et libertés

le ministre de l'Intérieur modernise la police, créant notamment les mobiles « brigades du Tigre », la brigade mondaine et l'identité judiciaire.

Les mouvements sociaux se multiplient alors : la CGT, fondée en 1895 dans une perspective de lutte des classes, adopte en 1906 la Charte d'Amiens qui privilégie le recours à la grève. Clemenceau, confronté à cette agitation et aux socialistes qui accusent les radicaux d'avoir trahi les ouvriers, ne manie pas seulement la répression : il institue un véritable ministère du Travail, qui est à l'origine de lois importantes, fondatrices d'une politique sociale d'envergure.
C'est que la société des années 1900 n'est plus celle des années 1870. Si l'agriculture reste l'activité majoritaire, elle est peu innovatrice, en dépit de l'amélioration des rendements céréaliers ou des premières techniques de sélection du cheptel. En revanche, l'électricité, introduite massivement dans les années 1880-1890, a permis, conjointement avec les progrès de la mécanisation, la seconde révolution industrielle. Dans le nord, dans l'est, autour de Paris et de Lyon, de grandes usines se sont implantées. Les charbonnages ou la sidérurgie sont des secteurs florissants. Depuis les années 1880, environ un million d'étrangers travaillent en France : des Belges, des Italiens, des Espagnols, qui le plus souvent rentrent chez eux après s'être constitué un pécule. Ils ne sont pas toujours bien acceptés : en 1893, des incidents sanglants éclatent, à Aigues-Mortes, entre la population et les travailleurs italiens des marais salants. À l'aube du XXᵉ siècle, la stabilité du franc, le taux de croissance imposant et l'élévation du niveau de vie donnent un fond d'optimisme à ce que l'on appellera la Belle Époque. L'automobile passe d'une fabrication artisanale à une production industrielle : on comptait 300 voitures en 1895, il y en aura 100 000 en 1914. Le pays se découvre une nouvelle passion : le cinéma, fondé par les frères Lumière. Les pionniers de l'aviation sont souvent des Français : Clément Ader, Louis Blériot, Henri Farman, Roland Garros…
Mais la France reste un pays malthusien, passé de 36 à 39 millions d'habitants en quarante ans, tandis que la population allemande passait de 41 à 67 millions d'individus. Un déséquilibre démographique qui va peser lourd dans la suite des événements.

En juillet 1909, le gouvernement Clemenceau est renversé par accident, lors du vote d'un ordre du jour sur les problèmes de la marine. Aristide Briand prend la présidence du Conseil, mais la décennie de stabilité gouvernementale, ouverte par la formation du ministère Waldeck-Rousseau, est close : douze ministères se succéderont jusqu'à l'été 1914, dont quatre cabinets Briand. Avocat, membre du parti socialiste de Jaurès en 1901, élu député de la Loire en 1902, rapporteur de

Défilé des grévistes
à Draveil (Essonne) en 1908.

la loi de séparation des Églises et de l'État, ministre de l'Instruction publique en 1906 dans le cabinet Sarrien (collusion avec les radicaux qui lui vaut d'être exclu de la SFIO par Jaurès), garde des Sceaux en 1908, Briand, qui devient président du Conseil, n'est plus membre d'aucun parti, et prône une politique d'apaisement. Avec son physique débraillé et son talent oratoire exceptionnel, ce manœuvrier sera une figure de premier plan de l'entre-deux-guerres.

Jean Jaurès ou l'optimisme fracassé

En 1905, la crise de Tanger entre la France et l'Allemagne a fait entrer la guerre dans le champ du possible, inquiétude réitérée lors de la crise bosniaque de 1909, puis en 1911, lors de la crise d'Algésiras[9]. Après la séparation de l'Église et de l'État, la question religieuse a été supplantée par la question sociale. Maintenant, cette dernière est concurrencée ou supplantée par la question nationale.

Il n'est pas innocent, à cet égard, que Raymond Poincaré devienne président du Conseil en 1912, puis président de la République en 1913. Avocat, républicain libéral, ministre des Finances en 1894 et de nouveau en 1906, ce modéré est à la fois un partisan de la rigueur budgétaire et un patriote résolu, sentiment qui tient à ses origines lorraines. Poincaré met en place, en 1912, un gouvernement « d'union nationale ». Significativement, ce cabinet se préoccupe essentiellement des questions internationales, multiplie les contacts avec le Royaume-Uni et la Russie, et joue les médiateurs dans la crise des Balkans.

En juillet 1913, la durée du service militaire est portée à trois ans contre deux auparavant. Les socialistes, certains radicaux et la CGT ont ardemment milité contre cette loi, destinée à renforcer l'armée face à la menace allemande. Au moment où des intellectuels, à droite, se tournent à la fois vers le catholicisme et le patriotisme (Maritain, Massis, Péguy, Psichari), le courant pacifiste et antimilitariste, à gauche, s'affirme avec force. En vue des élections législatives d'avril-mai 1914, la SFIO fait campagne contre la loi de trois ans, « pour une politique extérieure dont le rapprochement avec l'Allemagne sera le premier jalon ». Socialistes et radicaux ne se présentent pas sous une bannière commune, mais pratiquent le désistement réciproque pour le second tour du scrutin, assurant une large victoire à la gauche. Un résultat qui démontre, au printemps 1914, l'hostilité de la majorité des Français à la guerre...

---

9. Voir le chapitre suivant.

La IIIᵉ République de Jules Ferry : sectarisme et libertés

« Dans l'ordre international, écrit Jaurès dans *L'Humanité* en 1912, c'est nous qui avons raison de dire que l'ère des grandes guerres de nationalités est close. » Une illusion qu'il aura cultivée jusqu'au bout. D'origine bourgeoise, agrégé de philosophie, historien et journaliste, député du Tarn, fondateur de L'Humanité en 1904, ce tribun socialiste est un marxiste hétérodoxe : refusant la dictature du prolétariat, il tente de concilier l'idéalisme et le matérialisme, l'individualisme et le collectivisme, la démocratie et la lutte des classes, le patriotisme et l'internationalisme : « Un peu d'internationalisme écarte de la patrie, beaucoup d'internationalisme y ramène », assure-t-il.

Jouant un rôle modérateur lors de l'élaboration de la loi de Séparation (il a fait faire sa communion à sa fille, ce qui lui vaut des lazzis dans son parti), détesté par Péguy et Maurras mais admiré par Barrès, Jaurès est une figure très française, bon père et bon époux, passionné de ses chers classiques grecs et latins qu'il relit à la plage, mêlant l'amour de la patrie et du terroir, dans des pages qui auraient pu être écrites par ses adversaires, à l'idéalisme des Lumières, qu'il pratique jusqu'à la naïveté.

Son grand combat, à partir de la crise de Tanger, consiste à dénoncer une société qui « porte en elle la guerre comme la nuée dormante porte l'orage ». Incurable optimiste, il est d'un pacifisme aveugle, en juin-juillet 1914, quand il ne veut pas croire à ce qui va arriver. Mais il n'est pas le seul. Le 5 juillet, Pierre Brizon, professeur à l'École normale et député socialiste de l'Allier, prononce à la Chambre un discours où il loue... le pacifisme de l'empereur Guillaume II. Le 31 juillet, Jaurès est assassiné par un déséquilibré, sans lien, contrairement à ce qu'on dira, avec les milieux nationalistes. Le 3 août, l'Allemagne déclare la guerre à la France. Héritière de tous les rêves du XIXᵉ siècle – le progrès, la raison, la fraternité universelle, la paix entre les peuples –, la IIIᵉ République devra conduire le conflit le plus épouvantable qui se soit jamais produit dans l'histoire du monde.

XII. 1914-1945 : le choc des guerres mondiales

1914-1945 : le choc des guerres mondiales

Le 28 juin 1914, l'archiduc François-Ferdinand, neveu de l'empereur François-Joseph, est assassiné à Sarajevo par un jeune Serbe aux idées nationalistes et révolutionnaires. L'attentat contre l'héritier du trône des Habsbourg enclenche un mécanisme infernal. Le ministre des Affaires étrangères de l'Autriche-Hongrie, Berchtold, préconise une réplique militaire immédiate contre la Serbie. Le Premier ministre hongrois, Tisza, conseille au contraire la prudence, soulignant les risques d'extension d'un conflit. Un compromis est trouvé : un ultimatum sera adressé à Belgrade, dont Vienne attendra la réponse avant d'arrêter une décision. Berchtold, toutefois, envoie à Berlin une mission diplomatique qui revient avec un blanc-seing : l'Allemagne laisse son alliée l'Autriche libre d'agir au mieux de ses intérêts.
Le 23 juillet, le gouvernement serbe reçoit l'ultimatum auquel il a quarante-huit heures pour répondre. Belgrade accepte huit des dix requêtes austro-hongroises, récusant celles qui mettent en cause sa souveraineté. Interprétant ce refus comme un *casus belli*, l'Autriche-Hongrie rompt les relations diplomatiques avec la Serbie, puis, le 28 juillet, lui déclare la guerre. Deux jours plus tard, par solidarité avec Belgrade, la Russie mobilise. Le 1er août, l'Allemagne déclare la guerre à la Russie ; le 3 août, à la France. Le 4 août, les troupes allemandes violent la neutralité belge. L'Angleterre, qui a tenté de freiner la crise, intervient, le 5 août, en déclarant la guerre à l'Allemagne. Il reste la déclaration de guerre de l'Autriche à la Russie (6 août) et celle de la France à l'Autriche (11 août) pour que tous les grands pays d'Europe, l'Italie exceptée, aient déclenché les hostilités les uns contre les autres. Un mois après le crime de Sarajevo, l'Europe se déchire, divisée en deux blocs : France, Grande-Bretagne et Russie contre Allemagne et Autriche-Hongrie.

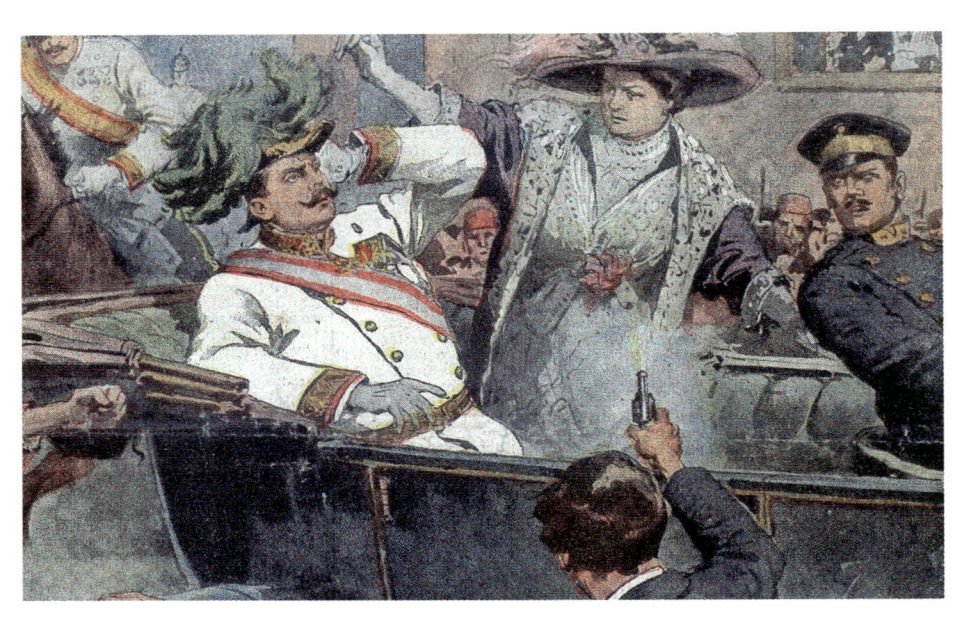

L'assassinat de l'archiduc François-Ferdinand d'Autriche à Sarajevo le 28 juin 1914.

Des alliances faites pour embraser l'Europe

Le mécanisme qui s'est mis en branle en août 1914 a été mis en place au tournant du siècle. En 1892, la France et la Russie concluent un traité secret par lequel elles se promettent assistance mutuelle en cas d'attaque par l'Allemagne. Cet accord prélude à deux décennies d'amitié franco-russe. En 1898, le radical Delcassé, ancien ministre des Colonies, devient ministre des Affaires étrangères. Il conservera son portefeuille jusqu'en 1905, dans les ministères de Waldeck-Rousseau, puis de Combes, deux présidents du Conseil qui ne s'intéressent pas à la politique étrangère et qui le laissent s'occuper en solitaire des affaires extérieures de la France. Or Delcassé, persuadé que le danger vient de l'Allemagne, veut tourner la page de la vague d'anglophobie provoquée par l'incident de Fachoda[1] afin de rapprocher Paris et Londres. En 1904, c'est chose faite avec la signature de l'Entente cordiale.

---

1. En juillet 1898, une mission française commandée par le capitaine Marchand, qui traverse l'Afrique d'ouest en est sur une ligne Dakar-Djibouti, occupe le poste soudanais de Fachoda, sur le haut Nil, quelques semaines avant qu'une colonne anglo-égyptienne, aux ordres de lord Kitchener, y parvienne à son tour. Londres exigeant le rappel de Marchand, l'opinion française s'enflamme. Delcassé, le ministre des Affaires étrangères, préfère toutefois s'incliner car, face à la menace allemande, il veut au contraire resserrer les liens avec la Grande-Bretagne. En novembre 1898, Marchand exécute un ordre de repli.

En 1907, enfin, une convention anglo-russe, étendue à la France, donne naissance à la Triple-Entente entre la France, l'Angleterre et la Russie.

De leur côté, l'Allemagne et l'Autriche-Hongrie, alliées depuis 1879, ont associé l'Italie à leur accord en 1882 (la Triplice). Cette alliance correspondait au système d'équilibre européen conçu par Bismarck après la double défaite de l'Autriche et de la France, en 1866 et en 1871 : un système évidemment favorable à l'Allemagne, mais qui s'affirmait en respectant certaines prudences. En 1890 toutefois, le vieux chancelier est remercié par le jeune empereur Guillaume II, qui engage le Reich dans une politique mondiale (*Weltpolitik*) d'expansion commerciale, coloniale et maritime. Dans cette optique, Berlin lance, en 1898, un vaste programme de construction navale qui semble conçu pour inquiéter l'Angleterre. Berlin ne veut plus seulement dominer l'Europe, mais la planète.

En 1905, en visite à Tanger, Guillaume II proclame son intention de s'opposer aux projets français d'implantation au Maroc. Cette déclaration suscite une vive émotion en France, laissant planer le spectre d'un conflit avec l'Allemagne. En 1906, la conférence internationale d'Algésiras, en Espagne, convoquée à l'initiative du Kaiser, s'achève par sa déconfiture tout en manifestant l'isolement diplomatique du Reich : en effet, si l'indépendance du Maroc est confirmée, les droits spéciaux de la France dans le royaume chérifien sont reconnus.

Quatre ans plus tard survient la crise bosniaque. Le congrès de Berlin, en 1878, avait placé la Bosnie et l'Herzégovine, deux provinces ottomanes, sous l'administration de l'Autriche-Hongrie. En 1908, Vienne décide d'annexer définitivement ces territoires. Cette décision manque de précipiter la Russie et la Serbie contre l'Autriche, mais une médiation allemande évite le conflit. L'Europe glisse dans la course aux armements, la rivalité austro-russe se conjuguant avec la tension franco-allemande, à l'ouest, pour placer le continent au bord de l'abîme.

En 1911 survient une nouvelle crise au Maroc. À la suite de l'arrivée de troupes françaises à Fès et à Meknès, Berlin, sous prétexte de protéger les intérêts allemands dans la région, envoie des navires de guerre à Agadir. La diplomatie, encore une fois, dénoue la crise : la France cède à l'Allemagne, en Afrique, une zone située entre le Cameroun et le Congo, conservant en échange sa liberté d'action au Maroc qui, en 1912, devient un protectorat français.

En 1912-1913, les deux guerres balkaniques, impliquant la Russie, la Serbie, la Turquie, la Grèce, la Macédoine, le Monténégro et la Bulgarie, montrent à quel point la région est un baril de poudre. En 1914, par conséquent, tout est en place pour que le meurtre de Sarajevo soit l'étincelle qui déclenche l'incendie.

La responsabilité de la guerre de 1914 est partagée

Tous les belligérants portent une part de responsabilité dans le conflit déclenché au cœur de l'été 1914, ce qui ne signifie pas que celle-ci soit égale pour tous. Un enchevêtrement d'intérêts nationaux légitimes mais antagoniques a engendré un cercle infernal.

Depuis le début du siècle, le petit royaume de Serbie tente d'échapper à la puissance des Habsbourg. Mais le nationalisme panserbe menace l'Autriche-Hongrie, dont le sud du territoire abrite des populations slaves, et notamment des Serbes. Pour Vienne, l'assassinat de l'héritier du trône équivaut à une déclaration de guerre. Néanmoins, après l'attentat de Sarajevo, l'Autriche sous-estime gravement le lien qui unit la Serbie à la Russie, et donc le risque d'extension d'un conflit contre Belgrade.

L'Allemagne cherche une place dans le monde à la mesure de son essor économique et industriel. Mais ses ambitions maritimes et coloniales suscitent l'inquiétude, puis la méfiance de la Grande-Bretagne, tandis que la Russie et la France redoutent une Allemagne trop forte. En sens inverse, la Triple-Entente accroît le sentiment d'encerclement des Allemands qui, par contrecoup, accélèrent leur politique d'armement. Depuis 1912, le haut état-major du Reich élabore des plans de guerre, tous fondés sur des hostilités déclenchées par Berlin, et en cela les Allemands portent la responsabilité la plus lourde dans le conflit déclaré en 1914. Mais le gouvernement de Guillaume II affirme que son pays, agressé et cerné par des États hostiles, est contraint de se défendre... Ce sera l'opinion des Allemands pendant toute la guerre, et au-delà.

Aucun acteur du drame n'est par conséquent totalement innocent. Pas même la France qui a vécu, après 1871, dans l'idée de « revanche », aspirant à reprendre l'Alsace et la moitié de la Lorraine qui lui ont été arrachées. Même si cette idée est moins présente dans la société française dans les années 1910, elle a longtemps préparé les esprits à un conflit. Poincaré, homme des marches de l'Est, a été nourri par cette mystique. Or au mois de juillet 1914, en voyage officiel à Saint-Pétersbourg, le président de la République ne cherche nullement à freiner les Russes : au contraire, il les incite à l'intransigeance et à une mobilisation précoce, ce qui rend l'affrontement inévitable.

Les moins impliqués dans le déclenchement du conflit sont les Anglais, mais ils tiennent loyalement leur engagement vis-à-vis de la Triple-Entente. *A fortiori* dès lors que l'invasion de la Belgique par les Allemands met en jeu leurs intérêts nationaux.

L'Empire ottoman et la Bulgarie rejoindront les Empires centraux, tandis que le Japon, l'Italie, la Roumanie, les États-Unis, la Grèce, les États d'Amérique du Sud et même la Chine se rangeront du côté de l'Entente. Le conflit se déroulera sur toutes les mers et, sur terre, au Proche-Orient comme en Afrique : il est mondial, au sens littéral, même si l'essentiel des opérations aura lieu en Europe.

L'Union sacrée triomphe

En France, les socialistes et une partie des radicaux se sont opposés à l'allongement du service militaire à trois ans, en 1913, et ont fait de son abolition un argument de campagne lors des législatives du printemps 1914. Pourtant, la majorité de gauche, après avoir gagné les élections, a finalement renoncé à abroger cette loi. Les Français sont patriotes, mais d'un patriotisme défensif. Néanmoins, aucune psychose de guerre ne règne en juillet 1914. Dans les journaux, le procès de Mme Caillaux[2] occupe d'ailleurs plus de place que la crise entre l'Autriche et la Serbie. Le 15 juillet 1914, au congrès extraordinaire de la SFIO, Jaurès fait voter une résolution appelant à l'agitation ouvrière et à la grève générale simultanée des deux côtés du Rhin. Mais le 31 juillet, le tribun socialiste est assassiné. Le 1er août, la France et l'Allemagne mobilisent. La veille, le comité confédéral de la CGT, au regard du danger imminent, a finalement repoussé le projet de grève générale. Le 3, l'Allemagne déclare la guerre à la France, et les socialistes allemands votent les crédits militaires peu après.
Le même jour, à la Chambre, le républicain socialiste Viviani, président du Conseil depuis un mois, donne lecture d'un message du président de la République : Raymond Poincaré appelle à « l'union sacrée devant l'ennemi ». Les 98 députés socialistes présents dans l'hémicycle votent les crédits de guerre. Le 26 août, poussé par Poincaré, Viviani constitue un cabinet d'union nationale, où figurent Delcassé, Briand, Doumergue, Millerand et des ministres SFIO. Anticléricalisme oblige, seule la droite catholique n'est pas représentée au gouvernement. Mais en quelques jours, l'ensemble du mouvement socialiste et syndical français s'est rallié à la guerre et à l'Union sacrée, tout comme son homologue d'outre-Rhin : l'« internationalisme prolétarien » n'a pas résisté aux événements.

---

2. Le 16 mars 1914, la femme de Joseph Caillaux, chef du parti radical, ministre des Finances et ancien président du Conseil, assassine d'un coup de revolver le directeur du *Figaro*, Gaston Calmette, qui mène campagne contre son mari. Jugée du 20 au 29 juillet suivants, Mme Caillaux sera acquittée.

Affiche de l'ordre de mobilisation générale de l'armée de terre et de l'armée de mer, le 2 août 1914.

ORDRE DE MOBILISATION GÉN[ÉRALE]

Par décret du Président de la République, la mobilisation des armées de [terre et de mer est] ordonnée, ainsi que la réquisition des animaux, voitures et harnais nécessa[ires au complément] de ces armées.

Le premier jour de la mobilisation est le *Dimanche*

Tout Français soumis aux obligations militaires doit, sous peine d'être [puni avec toute la] rigueur des lois, obéir aux prescriptions du **FASCICULE DE MOBILISAT[ION]** (pages blanches placées dans son livret).

Sont visés par le présent ordre **TOUS LES HOMMES** non présents s[ous les Drapeaux et] appartenant :

1° à l'**ARMÉE DE TERRE** y compris les **TROUPES COLONIALE[S]** et les **SERVICES AUXILIAIRES**;

2° à l'**ARMÉE DE MER** y compris les **INSCRITS MARITIMES** e[t les Armuriers] de la **MARINE**.

1914-1945 : le choc des guerres mondiales

La France part en guerre. Non dans l'enthousiasme, « la fleur au fusil », selon l'image convenue, d'autant que la mobilisation survient au moment où les paysans, qui fournissent la majorité des mobilisés, sont à l'heure de la moisson. Le sentiment qui prédomine est plutôt la résolution : puisque la France est attaquée (c'est l'Allemagne qui a déclaré la guerre), le pays doit être défendu. Depuis quarante ans, l'école laïque comme l'école catholique ont élevé les enfants dans le patriotisme : au moment du péril, ce réflexe emporte les préventions pacifistes des années 1910.

Les Français, comme les Allemands d'ailleurs, nourrissent une illusion qui explique aussi la détermination des premiers combattants : la guerre sera courte, les soldats seront revenus chez eux pour les vendanges, au pire à Noël. Ces malheureux déchanteront. La guerre sera longue, et les confrontera à des horreurs qu'ils ne pressentent pas, où la plupart d'entre eux disparaîtront : chez tous les belligérants, les premiers mois du conflit seront les plus meurtriers.

Les soldats français, au début, portent le même pantalon rouge garance que leurs aînés, mais les moyens mis en œuvre pour combattre ne sont plus ceux de 1870 : l'artillerie ou les mitrailleuses développent une puissance de feu qui rend le conflit meurtrier à un point jamais atteint, et où la cavalerie, l'arme noble des batailles d'autrefois, est réduite au sort de la chair à canon. Devant l'ampleur des pertes, le commandement sera très vite obligé de réviser ses plans.

La mort et l'enlisement

En août 1914, l'Allemagne, contrainte de combattre sur deux fronts, exécute le plan Schlieffen, qui prévoit de lancer l'offensive à l'ouest tout en menant une guerre défensive à l'est. En trois semaines, les forces du Reich traversent la Belgique et occupent le nord de la France, puis foncent sur Paris. Le gouvernement part pour Bordeaux. Mais en septembre, la capitale est sauvée par la victoire de la Marne, obtenue davantage par une mauvaise manœuvre de l'assaillant que par l'habileté tactique de Joffre, quels que soient les mérites des taxis parisiens réquisitionnés pour amener des renforts sur le front.

Leur avance stoppée, les Allemands reportent leur effort en direction

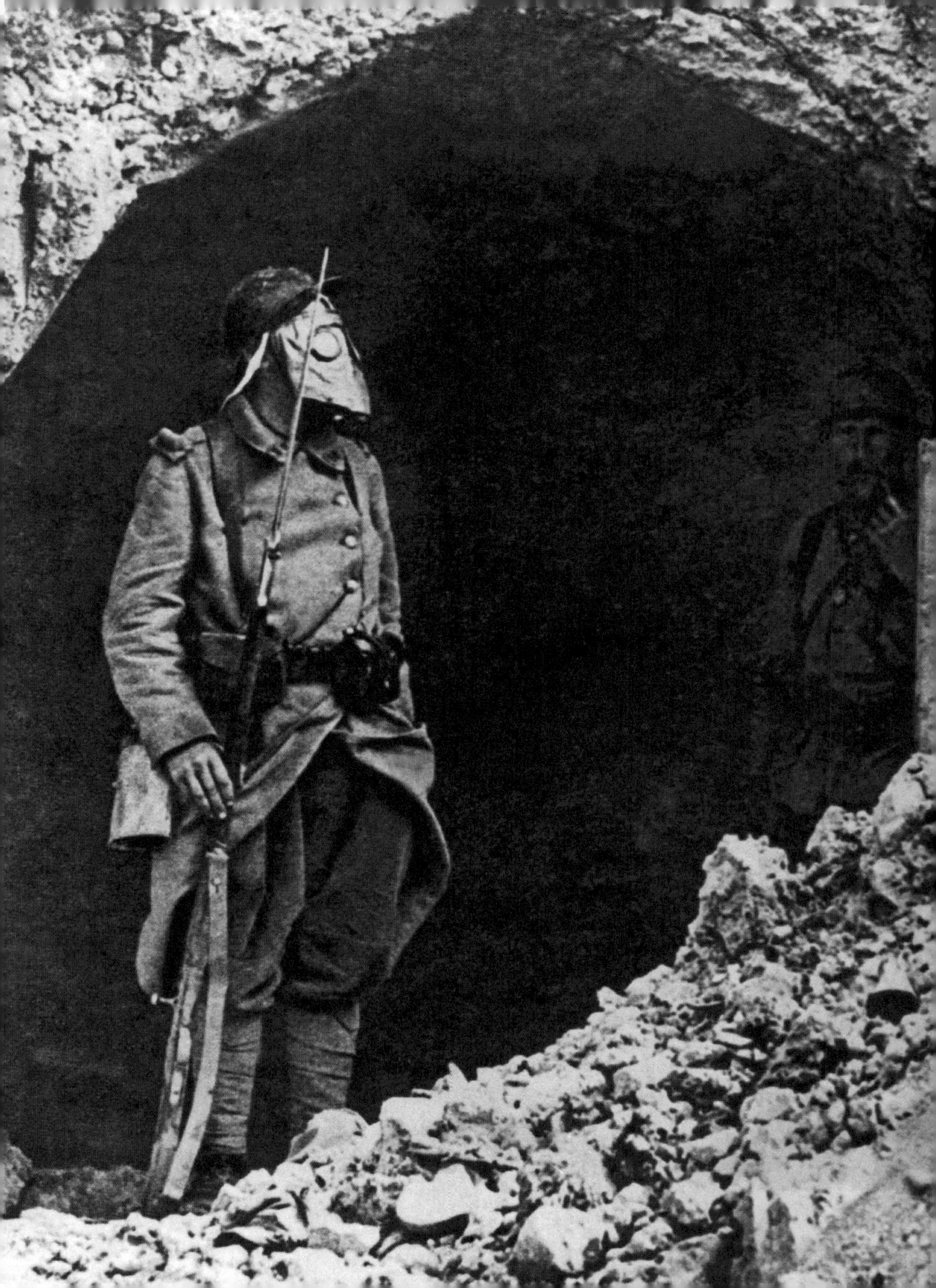

des ports de la mer du Nord et de la Manche. C'est la course à la mer : les Français contre-attaquent, afin que les Anglais puissent continuer à débarquer. Dans les Flandres, les troupes du Reich sont arrêtées par les Belges sur l'Yser, en octobre, et par les Britanniques à Ypres, en novembre. À la fin de l'automne 1914, la guerre de mouvement est finie. Lui succède la guerre de tranchées : Français, Britanniques et Belges s'enterrent face aux Allemands, sur une ligne qui s'étend de la mer du Nord aux Vosges. Derrière cette ligne, la population civile de la quasi-totalité de la Belgique et de dix départements français vivra pendant quatre ans une occupation extrêmement dure : en 1918, à Lille, la ration alimentaire quotidienne sera tombée à 1 400 calories par personne.

Dans les tranchées, des centaines de milliers de combattants sont plongés en enfer. Hier encore tranquilles laboureurs, ouvriers ou employés de bureau, les voici serrés au fond de galeries boueuses, dans la crainte de la mort qui peut survenir à tout instant. Confrontés au bruit terrifiant des explosions, aux cris des blessés et aux plaintes des mourants, subissant le froid, la pluie, la brûlure du soleil, la faim, la soif, les rats, la vermine et les odeurs pestilentielles du champ de bataille, comment ont-ils trouvé la faculté de tenir ?
En dépit des désastres survenus lors des premiers mois du conflit, les états-majors n'ont pas renoncé aux offensives frontales. Entre deux phases statiques, la ligne qui sépare les belligérants s'anime donc : l'artillerie fait pleuvoir un déluge d'obus, puis les combattants donnent l'assaut. On se bat pour une crête, une colline, une ferme, une tranchée. Mais le front se déplace au mieux de quelques centaines de mètres. Les milliers de lettres et carnets que ces soldats légueront à la postérité prouvent que ces soldats ont consenti à cette guerre. Les Poilus s'accrochent à leur bout de terrain, dans la fraternité du groupe auquel ils appartiennent, avec le sens du devoir patriotique qui caractérise leur époque. Dans sa version laïque et républicaine, ce patriotisme est lié à l'idée naïve qu'il faut abattre Guillaume II et tous les tyrans afin de parvenir au règne du Droit, de la Justice et de la Paix universelle. Dans sa version catholique, le patriotisme figure la France, patrie de Jeanne d'Arc, comme la Fille aînée de l'Église, qui doit être défendue contre les barbares.

Verdun, la bataille du peuple français

En 1915, les Alliés se défendent à Ypres, puis tentent vainement de percer en Artois et en Champagne. L'Italie entre dans la guerre aux côtés de l'Angleterre

Soldat français portant un masque à gaz
à l'entrée du fort de Verdun.

et de la France, après que l'Entente, par un traité secret signé à Londres, lui a promis des territoires autrichiens : un nouveau front s'ouvre dans le Tyrol et les Dolomites. À l'est, dans les plaines des confins européens, la guerre de mouvement se poursuit entre Russes, Allemands et Austro-Hongrois.

En 1916, alors que les Alliés préparent une grande offensive sur la Somme, un point annexe du front devient la grande bataille du peuple français, parce que presque tous les régiments capables de combattre en première ligne y passeront par roulement. Le 21 février, Falkenhayn, chef d'état-major de l'armée allemande, déclenche l'attaque dans le secteur de Verdun, que notre commandement a négligé de couvrir. L'assaut est précédé d'un pilonnage d'artillerie qui se poursuivra de façon plus limitée, mais continue : l'objectif de Falkenhayn n'est pas de percer, mais de « saigner l'armée française ». Le 25 février, les Allemands s'emparent du fort de Douaumont. Pétain, chargé de la direction de la bataille, réserve l'unique point de passage qui soit resté accessible, la route Verdun-Bar-le-Duc, au transport des renforts, du matériel et du ravitaillement : nuit et jour, une noria de camions emprunte ce qu'on surnomme « la Voie sacrée ».

En mars, les combats s'étendent à la rive gauche de la Meuse, et des noms jusqu'ici inconnus deviennent familiers aux Français : le bois de Cumières, le Mort-Homme, la cote 304. Le 10 avril, Pétain lance un ordre du jour resté célèbre : « On les aura ! » En mai, promu au commandement des armées du centre, il passe le relais à Nivelle. En juin, Mangin échoue à reconquérir Douaumont, tandis que le fort de Vaux tombe aux mains des Allemands. Mais, en juillet, ces derniers décrochent, dégarnissant leur dispositif : les Russes viennent de lancer une grande offensive à l'est, et les Franco-Britanniques sur la Somme. L'initiative appartient désormais aux Français. Avant la fin de l'année 1916, ils reprennent Douaumont, le fort de Vaux et la rive droite de la Meuse. À Verdun, lieu devenu un symbole pour toute une génération, les Français ont laissé 360 000 hommes, et leurs adversaires 335 000.

La bataille de la Somme, engagée en juillet 1916, est encore plus que Verdun une hécatombe parce que des centaines de milliers d'hommes y sont livrés au feu de l'artillerie. Ce sont les Anglais, ce coup-ci, qui portent le plus gros de l'effort. En novembre, au terme de vingt semaines de combat, les lignes allemandes n'ont été enfoncées que sur un saillant de 10 km de profondeur. L'hiver arrivant, le commandement abandonne l'offensive. Dans les plaines de la Somme, les Alliés ont perdu 700 000 hommes, dont les deux tiers étaient britanniques, et les Allemands 500 000.

À la fin de l'année 1916, cet échec coûte à Joffre son commandement en chef, compensé par un bâton de maréchal. Dans les deux camps, à cette époque, l'ampleur des pertes et l'absence de résultats décisifs provoquent des doutes. L'Allemagne fait des ouvertures aux Alliés pour une paix blanche. Mais trop de sang a coulé, déjà, pour que le conflit s'arrête.

Foch, généralissime des armées alliées

1917 est une année de transition. Le nouvel empereur d'Autriche, le jeune Charles Ier, cherche à ouvrir des négociations avec les Français et les Anglais sans ses alliés allemands, mais il n'est pas écouté. En Russie, les défaites militaires et la désorganisation économique se conjuguent pour provoquer la révolution et la chute du tsarisme, en mars, prélude à la révolution bolchevique qui survient en octobre ; arrivés au pouvoir, les soviets demandent l'armistice, en décembre, annonçant la paix de Brest-Litovsk (3 mars 1918).
Les Alliés ont perdu le concours de la Russie, mais acquièrent celui des États-Unis. La guerre sous-marine à outrance, déclenchée par les Allemands, en février 1917, afin de forcer le blocus dont ils sont victimes, vise tout trafic commercial avec la France et l'Angleterre, y compris celui des pays neutres. Les navires américains, fournisseurs de l'Europe de l'Ouest, étant attaqués, Washington déclare la guerre à Berlin le 6 avril 1917. Un corps expéditionnaire américain, commandé par le général Pershing, est envoyé en France, mais il ne sera opérationnel qu'en 1918. Au printemps 1917, l'offensive préparée par Nivelle, successeur de Joffre, destinée à percer entre Reims et Soissons, se solde par un nouvel échec : du 16 au 25 avril, la bataille du Chemin des Dames fauche 140 000 hommes, dont 30 000 tués, du côté français. Ce carnage conduit à des refus d'obéissance dans l'armée, mouvement que Pétain, qui remplace Nivelle, réussit à endiguer en améliorant la condition des combattants. En octobre 1917, c'est l'allié italien qui s'effondre, l'armée autrichienne remportant une victoire éclatante à Caporetto.

En janvier 1918, le président américain, Wilson, propose ses « Quatorze Points » pour une paix fondée sur le droit des peuples à disposer d'eux-mêmes, la limitation des armements, la liberté des mers. Le 21 mars 1918, Hindenburg, le nouveau commandant en chef des armées du Reich, et son adjoint Ludendorff, qui ont rassemblé tous leurs moyens à l'ouest après la paix de Brest-Litovsk, lancent une offensive foudroyante : ils savent que c'est leur dernière chance de remporter la victoire avant que l'arrivée en masse des Américains joue en leur défaveur. Pour la première fois depuis l'immobilisation du front, en 1914, la guerre se met en

Les généraux Philippe Pétain et Ferdinand Foch sur le champ de bataille de la Somme en 1918.

Georges Clemenceau et son fils dans la Somme.

mouvement. Sous les coups de boutoir de l'adversaire, Anglais et Français sont contraints de se replier. Paris est bombardé de nuit par les avions gothas, tandis que les tirs de la grosse Bertha, un monstrueux canon à longue portée installé par les Allemands à 120 km de la capitale, terrorisent les habitants.
Le 26 mars 1918, Clemenceau fait accepter par Haig, le commandant britannique, et par Pétain, le commandant français, que Foch devienne généralissime et coordonne les opérations de toutes les armées alliées. Commencée le 18 juillet, la seconde bataille de la Marne, au cours de laquelle les Américains montent pour la première fois en ligne, marque le début de la contre-offensive alliée. Le 8 août, Français et Britanniques, appuyés par 450 chars Renault, opèrent une vaste percée du côté d'Amiens. Le sort de la guerre est joué : en trois mois, les Allemands ne cessant de battre en retraite, tout le nord de la France est reconquis.
Sur le front des Balkans, l'armée de Franchet d'Esperey rompt le front bulgare le 15 septembre, puis libère la Serbie et la Roumanie. En octobre, sous l'effet d'une révolution intérieure, l'Autriche-Hongrie se désagrège, forçant l'armée des Habsbourg à signer l'armistice le 4 novembre et l'empereur Charles Ier à renoncer au pouvoir le 11 novembre. En Allemagne, la révolution éclate de même, au cours des premiers jours de novembre, sur les bâtiments de la flotte de guerre, à Kiel, et dans la plupart des grandes villes. Le 9 novembre, Guillaume II se résigne à

abdiquer. L'armistice demandé par Max de Bade, chancelier d'Allemagne depuis le mois d'octobre, est signé dans le wagon de Foch, à Rethondes, en forêt de Compiègne, le 11 novembre.

Clemenceau fait la guerre

À la 11e heure du 11e jour du 11e mois de l'année 1918, la Grande Guerre est terminée. Elle a duré cinquante et un mois. Dans les deux camps, elle a provoqué des hécatombes inimaginables. En France, le bilan est de près de 1,4 million d'officiers et soldats tués, auxquels s'ajoutent 210 000 victimes civiles. S'ils n'ont pas été tués par la guerre, les 400 000 morts de la grippe espagnole de 1918-1919 ne doivent pas être oubliés, car cette pandémie mondiale, en partie concomitante du conflit, a profondément marqué les esprits. Sur 7,8 millions d'hommes mobilisés, 3,2 millions, un peu moins de la moitié, ont été blessés. La France compte 1 million d'invalides de guerre, 300 000 mutilés, 600 000 veuves, 700 000 orphelins. Grands mutilés et grands blessés, avec leurs béquilles et leurs fauteuils roulants, et jeunes femmes en deuil, tout de noir vêtues, deviennent des figures familières. La société de 1918 n'est plus celle de 1914. Plus de 6 millions d'hommes, dont beaucoup n'ont pas 30 ans, sont des anciens combattants. « Ils ont des droits sur nous », répète Clemenceau. Pendant la guerre, les femmes se sont mises au travail, en usine ou aux champs : les rapports sociaux et familiaux en sont transformés. Les grèves de 1917 et 1918 ont initié beaucoup, dans les grandes entreprises, au conflit social et à la lutte syndicale : au sein du monde du travail, un certain paternalisme à l'ancienne a vécu. Mais tous les milieux se sont aussi côtoyés sous l'uniforme : si les frontières sociales n'ont pas été abolies, loin s'en faut, elles sont devenues moins étanches. Pour toute une France rurale, la guerre a accéléré l'unification des modes de vie et d'expression, rejoignant le projet de l'école républicaine qui aspirait notamment à éradiquer les patois et les langues régionales.

Face à l'épreuve, le régime a tenu bon. En ce sens, 1914-1918 a consolidé la République. Jusqu'au printemps 1917, l'Union sacrée a été respectée, sauf par les minoritaires socialistes, partisans d'une paix de compromis. Cette unanimité s'est traduite par une relative stabilité ministérielle : un cabinet Viviani et deux cabinets Briand en deux ans et demi. Puis, le conflit s'éternisant, les mouvements de désobéissance au front et les grèves ont ressuscité les oppositions entre les partis : les socialistes ont quitté le gouvernement en septembre 1917, de même que Denys Cochin, l'unique ministre catholique (détenteur d'un portefeuille depuis 1915), un mois plus tôt, se jugeant victime d'un anticléricalisme tenace. C'est donc dans un contexte de crise que Clemenceau, en novembre 1917, a repris la tête du gouvernement, à 76 ans. Volontaire, orgueilleux, autoritaire, le Tigre a dirigé le pays d'une poigne de fer. « En politique intérieure, je fais la guerre ; en politique extérieure, je fais la guerre, je fais toujours la guerre », disait-il en mars 1918. C'est son énergie qui a permis au pays de l'emporter, lui valant le surnom de Père la Victoire. Toutefois, président du Conseil jusqu'en janvier 1920, Clemenceau exerce le pouvoir pendant la période où sont élaborés et signés les traités avec l'Allemagne et l'Autriche, dans lesquels il porte une responsabilité directe. Or cet homme qui a su faire la guerre ne saura pas faire la paix.

Les mauvais traités de paix

Le 28 juin 1919, cinq ans jour pour jour après l'attentat de Sarajevo, 28 États sont représentés à Versailles lors de la signature du traité de paix avec Berlin. Le 14 juillet suivant, le défilé de la victoire se déroule sur les Champs-Élysées : les maréchaux Joffre et Foch en tête, les troupes de toutes les nationalités qui ont combattu l'Allemagne marchent derrière les grands mutilés. La France est victorieuse, et c'est sur son sol que le triomphe des Alliés se manifeste avec éclat. Mais ce vainqueur, on l'a vu, est exsangue, épuisé et ruiné. Avec 20 % de sa population active brisée, la « grande » nation a perdu pour de bon son statut de première puissance : la France n'a pu gagner cette guerre d'un type nouveau qu'avec l'aide décisive de l'Angleterre et des États-Unis, de même qu'elle n'a pu imposer ses vues au cours des négociations de paix. Plus largement, l'Europe sort blessée à mort au profit de l'Amérique. 1918 est une victoire à la Pyrrhus, qui marque le commencement de la fin de la suprématie occidentale qui remonte au XVIe siècle.

Largement inspiré des Quatorze Points du président Wilson, le traité de Versailles est précédé du pacte constitutif de la Société des Nations (SDN). L'Allemagne est diminuée du huitième de son territoire, dont l'Alsace et la Lorraine mosellane, qui font retour à la France. La Sarre est placée sous le contrôle de la SDN, et son bassin houiller devient propriété de la France. L'Allemagne est partiellement désarmée, la rive droite du Rhin étant démilitarisée sur 50 km de profondeur. La rive gauche du fleuve est occupée par les Alliés pour quinze ans, de même que

1914-1945 : le choc des guerres mondiales

Mayence, Coblence et Cologne. Le vaincu est assigné à payer des réparations de guerre, dont le montant reste à fixer.

Dès sa signature, le traité de Versailles est critiqué, en Angleterre comme aux États-Unis, pour sa rigueur excessive. Le Sénat américain, désavouant Wilson, refuse même de le ratifier. En Allemagne, le traité est dénoncé comme un diktat par tous les partis politiques, communistes compris, et rencontre d'autant plus l'hostilité qu'il attribue l'entière responsabilité de la guerre aux seuls Allemands. La vérité est que ce texte est une cote mal taillée, qui laisse paraître les exigences contradictoires des différents vainqueurs de la guerre : il arrache à l'Allemagne des territoires qu'elle considère comme historiquement siens et l'abaisse en réduisant les attributs de sa souveraineté, tout en lui laissant son unité politique et l'essentiel de son potentiel économique, autrement dit les ressorts qui lui permettront de prendre sa revanche. À l'est, le traité crée des problèmes de minorités et de frontières, alors qu'il confie l'arbitrage international à une SDN dépourvue de moyens d'action. Le traité de Versailles, « trop doux pour ce qu'il a de dur et trop dur pour ce qu'il a de doux », selon le mot de Bainville, a tout pour attiser le ressentiment allemand et provoquer les conditions d'une nouvelle conflagration. D'autant que, du point de vue de l'équilibre de l'Europe centrale, il ne peut être séparé du traité imposé au même moment à l'Autriche et qui comporte les mêmes inconséquences.

Le 10 septembre 1919, lors du traité de Saint-Germain-en-Laye, la communauté internationale ratifie l'éclatement de l'Autriche-Hongrie. Sur les ruines de l'empire des Habsbourg naissent deux États sans fondement historique – la Tchécoslovaquie et la Yougoslavie[3] –, tandis que la Pologne est reconstituée[4] et que la Roumanie et l'Italie, qui ont fait la guerre avec les Alliés, reçoivent des territoires naguère autrichiens ou hongrois[5]. Le sort de la Hongrie, amputée des deux tiers de sa superficie, sera réglé un an plus tard, au traité de Trianon (4 juin 1920).

Et l'Autriche proprement dite ? « L'Autriche, c'est ce qui reste », a dit Clemenceau. Soit un petit pays circonscrit à sa population germanique, alors que les traités interdisent son rattachement à l'Allemagne. Cette interdiction, heureuse et légitime au regard de la spécificité autrichienne, est néanmoins contradictoire avec le fait d'avoir coupé Vienne de ses circuits économiques avec le bassin danubien : à

---

3. Formée en 1919 par la Bohême-Moravie, qui appartenait à l'Autriche, et par la Slovaquie, qui faisait partie de la Hongrie, la Tchécoslovaquie se scindera pacifiquement en deux en 1990. En 1919, le royaume des Serbes, Croates et Slovènes, baptisé Yougoslavie en 1929, annexe au royaume de Serbie la Croatie, qui dépendait de la Hongrie, et la Slovénie, qui appartenait à l'Autriche. La Yougoslavie éclatera au terme d'une sanglante guerre civile en 1991-1995.
4. En 1815, la Pologne avait été partagée entre la Prusse, l'Autriche et la Russie.
5. La Roumanie annexe la Transylvanie et le Banat oriental, qui appartenaient à la Hongrie, et la Bucovine, qui faisait partie de l'Autriche. L'Italie annexe le Tyrol du Sud, le Trentin, le Frioul, l'Istrie et Trieste, territoires autrichiens.

peine née, la nouvelle République d'Autriche est réduite à la misère et soumise à la tentation de chercher son salut à Berlin.
Clemenceau, personnellement hostile aux Habsbourg (dynastie « papiste », grince-t-il), contribue à la liquidation de l'Autriche-Hongrie au nom du droit des peuples à disposer d'eux-mêmes. Mais ce même droit est dénié aux peuples qui faisaient partie des vaincus (Allemands des Sudètes en Tchécoslovaquie, Hongrois de Transylvanie en Roumanie, Tyroliens du Sud en Italie), créant de nouveaux foyers de tension. Quant aux nouveaux États créés en Europe centrale, leur sécurité repose sur le bon vouloir des Français et des Anglais. Le moment venu, on le verra plus loin, ils seront abandonnés à eux-mêmes face à la volonté de puissance de l'Allemagne hitlérienne.

Une crise financière provoquée par la guerre

Au cours de l'année 1919, environ 2 000 grèves éclatent en France. Au sein de la SFIO, un vif débat oppose ceux pour qui la révolution bolchevique survenue en Russie est un modèle, et ceux pour qui elle constitue un repoussoir. Le courant bolchevique progresse chez les ouvriers socialistes, comme chez les soldats : en avril 1919, une mutinerie des marins de l'escadre de la mer Noire vaut à son meneur, André Marty, d'être condamné à vingt ans de travaux forcés.
En décembre 1919, les élections législatives sont remportées par le Bloc national, une coalition de la droite et du centre droit. Deux élus sur trois sont nouveaux au Palais-Bourbon, beaucoup étant des anciens combattants qui veulent rester « unis comme au front ». Cette assemblée est surnommée Chambre bleu horizon – d'après la couleur de la capote des Poilus.

Les lignes politiques se sont déplacées : la droite d'après guerre n'est plus la droite conservatrice d'avant 1914, et les passions d'avant guerre – antisémitisme et anticléricalisme – ont fortement reculé. À l'extrême droite, l'Action française reste virulente dans son opposition à la République. À l'extrême gauche, le courant bolchevique de la SFIO triomphe au congrès de Tours, en décembre 1920, donnant naissance au parti communiste, qui revendique un projet fondé sur la dictature d'un parti révolutionnaire. En regard, les socialistes réformistes, qui font scission et maintiennent la SFIO, se dotent d'un nouveau leader : Léon Blum. Issu de la bourgeoisie juive, socialiste depuis 1899, cofondateur de *L'Humanité* avec Jaurès, maître des requêtes au Conseil d'État, rédacteur du programme de la SFIO, élu député de la Seine en 1919, cet intellectuel est appelé à devenir une des grandes figures de la gauche française.

À la fin du mandat de Poincaré, en janvier 1920, Clemenceau est candidat à la présidence de la République. Mais la crainte du pouvoir personnel, sentiment hérité des combats républicains sous le Second Empire, pousse le Parlement à lui préférer le pâle Deschanel, qui ne tarde pas à donner des signes de folie, entraînant sa destitution. Neuf mois plus tard (septembre 1920), Millerand, ancien socialiste devenu chef du Bloc national, est élu président de la République. Décidé à augmenter les pouvoirs présidentiels, il doit interrompre son septennat, en 1924, quand la gauche, qui a gagné les élections législatives, le force à la démission.
Le chef de l'État n'ayant qu'un pouvoir symbolique et le gouvernement demeurant suspendu à un vote négatif de la Chambre, la IIIe République reste un régime parlementaire où l'exécutif est faible. On comptera 43 cabinets ministériels entre 1920 et 1940, la palme revenant à l'oublié François Marsal, président du Conseil du 9 au 13 juin 1924, en concurrence avec l'obscur Bouisson, installé à l'hôtel Matignon du 1er au 6 juin 1935 ! Même à s'en tenir à des noms connus, que retenir, au regard de la grande Histoire, d'Édouard Herriot, maire de Lyon, président du parti radical et président du Conseil en 1924, 1926 et 1932 ? Ou de Gaston Doumergue, président de la République de 1924 à 1931 ? Poincaré, revenu au pouvoir après avoir quitté l'Élysée, est chef du gouvernement de 1926 à 1929, durée ministérielle exceptionnelle. Il est un des rares hommes d'État de l'entre-deux-guerres. Formant un cabinet d'union nationale où figurent six anciens présidents du Conseil, il redresse la situation financière et établit le fameux « franc Poincaré », fixé au cinquième de la valeur du franc germinal.
Les conséquences économiques de la guerre sont considérables, et pèsent de tout leur poids sur la période. Un million de maisons ont été détruites ou endommagées par les combats, 116 000 hectares de terres ravagés, des centaines d'usines bombardées ou sabotées par les Allemands lors de leur retraite.
Le pays souffrant d'un déficit démographique antérieur aux pertes de la guerre, les besoins de la reconstruction favorisent la main-d'œuvre d'outre-mer ou de l'étranger : entre 1919 et 1931, environ 120 000 Nord-Africains trouvent un emploi en métropole, et plus de 1,5 million d'Italiens, de Belges, d'Espagnols et de Polonais viennent travailler en France. Face à cette concurrence, quand la crise de 1929 fera sentir ses effets, provoquant une montée du chômage, une Chambre de gauche, en 1932, votera une loi « protégeant la main-d'œuvre nationale ».
Sur le plan financier, la guerre a multiplié par sept la dette publique de la France. La croissance étant faible, le pays contracte des emprunts auprès de la

À l'image de la cathédrale de Reims, un million de maisons ont été détruites ou endommagées pendant la guerre.

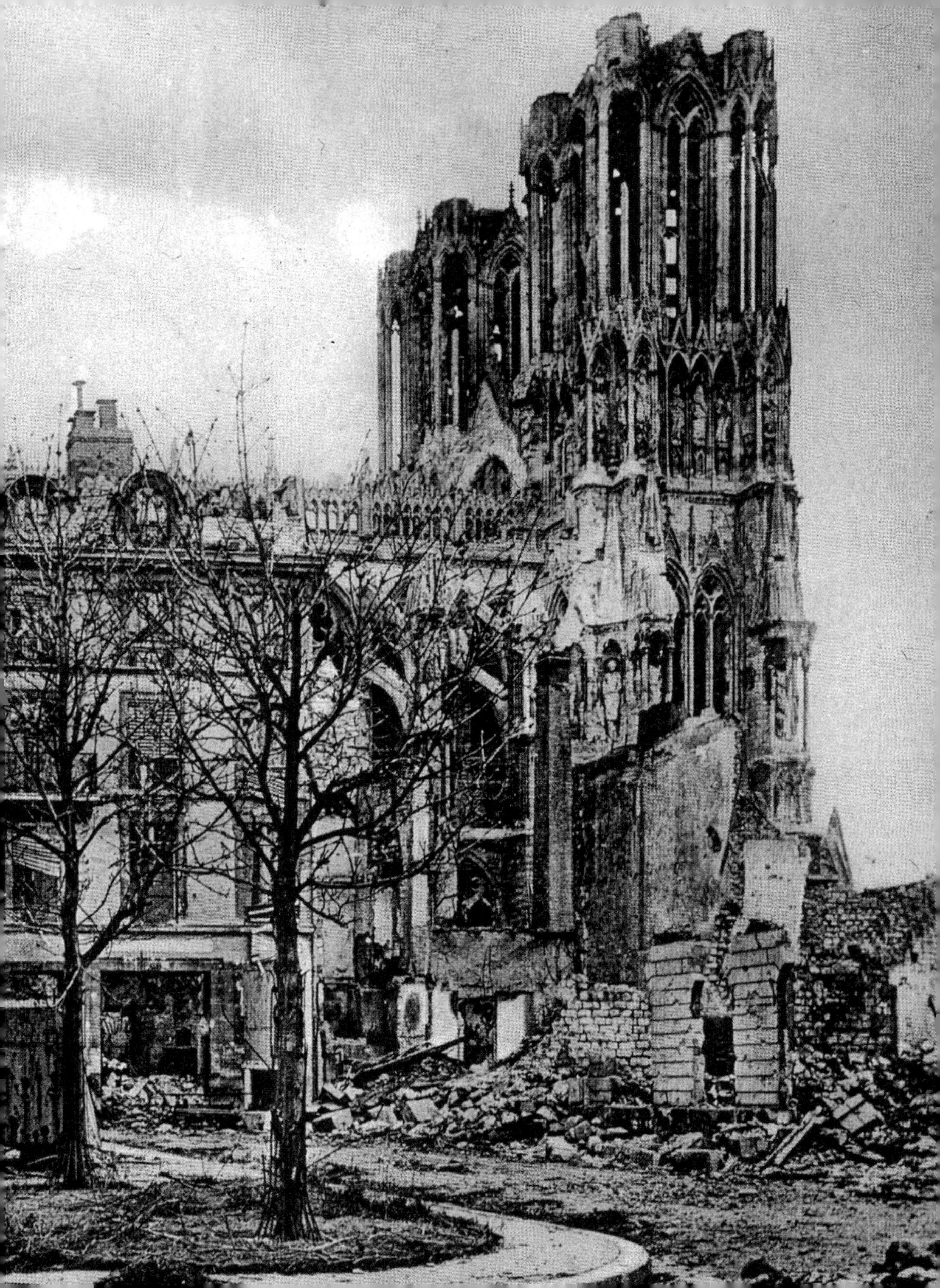

Grande-Bretagne et des États-Unis. Le remboursement des échéances dues à Londres et à Washington a pour conséquence de rendre plus fortes les exigences de réparations présentées à l'Allemagne. Mais en l'occurrence, les attentes de la France seront encore déçues.

La République de Weimar contre le traité de Versailles

En Allemagne, le traité de Versailles à peine signé, le gouvernement social-démocrate de la République de Weimar s'oppose, avec le soutien de tous les partis, au règlement des indemnités de guerre. En 1921, la France riposte en occupant trois villes de la Ruhr, puis la totalité de la Ruhr, en 1923, avec l'appui des Belges. Les Britanniques sont hostiles à cette politique de rétorsion. D'une part parce qu'ils ne veulent pas laisser trop de puissance à la France sur le continent ; d'autre part parce que l'Angleterre, après la guerre, redevient vite un partenaire économique de l'Allemagne.
Après 1919 et la victoire du Bloc national à la Chambre, Poincaré et Millerand, tour à tour présidents de la République et présidents du Conseil, sont partisans

Soldats français en faction à Coblence.

d'une politique de fermeté vis-à-vis de Berlin. En 1925, quelques mois après la victoire à la Chambre du Cartel des gauches, une coalition des radicaux et des socialistes, Aristide Briand devient ministre des Affaires étrangères ; trois fois président du Conseil pendant cette période, il restera en même temps au quai d'Orsay, presque continûment jusqu'en 1931 : six ans aux affaires extérieures de la France, encore une durée ministérielle exceptionnelle sous la IIIᵉ République. Apôtre de la paix et de la concorde entre les peuples, défenseur de la SDN, Briand a foi en la réconciliation franco-allemande et en l'union européenne. Son homologue à Berlin, Stresemann, est un négociateur policé. Mais ce diplomate poursuit un but qu'il révèle en 1925, dans une lettre au Kronprinz, le fils de Guillaume II : « L'essentiel est la libération de notre sol. C'est pourquoi la politique allemande devra, pour commencer, suivre la formule que Metternich adoptait en Autriche après 1809 : *finassieren.* »

Signé à Londres en 1924, le plan Dawes, du nom du banquier qui était, pendant la guerre, l'intendant du corps expéditionnaire américain, préconise l'échelonnement de la dette allemande afin de sortir le pays du chaos de l'inflation, et l'évacuation de la Ruhr et de Cologne par les Français. Briand s'exécute. En 1925, le ministre français est l'âme de la conférence de Locarno. L'Allemagne y reconnaît librement sa nouvelle frontière occidentale (acceptant la restitution de l'Alsace-Lorraine) et la démilitarisation de la Rhénanie. « Les États-Unis d'Europe commencent, s'exclame Briand. La France et l'Allemagne s'engagent solennellement et réciproquement à ne recourir à la guerre en aucun cas. » Appuyé par le ministre des Affaires étrangères britannique, Chamberlain, c'est encore Briand qui fait entrer l'Allemagne à la SDN, en 1926, décision qui lui inspire une nouvelle envolée : « Arrière les fusils, les mitrailleuses, les canons, les voiles de deuil ! Place à la conciliation, à l'arbitrage, à la paix ! » En 1928, avec son homologue américain, Kellog, il fait signer par 64 nations, dont l'Allemagne et l'URSS, un pacte visant à… « mettre la guerre hors la loi ».
Pendant ce temps, les discussions internationales sur la dette de guerre allemande se poursuivent. Signé à Paris en 1929 pour faire suite au plan Dawes, le plan Young – baptisé ainsi d'après le patronyme du financier américain qui mène la négociation – étale les paiements de Berlin jusqu'en… 1988. En juin 1930, nouvelle concession, Briand fait évacuer la Rhénanie cinq ans avant l'échéance prévue par le traité de Versailles. Le 9 juillet 1932, enfin, la conférence de Lausanne met fin aux réparations de guerre allemandes. Vingt jours plus tard, avec 230 députés élus au Reichstag, le parti national-socialiste devient la première formation politique allemande…

Hitler, né autrichien, a renié son pays par haine de la Vienne libérale et plurinationale des Habsbourg. Il a fait la guerre dans l'armée bavaroise et, après la défaite du Reich, s'est engagé dans le courant nationaliste et antisémite. Incarcéré après une tentative de putsch, à Munich, en 1923, il se fixe pour objectif, dès sa sortie de prison, la conquête légale du pouvoir. Aux élections de 1928, son parti n'obtient que 12 députés. Mais en 1930, 107 nationaux-socialistes entrent au Reichstag. À l'élection présidentielle d'avril 1932, si Hitler échoue devant Hindenburg, il récolte près de 37 % des voix. Le 31 juillet suivant, alors que la crise économique ravage l'Allemagne, son parti, on vient de le voir, devance tous les autres. Les conservateurs, s'imaginant amadouer Hitler, lui ouvrent les portes du pouvoir : le 30 janvier 1933, le maréchal Hindenburg, président de la République, nomme chancelier d'Allemagne l'ancien caporal de l'armée bavaroise. Six semaines plus tard, les nazis remportent 44 % des suffrages et 288 sièges au Reichstag. Cumulant les fonctions de président et de chancelier après la mort d'Hindenburg (août 1934), doté des pleins pouvoirs, érigeant le parti national-socialiste en parti unique, Hitler établit sa dictature. Dès lors, la question n'est plus de savoir si la guerre éclatera avec l'Allemagne, mais quand.

1934, crise de la République

À la fin de l'année 1931, la France est atteinte par la crise économique partie de Wall Street en 1929. Le commerce, l'artisanat, la petite entreprise et l'agriculture sont touchés, le ralentissement de l'activité accroissant chômage et déficit budgétaire. Radicaux et socialistes, majoritaires à la Chambre en 1932, se divisent sur les mesures de rigueur financière qu'il convient d'adopter. L'instabilité ministérielle endémique – cinq cabinets radicaux se succèdent en 1932-1933 – contribue à donner au régime une image d'impuissance. Au même moment, plusieurs scandales financiers – affaires Marthe Hanau, Oustric[6] – éclaboussent des hommes politiques. La société française, à cette époque, est traversée par un besoin de changement. À gauche, ce courant se manifeste autour d'une tendance novatrice du parti radical que l'on surnomme les Jeunes Turcs (Pierre Cot, Jean Zay,

---

6. En 1928, Marthe Hanau, directrice de *La Gazette du franc*, est accusée d'avoir détourné plus de 100 millions de francs en abusant des épargnants influencés par la réputation de son journal. Elle est condamnée à deux ans de prison en 1931. L'enquête a prouvé qu'elle avait bénéficié d'appuis politiques en raison de son soutien à Briand. En 1930, la banque Oustric est mise en faillite, à la suite de la découverte d'un trou de 80 millions ; le fondateur de l'établissement, Albert Oustric, a également bénéficié d'appuis parlementaires et gouvernementaux.

1914-1945 : le choc des guerres mondiales

Les premières échauffourées près de la Chambre des députés lors des émeutes du 6 février 1934.

Jouvenel, Mendès France, Bergery) ou chez les néosocialistes (Déat, Marquet, Ramadier). Au centre droit, André Tardieu, un admirateur des États-Unis, trois fois chef du gouvernement au tournant des années 1930 et qui publie en 1934 *La Réforme de l'État,* un livre où il prône la réduction du nombre de partis et le renforcement de l'exécutif, est représentatif de cette demande d'autorité. Une demande exacerbée chez les militants des ligues nationalistes (Croix-de-Feu, Jeunesses patriotes, Action française).
Ce contexte nourrit un antiparlementarisme radical, notamment chez les anciens combattants, de droite comme de gauche, révoltés parce qu'ils ont le sentiment de s'être battus pour que le pouvoir échoue à des corrompus. Dans la rue, les

ligues font de l'agitation. Le 27 janvier 1934, certains ministres ayant été mis en cause dans le scandale Stavisky[7], le président du Conseil, Chautemps, démissionne. Édouard Daladier, un autre radical, lui succède. Le chef du gouvernement révoque le préfet Jean Chiappe, accusé de sympathie pour les ligues. Le 6 février 1934, alors que l'Association républicaine des anciens combattants, d'obédience communiste, défile « contre les voleurs », un autre cortège, formé par les anciens combattants de droite et par les ligues, place de la Concorde, afin de protester également contre « les voleurs », dégénère. Les forces de l'ordre tirent. Au terme de la journée, on relève 17 morts et 2 000 blessés du côté des manifestants, et un tué et 600 blessés parmi les policiers.

Les manifestants, le 6 février, étaient loin de tous appartenir à la droite ou à l'extrême droite. Pas de chefs, pas de but commun, pas d'armes : la manifestation n'était pas une tentative de coup d'État, mais une émeute spontanée, traduisant la perte de confiance dans la classe politique.

Le lendemain, Daladier renonce au gouvernement. Deux jours plus tard, Doumergue, l'ancien président de la République, appelé comme un sauveur, est chargé de former le ministère. Ce même jour, le 9 février 1934, les communistes appellent à manifester « contre l'affairisme et le fascisme ». Des heurts très violents se produisent : la police tire à nouveau, faisant 6 morts et plusieurs dizaines de blessés parmi les manifestants. À la suite de cette journée de violence, les syndicats et les partis de gauche appellent à la grève pour le 12 février. À cette date, place de la Nation, les cortèges communiste et socialiste fusionnent au nom d'un mot d'ordre : « Unité d'action ! »

Frères ennemis depuis la scission de Tours (1920), communistes et socialistes s'unissent face à un adversaire commun : « le fascisme ». Le mot est né en Italie. Fondé en 1919 par Mussolini, un ancien socialiste, ce mouvement se présente comme une réaction autoritaire à la détresse de l'après-guerre, et comme une réponse nationaliste à l'attente d'un pays qui n'a tiré aucun bénéfice de sa participation au conflit européen, et qui subit la menace bolchevique. La violence des fascistes est indéniable, mais elle répond à celle des communistes, qui récusent tout autant le modèle démocratique. En 1922, le roi Victor-Emmanuel III a appelé Mussolini au pouvoir. Si le régime, fondé sur l'autorité sans partage du Duce et du parti unique, est une dictature, l'actif de ses dix premières années est avéré : reprise économique, baisse du chômage, traité du Latran avec le Saint-Siège,

---

7. Alexandre Stavisky, en dépit de condamnations antérieures, a fondé le Crédit municipal de Bayonne puis, ayant émis des bons à intérêt gagés sur de faux bijoux, a détourné des millions de francs. L'opération a été menée grâce à ses relations parlementaires. Le 9 janvier 1934, quand on est venu l'arrêter, Stavisky a été trouvé mort : suicide ou meurtre maquillé ?

donnant naissance à l'État du Vatican. L'opinion italienne adhère massivement à la politique de Mussolini, dont les admirateurs, de Roosevelt à Churchill, sont nombreux à l'étranger.

Au moins jusqu'en 1935, le Duce est antiallemand. Il n'est ni raciste, ni antisémite. C'est plus tard que ce personnage, initialement pragmatique, se prendra au piège de sa mystique : « Mussolini a toujours raison », proclamera la propagande. Le tournant surviendra en 1935-1936 avec l'aventure éthiopienne, les rebuffades des démocraties poussant le régime à se radicaliser, l'alliance avec Hitler, les lois antijuives adoptées pour complaire à ce dernier. Entré dans le second conflit mondial aux côtés du Reich, l'État fasciste s'écroulera avec lui.

En France, en 1934, il n'existe pas d'organisations fascistes, à part des groupuscules sans audience, tel le Francisme de Marcel Bucard. Mais les communistes amalgament sous l'étiquette « fascisme » toutes les formes d'anticommunisme, quelle que soit leur inspiration, et l'antifascisme, stratégie mise en œuvre par le Komintern, l'Internationale communiste et ses agents à Paris, devient, comme naguère l'anticléricalisme, le ciment de l'unité de la gauche. En juillet 1934, le parti communiste et la SFIO signent un pacte d'unité d'action. Ce pacte prévoit un accord de toute la gauche, radicaux compris, pour les élections municipales de 1935 et les législatives de 1936.

Une série de reculades devant Hitler

À Berlin, pendant ce temps, Hitler a pour priorité d'effacer les conséquences du traité de Versailles. Un de ses premiers actes de gouvernement est de retirer l'Allemagne de la SDN. En 1934, l'assassinat du chancelier autrichien, Dollfuss, au cours d'une tentative de putsch nazi à Vienne, n'émeut que l'Italie fasciste, qui masse des troupes sur le Brenner. En janvier 1935, Hitler annonce le rétablissement du service militaire en Allemagne. Les vainqueurs de la guerre, alors réunis à Stresa sous la présidence de Mussolini, se contentent de protestations platoniques. Pierre Laval, alors ministre des Affaires étrangères (et quatre fois président du Conseil dans cette période), vient de signer un accord avec Rome au sujet des possessions coloniales des deux pays (7 janvier 1935). Verbalement, le ministre semble avoir laissé les mains libres au Duce en Éthiopie, mais il y a eu un malentendu : Mussolini pensait à la conquête, tandis que le Français songeait à une simple présence économique. En vertu de la même *Realpolitik*, Laval signe, en mai 1935, un traité d'assistance mutuelle avec l'URSS. Mais la conquête de

Benito Mussolini et
Adolf Hitler
à Munich (1937).

l'Abyssinie, commencée en octobre 1935 et achevée en mars 1936, incite la SDN, poussée par l'Angleterre, à prendre des sanctions économiques contre l'Italie, politique à laquelle Laval est contraint de se rallier. Mussolini, par contrecoup, commence à regarder vers Berlin.
Le 7 mars 1936, Hitler se livre à un coup de force : ses troupes envahissent la zone démilitarisée de la Ruhr. Albert Sarraut, le président du Conseil, assure qu'« on ne laissera pas Strasbourg sous le feu des canons allemands ». Mais les élections sont proches et le haut commandement estime n'avoir pas les moyens d'agir sans une mobilisation générale. Quant à l'Angleterre, elle fait savoir à Paris qu'elle ne suivrait pas une intervention militaire. Aucune réplique n'est donc apportée

à l'opération d'Hitler, dont on sait aujourd'hui qu'elle était une partie de poker : le Führer aurait reculé si les démocraties l'avaient exigé.
Les Français et les Anglais ayant condamné sa politique éthiopienne, et se montrant désespérément passifs face au Reich, Mussolini bascule dans les bras d'Hitler : en octobre 1936, l'Allemagne et l'Italie signent un protocole de coopération. Schuschnigg, le nouveau chancelier autrichien, soumis à une pression croissante de Berlin, effectue la tournée des capitales européennes : nul ne se soucie de lui. Les 12 et 13 mars 1938, la Wehrmacht envahit l'Autriche et Hitler annexe son pays d'origine. La France reste muette (lors de l'*Anschluss*, le gouvernement Chautemps est démissionnaire), et l'Angleterre reconnaît le fait accompli. Sans que cela émeuve les démocraties, un État souverain vient de disparaître.

Pourquoi la France n'a-t-elle pas réagi en 1935, en 1936, en 1938, à chaque fois qu'Hitler a poussé ses pions ? Parce que la victoire de 1918 a eu des effets pervers. Le haut commandement est persuadé que l'armée française est toujours la première du monde. La stratégie conçue par l'état-major, en outre, est exclusivement défensive : l'édification de la ligne Maginot, une ligne fortifiée le long de la frontière est de la France, a commencé en 1929. Le pays possède des alliances avec la Pologne et la Petite Entente, constituée en 1921 par la Tchécoslovaquie, la Roumanie et la Yougoslavie, mais les forces nécessaires pour secourir ces peuples amis, s'ils sont attaqués par l'Allemagne, demeurent inexistantes. Le pacifisme, à des degrés divers, ronge la France. Derrière cette frilosité, il y a l'immense traumatisme de la Grande Guerre : personne n'a envie de « revoir ça ».

Le Front populaire néglige le contexte international

Le 3 mai 1936, le second tour des élections législatives donne la victoire au Front populaire. Le parti communiste s'étant prononcé pour un « soutien sans participation », Blum forme un cabinet composé de socialistes et de radicaux. Dès le lendemain du scrutin, une vague de grèves s'est déclenchée. Signés le 7 juin, les accords de Matignon augmentent les salaires de 7 à 15 %, et accordent des droits sociaux substantiels (conventions collectives, création des délégués du personnel). Pendant l'été, les grévistes ne désarmant pas, d'autres avantages sont votés, notamment la semaine de 40 heures et deux semaines de congés payés. Contrairement à ce que pense une certaine bourgeoisie, ces mesures n'ont rien de révolutionnaire : la France ne fait que rattraper son retard social. Mais cette politique, mise en œuvre brutalement, sans considération du contexte international ni des réalités économiques, a des conséquences dramatiques. Réduire la durée du travail de 48 à 40 heures hebdomadaires provoque une chute de la production industrielle : c'est seulement en 1939 que sera retrouvé le niveau de 1928. En Allemagne, dans le même temps, la production, et spécialement la production d'armement, aura fait un bond de 17 %.

Dès février 1937, la situation financière devenant critique, Blum est contraint d'annoncer une « pause sociale ». L'année précédente, en Espagne, une partie de l'armée s'est soulevée contre l'anarchie qui a gagné le pays après la victoire du *Frente popular*, l'homologue ibérique du Front populaire, déclenchant une guerre civile qui se terminera, en 1939, par la victoire du général Franco. Officiellement, le gouvernement Blum a choisi la non-intervention dans ce conflit (dans la pratique, des armes sont livrées par la France aux républicains espagnols), politique qui installe une mésentente croissante entre socialistes et communistes. En juin 1937, Blum doit laisser la direction du gouvernement au radical Chautemps. Au printemps de l'année suivante, le leader socialiste revient aux affaires, mais son second ministère ne tient pas un mois : c'est la fin du Front populaire.

En avril 1938, Daladier reprend la direction du gouvernement. Il est un des rares radicaux à avoir toujours prêté intérêt aux questions de défense. Ministre de la Guerre du Front populaire, il a infléchi les positions initiales de Blum, lançant dès 1936 un programme de réarmement, mais qui intervenait bien tard. Devenu président de son parti, Daladier s'éloigne des socialistes et se rapproche de la droite. Quelques semaines plus tard éclate l'affaire des Sudètes, une minorité allemande de Tchécoslovaquie qui réclame son rattachement au Reich. À la suite de la victoire des nationalistes allemands aux élections locales, Hitler annonce son intention d'intervenir afin de libérer les Sudètes de l'oppression des Tchèques. La France ne possède pas les moyens militaires de répondre à cette provocation : en dépit de l'effort budgétaire de 1936, le réarmement allemand s'effectue à une cadence qui creuse la distance entre les deux pays. L'Angleterre, qui n'a pas d'accord de défense avec Prague, négocie directement avec Hitler. Les 29 et 30 septembre 1938, au cours d'un sommet de crise qui se tient à Munich, Daladier et Chamberlain, le Premier ministre britannique[8], acceptent le rattachement des Sudètes à l'Allemagne. Les accords de Munich constituent une évidente reculade devant Hitler. Ils sont cependant approuvés par la droite, à de rares exceptions près (le clémenciste

---

8. Ne pas confondre Austen Chamberlain, ministre des Affaires étrangères britannique de 1924 à 1929, négociateur du traité de Locarno et prix Nobel de la paix en 1925, et son demi-frère Arthur Neville Chamberlain, Premier ministre du Royaume-Uni de 1937 au 10 mai 1940, où il céda la direction des affaires à Churchill.

Mandel, Paul Reynaud), comme par la gauche : à une écrasante majorité (537 voix contre 75), la Chambre ratifie le protocole signé par Daladier. Au Palais-Bourbon, Blum se félicite de cette unanimité. Si son expression de « lâche soulagement » est souvent évoquée pour vilipender le réflexe munichois, il ne faut pas oublier qu'il l'a employée à propos de lui-même : « La guerre est probablement écartée. Mais dans des conditions telles que […] je me sens partagé entre un lâche soulagement et la honte », écrit-il dans *Le Populaire* du 30 septembre 1938.

Après Munich, les dés roulent. Le 15 mars 1939, l'Allemagne occupe ce qui reste de la Tchécoslovaquie. Hitler prépare la guerre à l'ouest mais, instruit par l'exemple de 1914, a besoin d'assurer sa tranquillité à l'est. Les 22 et 23 août 1939, à la surprise générale, un traité commercial et un pacte de non-agression entre l'Allemagne et l'URSS sont signés à Moscou, un protocole secret prévoyant le partage du territoire polonais entre les deux pays. Le 1er septembre, les Allemands envahissent la Pologne, où les Soviétiques pénétreront le 17 septembre.
Le 3 septembre 1939, l'Angleterre et la France n'ont pas d'autre solution que de déclarer la guerre à Berlin. Une semaine plus tard, Paul Reynaud, alors ministre des Finances, un homme du centre droit, en donne l'assurance : « Nous vaincrons parce que nous sommes les plus forts. » Après quelques escarmouches à la frontière, plusieurs mois s'écoulent au cours desquels il ne se passe rien : c'est la « drôle de guerre ». En avril 1940, l'expédition de Norvège est un échec pour les Alliés, en dépit de la belle tenue au combat des troupes françaises. Hitler, quant à lui, prépare en secret l'offensive éclair qui va provoquer la plus grande défaite militaire de l'histoire de France, et l'effondrement de la IIIe République.

1940, « l'effroyable défaite »

Le 10 mai 1940, la Wehrmacht lance ses troupes vers la Belgique, la Hollande et la France. Dès le 11 mai, le dispositif belge est menacé. Le 14, les blindés de Guderian, soutenus par la Luftwaffe, franchissent la Meuse. Le lendemain, à 7 heures du matin, Reynaud, chef du gouvernement depuis deux mois, appelle Churchill : « La route de Paris est ouverte. La bataille est perdue. » Le 15 au soir, les Pays-Bas capitulent. Gamelin, le général en chef français, contre-attaque afin d'éviter l'encerclement des 47 divisions franco-britanniques qui se sont avancées en Belgique. Mais après dix jours de combats acharnés, les Allemands sont à Abbeville et l'armée française est disloquée.

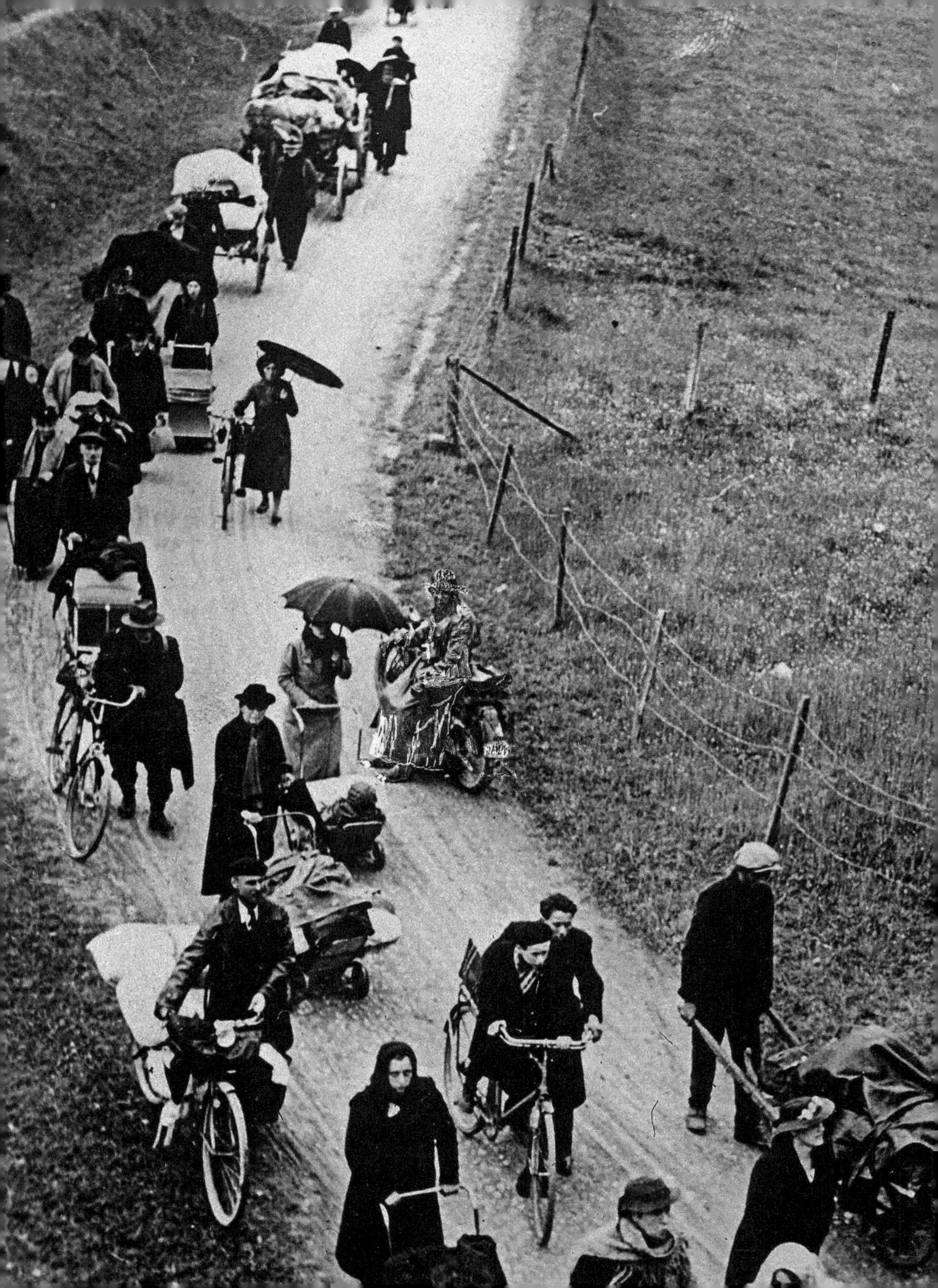

1914-1945 : le choc des guerres mondiales

Le désastre pointant, Reynaud remplace Gamelin par Weygand, l'ancien adjoint de Foch, rappelé de Syrie. Tentant une manœuvre de la dernière chance, celui-ci veut contre-attaquer par le nord et le sud. Mais le commandement britannique, jugeant la situation perdue et préférant sauver ses troupes, ordonne le repli vers Dunkerque, le 25 mai, opération qui condamne ce qui reste de l'armée belge : le 28, le roi Léopold capitule. À Dunkerque, l'opération d'évacuation dure jusqu'au 4 juin : les Anglais parviennent à faire passer la Manche à 230 000 de leurs hommes et à 110 000 Français. Weygand, de son côté, essaie d'établir un dernier front sur la Somme, mais ces troupes disparates sont balayées par les Allemands. En dépit de l'héroïsme des unités qui tiennent bon, l'armée française se décompose, gênée par l'exode des 7 à 8 millions de civils belges et français qui gagnent le sud du pays, hagards, sous la mitraille des avions allemands qui ont la maîtrise du ciel.

Dès le 16 mai, Reynaud a quitté Paris pour la Touraine. Deux jours plus tard, il a fait entrer le maréchal Pétain au gouvernement, avec le titre de ministre d'État et vice-président du Conseil. Le 25 mai, le président de la République, Lebrun, a évoqué un armistice. Le 6 juin, à l'occasion d'un remaniement partiel du cabinet, le général de Gaulle, un protégé de Reynaud, devient sous-secrétaire d'État à la Guerre. Le 10 juin, l'Italie déclare la guerre à la France pour participer à l'hallali. Au conseil interallié, Français et Britanniques ne se font plus confiance. Le 13 juin, au Conseil des ministres, Weygand, soutenu par Pétain, propose l'armistice, sans emporter l'accord de Reynaud, et se heurte notamment à l'opposition de Mandel, le ministre de l'Intérieur, partisan de la lutte à outrance. Le 14 juin, les Allemands entrent dans Paris. Le lendemain, le gouvernement s'installe à Bordeaux.
Le 16 juin, Pétain insiste à nouveau sur la nécessité de demander l'armistice. Le cabinet repousse une proposition d'union franco-anglaise imaginée par Jean Monnet et que de Gaulle, envoyé par Reynaud, défend au même moment à Londres. En fin de journée, le chef du gouvernement finit par remettre sa démission pendant que Lebrun appelle Pétain aux fonctions de président du Conseil. Au sein du nouveau cabinet formé dans la soirée, tous les adversaires d'un cessez-le-feu ont été exclus. À minuit, la demande d'armistice est présentée aux Allemands. De Gaulle, revenu à Bordeaux pour y apprendre la démission de Reynaud et la nomination de Pétain, repart aussitôt pour Londres.
Le 17 juin, à la radio, Pétain annonce avoir demandé l'armistice. Cette déclaration porte un coup aux ultimes combattants, mais l'armée française, à cette date, à l'exception de quelques îlots, est totalement en déroute. Le 18 juin, à Londres, de Gaulle lance son fameux appel à la BBC : « La France a perdu une bataille, mais elle n'a pas perdu la guerre. » Le lendemain, à Saumur, les cadets de l'École

L'exode de mai-juin 1940.

de cavalerie se battent encore sur la Loire. Le 20 juin, Pétain fustige « l'esprit de jouissance » qui l'a emporté sur « l'esprit de sacrifice », ajoutant : « J'ai été avec vous dans les jours glorieux, […] je resterai avec vous dans les jours sombres. » Le 22 juin, l'armistice est signé. Deux jours plus tard, un second armistice est signé avec l'Italie, dont les troupes ont été repoussées par l'armée des Alpes. Sur la ligne Maginot, les toutes dernières unités françaises combattantes déposent les armes le 30 juin.

Depuis le 10 mai, 60 000 officiers et soldats meurent au cours de cette campagne perdue : un pourcentage supérieur à celui de la Grande Guerre. Mais la brutalité et la rapidité de la défaite laissent le pays hébété. Ce traumatisme explique la suite des événements.

La France se réfugie dans les bras de Pétain

Aux termes de la convention d'armistice, la France est coupée en deux zones. Au nord, zone occupée, les pouvoirs de l'occupant, quasiment illimités, sont confiés à un gouverneur militaire. Au sud, zone libre, les signes distinctifs de la souveraineté française demeurent. La France conserve sa Marine et ses colonies, et une armée de 100 000 hommes. 1,8 million de prisonniers français resteront en Allemagne jusqu'à la signature d'un traité de paix : un moyen de pression dont Hitler saura se servir.

L'amiral Darlan, ministre de la Marine, a donné l'ordre de sabordage pour le cas où les Allemands chercheraient à s'emparer des vaisseaux français. Mais Churchill n'a pas confiance. La flotte française stationnée dans la rade de Mers el-Kébir, près d'Oran, reçoit donc un ultimatum : les bâtiments doivent rejoindre l'Angleterre ou les États-Unis. Le 3 juillet, l'ultimatum ayant été repoussé, les bâtiments sont bombardés par les Anglais. Plus de 1 300 marins sont tués par leurs alliés de la veille. En France, l'indignation est immense, et suscite une vague d'anglophobie qui ne sera pas sans conséquences.

Depuis l'armistice, Pierre Laval, nommé vice-président du Conseil et ministre d'État, mène campagne en vue de réformer la Constitution. Le 9 juillet, les pouvoirs publics sont transférés de Bordeaux à Vichy, et le principe d'une révision constitutionnelle est adopté à la quasi-unanimité de la Chambre et du Sénat. Le 10 juillet, les deux assemblées se réunissent en Parlement au Grand-Casino de Vichy. Sur un effectif légal de 850 députés et sénateurs, 667 parlementaires

1914-1945 : le choc des guerres mondiales

LA PATRIE peut assurer, embellir et justifier nos vies fragiles et chétives. Donnons-nous à la FRANCE; elle a toujours porté son peuple à la grandeur. (Appel du Maréchal - 11 juillet 1940).

Illustration d'un discours du Maréchal (11 juillet 1940).

sont présents. 570 d'entre eux votent les pleins pouvoirs au maréchal Pétain, et le chargent de rédiger une Constitution. La majorité des socialistes et des radicaux, élus en 1936 sur des listes Front populaire, ont dit oui à Pétain. Dix-sept parlementaires se sont abstenus et 80 ont voté non, ne pouvant se résoudre à l'effacement de la République, mais la plupart d'entre eux expriment leur respect pour le vieux soldat, le « vainqueur de Verdun ».
En dépit de l'intervention active de Laval, ce n'est donc pas un complot qui met la démocratie entre parenthèses. Les premières figures du changement politique qui s'opère ne viennent d'ailleurs pas de l'extrême droite. Pétain, dans sa jeunesse, était ami avec Émile Combes et le journaliste dreyfusard Joseph Reinach ; dans l'entre-deux-guerres, apprécié de Blum, il passait pour un républicain orthodoxe. Laval, député socialiste en 1914 et en 1924, dix fois ministre ou président du Conseil entre 1925 et 1935, était un pilier de la République laïque. Quant à l'amiral Darlan, il a grandi dans un milieu républicain de gauche. Un tel bouleversement des cartes n'a qu'une origine : le choc de la défaite, avec pour corollaire la détestation du régime existant.

Le 11 juillet, trois Actes constitutionnels fondent l'État français : le président de la République est révoqué, les pleins pouvoirs sont accordés au gouvernement, et les Chambres sont mises en sommeil. À ce moment, le régime parlementaire emporté par le désastre de mai-juin 1940 n'est pour ainsi dire regretté par personne.

L'État français, une dictature personnelle

Qu'on l'appelle une « autorité de fait », comme le fera de Gaulle, ou qu'on lui reconnaisse une légitimité, le gouvernement installé à Vichy sous la direction du maréchal Pétain, qui cumule les titres de chef de l'État et de président du Conseil, s'appuie pour l'essentiel sur l'administration de la IIIe République. Si les relations diplomatiques avec la Grande-Bretagne ont été rompues après l'attaque de Mers el-Kébir, les États-Unis, l'URSS et le Vatican établissent leurs ambassades à Vichy avant la fin de l'été 1940.

La devise « Travail, famille, patrie » se substitue à la trilogie républicaine « Liberté, égalité, fraternité », tandis que les portraits de Pétain remplacent les bustes de Marianne. Les magistrats et les policiers prêtent serment au chef de l'État, mais il n'y a pas de parti unique comme dans les régimes totalitaires : l'État français est une dictature personnelle.

La révolution nationale, prêchée en 1940-1941, allie une volonté de moraliser la vie politique à une vision sociale communautaire issue des idées contre-révolutionnaires, du catholicisme social ou du personnalisme, courant d'avant guerre qui cherchait une troisième voie entre capitalisme et marxisme. La Charte du Travail, la Corporation paysanne, la Légion des combattants[9] et les Chantiers de jeunesse reflètent cette orientation à la fois antilibérale et anticollectiviste. D'autres influences joueront, notamment celle des « planistes » des années 1930 qui préconisaient l'encadrement de l'économie par l'État et la constitution d'élites formées de techniciens.

Sur le plan économique et social, l'État français a promulgué des centaines de textes législatifs dont les trois quarts seront repris, trait pour trait, à la Libération et transmis de la IVe à la Ve République. Politique familiale, politique agricole, concertation professionnelle, comités d'entreprise, salaire minimum, inspection

---

9. Organisation vichyste fondée en 1940 pour regrouper les anciens combattants. À ne pas confondre avec la Légion des volontaires français contre le bolchevisme (LVF), créée en 1941 afin d'enrôler des combattants français sous l'uniforme allemand pour le front de l'est.

du travail, fonds national de chômage, retraites : peu osent le rappeler, mais notre législation abonde de textes élaborés sous Vichy…
L'ambition d'une partie des hommes (mais d'une partie seulement) qui prennent le pouvoir en 1940 est au fond de régénérer la France, comme la Prusse, écrasée par Napoléon en 1807, l'avait fait silencieusement. Mais ce rêve se brisera sur la dure réalité de l'occupation : on ne réforme pas sous la botte de l'ennemi, *a fortiori* quand cet ennemi est dirigé par un État totalitaire.

L'échec le plus tragique, à cet égard, est celui de la politique antisémite de l'État français. Le statut du 3 octobre 1940, qui exclut les juifs de la fonction publique, de l'armée et d'autres professions, la loi du 2 juin 1941, qui ordonne le recensement des juifs et accroît les discriminations à leur égard, d'autres textes mettant en œuvre leur spoliation, toute cette législation est inique et constitue une rupture grave du lien national. Mais dans son intention initiale, elle relève seulement, si l'on ose dire, d'un projet d'exclusion sociale. Or à partir de 1942, cette législation, dans le cadre de la politique de collaboration d'État, servira à la mise en œuvre de la déportation des juifs par les Allemands, faisant concourir Vichy à l'antisémitisme d'extermination raciale des nazis.

Vichy perd ce qui lui restait d'autonomie

Mais de même que pétainiste, maréchaliste, collaborateur et collaborationniste ne sont pas des termes synonymes, la chronologie est essentielle pour comprendre cette triste période : le Vichy de 1940 n'est pas celui de 1942, qui n'est pas celui de 1944. En quatre ans, on assiste à l'abandon progressif des thèmes de la Révolution nationale, et à une perte d'autonomie vis-à-vis des Allemands.
L'été 1940, c'est le temps de la remise en route du pays. Le 24 octobre suivant, à l'instigation de Laval, Pétain rencontre Hitler à Montoire ; quelques jours plus tard, il lance et revendique la « collaboration ». Jugeant la victoire d'Hitler plus que probable, Vichy tente d'acheter une paix favorable par une soumission prudente. Le 13 décembre 1940, sur ordre de Pétain, qui a un bref sursaut de dignité, le vice-président du Conseil est arrêté « pour politique personnelle ». Le 9 février 1941, l'amiral Darlan prend la tête du gouvernement. Les exigences croissantes de l'occupant et la question lancinante du ravitaillement font monter le mécontentement. En août 1941, sentant sa popularité décroître, Pétain fustige le « vent mauvais » qui se lève.

En avril 1942, sous la pression des Allemands, Laval revient au pouvoir, accentuant la collaboration. Le 22 juin 1942, il déclare même souhaiter « la victoire de l'Allemagne ». Lors de l'été, les rafles organisées par les Allemands, mais avec le concours de policiers français, alertent l'opinion sur le sort des juifs : les protestations de quelques évêques, comme Mgr Saliège, à Toulouse, frappent les consciences. En novembre 1942, les Alliés débarquent au Maroc et en Algérie, où Pétain écarte l'idée de se rendre. Présent par hasard à Alger, Darlan fait rentrer l'Afrique du Nord dans la guerre aux côtés des Anglo-Américains, mais il est assassiné à la fin de l'année.

Pour Vichy, c'est le grand tournant. Si le prestige personnel du maréchal Pétain reste fort, les Allemands ont occupé la zone libre, la Flotte s'est sabordée, l'armée d'armistice a été dissoute, l'Empire a repris sa liberté. De ce qu'il pouvait subsister de souveraineté française après l'armistice, il ne reste pratiquement plus rien. Progressivement, c'est la glissade vers la collaboration totale. En janvier 1943, la Milice, créée avec l'autorisation de Laval, est placée sous l'autorité conjointe des Allemands. Un mois plus tard, l'instauration du Service du travail obligatoire (STO) provoque le divorce définitif entre le régime et les Français, et favorise l'apparition des maquis. En 1944, les extrémistes de la collaboration (Darnand, le chef de la Milice ; Henriot, orateur virulent dont les discours, à la radio, s'en prennent aux gaullistes, aux juifs, aux Anglais et aux Américains ; Déat, ancien socialiste devenu, à la tête de son parti, le Rassemblement national-populaire, un ultra pro-hitlérien) entrent au gouvernement. En juin et en août, le débarquement des troupes alliées sonne le glas de l'État français. Les Allemands enlèvent Pétain, le conduisent à Belfort, puis à Sigmaringen, où il se considère comme leur prisonnier. En avril 1945, son procès par contumace étant annoncé, il rentrera en France par la Suisse pour être jugé.

Né en 1856, il avait 14 ans lors de la défaite de 1870, et 60 ans lors de la bataille de Verdun. Au fond, cet homme du XIXe siècle n'avait aucune idée de la dimension planétaire de la Seconde Guerre, et moins encore de la nature totalitaire du national-socialisme : il traitait avec Hitler comme il l'aurait fait avec Bismarck ou Guillaume II. « C'est moi seul que l'Histoire jugera », avait-il prophétisé en octobre 1940, en annonçant la collaboration. Il y a un drame personnel de ce vieux soldat, persuadé de s'être sacrifié pour protéger ses compatriotes, et qui a associé son nom et son honneur de maréchal de France à un rapprochement tragique avec les nazis.

Le général de Gaulle à Londres, en 1940.

La longue marche du général de Gaulle

En 1940, que pèse de Gaulle à côté du vainqueur de Verdun ? Rien. Et pourtant, l'Histoire inversera leur destin. Le prestigieux maréchal dispose d'atouts qu'il perdra au fur et à mesure, attachant l'opprobre à son nom. Le général inconnu, parti seul, parviendra à son but et fera de son nom un mythe national.
Issu d'une famille traditionaliste, saint-cyrien, blessé et prisonnier en 1916, Charles de Gaulle poursuit sa carrière après la Grande Guerre sous la protection... du maréchal Pétain. Il publie alors des livres où il préconise la création d'une armée

de métier et plaide pour l'utilisation massive des chars. En mai 1940, colonel dans les blindés, il remporte, lors de la bataille de Montcornet, un succès partiel qui lui vaut d'être promu général de brigade à titre temporaire.

Paul Reynaud, on l'a vu, le nomme sous-secrétaire d'État à la Guerre le 6 juin 1940. Le 17, après la nomination de Pétain à la tête du gouvernement, il s'envole pour Londres. Au micro de la BBC, le 18 juin, alors que la cessation des hostilités a été annoncée mais pas signée, il lance son célèbre appel à continuer la lutte. Ce faisant, de Gaulle rompt avec la notion d'obéissance qui est sacrée pour tout militaire. Cette rupture lui est dictée par une double conscience. Conscience politique, d'abord, car cet homme d'une intelligence aiguë a toujours tout pensé en termes politiques ; conscience de sa valeur, ensuite, car, depuis l'adolescence, il a vécu avec la conviction d'être appelé à un destin exceptionnel. Chez Charles de Gaulle, l'idée certaine qu'il se fait de la France se confond avec la haute idée qu'il a de lui-même. C'est pourquoi ce personnage déclenchera tant de passions : vénéré ou détesté, il ne laissera personne indifférent.

La force du général de Gaulle, c'est son audace prophétique. Dès le désastre de la campagne de France, prévoyant la coalition internationale qui se nouera contre Hitler, il parie sur la défaite de l'Allemagne. Une seconde intuition l'anime : si la France veut avoir voix au chapitre après la victoire, elle doit être présente aux côtés des puissances en guerre contre le Reich. Dès le 28 juin 1940, Churchill reconnaît de Gaulle comme « chef des Français libres ». Mais leurs relations resteront chaotiques, les Britanniques cherchant à utiliser les gaullistes dans le sens des intérêts anglais.

Durant l'été 1940, quelques territoires du Pacifique et de l'Afrique (notamment le Tchad) se rallient à lui. Mais, en septembre, de Gaulle échoue devant Dakar. La France libre, devenue la France combattante, écrira des pages de gloire : Philippe de Hauteclocque (le général Leclerc) jurant à Koufra, dans le Sahara, en mars 1941, d'emmener ses hommes jusqu'à Strasbourg ; la résistance du général Koenig, à Bir-Hakeim, sur le front libyen (juin 1942). Mais de Gaulle devra attendre de prendre le contrôle de l'Afrique du Nord, puis de la Résistance intérieure, en 1943, pour peser réellement sur les événements.

Une Résistance désunie, éclatée

La Résistance, initialement, ne se confond pas avec la France libre : de Gaulle devra s'imposer à cette constellation de mouvements nés en dehors de lui. Au début, tout provient d'isolés qui constituent leur propre équipe. En zone occupée, le réseau monté par d'Estienne d'Orves (qui dépend de la France libre) est démantelé dès janvier 1941, son chef étant exécuté en août. De même pour le réseau du musée de l'Homme, décapité à l'hiver 1941. D'autres réseaux se fondent, comme Libération-Nord, dirigé par Pineau et Brossolette. Mais c'est en zone libre, hors du regard des Allemands, que la Résistance s'organise le mieux. À chaque fois, on trouve l'impulsion de personnalités : Frenay (Combat), Menthon et Teitgen (Liberté), Viannay (Défense de la France), d'Astier de La Vigerie (Libération-Sud), Lévy (Franc-Tireur). Toutes les sensibilités politiques sont représentées, même la droite nationaliste d'avant guerre, présente en force chez les premiers résistants ; le cas des communistes est particulier, on le verra plus loin.

Ces réseaux sont des organisations de renseignement. Beaucoup travaillent pour les services spéciaux anglais (ainsi Alliance) ou américains (à partir de 1942), ce qui irrite de Gaulle, et n'est pas sans provoquer des frictions avec les services de renseignement de la France libre, le BCRA (Bureau central de renseignement et d'action) du colonel Passy.

Campement de résistants dans le maquis.

Ce qui creuse un fossé entre la Résistance intérieure et de Gaulle, c'est d'une part le débat sur l'opportunité d'œuvrer directement avec les Alliés, et d'autre part la volonté du Général d'intégrer des hommes politiques de la IIIe République au sein de son embryon de gouvernement. Préparant l'après-guerre, de Gaulle veut placer tous les partis sous son autorité. Nombre de résistants, idéalistes, imaginent un autre monde en vue du jour où le pays sera libéré. Mais le chef de la France libre parviendra à ses fins, en reprenant les rênes de l'ensemble de la Résistance, tâche assurée par Jean Moulin, préfet radical de 43 ans révoqué par Vichy et qui est parvenu à gagner Londres à l'automne 1941. Avec le titre de « représentant personnel du général de Gaulle en France », Moulin, dont la mission ne porte que sur la zone sud, est parachuté en Provence dans la nuit du 1er janvier 1942.

De Gaulle prend le contrôle de l'Afrique du Nord et de la Résistance intérieure

Le 27 mai 1943, Moulin est nommé délégué du général de Gaulle pour toute la France, et placé à la tête du Conseil national de la Résistance (CNR), qui réunit presque tous les mouvements, les représentants des courants politiques engagés dans la Résistance (communistes, socialistes, radicaux, démocrates-chrétiens et droite libérale) et deux syndicats (CFTC et CGT). Après l'arrestation de Jean Moulin à Caluire (21 juin 1943), Bidault prend sa succession, mais le CNR n'a plus qu'une unité de façade. Pour les résistants de l'intérieur, et notamment les communistes, le CNR a vocation à devenir le gouvernement de la Libération, tandis que de Gaulle prévoit d'exercer le pouvoir à travers le Comité français de libération nationale, qui est constitué au même moment à Alger.
Après l'assassinat de Darlan, en décembre 1942, le général Giraud, évadé d'Allemagne au printemps précédent et jouissant d'un grand prestige chez les officiers français, est devenu, avec l'aval des Américains, qui détestent de Gaulle, le commandant civil et militaire de l'Afrique du Nord. Pendant l'hiver 1942-1943, les Forces françaises libres, d'obédience gaulliste, représentent moins de 40 000 hommes, tandis que l'armée d'Afrique, qui obéit à Giraud, réunit 300 000 hommes, dont 230 000 Algériens, Marocains et Tunisiens. Quand il arrive à Alger, en mai 1943, de Gaulle est fraîchement accueilli par une armée qui a été formée par Weygand, délégué général du gouvernement de Vichy pour l'Afrique française en 1940-1941, armée qui a repris le combat aux côtés des Alliés, affrontant les Allemands en Tunisie depuis novembre 1942.

Affiche de résistance contre l'armée nazie.

UN SEUL COMBAT POUR UNE SEULE PATRIE

Le Comité français de libération nationale, fondé à Alger en juin 1943, est coprésidé par Giraud et de Gaulle. Mais le premier, qui est un pur militaire, est évincé dès novembre 1943 par son rival, qui est un fin politique. Jusqu'en 1945, il restera quelque chose, dans les armées de la Libération, des anciennes divisions entre gaullistes de la première heure, comme Leclerc, et ceux qui, tels Juin et de Lattre, étaient passés par l'armée d'Afrique.

À partir de 1943, les communistes exercent un poids prépondérant dans la Résistance. Mais ils y forment un État dans l'État. En 1939, ayant approuvé le pacte germano-soviétique, le PCF a été dissous par le gouvernement Daladier, et *L'Humanité* interdite. En juin 1940, quand les Allemands sont entrés dans Paris, les communistes ont négocié en vain avec l'occupant la reparution de leur quotidien. En mai 1941, ils ont fondé le Front national, une structure clandestine conçue comme un outil politique contre Vichy. Mais c'est seulement après l'attaque allemande contre l'URSS, en juin 1941, que Staline a ordonné aux partis frères d'Europe de l'Ouest d'entrer en résistance sur les arrières de la Wehrmacht. Les communistes français ont alors réorienté le Front national dans ce sens, et lancé une stratégie recourant à la violence. Dès le 21 août 1941, en assassinant un officier allemand à la station de métro Barbès, Pierre Georges (le futur colonel Fabien) a inauguré la technique communiste fondée sur le cycle provocation-répression : commettre des attentats qui, entraînant des représailles, ont pour but de dresser l'opinion contre les forces d'occupation et de rendre le gouvernement de Vichy complice de ces dernières.

Le général de Gaulle, lui, réprouve les attentats individuels, tout comme l'activisme insurrectionnel qu'il juge prématuré. En février 1944, la Résistance armée est unifiée dans les Forces françaises de l'intérieur, dont le commandement est confié au général Koenig. Au sein des FFI, les communistes conservent cependant leur organisation particulière, les Francs-Tireurs et Partisans. À la Libération, de Gaulle aura le plus grand mal à empêcher que des départements entiers – notamment dans le Sud-Ouest – ne tombent sous leur coupe.

La France libérée

Le 3 juin 1944, le Comité français de libération nationale se transforme en Gouvernement provisoire de la République française (GPRF), qui planifie les modalités de son installation en France, voulant mettre en échec le plan des Américains consistant à traiter le pays comme un territoire occupé, soumis à une administration militaire, l'AMGOT[10]. Le 6 juin, les Anglo-Américains débarquent en Normandie. Le 15 août, ils débarquent en Provence, mais la 1re armée française et

---

10. AMGOT : Allied Military Government of the Occupied Territories.

1914-1945 : le choc des guerres mondiales

La ville de Saint-Lô en ruine au lendemain de la Seconde Guerre mondiale.

A la France éternelle
ses amis, ses alliés

1914-1945 : le choc des guerres mondiales

ses 260 000 hommes fournissent la moitié des effectifs de ce second débarquement. Au cours des combats qui s'ensuivent, la Résistance, faute de l'armement nécessaire, joue seulement un rôle militaire d'appoint.
Les 24 et 25 août, la 2e DB de Leclerc libère Paris. Le 26, de Gaulle descend les Champs-Élysées au milieu d'une foule en délire. En septembre, le Gouvernement provisoire prend ses quartiers dans la capitale. En province, en de nombreuses régions, mais surtout dans le Sud-Ouest, la Résistance communiste a mis à profit la retraite allemande pour s'emparer des pouvoirs locaux. C'est ici qu'intervient un bras de fer entre de Gaulle et le PCF, qui obéit à Staline : le chef du Gouvernement provisoire obtient le désarmement des milices communistes en échange de l'amnistie de Thorez, le secrétaire général du PCF, qui a déserté son régiment en 1939 et a passé la guerre à Moscou, et de la participation des communistes au gouvernement.
Le 12 septembre 1944, à Montbard, des troupes débarquées les unes en Normandie, les autres en Provence, se rejoignent. Tour à tour la Picardie, le Nord, la Champagne, la Lorraine et la Franche-Comté sont libérés. En octobre commence la campagne d'Alsace, qui sera dure. Le 23 novembre, la division Leclerc délivre Strasbourg, conformément au serment de Koufra. En décembre, la contre-offensive allemande des Ardennes fait craindre le pire, mais la situation se rétablit en janvier. En février 1945, lorsque la poche de Colmar est liquidée, la France est entièrement libérée.
En juin 1940, la France a été militairement écrasée. En mai 1944, le corps expéditionnaire français en Italie, dirigé par le général Juin, a mené une admirable campagne au Garigliano, avant d'entrer dans Rome. Débarquée en Normandie en juillet 1944, la DB de Leclerc finira sa course en prenant d'assaut le nid d'aigle d'Hitler à Berchtesgaden. Débarquée en Provence le 15 août 1944, la 1re armée française marchera jusqu'au cœur de l'Allemagne. Le 8 mai 1945, à Berlin, de Lattre représente la France lors de la capitulation du Reich. « J'ai conduit les Français par les songes », disait de Gaulle. Le songe, c'était d'avoir transformé les vaincus de 1940 en vainqueurs de 1945.

Affiche pour la Libération (1944).

XIII. 1944-1974 : la France des Trente Glorieuses

1944-1974 : la France des Trente Glorieuses

Le 2 mars 1945, prenant la parole devant l'Assemblée consultative provisoire, le général de Gaulle brosse un tableau de la France, puis appelle au renouveau du pays. « Il apparaît, souligne-t-il, que ce que nous sommes et ce que nous valons, pour notre propre bien et pour le bien des autres, ne pèserait pas lourd et ne pèserait pas longtemps si nous n'entreprenions pas, une fois de plus dans notre histoire, l'ascension vers la puissance. » Cet objectif ambitieux sera accompli… dans la douleur. En effet, une quinzaine d'années, deux Constitutions et plusieurs crises nationales majeures seront encore nécessaires avant que le choc de la Seconde Guerre mondiale ne soit soldé.

En 1945, la France est une nation meurtrie, ruinée, accablée par les épreuves. Si les pertes humaines – 400 000 morts[1] – sont numériquement moindres que celles de la Grande Guerre, elles témoignent quand même de la violence des années noires. Les destructions matérielles, en revanche, sont plus lourdes qu'en 1918 : 74 départements sont touchés. En Normandie, des villes entières sont en ruine. Il n'y a plus un pont sur la Seine, la Loire ou le Rhône. 115 grandes gares, 3 000 km de voie ferrée et 1 900 ponts et viaducs sont hors d'usage. Sur les 16 000 locomotives d'avant 1939, il n'en reste plus que 3 000 ; sur 500 000 camions, 300 000 ont disparu. Les ports sont impraticables, ou utilisés par les armées alliées. La production d'acier est de 7 000 tonnes par mois, contre plus de 500 000 en 1938. Un million de familles sont sans abri, et les problèmes de ravitaillement sont colossaux.

---

1. Soit 60 000 militaires tués pendant la campagne de mai-juin 1940 ; entre 30 000 et 40 000 prisonniers de 1940 morts en captivité ; 36 000 déportés politiques morts dans les camps de travail ; 73 000 juifs disparus dans les camps nazis (sur 75 000 juifs déportés de France) ; 3 700 résistants ou otages fusillés par l'occupant ; 6 800 victimes d'exécutions sommaires perpétrées par les Allemands entre juin et novembre 1944 ; 112 000 victimes civiles de 1940 à 1945, dont 50 000 à 70 000 écrasées sous les bombes alliées ; 36 000 morts au combat pour la libération du territoire ; 32 500 Alsaciens et Lorrains morts « malgré eux » sous l'uniforme allemand.

Un parti communiste tout-puissant

Sur le plan politique, l'éventail des courants, des idées et des partis est bouleversé. Tous ceux qui ont soutenu ou se sont réclamés de Vichy sont discrédités. Après le spectacle peu glorieux des femmes tondues pour « collaboration horizontale » et l'épuration sauvage de l'été 1944 (9 000 exécutions sommaires), 300 000 arrestations ont lieu au cours des mois suivants. Jusqu'au début des années 1950, 95 000 affaires sont examinées par les tribunaux, débouchant sur 45 000 classements et 50 000 jugements, dont 7 000 condamnations à mort, 13 000 peines de travaux forcés, 23 000 peines de prison et 46 000 peines de dégradation ou d'indignité nationale. Avec leurs familles, ce sont 2 à 3 millions de Français qui seront frappés par l'épuration. Le temps montrera que tous n'étaient pas des traîtres, et que certains affairistes qui avaient gagné beaucoup d'argent pendant l'Occupation étaient passés entre les mailles du filet.

Les forces de droite étant paralysées par la possible accusation rétrospective de vichysme, le curseur se déplace à gauche. Le grand bénéficiaire de ce glissement est le parti communiste. Légitimé par un engagement dans la Résistance qui empêche de rappeler qu'il avait été interdit par la République en 1939, le PCF, devenu le « parti des 75 000 fusillés », chiffre mythique[2], est désormais installé au cœur du système politique. Dès les élections municipales d'avril-mai 1945 – où les femmes votent pour la première fois –, les communistes conquièrent près de 1 500 municipalités (contre 300 en 1935).
Cette poussée est confirmée en octobre 1945 lors de l'élection de l'Assemblée constituante : avec 26,2 % des suffrages, le parti communiste devient le premier parti de France. Il est suivi, avec 23,9 % des voix, par le Mouvement républicain populaire (MRP), d'inspiration démocrate-chrétienne. En troisième position, avec 23,4 % des suffrages, viennent les socialistes de la SFIO. Une nouvelle génération, issue de la Résistance, accède aux affaires. Elle formera la majeure partie du personnel de la IVe République, puis de la Ve République à ses débuts, parfois avec une longévité exceptionnelle. Jacques Chaban-Delmas, que les photos montrent au premier plan, le 18 juin 1945, sur les

---
2. Le nombre global d'hommes fusillés par les Allemands – résistants, otages ou victimes d'exactions – n'excède pas 10 000. Et tous n'étaient pas communistes.

1944-1974 : la France des Trente Glorieuses

Le 1er mai 1945, la SFIO et le PCF président une manifestation commune pour l'application du programme du CNR.

Champs-Élysées, sera quatre fois ministre sous la IVᵉ République et Premier ministre sous la Vᵉ République ; maire de Bordeaux en 1947, il cédera son siège à Alain Juppé en 1995 !

Confirmé dans ses fonctions de chef du Gouvernement provisoire, de Gaulle constitue un cabinet tripartite, avec des ministres communistes, socialistes et MRP. Cependant, les communistes reçoivent des portefeuilles techniques (Travail, Production industrielle), et non les ministères régaliens (Affaires étrangères, Intérieur, Guerre) qu'ils convoitaient. Les grandes lois adoptées en 1944-1946, qui vont profondément marquer la société et l'économie françaises en accroissant le poids de l'État – institution de la Sécurité sociale, nationalisation de nombreux établissements de crédit et du secteur de l'énergie (gaz, électricité) – traduisent la domination de la gauche, à l'époque, à l'Assemblée et dans les ministères, tout en reflétant l'aspiration à une démocratie sociale conjointement voulue par le Général et la Résistance.

De Gaulle quitte le gouvernement

En même temps qu'ils ont élu leurs députés, les Français, le 21 octobre 1945, ont approuvé par référendum l'abandon de la Constitution de 1875 et confié à l'Assemblée le soin d'élaborer un nouveau projet constitutionnel, qui devra à son tour être approuvé par référendum.

Entre les ministres et de Gaulle, toutefois, les relations sont difficiles. Certains raillent déjà les « rêves de grandeur » du Général, mais veillent surtout à l'écarter de la préparation de la Constitution, ses conceptions allant notoirement dans le sens d'une mise à distance des partis. Le 20 janvier 1946, espérant être rappelé, le chef du Gouvernement provisoire donne sa démission. « Le régime exclusif des partis a reparu, je le réprouve », déclare-t-il. Mais personne ne rappelle l'ancien chef de la France libre, si bien qu'après d'obscures tractations c'est le socialiste Félix Gouin qui est élu président du Conseil par l'Assemblée et qui forme un nouveau gouvernement tripartite.

Les communistes ont le sentiment de s'être débarrassés de De Gaulle, dont la personnalité faisait obstacle à leurs plans. Un document interne du bureau politique explicite ainsi la ligne du PCF : « Créer le climat nécessaire qui nous permettra de revendiquer la direction des affaires du pays en faisant pénétrer dans les masses l'idée que nous avons été les seuls à dire la vérité. » En avril 1946, l'Assemblée vote le projet constitutionnel préparé par Pierre Cot. Ancien ministre du Front populaire, ce dernier vient d'être exclu du parti radical en raison de son alignement sur les positions communistes : lié aux Soviétiques depuis 1940, il est en fait un « hors-cadre », c'est-à-dire un adhérent caché du PCF. Le projet qu'il a fait adopter établit un régime d'assemblée unique et souveraine, dont les communistes pourraient prendre le contrôle. Au comité central du Parti, Jacques Duclos, le second du secrétaire général, Maurice Thorez, prévoit d'ailleurs la victoire des siens lors du référendum, ajoutant : « Personne ne pourra contester la présidence du gouvernement de la République à notre parti. »

Or, le 5 mai 1946, le projet de Constitution, condamné par de Gaulle et rejeté par le MRP, est repoussé par 53 % des voix. Pour le parti communiste, la défaite est inattendue. Elle illustre la méfiance de l'opinion à l'égard d'une organisation trop ostensiblement liée à l'Union soviétique. Léon Blum, qui dirige un éphémère ministère socialiste homogène, fin 1946, qualifiait déjà le PCF, un an plus tôt, dans son livre *À l'échelle humaine*, de « parti nationaliste étranger ».

Le Parti, qui compte 800 000 adhérents fin 1946 (sans compter les 6 millions d'adhérents de la CGT), forme, avec ses cellules, ses sections, ses fédérations, ses mouvements de jeunesse, ses colonies de vacances, ses associations sœurs, ses journaux, ses intellectuels, ses compagnons de route et ses rendez-vous rituels, de la vente du muguet du 1er mai à la fête de l'Huma, une véritable contre-société, qui vit dans l'attachement inconditionnel à Staline et à l'URSS. Mais ce communisme fort suscite en retour un anticommunisme puissant, même à gauche : ainsi de Guy Mollet, élu secrétaire général de la SFIO en septembre 1946, qui régnera sur son parti jusqu'à sa fusion avec d'autres formations socialistes, en 1969.

La IVe République ressemble à la IIIe République

Dans la deuxième Assemblée constituante, élue le 2 juin 1946, les trois grandes composantes du Parlement restent identiques, mais le MRP supplante le parti communiste et prend des voix aux socialistes : la gauche n'a plus la majorité absolue. Le 16 juin suivant, dans un discours prononcé à Bayeux, de Gaulle, plaidant pour la restauration de l'État, expose sa conception de la Constitution : élection au suffrage universel direct de l'Assemblée nationale, création d'une deuxième Assemblée élue par les conseils généraux et municipaux, élection du président de la République par un Parlement élargi ; désignation du Premier ministre par le chef de l'État, clé de voûte des institutions.

Le général de Gaulle
à Bayeux le 16 juin 1946.

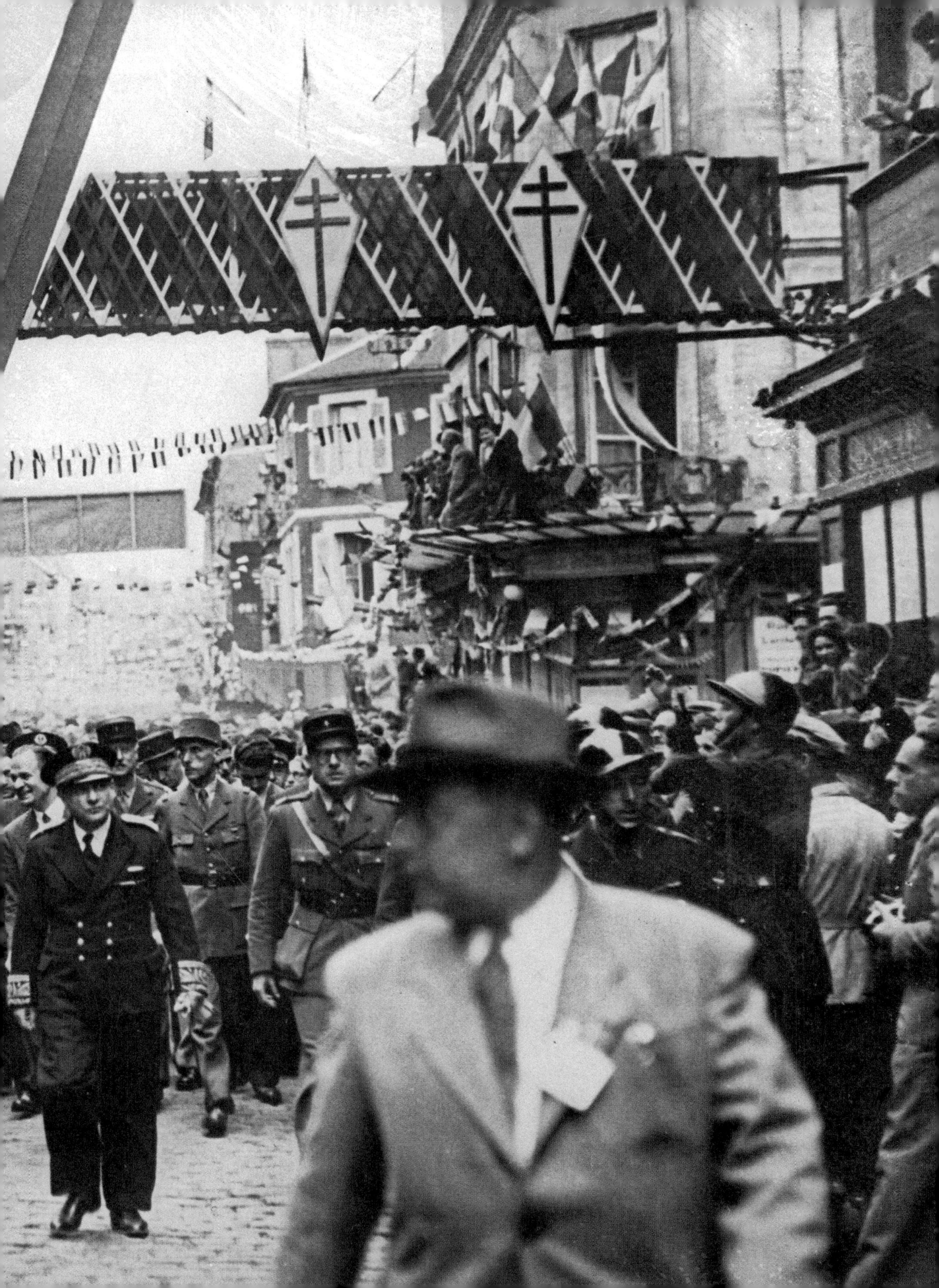

En dépit des adjurations du Général, la Constitution approuvée fin septembre par les députés maintient un régime d'assemblée à deux chambres : l'Assemblée nationale, élue au suffrage universel, et le Conseil de la République, avatar du Sénat, désigné au suffrage indirect. Le président de la République, élu pour sept ans par les deux chambres réunies en Congrès, nomme le président du Conseil, qui demeure le véritable détenteur du pouvoir exécutif.

Les concepteurs du projet ont été pris dans une contradiction. S'ils aspiraient, initialement, à tourner le dos aux institutions dont l'impuissance avait contribué à la défaite de 1940, ils voulaient aussi, en réaction à l'épisode Pétain et par résurgence du préjugé républicain selon lequel un exécutif fort est dangereux pour la démocratie, tenir de Gaulle éloigné du pouvoir. C'est cette deuxième exigence qui l'a emporté dans le projet constitutionnel.

Devant 60 000 personnes réunies à Épinal, le Général, rejetant « avec un mépris de fer les dérisoires imputations d'ambitions dictatoriales » qu'on lui prête, appelle logiquement à voter non à la Constitution. Au référendum du 13 octobre 1946, le texte est pourtant adopté, mais à une courte majorité. D'après l'article 45 de la Constitution, le président du Conseil doit être investi personnellement par la majorité absolue de l'Assemblée. Dès 1947, toutefois, une pratique non écrite s'impose : après avoir été investi et avoir constitué son ministère, le chef du gouvernement sollicite une deuxième investiture. Lors des votes législatifs importants, de même, le président du Conseil recourt systématiquement à la question de confiance, démissionnant en cas de majorité relative hostile. Le résultat sera un retour aux usages parlementaires d'avant guerre, et une instabilité ministérielle chronique : de 1946 à 1958, au cours des douze années de vie de la IVe République, le pays verra défiler 24 gouvernements et 16 présidents du Conseil.

Prééminence de l'Assemblée, règne des partis, valse des ministères : les beaux rêves de renouveau politique caressés par les hommes de la Résistance auront duré moins d'un an. La IVe République sera donc une pâle copie de la IIIe République, et mourra comme elle de son impuissance. D'Antoine Pinay à Georges Bidault et de Robert Schuman à Pierre Mendès France, le régime ne manquera pourtant pas d'hommes de talent.

Ramadier chasse les communistes du gouvernement

Élu le 16 janvier 1947, le socialiste Vincent Auriol est le premier président de la IVe République. C'est encore un socialiste, Paul Ramadier, qui forme aussitôt

1944-1974 : la France des Trente Glorieuses

L'investiture de Vincent Auriol le 16 janvier 1947.

le premier gouvernement. L'Assemblée nationale, élue au mois de novembre précédent, reste dominée par les mêmes trois grands partis. Les communistes, cependant, sont repassés devant le MRP.

Le communisme : en cette année 1947, il devient une préoccupation pour les Occidentaux. Dans les pays que l'Armée rouge a occupés lors du dernier assaut contre le Reich nazi, les communistes ont pris ou s'apprêtent à prendre le pouvoir[3]. « De Stettin, sur la Baltique, à Trieste, sur l'Adriatique, un rideau de fer est descendu sur le continent », déplore Churchill dès mars 1946. Monde libre contre bloc de l'Est : la guerre froide s'annonce, et Staline, l'allié d'hier, devient l'adversaire d'aujourd'hui. Le 4 juin, le secrétaire d'État américain[4], le général Marshall, lance

---

3. Le processus de prise de pouvoir par les communistes est achevé en Bulgarie et en Roumanie en 1947, en Tchécoslovaquie en 1948 (coup de Prague), en Hongrie, en Pologne et en Allemagne de l'Est (République démocratique allemande) en 1949. Les trois États baltes (Lituanie, Estonie, Lettonie) ont purement été intégrés à l'URSS en 1945. Le cas yougoslave est à part : le communiste Tito exerce un pouvoir sans partage à partir de 1946, mais rompt avec Moscou dès 1948, si bien que la Yougoslavie sera une « démocratie populaire » non intégrée au bloc soviétique. À part également l'Albanie, communiste en 1946, restée fidèle à l'URSS en 1948 lors de la scission titiste, mais qui rompra avec Moscou, en 1968, pour s'allier à la Chine de Mao. En 1955, quand l'Autriche recouvre sa souveraineté, elle a le privilège d'être le seul pays occupé par les Soviétiques (à Vienne et dans les provinces de l'Est) qui est évacué par l'Armée rouge.
4. Le secrétaire d'État des États-Unis, chef du département d'État, est l'équivalent d'un ministre des Affaires étrangères.

un appel à tous les pays d'Europe, y compris l'URSS et les pays communistes, en offrant l'assistance de son pays pour la reconstruction et le redressement financier du continent. La proposition est acceptée par les Britanniques et les Français, mais refusée par les Soviétiques, lors d'une conférence qui se tient à Paris, à la fin du mois de juin 1947 : la rupture entre l'Est et l'Ouest est consommée.
L'acceptation du plan Marshall par la France (Paris touchera 1,1 milliard de dollars) marque, comme en Italie, la fin de la collaboration du PCF avec les autres partis. Le 4 mai 1947, les députés et ministres communistes votent contre le blocage des salaires qui vient d'être décidé par le chef du gouvernement dont ils sont membres. Ramadier saisit ce prétexte pour enlever leur portefeuille aux quatre ministres communistes, ainsi que son titre de ministre d'État et vice-président du Conseil à Maurice Thorez, le secrétaire général du Parti. Les communistes répliquent en menant dans le pays une agitation sociale qui se manifeste par des grèves extrêmement dures, alimentées par les difficultés économiques. Craignant une révolution guidée depuis Moscou, le ministre de l'Intérieur, le socialiste Jules Moch, farouche anticommuniste, n'hésite pas à réprimer ces grèves au moyen d'une véritable stratégie militaire : il envoie des compagnies de CRS à travers la France en utilisant des flottilles d'hélicoptères pour les transporter, et accorde des pouvoirs exceptionnels aux préfets en matière de maintien de l'ordre.

La brève aventure du RPF

Au mois d'avril, le général de Gaulle a fondé le Rassemblement du peuple français (RPF). Ce mouvement refuse d'être un parti, mais a pour vocation de présenter des candidats aux élections. Le succès est immédiat : 600 000 adhérents sont réunis en quelques mois. Lors de son meeting de campagne des municipales d'octobre 1947, à Vincennes, de Gaulle parle devant un demi-million de personnes. Le score du RPF (38 %), lors de ce scrutin, dépasse celui du parti communiste (30 %). Les deux formations sont exclues de l'arc gouvernemental, mais elles rassemblent à elles deux la majorité des électeurs.
À la fin de l'année apparaît une nouvelle configuration politique : la « Troisième Force », combinaison parlementaire de la SFIO, du MRP et des diverses droites. C'est autour d'elle que se forment, jusqu'en 1951, les gouvernements Schuman, Queuille, Bidault ou Pleven. Débats à l'Assemblée, vote de la confiance, chute du ministère, intrigues d'appareils : le régime vit au jour le jour, sans grande vision. Aux législatives de 1951, où la droite progresse, le RPF remporte 119 sièges. Peu

Affiche pour le RPF fondé par le général de Gaulle en avril 1947.

après, les socialistes retournant dans l'opposition, la Troisième Force se désagrège. Antoine Pinay, président du Conseil en 1952, premier chef de gouvernement issu de la droite depuis la Libération, s'attribue le portefeuille des Finances. Rigueur budgétaire, redressement du franc, modération de la pression fiscale : en quelques mois, il rétablit la confiance. La fameuse rente Pinay, un emprunt à garantie or dont les titres sont exempts d'impôts sur le revenu et de droits de mutation jusqu'en 1973, participe à la construction du mythe incarné par cette caricaturale figure de la France provinciale, maire de sa petite ville de Saint-Chamond, dans la Loire, pendant presque un demi-siècle.

En juin 1953, à l'issue des habituels marchandages politiciens, des parlementaires RPF entrent au gouvernement. Après avoir désavoué ceux-ci, de Gaulle se retire de son mouvement qui entre en agonie. Se posant en recours de la République, le

Général entame sa traversée du désert. À la fin de l'année (23 décembre 1953), René Coty, sénateur indépendant, remplace Vincent Auriol à la présidence de la République. Inconnu des Français, ce colosse havrais, élu chef de l'État au treizième tour de scrutin, procédure retransmise à la télévision pour la première fois, n'en sera pas moins populaire par sa simplicité et la sagesse de sa vie privée, sa femme se comportant à l'Élysée comme une ménagère ordinaire.

Un mois avant l'élection du président de la République, en novembre 1953, les parachutistes coloniaux ont pris possession de Diên Biên Phu, au Tonkin, une cuvette dont l'état-major a prévu de faire un camp retranché.

La fin du rêve colonial

En 1931, lors de l'Exposition coloniale de Paris, 8 millions de visiteurs se pressent au bois de Vincennes afin d'admirer les pavillons représentant les peuples qui, de l'Afrique à l'Asie et de l'Amérique à l'Océanie, vivent sous le drapeau tricolore, et que l'accession à la civilisation française est censée émanciper. L'idée coloniale atteint son apogée : avec l'Empire, la France représente alors un ensemble de 100 millions d'habitants, jouissant de l'illusion, à l'échelle du globe, d'être encore une puissance mondiale. Pendant la guerre, la France libre comme Vichy (jusqu'en 1942) tiennent d'autant plus aux possessions coloniales qu'elles constituent un enjeu de souveraineté et un réservoir d'hommes. En 1944-1945, lors de l'ultime offensive contre l'Allemagne, l'Afrique du Nord et l'Afrique noire fournissent de nombreuses troupes à la 1re armée française.

À la fin de la guerre, cinq années de conflit ont anéanti la suprématie planétaire des nations du Vieux Continent. Les États-Unis, eux, sont définitivement devenus une puissance mondiale. Fondés, au XVIIIe siècle, sur l'émancipation envers l'Angleterre, ils sont par essence hostiles au colonialisme européen, notamment français. La Charte des Nations unies – adoptée à la conférence de San Francisco en 1945 – incite les puissances coloniales à donner leur indépendance aux pays qui l'exigent. La Hollande et l'Angleterre sont les premières à obtempérer.

En janvier 1944, la conférence de Brazzaville, qui réunit autour de De Gaulle 19 gouverneurs des colonies françaises d'Afrique et de Madagascar, a pour but de définir des relations nouvelles entre la République et ses colonies. Si le Général envisage la participation des indigènes à la « gestion de leurs propres affaires », il écarte l'idée d'autonomie vis-à-vis de la métropole. En 1946, la Constitution pose les fondements de l'Union française, précisant que « la France forme avec les peuples d'outre-mer une union fondée sur l'égalité des droits et des devoirs, sans distinction de race ni de religion ». Les vieilles colonies (Antilles, Guyane, Réunion) accèdent au statut de départements d'outre-mer, tandis que les autres deviennent des territoires d'outre-mer. Les pays sous mandat (Togo, Cameroun) et les anciens protectorats (Vietnam, Laos, Cambodge, Tunisie, Maroc) constituent des États associés. Pour toute la classe politique, des gaullistes aux socialistes, l'outre-mer fait partie du patrimoine inaliénable de la France.

Dès 1946, cependant, pendant que l'Indochine entre en guerre, le sultan du Maroc manifeste sa volonté d'indépendance. En 1947, c'est Madagascar qui se révolte, soulèvement sévèrement réprimé par Ramadier. Le vent de la liberté pour les colonies s'est levé : il ne cessera plus de souffler.

Hô Chi Minh déclare la guerre à la France

À Hanoi, en 1945, Hô Chi Minh, un militant communiste formé à Paris et à Moscou, proclame la République démocratique du Vietnam. À la suite du débarquement d'un corps expéditionnaire commandé par le général Leclerc, un compromis est trouvé : le Vietnam fera partie de l'Union française instituée en mars 1946. Mais, six mois plus tard, la conférence franco-vietnamienne de Fontainebleau se solde par un échec. En décembre, l'insurrection d'Hanoi marque le déclenchement de l'offensive du Viêt-minh[5] contre les troupes françaises.

Tout en s'engageant dans un conflit qui durera plus de sept ans, la France tente de trouver une solution politique. En 1949, un traité est conclu avec l'empereur Bao-Dai[6] : le Vietnam accède à l'indépendance dans le cadre de l'Union française, et Paris reconnaît l'unité des trois régions (Tonkin, Annam et Cochinchine) qui le composent ; en contrepartie, la France conserve ses bases militaires et une position économique et culturelle privilégiée. Dès la fin de l'année, néanmoins, le Viêt-minh, qui s'attire la complicité de la population en se présentant avant tout comme une organisation nationaliste, contrôle la plus grande partie du Tonkin. Au même moment, Mao prend le pouvoir en Chine et décide d'aider Hô Chi

---

5. Viêt-minh est le nom raccourci, en vietnamien, de la Ligue révolutionnaire pour l'indépendance du Vietnam.
6. En mars 1945, Bao-Dai, empereur d'Annam, dénonce le protectorat français et proclame l'indépendance de son pays, puis réunit sous son autorité la Cochinchine et le Tonkin. Au mois de septembre suivant, quand Hô Chi Minh proclame la République du Vietnam, il abdique et participe à son gouvernement comme conseiller. Mais en mars 1946, menacé par les communistes, il se retire à Hong-Kong. En 1949, c'est à la demande de Paris, qui vient de reconnaître le Vietnam comme État associé, que Bao-Dai tente de former un gouvernement central à Saigon. Il se réfugie par la suite en France et sera officiellement déposé en 1955.

Minh. En 1950, quand éclate la guerre de Corée[7], le conflit indochinois devient un élément de la guerre froide. Initialement favorables aux nationalistes vietnamiens, les États-Unis fournissent un soutien matériel aux troupes françaises. En métropole, les communistes mènent campagne contre la « sale guerre » d'Indochine. Le général de Lattre, nommé haut-commissaire civil et commandant suprême en Indochine, redresse une situation compromise. En 1951, il lance la contre-offensive et place l'armée de Bao-Daï, alliée à l'armée française, sous commandement vietnamien. Malade d'un cancer, il regagne toutefois la France, où il meurt en 1952.

Son successeur, le général Salan, fait face à un ennemi de plus en plus déterminé : Giap, le commandant en chef du Viêt-minh, bénéficie d'une aide toujours plus importante des Chinois. En 1953, il commande à 125 000 hommes, contre 200 000 hommes pour le corps expéditionnaire français. Le général Navarre, qui remplace Salan en 1953, décide à la fin de l'année, dans l'espoir de desserrer la pression du Viêt-minh sur le delta tonkinois, de créer dans le Haut-Tonkin un camp qui protégera la route du Laos. Le site choisi, Diên Biên Phu, est réputé inexpugnable.

L'héroïsme des défenseurs de Diên Biên Phu

Déjouant les prévisions du commandement français, Giap mobilise 75 000 coolies qui, à pied ou à bicyclette, transportent de nuit nourriture et armement, y compris de l'artillerie lourde, pour les quatre divisions (35 000 hommes) viêt-minh massées autour de Diên Biên Phu. En janvier 1954, le camp est totalement encerclé. L'attaque commence le 13 mars. Très vite, le terrain d'aviation étant détruit et les blessés ne pouvant être évacués, la situation est désespérée. Les seuls renforts viennent du ciel : le dernier parachutage aura lieu le 3 mai. Les défenseurs du camp, dont les positions portent des noms de femmes (Béatrice, Isabelle, Gabrielle, Claudine, Huguette, Anne-Marie, Dominique, Éliane), se battent pied à pied, repoussant, assaut après assaut, colline après colline, un ennemi quatre fois supérieur en nombre. Dominique, Éliane, Huguette… Une à une, les

---

7. Libérée depuis 1945 de l'occupation japonaise, la Corée est partagée en deux : au nord, la République populaire démocratique de Corée, occupée par les Soviétiques ; au sud, la République de Corée, occupée par les Américains. Après l'évacuation simultanée des deux États par les Soviétiques et les Américains, en 1949, la Corée du Nord tente de réunifier le pays par les armes. Déclenchée en 1950, la guerre de Corée débouche sur l'intervention des Américains et des forces de l'ONU, qui aident le Sud, et de la Chine, qui soutient la Corée du Nord. La guerre prendra fin en 1953, en avalisant la coupure de la Corée en deux, la Corée du Nord restant communiste.

1944-1974 : la France des Trente Glorieuses

Parachutistes français à Diên Biên Phu en novembre 1953.

positions françaises sont prises. Début mai, il reste 2 500 hommes capables de tenir une arme : même les blessés combattent. Le 7 mai 1954, à 18 h 30, après 57 jours d'une résistance qui a fait reculer les limites de l'héroïsme, Diên Biên Phu tombe. 3 000 hommes sont morts du côté français, mais sur les 12 000 prisonniers, 3 000 seulement reviendront vivants de leur captivité chez les Viets. Parmi eux le général de Castries, l'infirmière Geneviève de Galard, « l'ange de Diên Biên Phu », et des officiers comme les colonels Langlais, Lalande, Bigeard et Seguin Pazzis, qui entrent dans la légende.
Ce qui était une glorieuse défaite, et non un désastre définitif, exercera un effet traumatisant sur l'opinion, jusque-là indifférente à cette guerre qui n'engageait que des soldats de métier. Le 26 avril, alors qu'on se bat encore à Diên Biên Phu, s'est ouvert, à Genève, une conférence où 19 puissances, dont les États-Unis, l'URSS, la Chine, la Grande-Bretagne et la France, délibèrent sur le problème de la Corée et de l'Indochine. À Paris, la chute de Diên Biên Phu a entraîné la démission du gouvernement Laniel. Nommé président du Conseil le 18 juin, Mendès France s'est engagé à démissionner s'il n'a pas obtenu, au 20 juillet, un cessez-le-feu en Indochine. Un accord est trouvé *in extremis* dans la nuit du 20 au 21 juillet : un armistice est conclu entre la France et le Viêt-minh. Il prévoit le partage du Vietnam en deux, sur le « modèle » coréen. Au nord du 17e parallèle,

le pays est abandonné aux communistes ; des élections libres doivent avoir lieu dans les deux zones en 1956, clause qui ne sera pas respectée par Hô Chi Minh. À la suite de cet accord, 900 000 Tonkinois qui refusent la dictature communiste, notamment les catholiques, doivent fuir de chez eux et se réfugier au sud.
La France quitte le Vietnam, fermant une page ouverte en Cochinchine en 1864 et au Tonkin et en Annam en 1885. L'année précédente, le Cambodge et le Laos, protectorats français depuis 1863 et 1893, ont également accédé à l'indépendance. L'Indochine française est morte, mais une deuxième guerre, menée par les Américains, attend ces pays qui tomberont sous la coupe du communisme dans les années 1970.

Algérie, 1954 : la Toussaint rouge

Le 1er novembre 1954, le jour de la Toussaint, une vague d'attentats a lieu sur tout le territoire algérien. Le Front de libération nationale (FLN), une organisation jusqu'alors inconnue, réclame l'ouverture de négociations avec le gouvernement en vue de l'indépendance. « On ne transige pas, réplique le président du Conseil, Mendès France, lorsqu'il s'agit de défendre la paix intérieure de la nation, l'unité, l'intégrité de la République : les départements d'Algérie constituent une partie de la République française. » « L'Algérie, c'est la France », confirme le ministre de l'Intérieur, un certain… François Mitterrand.
Sur le plan administratif, il est exact que les départements algériens sont intégrés à la France. Toutefois, en dépit du discours assimilationniste républicain, deux types de populations vivent en Algérie. Ceux qu'on appelle les Européens et que le langage courant appellera les pieds-noirs, qui sont citoyens français ; et les Arabes, juridiquement détenteurs de la nationalité française, mais qui ne possèdent pas tous les droits de la citoyenneté. Embryonnaire avant 1914, un nationalisme algérien s'affirme durant l'entre-deux-guerres. En 1936, le projet Blum-Viollette, qui prétend accorder les droits électoraux complets aux musulmans s'étant distingués dans leurs fonctions publiques, échoue devant le blocage des élus européens comme des autonomistes algériens. En 1944, une ordonnance du Comité français de libération nationale octroie la pleine citoyenneté à plusieurs dizaines de milliers de musulmans, tout en leur permettant de conserver leur statut personnel coranique (en matière de possession et de transmission de biens, notamment dans le mariage, ils restent régis par les règles définies par le Coran). Le 8 mai 1945, à Sétif, une manifestation musulmane réclamant l'égalité

des droits dégénère : une centaine d'Européens sont massacrés, et la répression, impitoyable, fait plusieurs milliers de morts. Le général Duval, responsable des forces de l'ordre, lance un avertissement aux autorités : « Je vous ai donné la paix pour dix ans. Mais il ne faut pas se leurrer, tout doit changer en Algérie. »
La IVe République naissante engage des réformes, mais sans volonté politique suffisante pour les imposer. En 1947, un nouveau statut de l'Algérie octroie la citoyenneté à tous les Arabes et crée une Assemblée algérienne. Deux collèges électoraux sont institués : le premier réunit la totalité des Européens et une élite musulmane, le second la quasi-totalité de l'électorat musulman. Mais ces deux collèges sont appelés à élire un nombre égal de députés à l'Assemblée nationale et à l'Assemblée algérienne, alors que les Européens représentent seulement 10 % de la population. Cette inégalité de statut nourrit dans la jeune génération indigène (le mot est d'époque) un mécontentement puissant. Il est exploité par les ténors de l'arabisme qui s'affirme à partir de la prise de pouvoir par le colonel Nasser, en Égypte, en 1952, et logiquement soutenu par les communistes.

Terrorisme FLN, répression militaire

À leurs débuts, le FLN et sa branche militaire, l'Armée de libération nationale (ALN), représentent quelques centaines d'hommes. Inférieurs en nombre, ne pouvant battre leur adversaire selon les méthodes de la guerre classique, ils commettent des attentats contre les Européens, afin de creuser un fossé entre les communautés : de 1955 à 1957, on passe ainsi d'une moyenne de 5 Européens assassinés à 50 chaque mois. Mais se heurtant à l'attentisme ou à la résistance de la population, les rebelles font également régner la terreur chez leurs frères musulmans, ciblant les anciens combattants, les gardes champêtres ou les notables locaux, tous ceux qui sont liés à la France.
En avril 1955, l'état d'urgence est institué en Algérie. Mais l'insurrection s'étend, forçant le gouvernement à envoyer des renforts. En janvier 1956, les élections législatives, qui voient une forte poussée communiste et l'irruption des poujadistes[8], sont remportées par le Front républicain dominé par Pierre Mendès

---
8. Pierre Poujade, papetier à Saint-Céré, dans le Lot, fonde l'Union de défense des commerçants et artisans en 1953. Mouvement antifiscal à l'origine, l'UDCA défend « les petits » contre « les gros », les fonctionnaires et les élites parisiennes. Elle engendre l'Union et fraternité française qui fait campagne, aux législatives de 1956, sur le thème : « Tous pourris », « Sortez les sortants ». À la surprise générale, les poujadistes obtiennent 11,5 % des voix et 52 élus, parmi lesquels Jean-Marie Le Pen. Le mouvement décline ensuite.

L'opération « Bigeard » en mars 1956 dans la région de Constantine.

France et François Mitterrand. Renouvelant l'oukase de Grévy contre Gambetta, Coty écarte Mendès des urnes au profit du leader de la SFIO, Guy Mollet, dont le gouvernement sera un des plus longs de la IVᵉ République (seize mois). Au lendemain de son investiture, le président du Conseil est accueilli, à Alger, par les tomates que lui lance la population européenne de la ville, qui refuse l'installation du général Catroux – considéré comme un libéral – au poste de résident général. En mars 1956, au moment où la France reconnaît l'indépendance du Maroc et de la Tunisie, l'extension de la rébellion conduit Guy Mollet à se faire attribuer les pouvoirs spéciaux en Algérie par une Assemblée nationale presque unanime (les communistes compris) et à mobiliser le contingent. Désormais 400 000 Français se battent en Algérie (contre 80 000 en 1954). La doctrine mise en œuvre obéit à deux principes : intégration et pacification. D'emblée, la dimension civile et la dimension militaire de ces deux objectifs sont intimement liées, ce qui signifie que l'armée se trouve chargée de tâches qui, en métropole, appartiennent à l'autorité civile. En Algérie, les militaires appliquent des recettes apprises en Indochine, en tentant de mettre les autochtones de leur côté. Pendant que les unités d'élite, légionnaires et parachutistes, traquent les maquisards, la troupe quadrille le pays, et les Sections administratives spéciales (SAS), organisant l'autodéfense des musulmans, fournissent des services sanitaires, sociaux et éducatifs à la population rurale.

En octobre 1956, le détournement d'un avion civil, couvert par le gouvernement, permet l'arrestation des chefs extérieurs du FLN. Néanmoins, la dimension internationale du conflit échappe de plus en plus à la France. À l'ONU, Paris est mis en accusation pour sa politique algérienne. Les États-Unis lorgnent sur le pétrole du Sahara, et l'URSS protège le colonel Nasser, qui héberge les hommes destinés à former le Gouvernement provisoire de la République algérienne (GPRA).

En juillet 1956, Nasser a unilatéralement nationalisé le canal de Suez. Devant ce coup de force, les Américains cherchent une solution négociée, tandis que la France et la Grande-Bretagne préconisent une réponse militaire. À la fin du mois d'octobre, une alliance est conclue entre Israël, la France et l'Angleterre. Quand éclate la guerre entre l'État hébreu et l'Égypte, Paris et Londres, dans l'objectif de protéger le canal, décident une intervention armée. Le 5 novembre 1956, les parachutistes français et britanniques enlèvent Port-Saïd et Port-Fouad, contrôlant le nord du canal de Suez. Mais dès le 7 novembre, dans un climat de tension internationale aggravé par la révolte concomitante de Budapest contre les Soviétiques, la France et l'Angleterre, sous la pression conjointe des États-Unis et de l'URSS, doivent retirer leurs troupes. Pour l'armée française, l'affaire se solde par une humiliation qui, venant à la suite du départ de l'Indochine, va peser dans la volonté de ne pas perdre en Algérie.

À Alger, le FLN intensifie son action en faisant exploser des bombes dans les cafés, les stades, les autobus ou les cinémas. En 1957, le gouvernement confie les pleins pouvoirs civils et militaires au général Massu, dont les parachutistes démantèlent l'organisation terroriste au cours de ce qu'on appellera « la bataille d'Alger », dix mois (janvier-octobre) pendant lesquels les forces de l'ordre arrêtent un par un les poseurs de bombes et leurs soutiens musulmans ou européens. En métropole, des réseaux d'intellectuels et de chrétiens de gauche lancent une campagne contre les méthodes employées par les militaires pour remplir la mission qui leur a été confiée. Le problème de la torture est posé, mais à sens unique, puisque les partisans de l'indépendance algérienne n'incriminent jamais la stratégie de la terreur choisie par le FLN.

Au même moment, la construction d'une ligne fortifiée le long de la frontière algéro-tunisienne isole de leurs bases les bandes de l'ALN. Privées d'armes et de renforts, elles sont peu à peu mises hors de combat. Le ministère Mollet tombe en mai 1957. Bourgès-Maunoury, un radical pro-Algérie française, tient quatre mois à la tête du gouvernement, puis Félix Gaillard, un autre radical, lui succède. En février 1958, le bombardement par l'armée de Sakhiet-Sidi-Youssef, un village tunisien qui abrite un camp de l'ALN, aux confins algériens, suscite une poussée de fièvre internationale. Les Anglo-Américains proposent leurs « bons offices » afin de résoudre la crise, mais leur mission, acceptée par Félix Gaillard, échoue, provoquant la démission du gouvernement le 15 avril. L'impuissance du régime va précipiter sa chute.

L'émeute du 13 mai 1958 à Alger

Qui formera le gouvernement ? Bidault et Pleven sont sur les rangs, consultent, puis renoncent. Le 9 mai 1958, René Coty fait appel à Pierre Pflimlin, le président du MRP. Depuis plusieurs semaines, cependant, les gaullistes préparent le retour du Général par une habile propagande menée en métropole comme en Algérie. À Alger, une grande démonstration de force des partisans de l'Algérie française est prévue pour le 13 mai. Alors que les manifestants envahissent le Forum et menacent le Gouvernement général, un comité de salut public se forme. Couvert par le général Salan, commandant en chef de l'armée en Algérie, ce comité engage un bras de fer avec Paris, réclamant la nomination de De Gaulle à la tête du gouvernement.

Au soir du 13 mai, toutefois, le chef de l'État confirme la désignation de Pflimlin. Impuissant devant les événements d'Alger, le président du Conseil sauve les apparences en chargeant officiellement Salan des pleins pouvoirs civils en Algérie, pouvoirs qu'il s'était déjà attribués officieusement. Le 15 mai, au balcon du Gouvernement général, le nouveau proconsul fait applaudir le nom de De Gaulle. Ce dernier, dans un communiqué publié le même jour, se déclare « prêt à assumer les pouvoirs de la République ». Le lendemain, à Alger, une nouvelle manifestation donne lieu à d'étonnantes scènes de fraternisation franco-musulmane. Le 19, au cours d'une conférence de presse, de Gaulle condamne la Constitution de 1946 tout en se défendant, dans une formule célèbre, de vouloir « à 67 ans, commencer une carrière de dictateur ». Le 26, Pflimlin rencontre de Gaulle en secret. Le lendemain, le Général déclare avoir « entamé le processus régulier nécessaire à l'établissement d'un gouvernement républicain capable d'assurer l'unité et l'indépendance du pays ». À l'Assemblée, Pflimlin obtient la confiance, mais démissionne, évitant l'épreuve de force.

Le 28, à l'appel des partis de gauche, 200 000 manifestants, Mendès France et Mitterrand en tête, défilent de la Nation à la République aux cris de « le fascisme ne passera pas », « les paras à l'usine, de Gaulle au musée ». Le 29 mai, le président Coty annonce au Parlement qu'il a décidé de faire appel « au plus illustre des Français », et menace de démissionner s'il n'est pas suivi. Le 1er juin 1958, de Gaulle est investi par l'Assemblée à la tête d'un gouvernement d'union nationale comprenant trois anciens présidents du Conseil (Pinay, Mollet, Pflimlin), des gaullistes comme Michel Debré et André Malraux, et des techniciens. Le 2 juin, il reçoit les pleins pouvoirs pour six mois, et l'autorisation de préparer une nouvelle Constitution.

Le bilan économique de la IVe République est positif

La IVe République a vécu. Mais jusqu'au 8 janvier 1959, le général de Gaulle sera son dernier président du Conseil. En six mois, le chef du gouvernement fait passer en accéléré des mesures qui ont été conçues sous l'administration de ses prédécesseurs, mais dont le contexte politique avait interdit la réalisation. Politique monétaire, politique sociale, politique familiale, essor industriel : l'œuvre de la IVe République, régime décrié avec justesse pour la faiblesse de ses institutions, n'en est pas moins imposante. Grâce au plan Marshall au départ, et dans une forte dépendance financière à l'égard des États-Unis, le pays a réussi, avec des taux de croissance étonnants (5,5 % en 1954, 7 % en 1956), à entrer dans une société d'abondance et de prospérité, les « Trente Glorieuses » que pronostiquera le sociologue Jean Fourastié[9].

Dès 1948, l'indice de production industrielle est supérieur à celui de 1938. Les années 1950, ce sont la 4 CV Renault et la DS Citroën, l'avion Caravelle et le paquebot France, le pont de Tancarville et le barrage de Donzère-Mondragon, les usines atomiques de Saclay et de Marcoule et l'exploitation du gaz de Lacq. Dans les foyers français sont arrivés le réfrigérateur, l'aspirateur et la machine à laver : l'électroménager, dont le salon annuel à Paris est un événement, a changé la vie des femmes. En 1952, la retransmission à la télévision du couronnement de la reine d'Angleterre a incité les Français à s'équiper d'un récepteur : on recensait 3 700 téléviseurs en 1949, il y en a 60 000 en 1953. Ce redressement économique s'opère dans le cadre de la construction de l'Europe. Si la Communauté européenne de défense (CED), lancée en 1950 et rejetée en 1954, s'est heurtée, parce qu'elle supposait des abandons de souveraineté dans le domaine militaire, à l'opposition systématique des communistes (par philosoviétisme) et des gaullistes (par refus de « l'Europe supranationale »), la création de la Communauté européenne du charbon et de l'acier, en 1951, puis la signature des traités de Rome, en août 1957, qui instituaient le Marché commun et l'Euratom, mise en commun de moyens pour créer une industrie atomique civile, correspondaient au vœu d'une génération qui voulait à tout prix en finir avec les guerres européennes.

La République gaullienne : l'ambition d'une France forte

Du point de vue de l'histoire longue, la France aura mis un siècle pour passer de la Révolution à la République, et en outre de la République parlementaire

---

9. Jean Fourastié, *Les Trente Glorieuses*, Fayard, 1979. Ce titre en forme de jeu de mots (les Trois Glorieuses sont les journées révolutionnaires de 1830) est entré dans le langage courant. Analysant les transformations socio-économiques de l'Europe occidentale, et spécifiquement de la France, entre 1945 et 1973, l'auteur décrit une société de croissance industrielle et de plein emploi, qui bénéficie d'une énergie à bas coûts (pétrole, électricité, gaz) et qui a rattrapé son retard technologique avec les États-Unis.

1944-1974 : la France des Trente Glorieuses

à la République présidentielle, qui conjugue souveraineté populaire, d'essence révolutionnaire, et aura du chef de l'État, d'essence monarchique.

Le 4 septembre 1958, place de la République, date et lieu symboliques[10], de Gaulle présente au pays son projet de Constitution. Celui-ci s'inspire des idées qu'il n'a cessé de proclamer depuis son discours de Bayeux en 1946. Le chef de l'État sera élu non par le Parlement, comme sous la IIIe et la IVe République, mais par un collège de grands électeurs, comprenant les parlementaires, les conseillers généraux et certains conseillers municipaux. L'article 16 lui confère des pouvoirs spéciaux en cas de crise. Le président nommera le Premier ministre et le gouvernement, mais ceux-ci seront responsables devant l'Assemblée nationale. Le modèle que propose de Gaulle est un compromis entre le système présidentiel et le régime parlementaire, même si la stature du « premier des Français » lui confère une légitimité forte.

Le 28 septembre 1958, cette Constitution est approuvée, par référendum, par 79 % des Français, en dépit de l'appel à voter non du PCF et d'une minorité de radicaux et de socialistes dont Pierre Mendès France et François Mitterrand. Lors des élections législatives qui ont lieu fin novembre, le nouveau parti gaulliste, l'Union pour la nouvelle République (UNR), obtient plus de 26 % des voix. Le 21 décembre, enfin, 78 % des 80 000 grands électeurs élisent de Gaulle président de la République.

Le premier président de la Ve République entre officiellement en fonctions le 9 janvier 1959. Le lendemain, il désigne Michel Debré chef du gouvernement, avec le titre non plus de « président » du Conseil, mais de Premier ministre. Résistant, fondateur de l'École nationale d'administration en 1944, sénateur d'Indre-et-Loire de 1948 à 1958, artisan du retour au pouvoir du Général, garde des Sceaux dans le cabinet de De Gaulle de juin 1958, auteur de la Constitution, Debré, ardent gaulliste, est aussi un partisan de l'Algérie française, ligne qu'il défend dans son hebdomadaire *Le Courrier de la colère*. Aussi sera-t-il déchiré par les événements qui suivront.

Le chef de l'État nourrit une grande ambition, qui tient en quelques mots : une France forte à l'extérieur, une France forte à l'intérieur. Cependant, dans l'esprit du Général, ce projet suppose de régler au plus vite le problème algérien. Il est probable, à cet égard – la question divise les historiens – que de Gaulle soit revenu au pouvoir en sachant qu'il allait rendre l'Algérie indépendante.

---

10. La IIIe République y avait été proclamée le 4 septembre 1870.

De Gaulle donne son indépendance à l'Algérie

La nouvelle Constitution offre aux anciennes colonies le choix entre l'indépendance totale et l'autonomie au sein de la Communauté française, qui remplace l'Union française de 1946. En décembre 1958, à l'exception de la Guinée, qui choisit l'indépendance immédiate, tous les pays d'Afrique noire liés à la France, ainsi que Madagascar, deviennent autonomes au sein de la Communauté. En 1960, par évolution de leur statut, ces Républiques accéderont toutes à l'indépendance, paisiblement, et en maintenant des relations étroites avec la France. L'Algérie, elle, partie intégrante du territoire national, deviendra un pays indépendant au terme d'une guerre atroce commencée en 1954, dans les larmes et le sang.

Le 4 juin 1958, quatre jours après son investiture comme président du Conseil de la IVe République, de Gaulle est à Alger. Devant une foule en délire, il lâche sa célèbre phrase : « Je vous ai compris. » Formule sibylline, à vrai dire, que chacun peut interpréter dans le sens qui lui convient, d'autant que, quelques jours plus tard, à Mostaganem, il s'écrie : « Vive l'Algérie française ! » Extérieurement, tout semble démontrer que le Général entend poursuivre la politique algérienne de ses prédécesseurs au gouvernement. En octobre 1958, le plan de Constantine prévoit un programme d'investissements économiques sur cinq ans. En 1959, tout en offrant au FLN « la paix des braves », offre aussitôt repoussée, de Gaulle soutient l'armée dans sa lutte contre la rébellion : « Moi vivant, jamais le drapeau FLN ne flottera sur l'Algérie », affirme-t-il en août. Dès lors, les Européens, les militaires et les musulmans loyalistes sont convaincus que la France restera en Algérie. Cruel malentendu, qui exacerbera la violence finale du drame. Le général Challe, nouveau commandant en chef en Algérie, s'emploie à pacifier définitivement le pays. 400 000 hommes, contingent compris, et 210 000 supplétifs musulmans, plus nombreux que les indépendantistes, servent alors sous le drapeau français. Au printemps 1960, l'armée a gagné sur l'ensemble du terrain : sur 46 000 fellaghas, l'ALN a perdu 26 000 tués et 10 000 prisonniers. Mais un tournant politique a été pris quelques mois auparavant quand le chef de l'État, le 16 septembre 1959, a reconnu le droit des Algériens à l'autodétermination, rompant avec le principe de l'inaliénabilité des départements algériens.

1944-1974 : la France des Trente Glorieuses

Le 4 juin 1958, devant la foule massée à Alger, le général de Gaulle annonce : « Je vous ai compris. »

Chez les partisans de l'Algérie française, civils ou militaires, le trouble s'installe. En janvier 1960, l'éviction du général Massu, commandant du corps d'Alger et dernier acteur du 13 mai encore en place, provoque le soulèvement d'Alger. Du 24 janvier au 1er février, c'est la Semaine des barricades : pendant que des activistes occupent les facultés et forment une sorte de camp retranché au cœur de la ville, des scènes de fraternisation ont lieu entre les insurgés et certains militaires, sous l'œil complice des Algérois. Au terme de cette semaine, si le gros de l'armée n'a pas suivi et si les meneurs sont arrêtés ou en fuite, tous les éléments sont réunis, en dépit de l'apparent retour à l'ordre, pour que de nouvelles violences éclatent, les pieds-noirs ayant le sentiment d'être trahis à Paris.

En mars 1960, le chef de l'État évoque une « Algérie algérienne liée à la France ». Des négociations avec le Gouvernement provisoire de la République algérienne s'ouvrent à Melun, en juin 1960, mais échouent. En métropole, entre le procès des réseaux de soutien au FLN, les « porteurs de valises » du réseau Janson, des intellectuels de gauche qui passaient en Suisse l'argent collecté en métropole par l'organisation indépendantiste, et les prises de position pour ou contre l'indépendance, l'Algérie fait l'actualité quotidienne.

Le crépuscule tragique de l'Algérie française

En janvier 1961, par référendum, les Français approuvent à 75 % (70 % en Algérie) le droit à l'autodétermination de l'Algérie. De Gaulle, sa politique ratifiée par le suffrage universel, a désormais les mains libres. En avril 1961, le putsch des généraux Challe, Jouhaud, Zeller et Salan, à Alger, affaire désespérée et sans issue, tourne court. Paraissant en uniforme à la télévision, le président de la République fustige « un quarteron de généraux en retraite » et assume les pleins pouvoirs en vertu de l'Article 16. Les officiers rebelles se rendent, ou passent dans la clandestinité. Un mois plus tard, les négociations avec le GPRA reprennent, entrecoupées de multiples péripéties.

L'OAS (Organisation armée secrète), fondée en 1961, présidée par Salan, est une nébuleuse de 3 000 activistes Algérie française, présente en Algérie comme en métropole. Son inorganisation (en dépit de son nom) et la disparité de ses membres (les anciens résistants y cohabitent avec d'authentiques fascistes) sont propices à d'innombrables débordements qui attisent la tension et qui, en Algérie,

1944-1974 : la France des Trente Glorieuses

éloignent les communautés l'une de l'autre. Le FLN n'est pas en reste. En métropole, le mouvement indépendantiste fait la guerre à la police, qui compte 48 tués et 140 blessés entre 1958 et 1961. Ce contexte explique la violence avec laquelle la manifestation organisée par le FLN et interdite par le préfet, le 17 octobre 1961, à Paris, est réprimée par les forces de l'ordre[11]. Dans les banlieues où se concentrent les Nord-Africains, le FLN pourchasse de même ses rivaux du Mouvement national algérien de Messali Hadj[12] : cette guerre entre Algériens, qui se déroule sur le sol français, fera 4 000 tués et 8 000 blessés.

Le 18 mars 1962, les accords d'Évian sont signés avec le GPRA. Ils prévoient la mise en place d'un exécutif franco-algérien provisoire, la sécurité des personnes et des biens pour les ressortissants français d'Algérie, qui ont trois ans pour choisir leur nationalité, et une garantie pour la France sur le pétrole du Sahara. Le 19 mars, le cessez-le-feu est proclamé. Le 8 avril, à 90 %, les Français de métropole – ceux d'Algérie sont exclus du scrutin – approuvent ces accords.

Le 14 avril 1962, un mois après les accords d'Évian, de Gaulle remplace Michel Debré, qui est usé et éprouvé par les événements d'Algérie, par Georges Pompidou, qui accède à la tête du gouvernement sans jamais avoir été élu, ni ministre. Une page se tourne.

Officiellement, la guerre d'Algérie est finie. Elle a fait 27 000 tués chez les militaires français, et au moins 140 000 combattants et sans doute plusieurs centaines de milliers de civils tués ou disparus chez les Algériens. Dans la pratique, cependant, le drame ne fait que commencer. Les Européens, constatant que les garanties sur leur sécurité promises par les accords d'Évian ne reposent sur rien, et traumatisés par la fusillade de la rue d'Isly (62 pieds-noirs tués et 200 blessés, par des tirs de l'armée française, le 26 mars 1962 à Alger) sont contraints à un départ précipité vers la métropole : 700 000 personnes passent la Méditerranée en quatre mois, en abandonnant tout derrière elles. Le 5 juillet, l'indépendance est effective. À Oran, ce même jour, plusieurs centaines d'Européens sont massacrés, sous l'œil des forces françaises qui restent immobiles. Plus atroce encore est le sort des supplétifs musulmans de l'armée française, désignés sous le terme générique de harkis, que le FLN considère comme des traîtres : si 90 000 d'entre

---

11. Le nombre de victimes de la répression de la manifestation FLN du 17 octobre 1961 à Paris est matière à controverse, allant d'une trentaine de tués (chiffre vraisemblable) à plusieurs centaines (chiffre fantaisiste, en dépit de sa récurrence médiatique).
12. Ahmed Messali Hadj anime dès les années 1920 un courant indépendantiste chez les travailleurs algériens de métropole. En 1937, il fonde le Parti du peuple algérien (PPA), interdit et traqué par la police. Plusieurs fois emprisonné pendant la guerre et à la Libération, il fonde en 1946 un nouveau parti, le Mouvement pour le triomphe des libertés démocratiques (MTLD). En 1954, ce dernier éclate en deux grandes tendances : le Mouvement national algérien (MNA), très implanté en métropole et dont Messali Hadj, assigné à résidence en France, garde la direction, et ceux qui, ayant fait le choix de la lutte armée, fondent le FLN.

eux réussissent, légalement ou clandestinement, à passer en France, où ils seront traités comme des parias, entre 60 000 et 80 000 autres sont massacrés en Algérie, dans des conditions atroces.

En jugeant très tôt que l'indépendance de l'Algérie était inévitable, le général de Gaulle avait peut-être raison avant tout le monde. Mais face à ceux qui étaient attachés à la présence française en Algérie, il a fait preuve d'une rigueur impitoyable, recourant aux procédés judiciaires et policiers les plus extrêmes, au point de susciter la gêne chez ses propres fidèles. Pourquoi, dès la signature des accords d'Évian, avoir considéré la question comme réglée ? Pourquoi, face au drame humain des pieds-noirs et des harkis, être resté de marbre ? Alain Peyrefitte, un de ses ministres, avouera que, dans cette affaire, le Général avait fait preuve d'« une inutile cruauté ».

Le tournant constitutionnel de 1962

En août 1962, de Gaulle échappe de peu à un attentat au Petit-Clamart. L'auteur principal de cette tentative de meurtre, le colonel Bastien-Thiry, arrêté et condamné à mort, sera le dernier fusillé de France. Trois semaines après l'attentat, le Général, conscient de la nécessité d'assurer la continuité de l'État, annonce sa décision de soumettre à référendum une modification constitutionnelle portant sur l'élection du président de la République au suffrage universel.

Dans la classe politique, spécialement à gauche, l'idée soulève de vives protestations, faisant ressortir des griefs contre « le pouvoir personnel » que l'affrontement entre de Gaulle et les partisans de l'Algérie française avait fait taire. En octobre, à l'Assemblée, les partis se liguent et votent la censure du nouveau gouvernement Pompidou. Comme l'y autorise la Constitution, le chef de l'État réplique en prononçant la dissolution de l'Assemblée.

Entre de Gaulle et les partis, il appartient donc au peuple de trancher. À part les gaullistes et une fraction dissidente des Indépendants emmenée par le jeune ministre des Finances, Valéry Giscard d'Estaing, toutes les forces politiques appellent à voter non au référendum du 28 octobre 1962. Mais 62 % des électeurs disent oui à la réforme constitutionnelle. Et en novembre, aux élections législatives, les gaullistes de l'UNR et les Indépendants giscardiens, à eux seuls, obtiennent la majorité absolue à l'Assemblée. Pour de Gaulle, c'est une double victoire.

Ayant doté le pays d'institutions solides, le Général peut s'atteler à ce qu'il regarde comme le « domaine réservé » du président : la politique extérieure de

1944-1974 : la France des Trente Glorieuses

Résultats du référendum du 28 octobre 1962 au ministère de l'Intérieur à Paris.

la France. Selon l'article 20 de la Constitution, le gouvernement « détermine et conduit la politique de la nation ». C'est donc à son chef, le Premier ministre, de veiller plutôt sur la politique intérieure. Georges Pompidou, normalien d'origine modeste, chargé de mission au cabinet de De Gaulle en 1945, directeur de la banque Rothschild pendant la traversée du désert du Général, directeur de cabinet du chef de l'État en 1958 et en 1959, est un inconnu du grand public quand il prend ses fonctions à Matignon. Il y restera en poste jusqu'en 1968, soit plus de six ans, y accomplissant une œuvre considérable, qui ne peut être dissociée de son septennat interrompu à l'Élysée (1969-1974).

La France contre les superpuissances

Une France forte à l'extérieur : tel est donc l'axe premier de la politique gaullienne. Le chef de l'État aspire en effet à élever le pays au rang d'une puissance industrielle, diplomatique et stratégique, à l'engager dans la construction européenne en scellant la réconciliation avec l'Allemagne, et à prendre la tête des États non alignés afin de faire pièce aux États-Unis comme à l'URSS. Le contexte est propice, selon de Gaulle, à substituer au monde bipolaire d'hier un monde multipolaire où la France pourra manœuvrer : tandis que la suprématie américaine est contestée par de petites nations, les Soviétiques, qui éprouvent des difficultés avec leurs satellites, sont en conflit idéologique avec la Chine.

Afin d'assurer l'indépendance militaire du pays, de Gaulle accélère la constitution d'une force nucléaire de dissuasion qui avait été lancée par la IVe République : la première bombe atomique française explose le 13 février 1960, à Reggane, au fin fond du Sahara. La construction de sous-marins nucléaires et de bombardiers Mirage IV, porteurs de l'arme atomique, est également érigée en priorité. En 1966, sans quitter l'Alliance atlantique, la France sort du commandement militaire unifié de l'OTAN[13].

À toute occasion, de Gaulle se fait le champion d'une France qui refuse de s'aligner sur les superpuissances : reconnaissance de la Chine populaire (janvier 1964) ; voyage au Mexique (« Voici donc ce que le peuple français propose au peuple mexicain, lance le Général le 16 mars 1964 : *marchemos la mano en la mano* ») ; tournée de trois semaines en Amérique du Sud (Venezuela, Colombie, Équateur, Pérou, Bolivie, Chili, Argentine, Paraguay, Uruguay, Brésil, septembre-octobre 1964) ; discours de Phnom Penh contre l'intervention américaine au Vietnam (1er septembre 1966) ; voyage au Canada, avec l'accueil triomphal de la population sur le Chemin du Roy, de Québec à Montréal, ville où de Gaulle lâche sa célèbre phrase le 24 juillet 1967 : « Vive le Québec libre » ; visite en Pologne, où il est le premier chef d'État occidental à se rendre (septembre 1967) ; voyage en Roumanie (mai 1968).

Après la guerre des Six Jours, en 1967, la condamnation de l'État d'Israël (« un peuple d'élite, sûr de lui et dominateur ») et l'appui accordé aux pays arabes procèdent de la même volonté d'indépendance à l'égard des États-Unis, traditionnel soutien de l'État hébreu. Mais cette politique n'est pas comprise par les Français, et jette un froid entre le Général et la communauté juive.

---
13. L'Organisation du traité de l'Atlantique Nord (OTAN) a été fondée en 1949 par les États-Unis, le Canada, le Royaume-Uni, la France, la Belgique, le Luxembourg, les Pays-Bas, le Danemark, l'Islande, la Norvège, l'Italie et le Portugal.

Adversaire du fédéralisme européen, de Gaulle refuse tout abandon de souveraineté nationale. Mais dans le même temps, il est conscient qu'une Europe unie peut faire obstacle aux deux grands. Après avoir échoué à convaincre ses partenaires européens d'un projet d'union politique du continent (plan Fouchet, 1962), il signe avec Adenauer le traité franco-allemand de l'Élysée (22 janvier 1963). Très vite, toutefois, il s'avère que le chancelier allemand n'a aucunement l'intention de rompre le lien privilégié de son pays avec les États-Unis. Les Britanniques ayant eux aussi confirmé leur alliance avec les Américains, le Général s'oppose par deux fois, en 1963 et en 1967, à l'entrée de la Grande-Bretagne dans la Communauté européenne.

Le rétablissement des comptes du pays étant pour lui une condition *sine qua non* de toute politique d'indépendance nationale, il met en œuvre, à peine élu président de la République, fin décembre 1958, un programme d'assainissement financier (plan Pinay-Rueff). Obéissent à la même logique la création du nouveau franc (1960), la constitution d'un stock d'or et de devises (5 milliards de dollars en 1964), la campagne en faveur du retour à l'étalon-or, lancée en 1965 afin de lutter contre l'hégémonie mondiale du dollar.

Mitterrand contre de Gaulle

Élu pour sept ans en 1958, de Gaulle achèvera son mandat en 1965. Se présentera-t-il devant les électeurs ? La question agite le pays, certains journaux se demandant même s'il ne cédera pas sa place au comte de Paris, le chef de la maison d'Orléans, avec qui il a des contacts réguliers. À partir de 1963, le maire socialiste de Marseille, Gaston Defferre, avec le concours de *L'Express*, cherche à faire campagne en réunissant autour de sa candidature une coalition façon IVe République, qui réunirait la SFIO, les radicaux et le MRP. Faute d'accord entre les socialistes et les démocrates-chrétiens, le projet s'enlise.

En septembre 1965, trois mois avant l'élection, François Mitterrand se déclare. Décoré de la francisque du maréchal Pétain et néanmoins authentique résistant, député à partir de 1946, ministre en 1947 (à 31 ans), titulaire d'un portefeuille dans les cabinets Ramadier, Schuman, Queuille, Pleven, Mendès France et Guy Mollet, sénateur en 1959, de nouveau député en 1962, ce politicien brillant et ondoyant est un adversaire acharné du général de Gaulle et de la Constitution

Affiche de François Mitterrand pour l'élection présidentielle de 1965.

de 1958, qualifiant les institutions et la pratique du pouvoir par le président de la République de « coup d'État permanent[14] ».
Longtemps isolé politiquement à la suite de l'organisation d'un faux attentat contre sa personne, à Paris, dans les jardins de l'Observatoire (octobre 1959), Mitterrand a pris le contrôle, en 1964, d'un petit club de gauche, la Convention des institutions républicaines, puis s'est employé, début 1965, à rassembler la gauche non communiste et à obtenir l'appui de la SFIO pour constituer la Fédération de la gauche démocrate et socialiste (FGDS). Candidat à la présidentielle, il parvient à obtenir le soutien de toute la gauche – socialistes, radicaux et même communistes. Un mois avant le scrutin, de Gaulle se porte enfin candidat. Lors de la campagne officielle, la première à la télévision, il dispose du même temps d'antenne que les autres candidats, mais refuse d'en user : le nouveau pouvoir de « l'étrange inconnue » provoque un choc dans l'opinion et favorise les plus hostiles – un François Mitterrand pugnace, le centriste Jean Lecanuet présenté comme le nouveau Kennedy. Le 5 décembre 1965, au premier tour de l'élection, le chef de l'État obtient 44,6 % des voix, Mitterrand 31,7 %, le MRP Jean Lecanuet 15,5 % et l'avocat d'extrême droite Tixier-Vignancour 5,2 %. De Gaulle en ballottage !

---

14. *Le Coup d'État permanent* est le titre d'un brillant essai publié par Mitterrand en 1964.

Là encore, c'est un choc. Après avoir envisagé de se retirer, le président réagit enfin et, se ravisant à propos de ses droits de candidat, utilise habilement l'écran à l'occasion d'une série d'entretiens télévisés avec le journaliste Michel Droit. Le 19 décembre, au second tour, le Général est élu avec 55,2 % des voix. Néanmoins, Mitterrand, pour qui tous les opposants ont voté, a obtenu un bon score : 44,8 % des suffrages.

C'est de Gaulle qui a voulu l'élection du président de la République au suffrage universel, afin d'établir un lien direct entre le peuple et lui. Sans doute n'avait-il pas prévu que la compétition électorale contribuerait à désacraliser et sa fonction et sa personne.

En 1966, Giscard d'Estaing quitte le gouvernement. En 1967, lors de la campagne des élections législatives, le chef de file des Républicains indépendants dit « oui, mais » à de Gaulle. Lors du scrutin, en mars, la gauche progresse fortement : les gaullistes et leurs alliés giscardiens n'obtiennent que d'un siège la majorité absolue à l'Assemblée. Derrière la façade immobile du régime, des lignes de faille craquent.

Mai 1968, crise de la société

Le 15 mars 1968, Pierre Viansson-Ponté, un éditorialiste du *Monde*, s'essaie à rendre compte de l'état d'esprit du pays. Titre de l'article : « Quand la France s'ennuie ». Alors qu'un mouvement de contestation secoue la jeunesse de maints pays, l'auteur déplore l'atonie des étudiants français. Le 22 mars suivant, un groupe mené par Daniel Cohn-Bendit occupe la tour administrative de la faculté de Nanterre…

L'université française connaît alors des bouleversements sans précédent. Traversée par de puissants courants d'extrême gauche qui conduisent beaucoup d'étudiants à contester radicalement la société capitaliste et la « démocratie bourgeoise », fragilisée par l'explosion des effectifs et le manque de débouchés des diplômes délivrés, elle sera le lieu de départ d'une crise majeure, dont on pourra croire, un moment, qu'elle va emporter le régime.

Le 2 mai, la faculté de Nanterre est fermée. Le lendemain, l'agitation se transporte au cœur de la capitale : la Sorbonne est occupée, puis évacuée par la police. Le soir même, les premiers affrontements entre les étudiants gauchistes et les forces de l'ordre ont lieu au Quartier latin. Le scénario se répète tous les soirs. Le 10 mai, des barricades sont élevées, des voitures brûlées, et il y a plus de 1 000 blessés

HISTOIRE PASSIONNÉE DE LA FRANCE

Nuit d'émeute au Quartier latin en mai 1968.

des deux côtés. Le lendemain, Pompidou, de retour d'un voyage en Afghanistan, annonce la réouverture de la Sorbonne.

Le 13 mai, la crise s'étend. Afin de protester contre la « répression policière », les syndicats ont appelé à la grève ce jour-là : 800 000 personnes défilent de la gare de l'Est à Denfert-Rochereau. Mais le mouvement, prévu pour vingt-quatre heures, se prolonge et s'élargit, gagnant tous les secteurs d'activité et tous les types d'entreprises : le 20 mai, on compte près de 10 millions de grévistes. Plus de métro, plus de train, plus de courrier, plus de télévision, plus de journaux, plus d'essence, plus de sucre et d'huile dans les magasins : le pays est paralysé. Au Quartier latin, l'Odéon, la Sorbonne et les Beaux-Arts se transforment en forum permanent : dans une atmosphère enfumée, au milieu de portraits de Marx et d'affiches à la chinoise où chacun écrit ce qu'il a dans la tête, de vrais ou de faux intellectuels refont le monde jusqu'à l'aube.

Le 24 mai, de Gaulle, qui a dû abréger une visite en Roumanie, annonce un référendum sur la participation, au sein des entreprises et des universités. Mais la proposition tourne court : le Général semble avoir perdu la main. Sa chance est la désunion de l'opposition, les divisions entre étudiants et syndicats, et les divergences entre ces derniers : si la CFDT est sensible au discours révolutionnaire, la CGT, alignée sur le parti communiste, s'en tient à des revendications salariales ou aux conditions de travail, devenant un allié objectif pour le gouvernement. Le 25 mai, les négociations avec les syndicats commencent, rue de Grenelle, sous l'égide de Pompidou, qu'assistent deux de ses jeunes conseillers : Jacques Chirac et Édouard Balladur. Le Premier ministre consent à de larges concessions, qui satisfont ses interlocuteurs : relèvement du Smig, réduction de la durée du travail pour les horaires supérieurs à 48 heures hebdomadaires, renforcement du droit syndical dans les entreprises.

Le 27 mai, les accords de Grenelle sont signés, mais ils sont repoussés par la base : la grève continue. En fin de journée, au stade Charlety, un meeting réunit les leaders de la gauche socialiste. Mitterrand propose Mendès France comme Premier ministre et annonce sa candidature à l'élection présidentielle. Officiellement, pourtant, le pouvoir n'est pas vacant, même si l'on ne sait pas bien qui lui obéit. Le 29 mai, de Gaulle quitte brusquement l'Élysée et disparaît pour une destination inconnue. C'est bien plus tard qu'on apprendra qu'il s'est rendu à Baden-Baden, en Allemagne, chez le général Massu. Défaillance passagère ? Mise en scène destinée à frapper l'opinion ? Opération menée afin de s'assurer du soutien des Soviétiques aux yeux de qui l'antiaméricanisme gaullien est une garantie, soutien qui expliquerait le comportement mesuré du PCF depuis le début de la crise ? L'explication du voyage divise les historiens.

Le 30 mai, de retour à Paris, de Gaulle prononce une allocution radiodiffusée aussi brève qu'énergique : du ton des grands jours, il proclame qu'il reste au pouvoir, que le référendum annoncé dix jours plus tôt est reporté et que l'Assemblée nationale est dissoute. Le soir même, une gigantesque manifestation de soutien au chef de l'État, sur les Champs-Élysées, met dans la rue le peuple de droite, drapeaux tricolores en tête, alors que, depuis un mois, la capitale était livrée aux drapeaux rouges et noirs. Le 5 juin, les PTT, la RATP et la SNCF reprennent le travail. Une à une, les grandes entreprises se remettent à tourner. Le 16 juin, la Sorbonne est évacuée.

Le 30 juin, au soir du second tour des élections législatives, l'Union de défense de la République (UDR), nouveau nom de l'UNR gaulliste, obtient à elle seule la majorité absolue à l'Assemblée. Un mois d'anarchie s'achève sur une « Chambre introuvable ». Mais cette victoire des conservateurs n'est que d'apparence : après Mai 1968, rien ne sera plus comme avant.

Il existe des centaines de livres consacrés à l'événement, proposant autant d'explications souvent contradictoires. Retenons-en une qui suscite un large accord : Mai 1968 consacre l'avènement d'une nouvelle société individualiste, tournée contre les croyances et solidarités – politiques, familiales ou religieuses – qui jusqu'alors ont fait la France. En ayant propagé un esprit de défiance systématique à l'égard de l'autorité, du passé et de tout héritage, et érigé l'hédonisme libertaire en style de pensée et de vie pour toute une époque, les folles semaines de Mai, sur la longue durée, revêtent donc une importance considérable du point de vue de l'histoire des idées, des mentalités et des mœurs.

Du point de vue économique, le choc a été rude, mais la France des Trente Glorieuses, dynamique et prospère, aura vite fait de l'amortir. Sur le plan politique, Mai 1968 introduit le « moment gauchiste » de l'histoire de France, qui durera jusqu'au milieu des années 1970. Pour le président-fondateur de la Ve République, en tout cas, cette crise marque le début de la fin.

De Gaulle se retire sur un référendum raté

Si de Gaulle a rétabli la situation au moment où l'État vacillait, Pompidou a été l'artisan de l'accord avec les syndicats et de la victoire gaulliste aux législatives. Il n'en est pas récompensé, étant remplacé, dix jours après les élections, par l'ancien ministre des Affaires étrangères, Maurice Couve de Murville. Six mois plus tard, en janvier 1969, Pompidou se déclare officiellement candidat, en cas d'élection présidentielle… En le marginalisant, de Gaulle l'a émancipé.

En février 1969, le Général reprend son idée de référendum sur la participation, mais en la transformant : il propose une réforme des régions et du Sénat, projet mêlant la décentralisation et une meilleure représentation des acteurs économiques et sociaux. Avec ce référendum, il s'agit aussi, comme le chef de l'État l'a fait maintes fois depuis dix ans, de retremper sa légitimité dans le suffrage universel. Mais cette fois-ci, la réponse des électeurs sera négative. La gauche appelle à voter non au référendum, les centristes également, et même Giscard d'Estaing. Le 27 avril 1969, le non l'emporte par 53 % des voix. À minuit, de Gaulle fait savoir qu'il cessera ses fonctions le lendemain.

Retiré à Colombey-les-Deux-Églises, le Général fera encore deux voyages privés en Europe ; l'un en Irlande, afin de rencontrer le président Éamon de Valera, héros de l'indépendance de son pays, et l'autre en Espagne, afin d'avoir le premier entretien de sa vie avec le général Franco. Des rencontres avec des hommes qui, comme lui, avaient eu un destin. Charles de Gaulle mourra le 9 novembre 1970, à 80 ans. Trois jours plus tard, il sera enterré chez lui, à Colombey, pendant que les grands de la terre lui rendront hommage à Notre-Dame de Paris. Il faudra peu de temps pour que ses anciens adversaires reconnaissent qu'il avait été un géant de l'Histoire.

Le pragmatisme de Georges Pompidou

Après la démission du fondateur emblématique du régime, Georges Pompidou, qui a été son collaborateur intime pendant dix ans et son Premier ministre pendant six ans, s'impose naturellement pour lui succéder : c'est sans mal qu'il obtient l'investiture de l'UDR à l'élection présidentielle. Le centriste Alain Poher, président du Sénat, qui assume, en vertu de la Constitution, l'intérim de la présidence de la République, se présente aussi. De son côté, la gauche possède trois candidats ; le socialiste (SFIO) Defferre, le socialiste (PSU) Michel Rocard

Le président
Georges Pompidou et
son Premier ministre
Jacques Chaban-Delmas
(1969).

et le communiste Jacques Duclos, sans compter le trotskiste Alain Krivine, qui seront tous éliminés au premier tour. Le 12 mai 1969, au second tour, l'ancien Premier ministre triomphe facilement de Poher en remportant près de 58 % des suffrages exprimés.

Pompidou à l'Élysée, une partie des centristes (Pleven, Duhamel) rallie la majorité présidentielle, parce que le nouveau chef de l'État passe pour plus européen que son prédécesseur. Toutefois, pour l'essentiel, le personnel gouvernemental ne change pas, et les institutions non plus : la République gaulliste continue sans de Gaulle. Président de l'Assemblée nationale depuis 1958, Jacques Chaban-Delmas est un gaulliste historique à la silhouette de jeune homme (il a 54 ans). Nommé Premier ministre, il forme un gouvernement élargi aux centristes et à la droite libérale, où Giscard d'Estaing reprend le portefeuille de l'Économie et des Finances. Le 26 juin, il présente son programme à l'Assemblée : « Il dépend de nous, explique-t-il dans un discours ambitieux, de bâtir, patiemment et progressivement, une nouvelle société. » Si le chef de l'État est plus conservateur que son Premier ministre, il y a accord entre eux sur un projet qui prolonge l'action de Pompidou quand il dirigeait le gouvernement : faire de la France une puissance industrielle de premier rang, favoriser la croissance, moderniser le pays, lui donner la première place économique en Europe.

Au cours des années 1960, la société change. Si le pourcentage des ouvriers reste stable, celui des agriculteurs diminue fortement : chaque année, 150 000 paysans quittent la terre. En revanche, la proportion d'employés et de cadres moyens et supérieurs augmente. La France rurale disparaît, remplacée par un pays urbain, où domine le secteur tertiaire : les activités de service, l'administration, les loisirs. La scolarité s'allonge, les femmes sont de plus en plus nombreuses au travail. Voitures, autoroutes, résidences secondaires, hypermarchés, vacances à l'étranger : la société de consommation est là. Mai 1968 s'est nourri de la contestation de ce modèle : « On ne tombe pas amoureux d'un taux de croissance », lisait-on sur un mur de fac. Pompidou, lui, assume cette aspiration à la prospérité.
À cette fin, l'équipe au pouvoir fait preuve d'un pragmatisme qui faisait défaut à la présidence de Gaulle : dès l'été 1969, le franc est dévalué de 12,5 %, ce à quoi le Général se refusait pour des raisons de prestige. La dévaluation, rapidement, relance les exportations. Les investissements étrangers, dans la même lignée, sont mieux accueillis qu'autrefois.
En mettant en œuvre une politique contractuelle entre l'État et les entreprises nationales et entre les entreprises nationales et les syndicats, en remplaçant le Smig (Salaire minimum interprofessionnel garanti) par le Smic, indexé sur la croissance économique, Chaban-Delmas aspire à humaniser les rapports entre l'État et les citoyens et à mieux répartir les fruits de la croissance. Là encore, le chef de l'État le laisse faire. En revanche, il critique de plus en plus vivement les aspirations libérales du Premier ministre, notamment au sujet de l'audiovisuel, sur lequel l'Élysée compte conserver la main. Une fracture se dessine entre l'équipe de Matignon – le droitier social Jacques Delors, le brillant Simon Nora – et celle de l'Élysée, où le duo constitué par Pierre Juillet et Marie-France Garaud prend un poids croissant et fustige la dérive à gauche du Premier ministre.
En 1971, Pompidou reçoit à Paris le Soviétique Brejnev, dont c'est le premier voyage en Occident. Les relations avec les États-Unis se détendent, grâce à une

entrevue réussie, aux Açores, avec le président Nixon, qui annonce la dévaluation du dollar : un succès pour la France. Dans ce domaine à nouveau, l'équilibre gaullien est respecté, mais assoupli : en 1972, Pompidou admet l'entrée de la Grande-Bretagne dans le Marché commun. Elle sera ratifiée à l'issue d'un référendum dont la faible participation constitue un échec pour le président.

Le premier choc pétrolier

Si la gauche a échoué en 1968, elle a choisi depuis le chemin de l'unité. Le parti socialiste ayant été refondé, en 1969, à partir de la vieille SFIO et de plusieurs clubs de gauche, Mitterrand en prend la tête deux ans plus tard au congrès d'Épinay (juin 1971). En juin 1972, socialistes et communistes signent un programme commun de gouvernement, très marqué par la pensée marxiste : l'accord conclu entre les deux partis se fixe pour objectif le renversement par étapes du régime capitaliste, les signataires du projet proclamant leur volonté, dans un registre très post-68, de « changer la vie ».
Afin de préparer les législatives de 1973, le chef de l'État veut changer de gouvernement. Ses relations se sont encore détériorées avec Chaban-Delmas, qui écrira plus tard : « Pompidou me croyait gentil, je le croyais gaulliste. » En juillet 1972, Pierre Messmer est nommé à Matignon. Ministre des Armées de 1960 à 1969, cet ancien légionnaire des Forces française libres, Compagnon de la Libération et médaillé de la Résistance, a été un collaborateur zélé et direct de De Gaulle ; exécutant fidèle, il ne fera pas d'ombre au président de la République, et rassure l'électorat conservateur. Opération réussie : aux élections de mars 1973, en dépit d'une nette progression de l'union de la gauche, la majorité sortante est reconduite. Messmer a la tâche difficile de gouverner une société secouée par les courants issus de l'ébullition de Mai 68. Contestation lycéenne et étudiante contre la loi Debré modifiant le sursis étudiant au service militaire, expérience d'autogestion des usines Lip, lutte contre l'implantation d'un camp militaire sur le plateau du Larzac : l'agitation est permanente, et le maintien de l'ordre vaut au ministre de l'Intérieur, Raymond Marcellin, d'être l'homme le plus détesté de France.
À l'automne 1973, à la suite de la guerre israélo-arabe, le prix du baril de pétrole brut quadruple en deux mois. Ce premier choc pétrolier constitue un signal, et un tournant. C'en est fini de l'énergie illimitée et bon marché, et de l'augmentation continue de la croissance : le chômage et l'inflation vont redevenir des préoccupations quotidiennes.

1944-1974 : la France des Trente Glorieuses

Le courage d'un président poète

Depuis le printemps 1973, des rumeurs courent sur la santé du président. Pompidou est en effet gravement malade, affrontant son état avec courage et assumant sa tâche avec abnégation. La transformation visible de son état physique (il a le visage gonflé) confirme le fait, qui ne sera jamais officiel cependant. C'est donc avec surprise que les Français, au soir du 2 avril 1974, apprennent sa mort[15]. Pour lui aussi, l'hommage à Notre-Dame réunira tous les grands de la terre.

Dans ses grandes lignes, Georges Pompidou a repris le projet gaullien : une France forte à l'intérieur comme à l'extérieur. Avec plus de modestie personnelle que son illustre prédécesseur, il a tenu son rang de chef de l'État. Sans doute les années Pompidou ont-elles été celles de projets urbanistiques comme on n'en concevrait plus, et du bétonnage des côtes ou des rives de la Seine. « Les Français aiment la bagnole », disait-il d'un ton qui laissait entendre qu'il ne s'excluait pas du lot. Cet homme moderne, adepte notamment d'art contemporain, n'oubliait cependant jamais qu'il était né à Montboudif, dans le Cantal. Avec sa rondeur physique, son éternelle cigarette aux lèvres, son amour pour sa femme qu'il défendit contre la calomnie, ce pur produit de la méritocratie française nous touche, parce qu'il incarne une époque, comme les tableaux de Vasarely et les fauteuils de couleur orange. Pour ceux qui l'ont connue, cette époque suscite la nostalgie, parce qu'elle était une période de transition pleine d'espoir entre une France qui a disparu et la France d'aujourd'hui.

Brillant intellectuel, normalien, auteur d'une belle *Anthologie de la poésie française* parue en 1961, Georges Pompidou appartenait à l'espèce rare des hommes politiques lettrés. En 1969, interrogé, lors d'une conférence de presse, sur le suicide de Gabrielle Russier, ce professeur de philosophie qui avait été emprisonnée pour avoir eu une aventure avec un de ses élèves, il avait récité des vers d'Éluard : « Comprenne qui voudra. Moi, mon remords, ce fut la victime raisonnable au regard d'enfant perdu, celle qui ressemble aux morts qui sont morts pour être aimés. » Et en 1972, lors d'un discours prononcé à l'occasion du centenaire de Sciences Po, il avait cité *Kiel et Tanger*, un livre de Maurras sur le rôle de la France comme protectrice des nations petites et moyennes. Reverrons-nous jamais un président de la République connaissant Éluard et Maurras ?

---

15. Georges Pompidou est mort de la maladie de Waldenström, une maladie de la moelle osseuse.

XIV. Le déclin et l'espoir

Le déclin et l'espoir

De Gaulle avait pronostiqué le « trop-plein » des candidats à sa succession. Le Général avait vu juste, mais il s'était seulement trompé d'une élection : celle de 1969, on l'a dit, s'était effectuée dans le calme, Pompidou apparaissant comme l'héritier naturel du président démissionnaire. En avril 1974, tout autre est la situation : la mort brutale du chef de l'État a suscité des ambitions multiples. Seize ans se sont écoulés depuis la fondation de la Ve République, à laquelle son fondateur assignait pour rôle de tenir en lisière les jeux politiciens. Or, ils reviennent en force.
Jacques Chaban-Delmas, campé sur sa position d'ancien Premier ministre, obtient l'investiture de l'UDR, le parti gaulliste. Il se présente devant les électeurs avec le sentiment de défendre un héritage, tout en aspirant à lui donner un visage nouveau, celui de son projet interrompu de « nouvelle société ». De son côté, Jacques Chirac, qui a été deux fois secrétaire d'État et trois fois ministre de Pompidou, se méfie de Chaban-Delmas pour l'avoir vu à l'œuvre au gouvernement ; il doute par ailleurs de sa capacité à vaincre François Mitterrand, qui sera le candidat de la gauche. Au final, après avoir en vain incité Pierre Messmer à être candidat, Chirac se rallie à Valéry Giscard d'Estaing, le président des Républicains indépendants, entraînant avec lui 43 députés UDR qui appellent au même vote.
Giscard, quatre ans ministre des Finances sous de Gaulle et cinq ans sous Pompidou, joue de la continuité des institutions afin de séduire l'électorat de droite, tout en axant sa campagne, menée selon les méthodes du marketing moderne, sur l'idée d'ouverture que résume son slogan : « Le changement ».
Opération réussie. Au premier tour, le 5 mai, l'homme du « oui, mais » à de Gaulle, puis du « non » au référendum de 1969, obtient 32 % des voix. Il distance ainsi, de très loin, Chaban-Delmas, qui n'a atteint que 15 % des suffrages. Mitterrand, représentant de la gauche unie, y compris des communistes, arrive néanmoins largement en tête, avec 43 % des voix : ses chances de l'emporter sont réelles. Mais Giscard est finalement élu au second tour, le 19 mai 1974, avec 50,70 % des suffrages, soit un écart de 400 000 voix seulement avec son adversaire.

Le « libéralisme avancé » de Valéry Giscard d'Estaing

Très intelligent, le sachant et le faisant savoir, polytechnicien, énarque, inspecteur des Finances, celui qui devient chef de l'État à 48 ans incarne, par son style, le triomphe des élites économiques qui ont fait le succès des Trente Glorieuses. L'homme est cependant plus complexe que sa caricature : en 1945, il a fait une guerre courageuse, tout jeune, dans la Ire armée française, et s'il ne connaît pas le prix du ticket de métro – Mitterrand lui a posé la question au cours du débat télévisé de l'entre-deux-tours, le premier du genre, duel qui va devenir une tradition –, Giscard est capable d'objecter à son interlocuteur socialiste que celui-ci n'a pas « le monopole du cœur ». Au soir de son élection, il prévient les Français que commence « une ère nouvelle de la politique française ». À la suite de cette allocution, le nouvel élu s'adresse, en anglais, à la presse étrangère. De quoi faire se retourner de Gaulle dans sa tombe…

Giscard, récompensant Chirac de son engagement en sa faveur, le nomme Premier ministre. Il n'en estime pas moins que la bipolarisation de la démocratie française selon l'axe gauche/droite peut être dépassée au profit d'une politique touchant les classes moyennes, soit « deux Français sur trois », titre qu'il donnera à l'un de ses livres. Au début de son septennat, affichant une volonté de « décrispation », le chef de l'État gouverne donc selon les principes du « libéralisme avancé » qu'il revendique. Il fait alors adopter des mesures que Mitterrand aurait prises s'il avait été élu : abaissement de la majorité à 18 ans, instauration d'un collège unique visant à démocratiser l'enseignement secondaire (loi Haby), élargissement du droit de saisine du Conseil constitutionnel, libéralisation de la contraception, dépénalisation de l'avortement (loi Veil, votée à l'Assemblée grâce à la gauche), divorce par consentement mutuel. D'une grande souplesse de convictions, comme le montrera la suite, Chirac avalise cette politique.

Le choc pétrolier de 1973 commence alors à exercer ses effets. Mais ce que nous interprétons, *a posteriori*, comme un changement d'époque, n'est pas immédiatement perçu comme tel par la génération nourrie au lait des Trente Glorieuses. Le gouvernement met donc en œuvre une politique de relance économique et sociale qui se traduit, par exemple, par un taux d'indemnisation du chômage à 90 % : un luxe, et une bien faible incitation à chercher du travail. Alors que la puissance publique, déjà, devrait faire des efforts sur le plan financier, les dérives de l'État-providence s'instaurent insidieusement. Il en résulte un creusement des déficits budgétaires et un accroissement du chômage, le nombre de demandeurs d'emploi franchissant le cap symbolique du million en 1975.

Le Premier ministre Jacques Chirac présente sa démission au président Valéry Giscard d'Estaing, le 25 août 1976.

En 1976 a lieu la première crise publique de l'histoire de la Ve République entre l'Élysée et Matignon. S'ils se sont entendus par intérêt en 1974, Valéry Giscard d'Estaing et Jacques Chirac ne s'aiment ni ne s'estiment, et divergent sur la stratégie à observer en vue des prochaines élections législatives, prévues en 1978. Le Premier ministre a l'intention d'endiguer l'inflation, qui atteint deux chiffres, par une série d'ordonnances. Par ailleurs, virant à droite, il veut entamer le combat contre les « forces collectivistes », et propose au chef de l'État de dissoudre l'Assemblée, afin d'aborder les élections avec un bilan favorable. S'opposant à un refus de Giscard, Chirac remet sa démission au cours de l'été 1976. Après l'Élysée, les gaullistes viennent de perdre Matignon.

Raymond Barre, un économiste à Matignon

Nommé Premier ministre alors qu'il est totalement inconnu des Français et ne détient aucun mandat électif, Raymond Barre est présenté par le président de la République comme « le premier économiste de France ». Il restera chef du gouvernement pendant près de cinq ans, et cumulera cette fonction, pendant les deux premières années, avec celle de ministre de l'Économie et des Finances. Professeur agrégé d'économie à l'Institut d'études politiques, auteur d'un manuel d'économie politique qui est considéré comme un classique, ce technicien lance, dès septembre 1976, un plan de lutte destiné à réduire l'inflation et le déficit budgétaire, notamment par le blocage des prix et des salaires élevés, combiné à un tour de vis fiscal. Adepte de l'orthodoxie budgétaire, commerciale et monétaire,
En 1976, Jacques Chirac a transformé le parti gaulliste, l'UDR, en RPR (Rassemblement pour la République). De cette grande formation, pourvue d'élus, d'argent et de militants, il fait une machine de guerre électorale à son service. En mars 1977, lors de la première élection municipale consécutive au changement de statut de la capitale, changement qui a ramené Paris au régime ordinaire des grandes villes dotées d'un maire élu par le conseil municipal, Chirac emporte la mairie de Paris contre le candidat de l'Élysée, Michel d'Ornano. La guerre des droites aura bien lieu.
Au niveau national toutefois, lors de ce scrutin, la gauche progresse fortement dans le pays, singulièrement dans des régions qui étaient des bastions modérés : c'est ainsi que l'Ouest démocrate-chrétien vote désormais socialiste. Contrôlant 156 villes de plus de 30 000 habitants, la gauche installe un réseau d'associations locales en tout genre, de l'animation culturelle à l'action humanitaire, étendant son emprise sur la société. Ainsi le parti socialiste bénéficie-t-il, *via* la gauche chrétienne, d'un pouvoir d'influence naguère détenu par l'Église.
Les relations entre socialistes et communistes, alliés depuis le programme commun de gouvernement de 1972, s'enveniment progressivement. Georges Marchais, secrétaire général du PC, est une véritable vedette des débats télévisés grâce à sa gouaille et à son sens de la formule. Mais cet apparatchik, les caméras tournées, ne plaisante pas. Or il est conscient de la progression des socialistes sur le terrain, d'autant que le modèle soviétique ne fait plus rêver : paru en 1974, *L'Archipel du goulag*, d'Alexandre Soljenitsyne, devient un best-seller en France. Constatant que l'union de la gauche profite plus au PS qu'au PC, Marchais provoque la rupture avec ses alliés en septembre 1977.

Le déclin et l'espoir

1979, le deuxième choc pétrolier

En février 1978, giscardiens, libéraux et centristes se regroupent au sein d'une formation commune : l'Union pour la démocratie française (UDF). Alors que le RPR et l'UDF se divisent sur tous les sujets, spécifiquement l'Europe, ils passent un accord en vue des élections législatives, pour lesquelles Giscard prône « le bon choix pour la France ». Le 19 mars 1978, au second tour, la droite et le centre détiennent 290 sièges à l'Assemblée et la gauche 201. Le PC, afin de sauver ses députés, avait appelé aux désistements réciproques avec les socialistes, mais cela n'a pas suffi pour obtenir la victoire. Mitterrand, par conséquent, est décidé à tracer son chemin sans les communistes.

En décembre 1978, de l'hôpital Cochin, où il séjourne, la jambe dans le plâtre, à la suite d'un accident de voiture, Jacques Chirac, conseillé par Pierre Juillet et Marie-France Garaud, lance un appel où il met en cause la politique européenne du président de la République : « Derrière le masque des mots et le jargon des technocrates, on prépare l'inféodation de la France, on consent à l'idée de son asservissement. » Dénonçant le « parti de l'étranger », le chef du RPR annonce la constitution d'une liste pour les élections européennes de juin 1979 – les premières où les citoyens des neuf pays de la Communauté éliront au suffrage universel leurs représentants au Parlement européen. Lors de ces élections, la droite et la gauche feront jeu égal, et la Française Simone Veil sera élue présidente de l'assemblée de Strasbourg.

L'année 1978, c'est encore, en mars, le naufrage du pétrolier Amoco-Cadiz (230 000 tonnes de brut sur les côtes de Bretagne) ; en mai, le saut de la Légion étrangère sur Kolwezi, au Zaïre, les paras du 2ᵉ REP évitant *in extremis* à des Européens – français et belges – d'être massacrés par des rebelles ; en octobre, l'installation à Neauphle-le-Château, non loin de Paris, de l'ayatollah Khomeiny, chef chiite exilé d'Iran par le shah et accueilli par le gouvernement français au nom de la tradition d'accueil de la patrie des Droits de l'homme (Khomeiny repartira pour son pays lors de la révolution iranienne de 1979 et les premières bombes islamistes éclateront quelques années plus tard en France). Octobre 1978, c'est encore l'élection du cardinal polonais Karol Wojtyla au souverain pontificat sous le nom de Jean-Paul II (le futur saint viendra pour la première fois en France au printemps 1980).

Inspiré par John Kennedy, « VGE », au début de son mandat, rêvait d'une société décrispée et d'une économie fluide. À la fin, il se trouve enfermé dans les dures réalités de la bipolarisation politique et de la crise économique. En 1979 survient le deuxième choc pétrolier : la facture pétrolière, qui était de 5 milliards de francs en 1973, atteint 100 milliards en 1979. Ce choc relance l'inflation (13 % en 1979) et la montée du chômage (1,6 million de demandeurs d'emploi en 1980).

Le style du président – sa morgue, disent ses adversaires – lui vaut d'être la cible de dures campagnes personnelles, ainsi à propos de diamants qu'il aurait reçus en cadeau du dictateur africain Bokassa. La campagne en vue de l'élection présidentielle de 1981 se déroule dans un climat politicien caricatural : Giscard se représente, mais il affronte autant Chirac, qui est également candidat, que Mitterrand. Le premier secrétaire du parti socialiste, serein face au duel des leaders de la droite, n'oublie jamais qu'il est originaire de Charente : ses affiches qui, sous le slogan « La France tranquille », montrent un village surmonté de son clocher, prouvent son enracinement rural et rassurent d'autant plus la France profonde qu'il veille toujours à se démarquer des communistes.

Au premier tour, le score du président sortant, que les sondages, quelques mois auparavant, donnaient vainqueur, n'est pas un succès, même si, avec 28,3 % des voix, il est en tête. En remportant 17,9 % des suffrages, Chirac ne réussit pas plus son opération. Mitterrand, en revanche, avec ses 25,8 % de voix, conserve toutes ses chances. Contrairement à l'élection de 1974, où les communistes n'avaient pas de candidat, Marchais s'est présenté : son faible résultat (15,3 % des voix) illustre le déclin dans lequel le PC est engagé.

Au second tour, le 10 mai 1981, François Mitterrand est élu président de la République avec 51,7 % des suffrages. « Quelle histoire ! » s'écrie-t-il en apprenant le résultat dans son fief de Château-Chinon, dans la Nièvre : il avait été pour la première fois ministre en 1947, trente-quatre ans plus tôt.

Mai 81 : les roses rouges du Panthéon

À tous égards, l'arrivée de François Mitterrand à l'Élysée est un événement. C'est la première fois que la gauche accède aux affaires dans le cadre de la Ve République ; c'est la première fois depuis vingt-trois ans, par conséquent, que s'opère une alternance politique. Le virage s'effectue, en outre, à travers un homme qui avait combattu le fondateur de la Constitution et qualifié de « coup d'État permanent » son exercice du pouvoir. Si Mitterrand ne fera pas de procès à ses opposants, contrairement à de Gaulle, pour « injures au chef de l'État », il se coulera néanmoins avec délices dans les institutions, les mettant au service de son ambition.

Le président François Mitterrand
au Panthéon après son élection,
le 22 mai 1981.

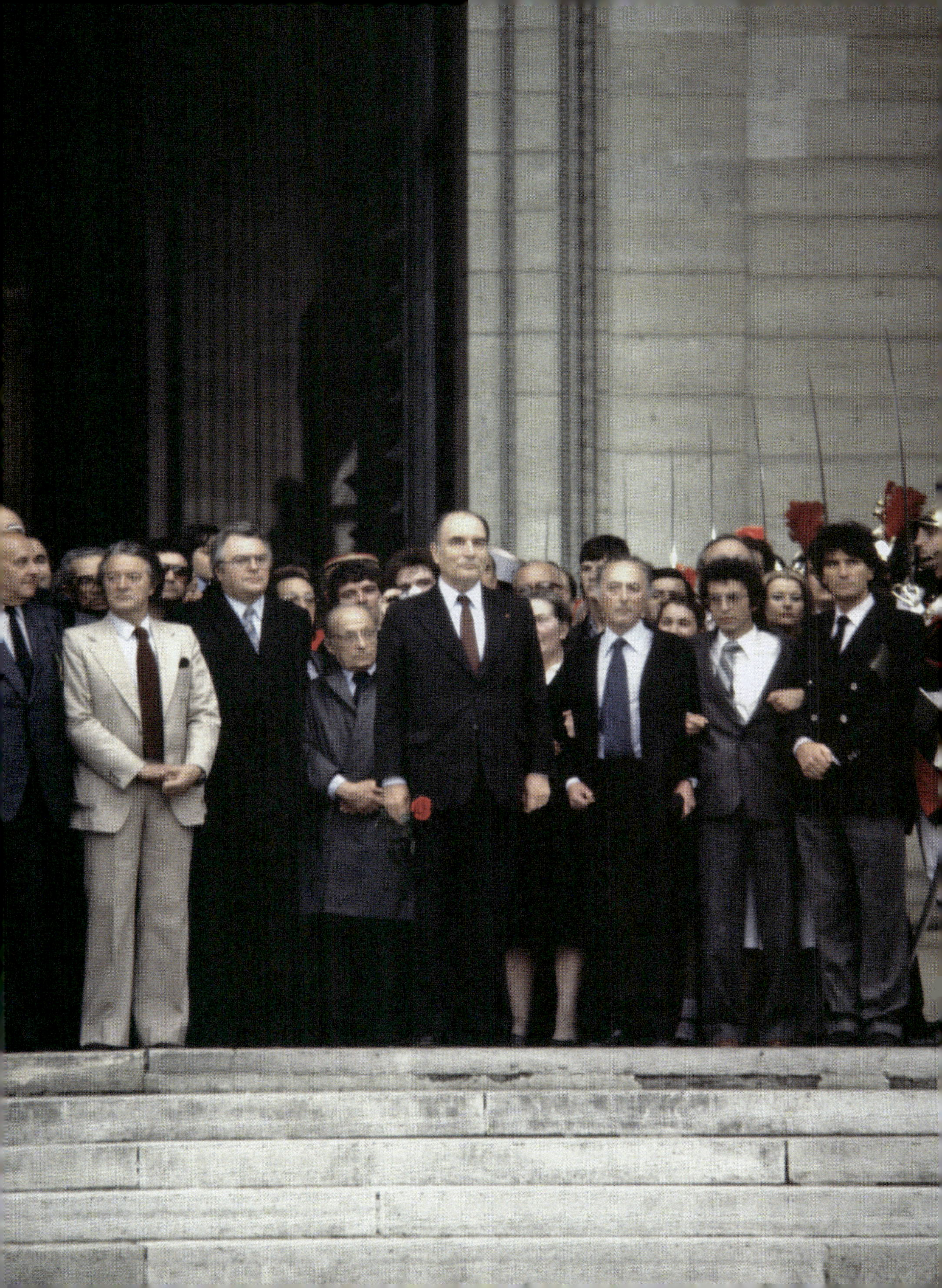

Fête à la Bastille au soir du 10 mai, cérémonie au Panthéon le jour de la prise de fonctions du nouveau président : c'est Jack Lang, futur ministre de la Culture, qui a conçu cette liturgie républicaine, socialiste et laïque, au cours de laquelle le nouvel élu dépose une rose rouge sur la tombe de Victor Schœlcher (qui abolit l'esclavage en 1848), de Jean Jaurès et de Jean Moulin. « Le 10 mai, les Français ont franchi la frontière qui sépare la nuit de la lumière », claironne précisément Jack Lang. Mitterrand ayant échangé le soutien de Marchais au deuxième tour contre une participation des communistes au gouvernement, mai 1981, dans l'imaginaire de la gauche française, se rattache à la fois au Front populaire de 1936 et aux gouvernements de la Libération.

Le nouveau chef de l'État a dissous l'Assemblée nationale – geste gaullien, qui marque la prééminence de l'exécutif sur le pouvoir législatif. En juin 1981, aux législatives, c'est la « vague rose » : le parti socialiste, avec ses alliés les radicaux de gauche, obtient la majorité absolue des sièges au Palais-Bourbon, n'ayant même pas besoin des communistes pour faire passer ses lois.

Nommé Premier ministre, Pierre Mauroy, maire de Lille, est militant socialiste depuis 1950. Un héritier du vieux socialisme ouvrier du Nord, anticapitaliste à l'ancienne et laïc viscéral, est le personnage idoine pour mettre en œuvre le programme sur lequel le chef d'État a été élu.

Le 14 juillet 1981, 6 000 détenus sur 42 000 sont libérés : une manière symbolique de rappeler que, pour les socialistes, c'est la société qui a tendance à être coupable, plus que les délinquants. En septembre, l'abolition de la peine de mort est votée avec une solennité qui confère à cette décision un caractère sacré.

Sur le plan social, les mesures promises s'enchaînent : réduction du temps de travail à 39 heures hebdomadaires ; institution d'une cinquième semaine de congés payés ; retraite à 60 ans ; relèvement du Smic, des allocations et des minima sociaux ; création de postes de fonctionnaires. Ces réformes sont complétées, sur le plan économique, par l'extension considérable du secteur public : cinq sociétés industrielles, dont Saint-Gobain et Rhône-Poulenc, deux compagnies financières, Paribas et Suez, et 36 banques sont nationalisées. À court terme, le gouvernement aspire à favoriser la reprise par la consommation des ménages.

Est-ce la rupture tant proclamée avec le capitalisme ? En réalité, les socialistes accentuent la politique pratiquée depuis plus de vingt ans. Sous Giscard, les prélèvements obligatoires étaient passés de 37 % en 1974 à 43 % en 1981 : le poids du secteur public était déjà considérable, l'interventionnisme d'État omniprésent. L'esprit du 10 mai se perpétue à travers d'autres mesures : lois Auroux sur les droits des salariés (notamment le droit d'expression pendant le temps de travail) ;

autorisation des radios libres ; création de la Haute Autorité de l'audiovisuel, chargée de veiller à l'indépendance de la radio et de la télévision.

En mars 1982 est promulguée la loi de décentralisation, qui a été préparée par Gaston Defferre, le maire socialiste de Marseille. Inspirée par une préoccupation légitime – la nécessité de laisser les échelons locaux gérer eux-mêmes ce qui relève de leur compétence –, cette loi, qui transfère des pouvoirs de l'État vers les régions, les départements ou les communes, néglige de simplifier la carte administrative du pays. Empilant les instances locales, elle crée donc des niveaux bureaucratiques supplémentaires, qui engendrent autant de frais de fonctionnement. Gérant des flux d'argent considérables, confiés à des élus au statut précaire, les collectivités locales vont désormais fournir de dangereuses tentations : affaires et scandales seront des fruits imprévus de la loi Defferre. Ajoutons que cette décentralisation survient à un moment où le cadre national est contesté idéologiquement par la pensée 68, et économiquement et financièrement par le jeu des échanges internationaux : les régions peuvent être amenées à traiter directement avec les capitales étrangères sans passer par Paris, ce qui est sans précédent dans l'histoire de France.

Mitterrand face au choc du réel

Élaboré par une génération qui n'a jamais été aux affaires, et dont le savoir économique est court, le programme socialiste est un monument de naïveté qui se montre totalement inefficace : l'inflation s'accroît, le cap des 2 millions de chômeurs est franchi fin 1982, et les injections financières destinées à relancer le pouvoir d'achat creusent le déficit de la balance commerciale. Dès le mois de juin 1982, le gouvernement doit dévaluer le franc et décréter un plan de rigueur, décision réitérée en mars 1983. Pour la gauche, c'est un vrai tournant : changeant de registre, elle se met à parler esprit d'initiative, rentabilité, profit. Exit la rupture avec le capitalisme du programme commun : deux ans de pouvoir ont converti les socialistes à l'économie de marché.

Sur le plan extérieur, au tournant des années 1970 et 1980, le monde reste dominé par la bipolarité Est-Ouest, mais ce n'est plus l'époque de la guerre froide : sous Giscard déjà, les longues phases de détente alternent avec les courtes périodes de tension. En 1975, les accords d'Helsinki sur la sécurité et la coopération en Europe instaurent une sorte de compromis régulant les rapports entre pays dotés de régimes politiques différents. La même année, les communistes prennent le

François Mitterrand s'adresse au Bundestag à Bonn, le 20 janvier 1983,
à l'occasion du 20ᵉ anniversaire du traité franco-allemand de l'Élysée.

pouvoir en Indochine. À partir de 1976, des milliers de Vietnamiens fuient l'enfer : un certain nombre d'entre eux, après un long détour, trouvent refuge en France, devenant les plus discrets des immigrés. En 1979, l'invasion de l'Afghanistan par les Soviétiques relance la tension internationale. En 1980, les premiers craquements de l'Empire soviétique se font entendre en Pologne, avec la création du syndicat Solidarnosc par l'ouvrier électricien Lech Walesa ; dix ans plus tard, il sera président de la République de son pays.

À l'occasion du 20ᵉ anniversaire du traité franco-allemand de l'Élysée, en janvier 1983, en pleine crise des euromissiles[1], Mitterrand se rend à Bonn où, devant le Bundestag, il préconise la négociation avec les Soviétiques afin d'obtenir le

---

1. En 1977, les Soviétiques installent des missiles SS 20 en Europe centrale, provoquant les Occidentaux. En 1979, lors d'un sommet de l'OTAN, ces derniers conviennent de négocier le retrait des missiles avec Moscou, mais arrêtent un délai de quatre ans, au terme duquel, en cas d'échec des négociations, des fusées américaines Pershing seront déployées en Allemagne fédérale. Au fur et à mesure que s'approche l'échéance, une vaste campagne pacifiste se déroule dans toute l'Europe, particulièrement outre-Rhin, où les antinucléaires ont un leitmotiv : « plutôt rouges que morts ». Cette crise des euromissiles constitue le dernier épisode de tension aiguë entre l'Est et l'Ouest avant que Gorbatchev, en 1985, n'arrive au pouvoir à Moscou. Le nouveau maître de l'Union soviétique lance alors la glasnost et la perestroïka (mots russes signifiant respectivement « transparence » et « reconstruction »), mouvement qui vise à réformer de l'intérieur le système communiste afin de le sauver, mais qui débouchera, en définitive, sur la chute du mur de Berlin et l'effondrement des régimes communistes en Europe de l'Est, en 1989, puis la décomposition de l'URSS, en 1991.

retrait de leurs missiles, tout en approuvant le déploiement des fusées américaines. Quelques mois plus tard, à Bruxelles, le président français confirme sa position : « Je constate que le pacifisme est à l'Ouest, et les euromissiles à l'Est », déclare-t-il. La dégradation de la situation économique se poursuit sur fond de contestation sociale grandissante. Le 24 juin 1984, Paris est envahi par une manifestation d'un million de personnes. Ce défilé constitue le point d'orgue d'une série de protestations similaires organisées à Bordeaux, Lyon, Lille et Versailles par les défenseurs de l'enseignement catholique, qui est menacé par un projet de loi visant à l'intégrer dans l'enseignement public. Deux semaines plus tard, Mitterrand annonce l'abandon du projet de loi. Pierre Mauroy a déjà avalé pas mal de couleuvres, mais celle-ci ne passe pas : il remet sa démission au président de la République. Laurent Fabius lui succède. Âgé de 37 ans, issu d'un milieu bourgeois aisé, bardé de diplômes, le nouveau Premier ministre est l'inverse de son prédécesseur. Mitterrand l'a choisi, précisément, afin de mener une politique réaliste qui va tourner le dos aux formules utopistes du 10 mai 1981. Les communistes, ne s'y trompant pas, refusent de faire partie du nouveau gouvernement.

L'antiracisme, idéologie des années 1980

En septembre 1983, lors du premier tour d'une élection municipale partielle, à Dreux, le candidat du Front national récolte 16 % des suffrages. Comment un courant aussi marginal a-t-il pu parvenir à un tel résultat ? À la présidentielle de 1974, son leader Jean-Marie Le Pen a obtenu 0,7 % des voix, tandis qu'en 1981 il n'a même pas réussi à recueillir les parrainages nécessaires pour être candidat. Éditorialistes et analystes politiques s'interrogent, et parviennent à la conclusion que le phénomène sera un feu de paille.
La polémique devient une tempête quand un accord local de désistement est conclu entre la droite RPR-UDF et le Front national, alliance qui emporte la mairie de Dreux. La droite peut-elle et doit-elle conclure des alliances avec sa droite ? Le débat commence en 1983 : trente ans plus tard, il n'a pas cessé. Héritage de la dialectique antifasciste mise au point par les communistes dans les années 1930, et fruit du pacte qui a uni les partis qui ont gouverné ensemble à la Libération, il est admis que la gauche gouverne avec ses extrêmes, mais l'équivalent est interdit sur l'autre bord.
Aux élections européennes de 1984, le Front national remporte près de 11 % des voix. Dorénavant, le jeu politique qui était fixé, depuis les débuts de la Ve République,

à quatre partenaires (communistes, socialistes, gaullistes et libéraux-centristes) se déroule à cinq. Insécurité, immigration, persistance de la crise, inquiétude face à la construction européenne : l'extrême droite s'empare de thèmes que les partis de la droite classique répugnent à aborder, mais qui rencontrent un écho dans un électorat que les provocations et les outrances de Le Pen n'effraient pas. Habile tacticien, Mitterrand aura su conjointement réduire les communistes et instrumentaliser le Front national contre la droite.

Marseille, octobre 1983. Trente-deux « beurs » entament une marche vers Paris. Le mot (arabe en verlan) est entré dans le dictionnaire en 1980, au moment où parvenait à l'âge adulte une génération d'immigrés nés en France et n'ayant aucunement l'intention de rentrer dans le pays de leurs parents, mais renvoyés le plus souvent à leur différence. Au mois de décembre, les participants à la « marche pour l'égalité » parviennent dans la capitale où ils sont accueillis par un cortège de 60 000 personnes manifestant « contre le racisme ».

Fin 1984, Harlem Désir et Julien Dray, deux anciens militants trotskistes, maintenant inscrits au parti socialiste, fondent SOS Racisme. Avec un slogan (« Touche pas à mon pote ») et un insigne (une petite main jaune, la paume ouverte, symbole du refus de « l'exclusion »), ce mouvement donne à la gauche un élan perdu avec les désillusions du septennat Mitterrand. L'antiracisme, qui fait bon ménage avec le capitalisme – les fêtes de SOS Racisme sont sponsorisées par de grandes sociétés –, devient, pour la gauche, une arme idéologique et morale qui sert à délégitimer tous ceux qui s'interrogent sur la gestion de l'immigration en France : aborder le sujet entraîne le risque de se faire soupçonner de racisme, or cette accusation tue.

1986, la première cohabitation

En mars 1986, les élections législatives donnent la victoire à l'opposition RPR-UDF. Un président de gauche et une Assemblée de droite : un choc pour les institutions. François Mitterrand, estimant que sa légitimité présidentielle n'est pas en cause, reste en place et nomme Jacques Chirac Premier ministre. Entre le président de la République et le chef du gouvernement, ce sera un duel permanent, mais sans sortir du cadre de la Constitution.

Revenue aux affaires dans ces circonstances particulières, la droite s'emploie à défaire ce qu'a fait la gauche : l'impôt sur les grandes fortunes, ainsi, créé en 1982,

Le président François Mitterrand et le Premier ministre Jacques Chirac lors de la première cohabitation de la Ve République (1986).

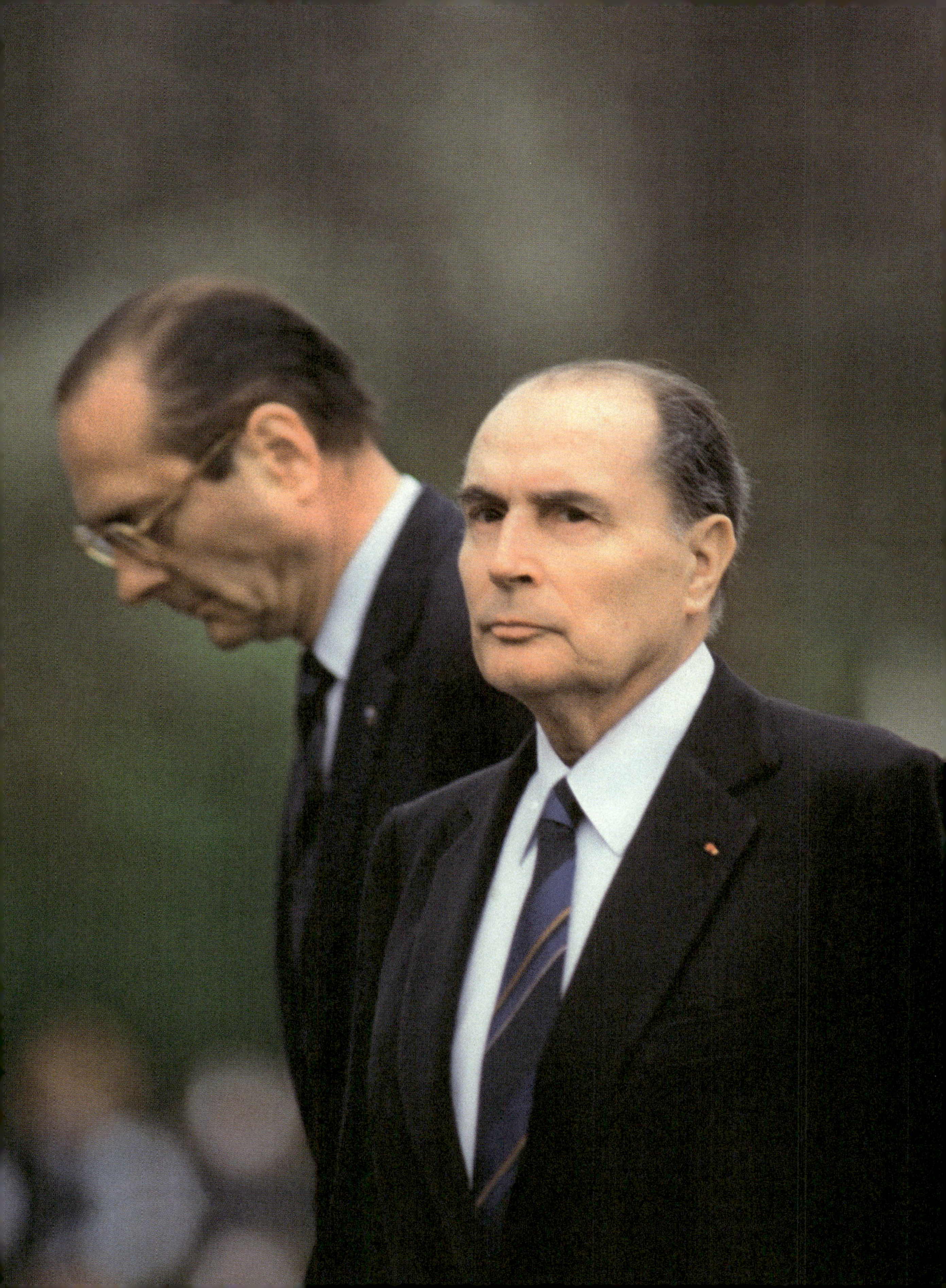

est supprimé, mais en 1988 il sera rétabli, sous le nom d'ISF (Impôt de solidarité sur la fortune), par la gauche redevenue majoritaire. Aux nationalisations répondent les privatisations : seize grandes entreprises (dont Paribas, Matra, Havas ou TF1) sont remises sur le marché pour 80 milliards de francs : en dépit du krach de 1987, la Bourse devient populaire à cette époque.

Le gouvernement Chirac, poussé par l'électorat de droite, engage des réformes courageuses – refonte du Code de la nationalité, lutte contre le terrorisme et la délinquance, meilleur contrôle du séjour des étrangers en France –, ne craignant pas d'affronter de fortes controverses déclenchées par la gauche, les intellectuels et la majorité des médias. Jusqu'à la crise provoquée, fin 1986, par le projet de réforme universitaire présenté par le secrétaire d'État, Alain Devaquet, qui déclenche un mouvement de rue chez les jeunes. Au cours de heurts avec la police, un étudiant, Malik Oussekine, meurt à la suite d'un accident tragique. Celui-ci provoque un tollé, qui pousse Jacques Chirac à retirer la loi. Le malheureux Oussekine a involontairement donné son nom au syndrome qui frappera à l'avenir la droite à chaque fois qu'elle retirera une loi sous la pression de la jeunesse descendue dans la rue à l'appel de la gauche.

Le second septennat Mitterrand

En 1988, François Mitterrand est candidat à sa propre succession. Restant « au-dessus de la mêlée » tout en torpillant la politique de son Premier ministre, il a remporté la bataille stratégique de la cohabitation. Au premier tour de l'élection présidentielle, le chef de l'État sortant recueille 34 % des votes. La droite est majoritaire en voix, puisque Jacques Chirac obtient 20 % des suffrages et Raymond Barre 16 %. Le Pen, avec ses 14 %, n'est pas loin de l'ancien Premier ministre et confirme son ascension. La surprise, à gauche, vient du score du candidat communiste, André Lajoinie : 6 %. Cet échec considérable prélude à la disparition du PC comme force politique, ce qui est un événement historique[2].
Le 8 mai 1988, Mitterrand est largement réélu, avec plus de 54 % des voix : il a gagné 20 % des suffrages entre les deux tours, les prenant vraisemblablement dans l'électorat de gauche comme de droite, signe de l'habileté politique de cet homme de 72 ans. À tous égards, son second septennat sera celui de la maturité : sur la scène internationale, il saura tenir son rang, et ses grands travaux – symboles, en

---
2. Robert Hue obtiendra 5 % des voix en 1995 et 3 % en 2002 ; Marie-George Buffet 1,9 % des suffrages en 2007. En 2012, le PC ne présentera aucun candidat et soutiendra Jean-Luc Mélenchon.

France, de la puissance du pouvoir –, décriés sur l'instant pour leur coût ou leur esthétique, inscriront cette époque, qu'on l'aime ou non, dans le paysage parisien, de la pyramide du Louvre à l'Arche de la Défense et de l'Opéra-Bastille à la nouvelle Bibliothèque nationale de France.

1989 est l'année du bicentenaire de la Révolution. Mais sur le plan de la connaissance historique, les centaines de livres qui sont publiés alors s'inscrivent plutôt dans un regard critique sur les événements de 1789-1793. On fête d'ailleurs moins la Révolution que l'idée qu'on s'en fait, c'est-à-dire la naissance des droits de l'homme, au prix d'un tour de passe-passe avec la vérité historique. 1989 est aussi, on l'a rappelé plus haut, l'année de la chute du mur de Berlin. C'est la fin d'un cycle : la révolution n'est plus le paradigme autour duquel s'organise le débat d'idées.

D'autres sujets de controverse apparaissent en revanche. À Creil, toujours en 1989, le principal d'un collège renvoie trois élèves tunisiennes qui refusent d'enlever leur voile islamique. Faut-il interdire le voile ? Le tolérer sous certaines conditions ? Pétitions, manifestations, tribunes : le pays se divise sur la question. La droite, complexée et échaudée par ses mésaventures de 1986, n'ose plus défendre l'idée d'assimilation. La gauche est partagée entre deux tendances : l'une laïque, égalitaire et populaire, est hostile au voile en tant qu'il est à la fois un signe religieux et l'affichage d'un particularisme ; l'autre, plus intellectuelle et plus sensible à la différence, prône l'accueil et le respect envers le voile. En embuscade d'un bord et de l'autre se tiennent SOS Racisme et le Front national. Après plusieurs mois de discussion, l'affaire, portée devant le Conseil d'État, se termine (provisoirement) par une décision mi-chèvre, mi-chou de cette instance qui laisse aux chefs d'établissement le soin d'apprécier, au cas par cas, s'il y a ou non « trouble à l'ordre public ». La question de la présence de l'islam et de sa compatibilité avec les règles de la société française est désormais posée.

L'Europe de Maastricht fait débat

Michel Rocard, Édith Cresson, la première femme nommée à Matignon, Pierre Bérégovoy... Les Premiers ministres se succèdent. Ils sont bientôt confrontés aux obligations européennes en matière budgétaire et financière. Au cours des années 1980, le projet européen a connu une nette inflexion. Si les concepteurs de la Communauté européenne, à l'origine, étaient tous des fédéralistes (Monnet,

Schuman, de Gasperi), la pratique politique avait imposé le respect de la souveraineté des États dès lors qu'une décision communautaire était jugée contraire aux intérêts nationaux majeurs d'un pays : ainsi en avait décidé, en 1966, le compromis de Luxembourg. À partir de l'Acte unique européen de 1986, qui vise à créer un marché intérieur unifié en 1993, la priorité s'inverse : l'intérêt de l'Europe prédomine, chaque nation ayant à se plier aux contraintes communautaires. En 1992, la France signe le traité de Maastricht. Celui-ci transforme la Communauté économique européenne en Union européenne, changement supposant un renforcement des institutions européennes, l'institution d'une Banque centrale et la mise en place d'une monnaie unique.

Ce projet est soumis à référendum. À l'exception de Jean-Pierre Chevènement à gauche et de Philippe Seguin et Philippe de Villiers à droite, toute la classe politique et l'essentiel des médias appellent à voter oui. Jacques Chirac, à qui il ne faut pas rappeler son Appel de Cochin de 1978, est un des plus ardents défenseurs du traité. Le 20 septembre 1992, le oui à Maastricht l'emporte, mais d'une très courte majorité (51 % des suffrages). Encore une question posée : si l'opinion française est à peu près unanimement favorable à l'Europe, elle aime avoir son mot à dire sur le type d'Europe qu'on lui propose. Et dans ce domaine, comme on le verra de nouveau en 2005, les citoyens ne pensent pas forcément comme les élites.

En 1993, à deux ans de la fin du mandat de François Mitterrand, le pouvoir est usé. La maladie qui emportera le chef de l'État en 1996 (un cancer) est un secret de polichinelle. Aux législatives qui se tiennent au mois de mars, la droite remporte une victoire écrasante. Le président de la République, comme en 1986, confie alors à un représentant de la majorité parlementaire le soin de former le gouvernement. Chirac, qui veut préparer l'élection présidentielle, laisse Édouard Balladur, un « ami de trente ans » (ils se sont côtoyés au cabinet de Pompidou), entrer à Matignon. C'est la deuxième cohabitation en dix ans. Les relations entre Mitterrand et Balladur seront courtoises, empreintes d'estime. Le Premier ministre défend les équilibres financiers et la monnaie, mais l'opinion voit croître le nombre de chômeurs ; ils atteignent 3,5 millions.

À l'approche de l'élection présidentielle de 1995, Édouard Balladur s'est laissé convaincre qu'il avait sa chance. Les sondages sont bons, et le donnent même nettement favori. Ulcéré par ce qu'il estime être une trahison, Chirac persiste à se porter candidat et mène une campagne volontariste avec une poignée de fidèles. Ce n'est que dans les dernières semaines avant le scrutin que s'opère le retournement de tendance en sa faveur. Au premier tour, Lionel Jospin, candidat socialiste, plusieurs fois ministre de Mitterrand, est en tête, mais avec un score médiocre (23 %), et Chirac (20,8 %) devance finalement Balladur (18,5 %). Au deuxième tour, le 7 mai 1995, celui qui est pour la troisième fois candidat à l'Élysée est élu avec 52,6 % des suffrages.

Jacques Chirac à l'Élysée

Jacques Chirac a gagné sur le thème de la fracture sociale qu'il convient de réduire. Mais cette aspiration se heurte à la réalité des chiffres. Alain Juppé, nommé Premier ministre, met l'accent sur la lutte contre le déficit budgétaire et la dette de l'État, afin de respecter le pacte de stabilité de l'Union européenne et d'assurer l'arrivée de l'euro. La ponction fiscale qui s'ensuit et un projet de réforme des retraites provoquent une flambée sociale qui s'accompagne d'une des plus longues grèves de la SNCF depuis 1948. Pour en finir, malheureusement, Chirac force Juppé à reculer.
Pendant toute l'année 1996, le gouvernement prépare un projet de loi sur l'immigration. Là encore, la pression des réseaux hostiles à toute régulation des flux migratoires, qui organisent l'occupation spectaculaire et médiatisée de l'église Saint-Bernard, à Paris, contraignent les pouvoirs publics à revoir à la baisse les objectifs de leur projet de loi. Et la législature suivante défera ce qui a été fait, car la gauche revient au pouvoir dès 1997.

En avril 1997, en effet, Jacques Chirac décide de relancer l'exécutif en lui donnant un nouveau soutien parlementaire. Cette dissolution est ratée à un point étonnant : l'Élysée se condamne à l'impuissance en offrant la victoire à la gauche qui triomphe, en juin 1997, avec 320 sièges au Palais-Bourbon, contre 256 à la droite. Au mépris de la tradition gaulliste, qui était jadis sa source d'inspiration, Jacques Chirac entame donc une cohabitation avec Lionel Jospin, qui est appelé à former le gouvernement. Bien plus longue que les précédentes, cette troisième cohabitation durera cinq ans. Une reprise économique mondiale laisse croire au gouvernement, en 1998, qu'il a les moyens de financer la loi Aubry sur les 35 heures : cela se paiera plus tard.
Cette même année, le 12 juillet, la victoire de la France à la coupe du monde de football donne lieu à un grand moment de communion nationale, en dépit de la récupération idéologique que certains cherchent à en tirer : les Bleus n'ont

pas gagné en raison de l'origine « black » ou « beur » de leur équipe, mais grâce à leur talent sportif et au travail acharné qui les a menés à ce niveau.

En septembre 2000, la réduction du mandat présidentiel à cinq ans (au lieu de sept) est adoptée par référendum. L'objectif implicite est de mettre fin aux périodes de cohabitation qui affaiblissent l'État. Mais l'alignement de la durée d'exercice d'une présidence de la République sur celle de l'Assemblée réduit aussi le temps où le chef de l'État ne vit pas dans la préoccupation de savoir s'il va ou non perdre sa majorité parlementaire. Si l'on compte une première année où le nouvel élu prend ses marques et une dernière où le président prépare sa réélection, il ne reste plus que trois ans. Trois ans suffisent-ils à engager une politique d'envergure ? Avec le quinquennat, quelle place reste-t-il pour le long terme dans l'action politique ?

Le président Jacques Chirac et Lionel Jospin,
troisième Premier ministre de cohabitation (2002).

Le déclin et l'espoir

Un certain 21 avril 2002

Au printemps 2002, Jacques Chirac et Lionel Jospin ont rendez-vous avec les électeurs. Ce sont ces derniers, au deuxième tour de l'élection présidentielle, qui trancheront le duel qui les a opposés pendant cinq ans. Mais le 21 avril, un coup de tonnerre éclate dans le ciel de la République : le duel annoncé Jospin-Chirac n'aura pas lieu, car Jean-Marie Le Pen (16,8 % des voix) devance Jospin (16,1 % des suffrages). Le Premier ministre sortant a perdu 5 millions d'électeurs par rapport à son score de 1995 ! Au vu du résultat, la gauche, humiliée d'être évincée du second tour et contrainte de soutenir Chirac, lance dans la rue une grande mobilisation « antifasciste », alors que la probabilité que le chef du Front national soit élu président de la République est égale à zéro. Le 5 mai 2002, sans surprise, Jacques Chirac est réélu à l'Élysée, avec un score (82,2 % des voix) dénué de signification politique.

Dans la foulée de la présidentielle, les Français donnent une majorité absolue à l'Assemblée, en juin 2002, au nouveau parti de droite issu du RPR et de l'UDF : l'UMP (Union pour un mouvement populaire). Que retiendra l'Histoire de ce quinquennat Chirac ? Le discours à l'ONU, en 2003, de Dominique de Villepin, alors ministre des Affaires étrangères et futur Premier ministre, expliquant les raisons de la France de refuser d'intervenir derrière les Américains en Irak, et plaidant, dans un registre très gaullien, pour un monde multipolaire ? La victoire du non, le 29 mai 2005, au référendum sur la ratification de la Constitution européenne (plus de 54 % des voix) ? Les émeutes dans les banlieues, fin 2005 ? La crise sociale déclenchée, en 2006, par le CPE (contrat première embauche), qui voit le gouvernement retirer piteusement son projet à l'issue de manifestations hostiles ?

Fidèle à elle-même, la droite se divise entre « chiraquiens » et « sarkozystes », partisans du ministre de l'Intérieur qui critique le laxisme des premiers et promet de conduire les réformes majeures dont le pays a besoin s'il est élu. Préparant méticuleusement l'élection présidentielle, à laquelle il dit penser pas seulement en se rasant, l'ancien ministre du Budget d'Édouard Balladur est élu le 6 mai 2007, avec 53 % des suffrages, contre la candidate socialiste Ségolène Royal. Son discours énergique séduit une grande partie des électeurs du Front national, qui connaît un net recul.

Sarkozy, Hollande, Macron : histoires immédiates

Avec l'élection de Nicolas Sarkozy, c'est une nouvelle rupture de style qui s'affirme. Énergique, gros travailleur, le nouveau président entend ramener tout le pouvoir à l'Élysée et marginalise son Premier ministre, François Fillon, ravalé au rang peu glorieux de « collaborateur ». En faisant fi du bouclier que constitue traditionnellement Matignon, l'« hyper-président » attire sur lui non seulement toute la lumière, mais toutes les critiques. Sa volonté réformatrice pâtit d'abord de sa surexposition médiatique volontaire – notamment celle de sa vie privée –, avant de subir de plein fouet les retombées de la grave crise financière de 2008, qui met l'Europe au bord du gouffre.

Pour éviter la faillite, Nicolas Sarkozy n'a pas d'autre solution que d'aggraver les déficits, donnant l'impression de renier ses promesses de campagne en revenant sur plusieurs mesures fiscales. La qualité, unanimement saluée, de la présidence de l'Union européenne qu'il exerce en 2008 et l'intervention, plus contestée, qu'il lance en Libye ne suffisent pas à conjurer son impopularité croissante. Son caractère, tranché et très interventionniste, suscite enfin de nombreuses critiques, y compris dans son propre camp. Pourtant, l'homme n'est jamais meilleur que dans l'adversité et le dos au mur. Certes, avec 48,3 % des voix au second tour, il perd la présidentielle de mai 2012 contre François Hollande (élu avec 51,6 % des suffrages), mais sa campagne lui a permis de combler l'essentiel du retard qu'il affichait dans les sondages. Frisant les 18 % des voix au premier tour, la nouvelle présidente du Front national, Marine Le Pen, est l'autre grande gagnante du scrutin.

Aux élections législatives de juin 2012, dans la foulée de l'élection de François Hollande, le Parti socialiste et ses plus proches alliés obtiennent une majorité absolue. Le président de la République, son Premier ministre socialiste, Jean-Marc Ayrault, et leurs amis contrôlent l'Élysée, Matignon, le gouvernement, l'Assemblée, le Sénat, les régions, les départements, les grandes villes. Une succession d'échecs vont dilapider ces atouts. Sur le plan européen, le chef de l'État, dès septembre 2012, est contraint d'enterrer sa promesse de renégocier les traités de l'Union dans le sens d'un assouplissement de la discipline budgétaire, se heurtant à l'opposition déterminée d'Angela Merkel, la chancelière allemande, tenante d'une politique d'austérité. Dans le même moment, François Hollande a pris l'engagement d'« inverser la courbe du chômage d'ici un an », autre promesse qu'il ne pourra tenir puisque, au terme de son quinquennat, le pays comptera plus d'un million de chômeurs supplémentaires.

Le déclin et l'espoir

Le président Nicolas Sarkozy lors d'une interview retransmise en direct depuis l'Élysée (février 2009).

Ses marges de manœuvre économiques étant limitées, le président de la République privilégie les réformes « sociétales ». Mais le « mariage pour tous », projet maintenu et adopté, en 2013, en dépit d'une forte protestation populaire, a déclenché une vague de contestation inédite, un « mai 1968 conservateur » selon l'expression du sociologue Gaël Brustier, mobilisation d'inspiration catholique qui laissera de longues traces dans la vie publique française. Parallèlement, la politique économique du chef de l'État, qui a dû adopter des mesures de soutien aux entreprises, a suscité sur l'autre bord de l'échiquier une opposition interne au sein du gouvernement comme du groupe socialiste à l'Assemblée nationale. En 2014, la nomination de Manuel Valls à Matignon ainsi que, au ministère de l'Économie, celle d'Emmanuel Macron, un haut-fonctionnaire, ancien chargé d'affaires de la

Le président François Hollande sur les Champs-Élysées après son investiture, le 15 mai 2012.

Banque Rothschild, précipitent la rupture avec « les frondeurs » de la gauche qui accusent le gouvernement de pratiquer une politique « sociale-libérale ».
Ayant écouté ses conseillers militaires, François Hollande, habituellement caractérisé par sa difficulté à arrêter une décision, revêt l'habit de chef de guerre en déclenchant quatre interventions extérieures pendant son mandat (les opérations « Serval » au Mali, « Barkhane » dans le Sahel, « Sangaris » en Centrafrique, « Chammal » en Irak puis en Syrie). L'attaque du journal *Charlie Hebdo*, le 7 janvier 2015, et la prise d'otages du surlendemain à l'Hyper Cacher de la porte de Vincennes suscitent une émotion immense dans le pays (4 millions de manifestants le 11 janvier 2015), mais le chef de l'État peine à prendre la mesure de l'offensive islamiste lancée contre la France. Cette vague terroriste, inaugurée par les attentats commis à Toulouse et à Montauban en 2012, culminera avec les attaques du 13 novembre 2015 au Bataclan et dans les rues de Paris (130 morts et plus de 400 blessés), puis avec les attentats de Magnanville, de Nice et de Saint-Étienne-du-Rouvray en 2016. Désormais, le pays vit sous la menace permanente du terrorisme islamiste.
Avant son élection, François Hollande avait annoncé vouloir être un président « normal ». L'exposition médiatique du vaudeville de sa vie privée et son habitude

de parler librement aux journalistes (permettant à deux reporters du *Monde* de rapporter dans un livre ses révélations au sujet d'opérations relevant du secret d'État) ont abaissé la fonction présidentielle. À la fin de son quinquennat, ce chef d'État est si impopulaire qu'il renonce à se représenter devant les électeurs. À l'issue de la bataille des primaires qui se déroulent à gauche, il ne soutiendra jamais le vainqueur, le socialiste Benoît Hamon, adoubant implicitement Emmanuel Macron. Ce dernier a fondé son propre mouvement, En marche, qui se veut « de gauche et de droite » et, pendant l'été 2016, a quitté le gouvernement en vue de préparer la présidentielle.

Le 23 avril 2017, le premier tour de l'élection à la magistrature suprême est un choc politique : sur onze candidats, Emmanuel Macron, encore inconnu il y a quelques mois, arrive en tête (avec 24 % des voix), devant Marine Le Pen (21,3 %). François Fillon (20 %) et Jean-Luc Mélenchon (19,5 %) ne sont pas très loin derrière, tandis que Benoît Hamon réalise un score piteux (4,8 %). La campagne électorale ayant été marquée par des affaires politiques et judiciaires visant François Fillon et sa famille, l'élimination du candidat de la droite classique n'est pas une surprise, même si c'est un fait politique majeur. Cependant les électeurs ont aussi repoussé les candidats de la gauche. Pour la première fois, aucun des candidats des grands partis qui ont fourni des présidents à la Ve République n'est présent au second tour. Le 7 mai 2017, par conséquent, Emmanuel Macron devance très largement (66,1 % des suffrages exprimés) une Marine Le Pen dont le score (33,9 % des voix) est cependant supérieur à celui de son père au second tour de la présidentielle de 2002 (17,7 %). Toutefois un quart des électeurs s'est abstenu (25,4 %), et plus de 4 millions d'entre eux ont déposé dans l'urne un bulletin blanc ou nul : un record. Au mois de juin suivant, les élections législatives donnent une majorité absolue au parti du nouveau président (308 sièges sur 577), la majorité présidentielle comptant même 350 élus avec les députés du Modem de François Bayrou.

Il est impossible, au moment de mettre un point final à la nouvelle édition de ce livre (juillet 2019), de dresser un bilan du quinquennat entamé par Emmanuel Macron en mai 2017. Néanmoins, des tendances se dégagent. Devenu, à 39 ans, le plus jeune président français, ayant annoncé, avant d'être élu, que le pays avait besoin d'un chef de l'État « jupitérien » par opposition au « président normal » que représentait François Hollande, l'hôte de l'Élysée, en s'appuyant sur des ministres novices et sur une majorité de députés sans expérience, fait un retour aux sources de la Ve République, en imposant sa personne et son point de vue

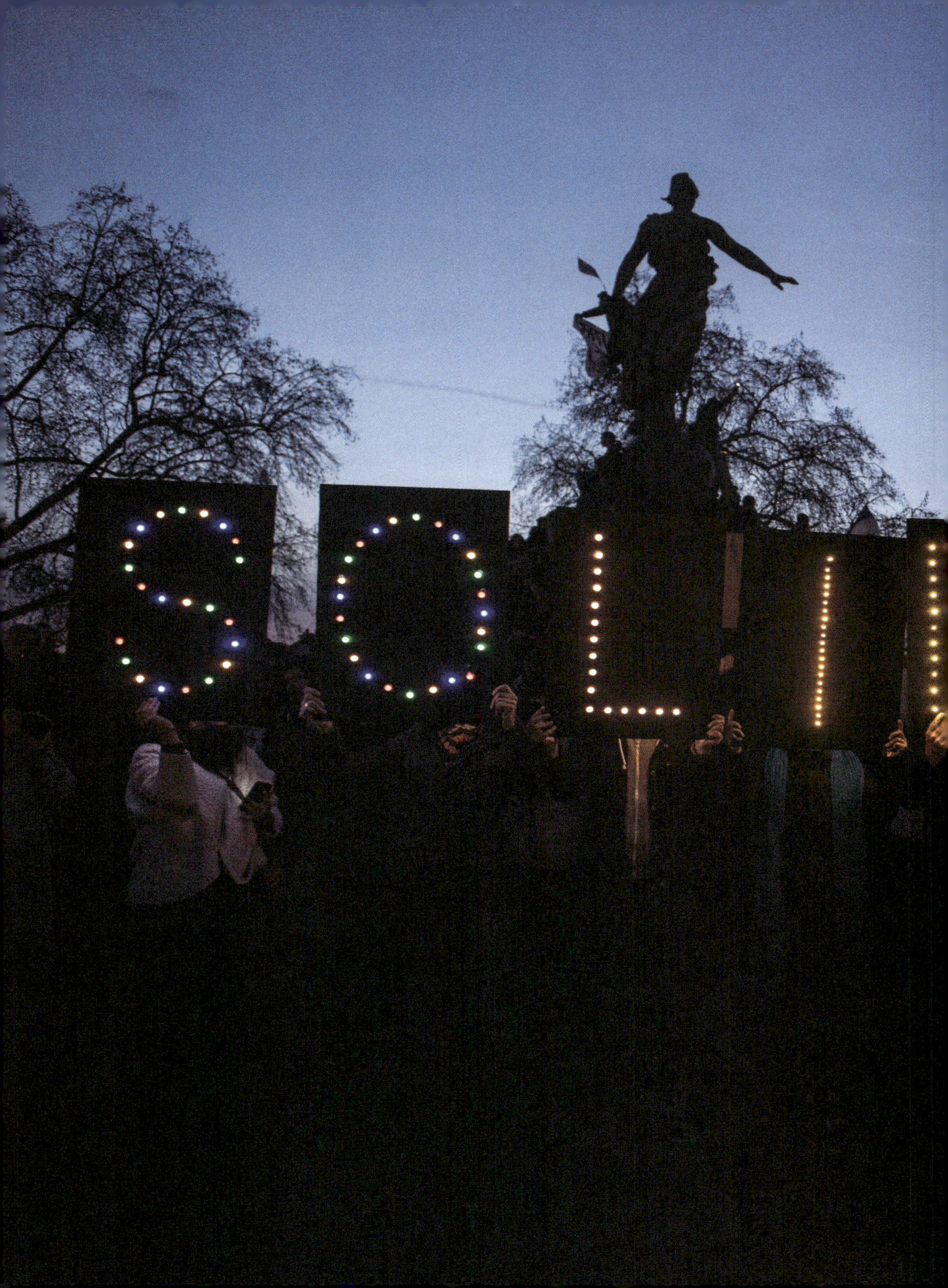

Place de la Nation, le 11 janvier 2015, lors de la Marche républicaine pour la liberté d'expression et en hommage aux victimes des attentats terroristes.

Résultat du second tour de l'élection présidentielle de 2017 à 20 h 00.

à tous les échelons du pouvoir, réduisant ainsi le Premier ministre, Édouard Philippe, un transfuge des Républicains, au rang d'exécutant. Dans la foulée de son élection, le président fait avaliser un train de mesures nettes : réforme du Code du travail, réforme de la SNCF, suppression de l'ISF, loi anticasseurs. Au niveau international, Emmanuel Macron tente de s'imposer vis-à-vis du président russe Vladimir Poutine et du président américain Donald Trump, et « en même temps » s'affiche en défenseur de l'environnement (« *Make The Planet Great Again* »).

Cependant, après un an de pouvoir, à l'été 2018, un retournement s'opère dans l'opinion : la cote de popularité du chef de l'État, jugé arrogant, accusé d'exercer le pouvoir de manière solitaire, dégringole dans les sondages. S'enchaînent ensuite l'affaire Benalla, qui laisse entrevoir les sombres coulisses de la présidence, la démission du ministre de l'Environnement, Nicolas Hulot, puis du ministre de l'Intérieur, Gérard Collomb, et enfin le mouvement des Gilets jaunes. Ce courant de contestation sociale, qui a démarré dans la France périurbaine et défendait au départ des revendications de vie quotidienne ou identitaires classées à droite, sera partiellement récupéré, au fil des mois et de violentes manifestations hebdomadaires dans la capitale, par des activistes d'extrême gauche désireux d'en découdre avec les forces de l'ordre.

Le déclin et l'espoir

Dans l'espoir d'éteindre la crise, qu'il n'a pas vu venir, Emmanuel Macron annonce, en décembre 2018, diverses mesures financières, fiscales et sociales dont le coût est estimé à 10 milliards d'euros, mais le mouvement des Gilets jaunes ne cesse pas. L'exécutif organise ensuite, de mi-décembre 2018 à mi-mars 2019, un grand débat national destiné à faire ressortir les attentes du pays autour de quatre grands thèmes (transition écologique, fiscalité, services publics et débat démocratique), mais les thèmes sensibles (immigration, islam) ont été écartés d'emblée. Le 25 avril 2019, Emmanuel Macron conclut cette consultation par une conférence de presse à l'Élysée, au cours de laquelle il annonce une baisse de l'impôt sur le revenu et la réindexation des petites retraites sur l'inflation, et prône la « concertation » entre le gouvernement et les partenaires sociaux. De la même façon, le chef de l'État assure qu'il va déléguer davantage au Premier ministre et à son gouvernement, car il ne peut « pas faire tout, tout seul », mais cette pétition de principe ne convainc personne.

Le 26 mai 2019, les élections européennes sont le premier scrutin auquel les Français sont appelés depuis l'entrée d'Emmanuel Macron à l'Élysée. Ayant tout fait pour polariser la campagne autour de l'opposition entre sa vision de l'Europe et celle du Rassemblement national (ex-Front national), le président échoue quand même à ce que son parti, rebaptisé « La République en marche » (LREM) après la présidentielle, et dont la liste est emmenée par Nathalie Loiseau, devance celle de Marine Le Pen, conduite par Jordan Bardella. Avec 23,3 % des suffrages, le Rassemblement national arrive en tête, confirmant son implantation électorale. Avec 22,4 % des votes, la liste LREM ne réalise pas une performance. La surprise vient du résultat relativement important des écologistes de Yannick Jadot (13,4 % des voix, score cependant inférieur aux 16 % de 2009), mais surtout du terrible échec des Républicains, la liste de la droite classique emmenée par François-Xavier Bellamy n'obtenant que 8,4 % des suffrages. De leur côté, les deux listes de gauche de La France insoumise et du Parti socialiste plafonnent à 6,3 % et 6,1 % des votes.

Lors de l'élection présidentielle de 2017, Emmanuel Macron avait déjà siphonné les voix de la gauche modérée et une partie de celles du centre et de la droite. Aux européennes de 2019, la tendance ne fait que s'amplifier : un bon tiers des voix de la droite classique, notamment celles des catholiques, s'est porté sur la liste soutenue par le président de la République. Visiblement, les signaux envoyés à droite par Emmanuel Macron (suppression de l'ISF, réforme de la SNCF, politique de sécurité et de fermeté face aux manifestations, mesures épargnant les retraités) ont fait leur effet : l'électorat modéré pro-européen de la droite et du

Blocage d'un rond-point par les Gilets jaunes en novembre 2018.

centre est passé à la République en marche. Mais si l'abstention a été moins forte que prévu, elle représente néanmoins 50 % des inscrits, preuve d'un désamour persistant des électeurs envers l'offre électorale.

S'il est risqué d'extrapoler à partir d'un résultat aux européennes, élection très spéciale, le duel entre la République en marche et le Rassemblement national, joint au recul spectaculaire de la gauche socialiste et à la crise structurelle de la droite classique, menacée de marginalisation, met en place les conditions d'un nouveau duel de second tour, à la présidentielle de 2022, entre Emmanuel Macron et Marine Le Pen. Sauf retournement imprévisible, tout laisse penser que le macronisme, mélange de volontarisme politique tous azimuts, d'économie et de progressisme sociétal, occupera longtemps la scène.

Les quarante déclinantes

La proximité des événements évoqués interdit le regard distancié indispensable à l'historien. Si l'on prend un peu de recul, on ne pourra que constater l'échec global des politiques conduites les quarante dernières années, soit depuis l'élection de Valéry Giscard d'Estaing. La situation évoque celle de l'Ancien Régime après la disparition de Louis XIV, grand architecte d'une monarchie forte qu'il avait bâtie à sa main, comme de Gaulle a construit une République présidentielle qui lui convenait parfaitement, ainsi qu'à son héritier. La disparition de Georges Pompidou a coïncidé avec l'apparition d'une crise économique – hier pétrolière, aujourd'hui financière – dont nous ne sommes jamais sortis, comme l'illustrent les indicateurs tragiques de la désindustrialisation du pays et de la montée parallèle du chômage et des déficits.

À l'époque des Trente Glorieuses, la richesse du pays provenait d'une puissance agricole et industrielle qui, non seulement était en expansion, mais encore était répartie de façon homogène sur le territoire national. Or au tournant des années 1970 et 1980, les activités de production ont commencé à être abandonnées au profit du secteur tertiaire, désormais prédominant, ce qui est une spécificité de la France dans le paysage ouest-européen. Aujourd'hui, l'agriculture française exporte moins que celle de l'Allemagne ou des Pays-Bas, tandis que la production industrielle française est moitié moindre que celle de l'Allemagne, et que l'Angleterre et l'Italie dépassent même la France dans ce domaine. Selon les analyses du géographe Christophe Guilluy et de l'historien Pierre Vermeren, la France a perdu, au cours des quarante dernières années, 2,5 millions d'emplois industriels et 1,5 million d'emplois agricoles. La désindustrialisation, la diminution du secteur agricole et la mécanisation ou l'informatisation du travail se sont donc conjuguées, depuis un demi-siècle, pour détruire des emplois dans les secteurs primaires et secondaires, emplois que le tertiaire n'a pas remplacés. De gauche ou de droite, toutes les promesses gouvernementales ont échoué à inverser la courbe du chômage, fléau qui concernait 500 000 personnes en 1968 et qui touchait 6,5 millions de personnes en 2018 (chômage à temps plein ou partiel).

Cette évolution a abouti à la concentration géographique de la richesse, puisque plus de la moitié du PIB français provient d'une douzaine d'agglomérations urbaines qui représentent 5 % du territoire national. Dans ces espaces privilégiés vit un tiers de la population, soit les deux tiers des cadres, des classes aisées, des étudiants mais aussi des immigrés. En sens contraire, 90 % du territoire national où vivent 60 % des habitants sont en quelque sorte exclus de la nouvelle économie. Ils forment la « France périphérique », la France des zones rurales et périurbaines, des petites villes et des villes moyennes, où ouvriers, employés, paysans et petits indépendants se paupérisent et se sédentarisent, puisque les possibilités de mobilité professionnelle ne font que se réduire.

En dépit des promesses d'Emmanuel Macron, on attend toujours les réformes de structure pour alléger le train de vie de l'État et réduire les charges tout en remboursant la dette publique. Or la France n'aura pas d'avenir si elle ne comble pas son gouffre financier. La dette publique représentait 20 % du PIB de la France en 1980, 55 % en 1995 et 67 % à la veille de la crise de 2008. En 2018, elle s'élevait à près de 2 300 milliards d'euros, soit 99 % du PIB… Le paiement de nos seuls intérêts engloutit plus des trois quarts de l'impôt sur le revenu. Les Français vivent à crédit, mais un crédit qui devra être payé par leurs descendants. Droite et gauche portent en ce domaine une responsabilité à peu près similaire, même si le modèle de l'État-providence chéri par les socialistes est plus glouton en crédits publics. Ajoutons que nul ne peut certifier que le système financier mondial et européen tiendra longtemps face au mécanisme infernal qui conduit à emprunter de l'argent pour rembourser des dettes qui servent elles-mêmes à payer des dettes. La crise des dettes souveraines européennes menace à chaque instant la France.

Effet de la mondialisation, le centre de gravité du capitalisme se déporte vers les pays émergents, qui assurent actuellement 52 % de la production industrielle et 48 % des exportations mondiales, et qui détiennent 80 % des réserves de change. Nul ne peut prétendre changer ce handicap, pour notre pays, d'un coup de baguette magique, mais encore faut-il ne rien faire pour l'aggraver, et tout faire, au contraire, pour l'alléger. Or un certain modèle social prétendu français – il l'est, mais par le hasard des circonstances qui l'ont vu naître – est aujourd'hui un luxe intenable. Le réviser passe par une volonté politique, mais d'abord par une révolution dans les idées et les mentalités : c'est en travaillant plus et plus longtemps qu'on crée de la richesse, et non l'inverse.

De la situation économique et financière de la France dépendent des facteurs vitaux pour son avenir. La défense nationale demande de l'argent. Un réseau de représentations diplomatiques à travers le monde correspondant au rang de la France exige de l'argent. Une politique culturelle mondiale et une politique de la francophonie supposent de l'argent. Et ce pour ne pas parler des exigences intérieures du pays, de la santé à l'école : sans argent public, tout ne fera que se dégrader.

Aux origines du malaise national

La France est une construction politique très ancienne. Apparue sur les ruines de l'Empire romain, elle s'esquisse au haut Moyen Âge, se forge aux temps de la féodalité puis s'affirme à l'époque où tous les pays européens se dotent d'un État moderne, jusqu'à devenir, au Grand Siècle, la première puissance du continent. La Révolution reprend le flambeau, en inventant une forme de gouvernement démocratique qui met plus d'un siècle à s'imposer. Identité royale, identité révolutionnaire, identité républicaine, identité démocratique… Quatre âges successifs durant lesquels la France a su fédérer et susciter l'admiration bien au-delà de ses frontières.

Aujourd'hui, cette construction est en crise, pour des raisons liées à l'histoire. En 1918, la France remporte la victoire, mais une victoire à la Pyrrhus : le pays, saigné démographiquement, sort du conflit vieillissant et frileux, et dépendant de l'Amérique, nouvelle puissance mondiale. En 1940, c'est la débâcle. En 1945, la France s'assoit à la table des vainqueurs, mais parce que de Gaulle entretient avec brio l'illusion que le pays a regagné sa place parmi les grands. Puis c'est la décolonisation, alors que les colonies formaient pour la France un substitut de la puissance nationale. À partir des années 1950, le pays se lance dans la construction européenne. Mais dans les années 1980 et 1990, cette construction s'accélère et change de nature en diminuant radicalement les paramètres traditionnels de la souveraineté. Les Français, dont l'État a été l'élément fédérateur, voient cet État bousculé, contraint de partager ses prérogatives, ou réduit à l'impuissance. D'où un trouble national qui affecte au premier chef les secteurs de la société qui ne sont pas touchés par les profits de l'ouverture des frontières, mais à l'inverse en subissent les contrecoups.

La crise des Gilets jaunes, à cet égard, a été l'illustration d'un profond bouleversement économique de la France, puisque c'est dans cette France-là, la France pauvre, la France des marges sociales, la France des individus isolés, la France des familles monoparentales, que le mouvement des Gilets jaunes a d'abord recruté. Dans les barrages installés sur les ronds-points des périphéries, les déclassés, trouvant une fraternité et une solidarité humaines qui leur faisaient défaut, ont inventé une forme inédite et durable de contestation du modèle dominant. France d'en haut contre France d'en bas : c'est une des dangereuses lignes de fracture de notre société.

Dans le même temps, un courant migratoire qui n'a fait que s'amplifier a changé le visage du pays, mettant à mal la cohésion sociale dans des centaines de quartiers où l'intégration ne se fait plus, où prospèrent le chômage et l'économie parallèle, et où l'impuissance des pouvoirs publics laisse libre champ à un certain communautarisme islamique.

Ces clivages grèvent l'avenir du pays. Comment refaire l'unité de la nation ? Comment unir un pays, en dehors de trop rares moments d'unanimité nationale, comme après le sacrifice héroïque du colonel Beltrame, en mars 2018, en un temps où, legs de mai 1968, le primat de l'individu sur la société s'est imposé partout ? Jusqu'aux années 1960, un code commun, compromis entre la culture chrétienne et la tradition laïque et républicaine, s'imposait à tous les Français et aux étrangers installés en France, régissant les relations des individus entre eux, ainsi que leur rapport au collectif. Mais depuis la révolution de l'individualisme survenue entre les années 1960 et les années 1980, chacun est libre de choisir son mode de vie, son système de valeurs, sa morale. Le phénomène a affecté l'école, la famille, le travail, les rapports avec les autres, les relations avec l'autorité et avec l'État, le regard sur l'héritage des siècles. Au nom de la liberté individuelle, l'homme possède des droits avant d'avoir des devoirs. Au nom du respect de la différence, la légitimité de toute règle dominante ou majoritaire peut être contestée. Au nom de la tolérance, la liberté de comportement est reconnue dans les limites de la loi, mais la loi est appelée à se modifier au gré de l'époque. Le bien et le mal n'existent pas en soi, ils ne sont que des références relatives.

Largement partagé par la droite et la gauche, ce relativisme exerce des conséquences destructrices sur la collectivité. Dans la mesure où toute revendication particulière peut être écoutée, les règles communes se dissolvent, et la notion de bien commun s'efface. La crise du lien social se transforme ensuite en crise d'identité. Puisque le cadre national est nié, méprisé ou occulté, puisqu'il ne convient pas de définir un modèle-type unissant tous les Français par-delà leurs différences, les citoyens sont renvoyés à leurs appartenances d'origine ou d'élection : l'unité nationale vole en éclats.

En vérité, les défis à relever s'accumulent pour la France. La transformation de la démocratie ; les enjeux de la mondialisation ; la crise de la transmission ; la rupture culturelle ; les conséquences de la déchristianisation ; la transformation du modèle familial ; les bouleversements anthropologiques ; les exigences écologiques ; les inconnues du transhumanisme, de l'intelligence artificielle, de la robotisation. Autant de questions qui ne sont pas spécifiquement françaises, mais qui interrogent les réponses qui leur seront données dans le cadre national. Autant d'interrogations qui, donnant l'impression que nous changeons de société et même de civilisation, remettent en cause notre continuité historique.

Le déclin et l'espoir

Portrait du lieutenant-colonel Arnaud Beltrame.
Minute de silence en sa mémoire le 28 mars 2018 au ministère de l'Intérieur.

L'historien n'est pas prophète. Il ne peut que rappeler que le passé de la France a été ponctué de crises terribles, au cours desquelles tout semblait s'effondrer. Songe-t-on à l'état du pays au plus fort de la guerre de Cent Ans, des guerres de Religion, de la Terreur, de la Seconde Guerre mondiale ? Et pourtant les blessures se sont cicatrisées, des forces nouvelles ont éclos, et l'aventure a continué. Encore convient-il de rappeler que la restauration de l'État, colonne vertébrale de la France depuis Richelieu, a été jusqu'alors, sous le Consulat, à la Libération et en 1958, la condition préalable du redressement. Certes, l'histoire se répète rarement, et la nouvelle donne de la mondialisation commande sans doute des recettes nouvelles. Encore faut-il pouvoir en proposer.

Cependant, la dimension politique de la crise ne doit pas être comprise dans son sens étroit. La question qui se pose aujourd'hui est aussi celle de la cohésion de notre société, des valeurs qui aident à fonder le pacte social. Si, selon la définition de Renan, une nation repose à la fois sur un héritage reçu et sur la volonté quotidienne de perpétuer cet héritage (« le plébiscite de tous les jours », dit l'écrivain), encore faut-il vouloir et savoir le défendre et encourager le désir de le faire vivre. Cela suppose d'aimer son pays. De le connaître. De l'accepter tel qu'il est, dans le respect de son être historique et de sa diversité. Or il y a plusieurs France : une France chrétienne, une France laïque, une France de gauche, une France de droite… Faire comme si l'une ou l'autre autre n'existait pas, c'est provoquer la moitié du pays, et heurter irrémédiablement des consciences.
La France est un grand et beau pays, mais où surviennent épisodiquement de funestes conflits civils. Ne les provoquons pas. Veillons à ne pas ébranler une cohésion nationale par nature fragile. Dans un pays divisé de croyances, aujourd'hui soumis à des bouleversements ethnoculturels majeurs, tout ce qui rassemble et réunit doit être privilégié. L'histoire de France en fait partie. Apprenons à connaître cette histoire pour mieux nous aimer nous-mêmes.

Bibliographie

Histoire générale

Jacques Bainville, *Histoire de France*, Tallandier, coll. « Texto », 2007.
Journal de la France et des Français. Chronologie politique, culturelle et religieuse de Clovis à 2000, Gallimard, coll. « Quarto », 2001.
Jacques Marseille, *Nouvelle histoire de la France*, Perrin, 1999.
Michel Mourre, *Dictionnaire encyclopédique d'histoire*, Bordas, 1996.
Pierre Nora (dir.), *Les Lieux de mémoire*, Gallimard, coll. « Quarto », 1997.
Anthony Rowley (dir.), *Dictionnaire d'histoire de France*, Perrin, 2002.
Jean-François Sirinelli (dir.), *Dictionnaire de l'histoire de France*, Larousse, 2006.
Benoît Yvert (dir.), *Dictionnaire des ministres, 1789-1989*, Perrin, 1990.
Benoît Yvert (dir.), *Premiers ministres et présidents du Conseil depuis 1815. Histoire et dictionnaire raisonné*, Perrin, 2002.

1. La France avant la France

Jean-Louis Brunaux, *Nos ancêtres les Gaulois*, Seuil, 2008.
Jean-Louis Brunaux, *Alésia*, Gallimard, 2012.
Geneviève Bührer-Thierry et Charles Mériaux, *Histoire de France. La France avant la France, 481-888*, Belin, 2010.
Jean Clottes (dir.), *La France préhistorique*, Gallimard, 2010.
Christian Goudineau, *César et la Gaule*, Errance, 1990.
Christian Goudineau, *Regards sur la Gaule*, Errance, 1998.
Christian Goudineau, *Le Dossier Vercingétorix*, Actes Sud, 2009.
Venceslas Kruta, *Les Celtes. Histoire et dictionnaire*, Robert Laffont, coll. « Bouquins », 2000.
Yann Le Bohec, *Alésia*, Tallandier, 2012.
Joël Schmidt, *Les Gaulois contre les Romains*, Perrin, 2004.

2. Clovis et Charlemagne, héritiers de Rome

Bruno Dumézil, *Les Racines chrétiennes de l'Europe. Conversion et liberté dans les royaumes barbares, Ve-VIIIe siècle*, Fayard, 2005.
Bruno Dumézil, *Des Gaulois aux Carolingiens*, Seuil, 2013.
Jean Favier, *Charlemagne*, Fayard, 1999.
Robert Folz, *Le Couronnement impérial de Charlemagne*, Gallimard, 2008.
Régine Le Jan, *Les Mérovingiens*, PUF, coll. « Que sais-je ? », 2006.
Pierre Riché, *L'Empire carolingien*, Hachette, 1994.
Pierre Riché, *Dictionnaire des Francs. Les temps mérovingiens*, Bartillat, 1996.
Pierre Riché, *Les Invasions barbares*, PUF, 1996.
Pierre Riché, *Les Carolingiens, une famille qui fit l'Europe*, Pluriel, 1997.
Pierre Riché, *Dictionnaire des Francs. Les Carolingiens*, Bartillat, 1997.
Michel Rouche, *Clovis*, Fayard, 1996.
Joël Schmidt, *Le Baptême de la France. Clovis, Clotilde, Geneviève*, Seuil, 1996.

3. Les rois capétiens, pères de la France

Martin Aurell, *L'Empire des Plantagenêt*, Perrin, 2003.
John Baldwin, *Philippe Auguste*, Fayard, 1991.
Dominique Barthélemy, *Nouvelle histoire des Capétiens, 987-1214*, Seuil, 2012.
Marc Bloch, *Les Rois thaumaturges*, Gallimard, 1983.
Éric Bournazel, *Louis VI le Gros*, Fayard, 2007.
Régis Boyer, *Les Vikings. Histoire, mythes, dictionnaire*, Robert Laffont, 2008.
Michel Bur, *Suger*, Perrin, 1991.
Jean-Christophe Cassard, *Histoire de France. L'âge d'or capétien, 1180-1328*, Belin, 2011.
Georges Duby, *Histoire de France Hachette. Le Moyen Âge, 987-1460*, Hachette, coll. « Pluriel », 2000.
Georges Duby, *Le Dimanche de Bouvines*, Gallimard, 2005.
Jean Favier, *Dictionnaire de la France médiévale*, Fayard, 1993.
Jean Favier, *Philippe le Bel*, Fayard, 1998.
Jean Favier, *Les Papes d'Avignon*, Fayard, 2006.
Claude Gauvard, *La France au Moyen Âge*, PUF, 2010.
Claude Gauvard, *Le Temps des Capétiens*, PUF, 2013.
Jacques Le Goff, *Saint Louis*, Gallimard, 1996.
Florian Mazel, *Histoire de France. Féodalités, 888-1180*, Belin, 2010.
François Menant, Hervé Martin, Bernard Mardrignac et Monique Chauvin, *Les Capétiens. Histoire et dictionnaire, 987-1328*, Robert Laffont, coll. « Bouquins », 1999.
Jean Richard, *Histoire des croisades*, Fayard, 1996.
Yves Sassier, *Hugues Capet*, Fayard, 1987.

Bibliographie

Yves Sassier, *Louis VII*, Fayard, 1991.
Gérard Sivéry, *Louis VIII*, Fayard, 1995.
Gérard Sivéry, *Philippe Auguste*, Perrin, 2003.
Gérard Sivéry, *Philippe III le Hardi*, Fayard, 2003.
Guillaume de Thieulloy, *Le Pape et le Roi, Anagni*, Gallimard, 2010.

4. La guerre de Cent Ans : naissance du sentiment national
Françoise Autrand, *Charles VI*, Fayard, 1986.
Françoise Autrand, *Charles V*, Fayard, 1994.
Colette Beaune, *Naissance de la nation France*, Gallimard, 1985.
Colette Beaune, *Jeanne d'Arc*, Perrin, 2004.
Boris Bove, *Histoire de France. Le temps de la guerre de Cent Ans, 1328-1453*, Belin, 2009.
Philippe Contamine, *La Guerre de Cent Ans*, Hachette, 1994.
Philippe Contamine, Olivier Bouzy et Xavier Hélary, *Jeanne d'Arc. Histoire et dictionnaire*, Robert Laffont, coll. « Bouquins », 2012.
Henri Dubois, *Charles le Téméraire*, Fayard, 2004.
Jean Favier, *La Guerre de Cent Ans*, Fayard, 1980.
Jean Favier, *Louis XI*, Fayard, 2001.
Bernard Guenée, *La Folie de Charles VI*, Perrin, 2004.
Jacques Heers, *Jacques Cœur*, Perrin, 1997.
Jacques Heers, *Louis XI*, Perrin, 1999.
Georges Minois, *Du Guesclin*, Fayard, 1993.
Georges Minois, *La Guerre de Cent Ans*, Perrin, 2008.
Michel Mollat, *Genèse médiévale de la France moderne, XIVe-XVe siècle*, Arthaud, 1977.
Régine Pernoud, *Jeanne d'Arc par elle-même et par ses témoins*, Seuil, 1965.
Régine Pernoud, *La Libération d'Orléans*, Gallimard, 2006.

5. Renaissance, Réforme : guerres en Italie, guerre civile en France
Jean Delumeau, *Une histoire de la Renaissance*, Perrin, 1999.
Philippe Hamon, *Histoire de France. Les Renaissances, 1453-1559*, Belin, 2009.
Jean Jacquart, *Bayard*, Fayard, 1987.
Arlette Jouanna, Jacqueline Boucher, Dominique Biloghi et Guy Le Thiec, *Histoire et dictionnaire des guerres de Religion*, Robert Laffont, coll. « Bouquins », 1998.
Arlette Jouanna, Philippe Hamon, Dominique Biloghi et Guy Le Thiec, *La France de la Renaissance. Histoire et dictionnaire*, Robert Laffont, coll. « Bouquins », 2001.
Robert J. Knecht, *Un prince de la Renaissance. François Ier et son royaume*, Fayard, 1998.
Didier Le Fur, *Louis XII*, Perrin, 2001.

Didier Le Fur, *Marignan*, Perrin, 2004.
Didier Le Fur, *Charles VIII*, Perrin, 2006.
Didier Le Fur, *Henri II*, Tallandier, 2009.
Nicolas Le Roux, *Un régicide au nom de Dieu. L'assassinat d'Henri III*, Gallimard, 2006.
Nicolas Le Roux, *Histoire de France. Les guerres de Religion, 1559-1629*, Belin, 2009.
Emmanuel Le Roy Ladurie, *Histoire de France Hachette. L'État royal. De Louis XI à Henri IV, 1460-1610*, Pluriel, 2000.
Georges Livet, *Les Guerres de Religion*, PUF, coll. « Que sais-je ? », 1993.
Georges Minois, *Anne de Bretagne*, Fayard, 1999.
Pierre Miquel, *Les Guerres de Religion*, Fayard, 1980.
Michel Simonin, *Charles IX*, Fayard, 1995.
Jean-François Solnon, *Henri III*, Perrin, 2001.
Jean-François Solnon, *Catherine de Médicis*, Perrin, 2003.

6. Grandeurs et échecs de la monarchie française

Michel Antoine, *Louis XV*, Fayard, 1989.
Jean-Pierre Babelon, *Henri IV*, Fayard, 2009.
Bernard Barbiche et Ségolène de Dainville-Barbiche, *Sully*, Fayard, 1997.
Pierre-Yves Beaurepaire, *Histoire de France. La France des Lumières, 1715-1789*, Belin, 2011.
Lucien Bély (dir.), *Dictionnaire de l'Ancien Régime*, PUF, 1996.
Simone Bertière, *Mazarin*, Fallois, 2007.
Simone Bertière, *Condé*, Fallois, 2011.
François Bluche, *Louis XIV*, Fayard, 1986.
François Bluche, *L'Ancien Régime*, Le Livre de Poche, 1993.
François Bluche (dir.), *Dictionnaire du Grand Siècle*, Fayard, 2005.
Michel Carmona, *Marie de Médicis*, Fayard, 1981.
Olivier Chaline, *Le Règne de Louis XIV*, Flammarion, 2005.
Pierre Chevallier, *Louis XIII*, Fayard, 1979.
Jean-Marie Constant, *Henri IV, roi d'aventure*, Perrin, 2010.
Hervé Drévillon, *Histoire de France. Les rois absolus, 1629-1715*, Belin, 2011.
Françoise Hildesheimer, *Richelieu*, Flammarion, 2004.
Emmanuel Le Roy Ladurie, *Histoire de France Hachette. L'Ancien Régime, 1610-1770*, Pluriel, 2000.
Évelyne Lever, *Marie-Antoinette*, Fayard, 1991.
Évelyne Lever, *Madame de Pompadour*, Perrin, 2000.
Roland Mousnier, *L'Homme rouge ou la Vie du cardinal de Richelieu*, Robert Laffont, coll. « Bouquins », 1992.
Jean-Christian Petitfils, *Louis XIV*, Perrin, 1995.

Jean-Christian Petitfils, *Louis XVI*, Perrin, 2005.
Jean-Christian Petitfils, *Louis XIII*, Perrin, 2008.
Jean-Christian Petitfils, *L'Assassinat d'Henri IV*, Perrin, 2009.
Jean-François Solnon, *La Cour de France*, Fayard, 1987.
Arnaud Teyssier, *Richelieu, la puissance de gouverner*, Michalon, 2007.
Michel Vergé-Franceschi, *Colbert*, Payot, 2003.
Jean de Viguerie, *Histoire et dictionnaire du temps des Lumières*, Robert Laffont, coll. « Bouquins », 1995.

7. La Révolution française ou le prix du sang

Florin Aftalion, *L'Économie de la Révolution française*, Les Belles Lettres, 2007.
Jean-Paul Bertaud, *Les Causes de la Révolution*, Armand Colin, 1992.
Pierre Bessand-Massenet, *Robespierre*, Fallois, 2001.
Frédéric Bluche, *Septembre 1792, logiques d'un massacre*, Robert Laffont, 1986.
Frédéric Bluche, Stéphane Rials et Jean Tulard, *La Révolution française*, PUF, coll. « Que sais-je ? », 1989.
Collectif, *Le Livre noir de la Révolution française*, Cerf, 2008.
Ghislain de Diesbach, *Histoire de l'émigration*, Perrin, 1998.
Jean-François Fayard, *La Justice révolutionnaire*, Robert Laffont, 1987.
François Furet, *Histoire de France Hachette. La Révolution, 1770-1880*, Pluriel, 2000.
François Furet, *La Révolution française* [*Penser la Révolution française* et autres textes], Gallimard, coll. « Quarto », 2007.
François Furet et Mona Ozouf, *Dictionnaire critique de la Révolution française*, Flammarion, 1988.
Pierre Gaxotte, *La Révolution française*, Complexe, 1988.
Ivan Gobry, *Les Martyrs de la Révolution française*, Perrin, 1989.
Alain Gérard, *Pourquoi la Vendée ?*, Armand Colin, 1990.
Alain Gérard, *« Par principe d'humanité… ». La Terreur et la Vendée*, Fayard, 1999.
Patrice Gueniffey, *La Politique de la Terreur. Essai sur la violence révolutionnaire, 1789-1794*, Fayard, 2000.
Patrice Gueniffey, *Histoires de la Révolution et de l'Empire*, Perrin, coll. « Tempus », 2011.
Georges Gusdorf, *Les Révolutions de France et d'Amérique*, Perrin, 1988.
Évelyne Lever, *Philippe Égalité*, Fayard, 1996.
Jean-Clément Martin (dir.), *Dictionnaire de la Contre-Révolution*, Perrin, 2011.
Mona Ozouf, *Varennes, la mort de la royauté*, Gallimard, 2005.
Reynald Secher, *La Vendée-Vengé. Le génocide franco-français*, Perrin, 2006.
Hippolyte Taine, *Les Origines de la France contemporaine*, Robert Laffont, coll. « Bouquins », 2011.

Alexis de Tocqueville, *Œuvres* [*L'Ancien Régime et la Révolution* et autres textes], Gallimard, coll. « La Pléiade », 2004.
Jean Tulard, Jean-François Fayard et Alfred Fierro, *Histoire et dictionnaire de la Révolution française*, Robert Laffont, coll. « Bouquins », 1987.
Jean Tulard (dir.) et Benoît Yvert, *La Contre-Révolution*, Perrin, 1990.
Charles Zorgbibe, *Mirabeau*, Fallois, 2008.

8. Napoléon : un destin, une œuvre, un mythe
Jean-Paul Bertaud, *L'Empire, legs de la Révolution*, PUF, 1973.
Jean-Paul Bertaud, *Le Duc d'Enghien*, Fayard, 2001.
Jean-Paul Bertaud, *Les Royalistes et Napoléon*, Flammarion, 2006.
Jacques-Olivier Boudon, *Histoire du Consulat et de l'Empire*, Perrin, 2000.
José Cabanis, *Le Sacre de Napoléon*, Gallimard, 2007.
Alfred Fierro, André Palluel-Guillard et Jean Tulard, *Histoire et dictionnaire du Consulat et de l'Empire*, Robert Laffont, coll. « Bouquins », 1995.
Patrice Gueniffey, *Le Dix-Huit Brumaire. L'épilogue de la Révolution française*, Gallimard, 2008.
Thierry Lentz, *Le Grand Consulat, 1799-1804*, Fayard, 1999.
Thierry Lentz, *Nouvelle histoire du Premier Empire*, 4 vol., Fayard, 2002-2010.
Jean Tulard, *Napoléon*, Fayard, 1987.
Jean Tulard (dir.), *Dictionnaire Napoléon*, Fayard, 1989.
Jean Tulard, *Napoléon II*, Fayard, 1992.
Jean Tulard, *Le Grand Empire, 1804-1815*, Albin Michel, 2009.

9. Restauration et monarchie de Juillet : l'ordre et la paix
Guy Antonetti, *Louis-Philippe*, Fayard, 1994.
Guillaume de Bertier de Sauvigny, *La Restauration en questions*, Bartillat, 1999.
Frédéric Bluche et Stéphane Rials (dir.), *Les Révolutions françaises*, Fayard, 1989.
Jean-Joël Brégeon, *La Duchesse de Berry*, Tallandier, 2009.
Gabriel de Broglie, *Guizot*, Perrin, 1990.
Gabriel de Broglie, *La Monarchie de Juillet*, Fayard, 2011.
José Cabanis, *Charles X, roi ultra*, Gallimard, 1972.
Francis Démier, *La France de la Restauration, 1814-1830*, Gallimard, coll. « Folio », 2012.
Thierry Lentz, *Le Congrès de Vienne. Une refondation de l'Europe, 1814-1815*, Perrin, 2013.
Philip Mansel, *Louis XVIII*, Perrin, 2013.
Arnaud Teyssier, *Louis-Philippe*, Perrin, 2010.
Laurent Theis, *François Guizot*, Fayard, 2008.
Jean Tulard, *Les Vingt Jours. Louis XVIII ou Napoléon ?, 1er-20 mars 1815*, Fayard, 2001.

Bibliographie

Emmanuel de Waresquiel, *Talleyrand*, Fayard, 2006.
Emmanuel de Waresquiel, *Cent Jours, la tentation de l'impossible*, Fayard, 2008.
Emmanuel de Waresquiel et Benoît Yvert, *Histoire de la Restauration, 1814-1830*, Perrin, 1996.

10. Vraies et fausses gloires du Second Empire

Éric Anceau, *Napoléon III*, Tallandier, 2008.
Michel Carmona, *Haussmann*, Fayard, 2000.
Michel Carmona, *Morny, le vice-empereur*, Fayard, 2005.
Jean des Cars, *Eugénie, la dernière impératrice*, Perrin, 2000.
Jean des Cars, *Haussmann, la gloire du Second Empire*, Perrin, 2008.
Bernard Ménager, *Les Napoléon du peuple*, Aubier, 1988.
Pierre Milza, *Napoléon III*, Perrin, 2004.
Pierre Miquel, *Le Second Empire*, Perrin, 1998.
François Roth, *La Guerre de 70*, Fayard, 1990.
Jean Tulard (dir.), *Dictionnaire du Second Empire*, Fayard, 1995.

11. La IIIe République de Jules Ferry : sectarisme et libertés

François Broche, *Histoire politique de la France. La IIIe République*, t. 1, *1870-1895, de Thiers à Casimir-Perier*, Pygmalion/Gérard Watelet, 2001.
François Broche et Sylvain Pivot, *La Commune démystifiée*, France-Empire, 2012.
Gabriel de Broglie, *Mac Mahon*, Perrin, 2000.
Michel Drouin (dir.), *L'Affaire Dreyfus, dictionnaire*, Flammarion, 2006.
Jean-Michel Gaillard, *Jules Ferry*, Fayard, 1989.
Jean Garrigues, *Le Général Boulanger*, Olivier Orban, 1991.
Jérôme Grévy, *La République des opportunistes, 1870-1885*, Perrin, 1998.
Pierre Guiral, *Adolphe Thiers*, Fayard, 1986.
Daniel Halévy, *La Fin des notables* et *La République des ducs* (t. 2), Le Livre de Poche, 1972.
Jacqueline Lalouette, *La République anticléricale, XIXe-XXe siècle*, Seuil, 2002.
Jean-Marie Mayeur, *La Vie politique sous la IIIe République*, Seuil, coll. « Points », 1984.
Jean-Marie Mayeur, *Léon Gambetta*, Fayard, 2008.
Daniel de Montplaisir, *Le Comte de Chambord*, Perrin, 2008.
Jean-Pierre Rioux, *Jean Jaurès*, Perrin, 2005.
Jean Sévillia, *Quand les catholiques étaient hors la loi*, Perrin, 2005.
Arnaud Teyssier, *Histoire politique de la France. La IIIe République*, t. 2, *1895-1919, de Félix Faure à Clemenceau*, Pygmalion/Gérard Watelet, 2001.

12. 1914-1945 : le choc des guerres mondiales

Éric Alary, *L'Exode, un drame oublié*, Perrin, 2010.

Henri Amouroux, *La Grande Histoire des Français sous l'Occupation*, Robert Laffont, coll. « Bouquins », 5 vol., 1997-1999.

Henri Amouroux, *Pour en finir avec Vichy*, 1. *Les oublis de la mémoire, 1940*, 2. *Les racines des passions, 1940-1941*, Robert Laffont, 1997 et 2005.

Stéphane Audoin-Rouzeau et Jean-Jacques Becker, *Encyclopédie de la Grande Guerre, 1914-1918*, Bayard, 2004.

Jean-Pierre Azéma et François Bédarida (dir.), *1938-1948, les années de tourmente. Dictionnaire critique*, Flammarion, 1995.

Jean-Pierre Azéma et Olivier Wieviorka, *Vichy, 1940-1944*, Perrin, 1997.

Emmanuel Berl, *La Fin de la IIIe République*, Gallimard, 2007.

Serge Berstein, *Léon Blum*, Fayard, 2006.

Marc Bloch, *L'Étrange Défaite*, Folio, 1990.

François Broche, Georges Caïtucoli et Jean-François Muracciole, *Dictionnaire de la France libre*, Robert Laffont, coll. « Bouquins », 2010.

François Cochet et Rémy Porte (dir.), *Dictionnaire de la Grande Guerre, 1914-1918*, Robert Laffont, coll. « Bouquins », 2008.

Jean-Paul Cointet, *Histoire de Vichy*, Plon, 1996.

Michèle Cointet, *Nouvelle histoire de Vichy*, Fayard, 2011.

Michèle et Jean-Paul Cointet (dir.), *Dictionnaire historique de la France sous l'Occupation*, Tallandier, 2000.

Hervé Coutau-Bégarie et Claude Huan, *Darlan*, Fayard, 1989.

Christian Delporte, *Histoire politique de la France. La IIIe République*, t. 3, *1919-1940, de Poincaré à Paul Reynaud*, Pygmalion/Gérard Watelet, 1998.

Cécile Desprairies, *L'Héritage de Vichy. Ces 100 mesures toujours en vigueur*, Armand Colin, 2012.

François-Georges Dreyfus, *Histoire de la Résistance*, Fallois, 1996.

François-Georges Dreyfus, *1919-1939, l'Engrenage*, Fallois, 2002.

François-Georges Dreyfus, *1917, l'année des occasions perdues*, Fallois, 2010.

Jean-Baptiste Duroselle, *Clemenceau*, Fayard, 1988.

Jean-Baptiste Duroselle, *La Grande Guerre des Français, 1914-1918*, Perrin, 1994.

Marc Ferro, *Pétain*, Fayard, 1987.

Fred Kupferman, *Pierre Laval*, Tallandier, 2006.

François Marcot (dir.), *Dictionnaire historique de la Résistance*, Robert Laffont, coll. « Bouquins », 2006.

Jean-Christophe Notin, *Foch*, Perrin, 2008.

Bernard Oudin, *Aristide Briand*, Perrin, 2004.

Guy Pedroncini, *Pétain, le soldat et la gloire, 1856-1918*, Perrin, 1989.
Claude Quétel, *L'Impardonnable Défaite, 1918-1940*, Lattès, 2010.
Pierre Renouvin, *L'Armistice de Rethondes*, Gallimard, 2006.
Jean-Pierre Rioux et Jean-François Sirinelli (dir.), *La France d'un siècle à l'autre, 1914-2000, dictionnaire critique*, Flammarion, 1999.
François Roth, *Raymond Poincaré*, Fayard, 2000.
Henry Rousso, *Le Régime de Vichy*, PUF, coll. « Que sais-je ? », 2007.
Olivier Wieviorka, *Histoire de la Résistance*, Perrin, 2013.

13. 1944-1974 : la France des Trente Glorieuses

Claire Andrieu, Philippe Braud et Guillaume Piketty, *Dictionnaire De Gaulle*, Robert Laffont, coll. « Bouquins », 2006.
Jacques Dalloz, *Dictionnaire de la guerre d'Indochine, 1945-1954*, Armand Colin, 2006.
Georgette Elgey, *Histoire de la IVe République*, Fayard, 6 vol., 1965-2012.
Patrick Facon, *Histoire politique de la France. La IVe République, 1944-1958, de la Libération au 13 Mai*, Pygmalion/Gérard Watelet, 1997.
Georges Fleury, *La Guerre en Indochine*, Perrin, 2000.
Jean Fourastié, *Les Trente Glorieuses ou la révolution invisible*, Fayard, 1979.
François Furet, *Le Passé d'une illusion, essai sur l'idée communiste au XXe siècle*, Robert Laffont/Calmann-Lévy, 1995.
Henri-Christian Giraud, *De Gaulle et les communistes*, 2 vol., Albin Michel, 1988 et 1989.
Hervé Hamon et Patrick Rotman, *Génération, 1. Les années de rêve, 2. Les années de poudre*, Seuil, 1987 et 1988.
André Kaspi, *La Libération de la France, juin 1944-janvier 1946*, Perrin, 1995.
Henri Mendras, *La Seconde Révolution française, 1965-1984*, Gallimard, coll. « Folio », 1994.
Guy Pervillé, *Pour une histoire de la guerre d'Algérie*, Picard, 2002.
Guy Pervillé, *La Guerre d'Algérie*, PUF, coll. « Que sais-je ? », 2007.
Éric Roussel, *Georges Pompidou*, Lattès, 1994.
Éric Roussel, *Charles de Gaulle*, Gallimard, 2002.
Éric Roussel, *Pierre Mendès France*, Gallimard, 2007.
Jean-François Sirinelli, *Mai 68, l'événement Janus*, Fayard, 2008.
Arnaud Teyssier, *Histoire politique de la Ve République*, Perrin, coll. « Tempus », 2011.

14. Le déclin et l'espoir

Serge Berstein, Pierre Milza et Jean-Louis Bianco, *Les Années Mitterrand, les années du changement, 1981-1984*, Perrin, 2001.
Bernard Billaud, *D'un Chirac l'autre*, Fallois, 2005.
Patrick Buisson, *La Cause du peuple. L'histoire interdite de la présidence Sarkozy*, Perrin, 2016.

Jean Bothorel, *Le Pharaon, histoire du septennat giscardien*, Grasset, 1983.
Gaël Brustier, *Le Mai 68 conservateur. Que restera-t-il de la Manif pour tous ?*, Cerf, 2014.
Guillaume Cuchet, *Comment notre monde a cessé d'être chrétien. Anatomie d'un effondrement*, Seuil, 2018.
Jérôme Fourquet, *L'Archipel français. Naissance d'une nation multiple et divisée*, Seuil, 2019.
Marcel Gauchet, *Comprendre le malheur français*, Stock, 2016.
Franz-Olivier Giesbert, *Mitterrand, une vie*, Seuil, 1996.
Christophe Guilluy, *La France périphérique*, Flammarion, 2014.
Jean Lacouture, *Mitterrand, une histoire de Français*, 2 vol., Seuil, 1998.
Jean-Pierre Le Goff, *La Gauche à l'agonie ? 1968-2017*, Perrin, coll. « Tempus », 2017.
Catherine Nay, *L'Impétueux* [Sarkozy], Grasset, 2012.
Pierre Péan, *L'Inconnu de l'Élysée* [Chirac], Fayard, 2007.
Éric Roussel, *Valéry Giscard d'Estaing*, Éditions de l'Observatoire, 2018.
Jean Sévillia, *Les Vérités cachées de la guerre d'Algérie*, Fayard, 2018.
Georges Valance, *VGE, une vie*, Flammarion, 2011.
Pierre Vermeren, *La France qui déclasse. Les Gilets jaunes, une jacquerie du XXIe siècle*, Tallandier, 2019.
Éric Zemmour, *L'homme qui ne s'aimait pas* [Chirac], Balland, 2002.
Éric Zemmour, *Un quinquennat pour rien* [François Hollande], Albin Michel, 2016.

Crédits photographiques

• 14 © Jeff Pachoud/AFP • 17 © Luisa Ricciarini/Leemage • 20 © Bridgeman Images/Leemage • 23 © DeAgostini/Leemage • 24-25 © DeAgostini/Leemage • 28-29 © Maeyaert/AIC/Leemage • 36 © Godong/Leemage • 38-39 © Rue des Archives/Tallandier • 40-41 © Photo Josse/Leemage • 44 © The British Library Board/Leemage • 49 © Electa/Leemage • 56-57 © The British Library Board/Leemage • 58 © Aisa/Leemage • 61 © DeAgostini/Leemage • 65 © The British Library Board/Leemage • 68 © The British Library Board/Leemage • 71 © Photo Josse/Leemage • 73 © The British Library Board/Leemage • 76-77 © Photo Josse/Leemage •83 © Photo Josse/Leemage • 85 © BIS/Ph. Eileen Tweedy © Archives Bordas • 87 © Heritage images/Leemage • 89 © Aisa/Leemage • 90 BIS/Ph. Studio Ethel © Bibliothèque Sainte-Geneviève • 92-93 © Photo Josse/Leemage • 96 © Luisa Ricciarini/Leemage • 98 © Photo Josse/Leemage • 100-101 © Bridgeman Images/Leemage • 108 © SuperStock/Leemage • 110 © Photo Josse/Leemage • 114 © Raffael/Leemage • 116-117 © Luisa Ricciarini/Leemage • 120 © BIS/Ph. Gustavo Tomsich © Archives Larbor • 123 gauche © Photo Josse/Leemage ; droite © BIS/Ph. Hubert Josse © Archives Larbor • 125 © BIS/Ph. Coll. Archives Larbor • 126-127 © Photo Josse/Leemage • 130 © DeAgostini/Leemage • 137 © Photo Josse/Leemage • 138 gauche © Luisa Ricciarini/Leemage ; droite © Bridgeman Images/Leemage • 141 © MP/Leemage • 144-145 © DeAgostini/Leemage • 146 © Photo Josse/Leemage • 148-149 © PrismaArchivo/Leemage • 151 © Luisa Ricciarini/Leemage • 152-153 © Aisa/Leemage • 156 © Luisa Ricciarini/Leemage • 158 © BIS/Ph. Hubert Josse © Archives Larbor • 160-161 © BIS/Ph. © Archives Larbor • 164 gauche et droite © Photo Josse/Leemage • 166-167 © DeAgostini/Leemage • 174-175 © Photo Josse/Leemage • 176-177 © DeAgostini/Leemage • 180 © Aisa/Leemage • 183 © Photo Josse/Leemage • 186 © Photo Josse/Leemage • 188 © Photo Josse/Leemage • 190-191 © Photo Josse/Leemage • 194 © Photo Josse/Leemage • 197 © Hervé Gyssels/Leemage • 199 © Photo Josse/Leemage • 200-201 © Photo Josse/Leemage • 206 © Photo Josse/Leemage • 213 © Photo Josse/Leemage • 216 © Photo Josse/Leemage • 218 © Photo Josse/Leemage • 221 © DeAgostini/Leemage • 224-225 © DeAgostini/Leemage • 230 © Photo Josse/Leemage • 232 © Aisa/Leemage • 236-237 © FineArtImages/Leemage • 240 © Bridgeman Images/Leemage • 242-243 © Photo Josse/Leemage • 250-251 © Photo Josse/Leemage • 254 © Photo Josse/Leemage • 256 © Photo Josse/Leemage • 259 © Photo Josse/Leemage • 260 © Photo Josse/Leemage • 262-263 © Photo Josse/Leemage • 266-267 © DeAgostini/Leemage • 269 © Luisa Ricciarini/Leemage • 276-277 © Photo Josse/Leemage • 280 © Selva/Leemage • 284 © Photo Josse/Leemage • 286 © Photo Josse/Leemage • 289 © Charles Marville/BHVP/Roger-Viollet • 293 © Luisa Ricciarini/Leemage • 296-297 © Photo Josse/Leemage • 304-305 © Bridgeman Images/Leemage • 307 © Collection Sirot-Angel/Leemage • 310-311 © Heritage Images/Leemage • 315 gauche © Lux-in-Fine/Leemage ; droite © Jean Bernard/Leemage • 321 © Photo Josse/Leemage • 324 © Lux-in-Fine/Leemage • 328-329 © Roger-Viollet • 332 © Roger-Viollet • 340 © Bianchetti/Leemage • 344-345 © Bianchetti/Leemage • 346 © Keystone-France/Gamma-Rapho • 350 gauche © Lee/Leemage ; droite © Collection Sirot-Angel/Leemage • 356-357 © Selva/Leemage • 358 © Keystone-France/Gamma-Rapho • 361 © Keystone-France/Gamma-Rapho • 364 © Farabola/Leemage • 368 © LAPI/Roger-Viollet • 371 © Bridgeman Images/Leemage • 375 © OVRM/Leemage • 377 © Heritage Images/Leemage • 379 © Keystone-France/Gamma-Rapho • 380-381 © Keystone-France/Gamma-Rapho • 382 © DeAgostini/Leemage • 388-389 © Keystone-France/Gamma-Rapho • 392-393 © Kesytone-France/Gamma-Rapho • 395 © Keystone-France/Gamma-Rapho • 397 © Collection Jean-Jacques Allevi/Bridgeman Images • 401 © Keystone-France/Gamma-Rapho • 404-405 © Reporters Associés/Gamma • 410-411 © akg-images/Erich Lessing • 415 © Keystone-France/Gamma-Rapho • 418 © Collection Jean-Jacques Allevi/Bridgeman Images • 420-421 © JM Fontaine/Gamma-Rapho • 424 © AGIP/Bridgeman Images • 433 © Kesytone-France/Gamma-Rapho • 437 © Keystone-France/Gamma-Rapho • 440 © Martin Athenstaedt/DPA/dpa Picture-Alliance • 443 © Alexis Duclos/Gamma • 448 © Patrick Kovarik/AFP Pool/AFP • 451 © Gérard Cerles/pool/AFP • 452 © Fred Dufour/AFP • 454-455 © Bruno Klein/Divergence • 456 © Frédéric Reglain/Divergence • 458 © Aimée Thirion/Hans Lucas • 462-463 © Bertrand Guay/AFP •

Achevé d'imprimer en France par l'imprimerie Clerc (18)